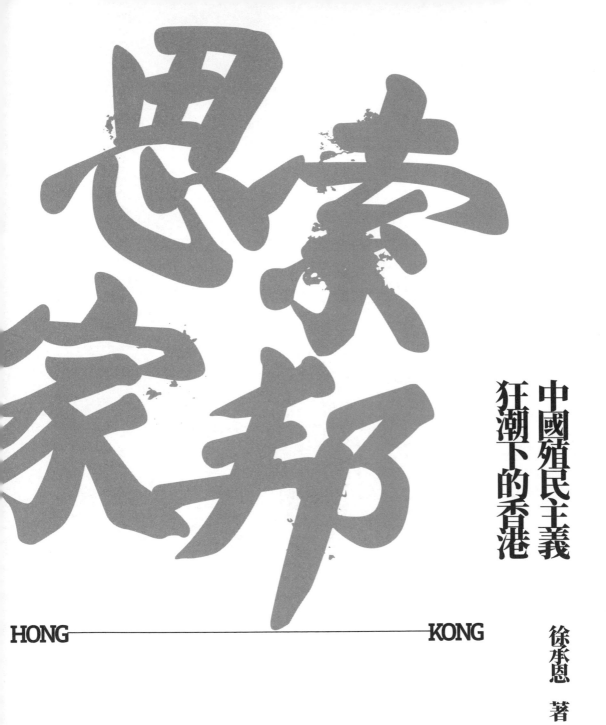

思索家邦

中國殖民主義
狂潮下的香港

HONG———————————KONG

徐承恩 著

僅將此文集獻給為香港捨身成仁之眾義士

目次

推薦序

民族作爲一種志業

吳叡人

中央研究院臺灣史研究所副研究員

"Jesus, not Caesar." --Thomas Masaryk (1850-1937)

第一部香港民族史《鬱躁的家邦》（香港初版原題《鬱躁的城邦》）的作者徐承恩，在他的新作《思索家邦》之中，大步跨出了敘事史（narrative history）的範疇，走入了政治與思想評論的領域——更正確地說，跨入了以歷史爲方法的政治與思想評論的領域，以史論（historical critique）的形式，從世界史的脈絡之中凝視香港的受困，剖析受困的根源，並且苦思脫困與獨立之路。當鬱積已久的香港民族意識在五個月喧囂、躁動的流水群眾革命中全面爆發、展演之後，這冊追求香港靈魂深度的著作適時出現，安靜而雄辯地宣示了香港民族主義正在步入一段長期、持久、艱辛的思想的陣地戰。

《思索家邦》其實思索的是世界史中的家邦，具有所有試圖建構民族的思想工程典型的宏大視野與企圖心。全書雖由數篇各自獨立的論文所構成，但徐承恩在第一章就先開宗明義地確立了連結各章之間的共通論證基礎，也就是從全球政治史與政治思想史觀點，援用哈佛大學教授Liah Greenfeld的比較民族主義研究經典《Nationalism: Five Roads to Modernity》（1992），論證民族主義與民族國家形成的普遍正當性，以

及在此前提下香港民族主義、香港獨立與建構香港民族國家的正當性與必要性，並且提出了以邊陲小型民族國家聯盟來對抗帝國的戰略思考。

在上述基本論證大架構下，徐承恩進一步對兩個使香港人難以形成政治主體意識，建立民族國家的主要障礙，進行深層批判。第一個障礙是位於東亞大陸的中華帝國。在第二章，他先援用當代日本與西方史學研究成果（中西輝政與王飛凌），解釋中華帝國根深蒂固的擴張傳統之根源。在第三章，他指出對帝國意識型態的迷戀，如何扼殺了東亞大陸近、現代史乃至當代史上曾經出現過，以及正在出現的一切對自由的追求，並引用中國流亡詩人廖亦武名句「爲了自由，這個帝國必須分裂」作結。在第四章，他則以他建構的香港本土史觀反擊帝國的香港史觀。

第二個障礙，是香港人所懷抱的虛假意識（false consciousness）。在第五章，徐承恩對主流香港知識分子懷抱的「虛擬的都會主義」，做了精彩的批判。所謂「虛擬的都會主義」包含了兩種迷思——虛擬的進步主義，以及虛假的中華情結。所謂「虛擬的進步主義」，是錯把英國統治下基於統治者善意與自制而創造的自由、法治，視爲香港固有與永久的狀態：「『虛擬進步主義』的錯謬，是把戰後香港不可持續的過渡狀態當作典範，把受困的小家邦想像成西方的泱泱大國。」香港知識分子引以爲傲的「自由法治」的「核心價值」其實如沙上的城堡，中國統治的浪潮一到就瞬時崩解了。而所謂「虛假的中華情結」，則是受避難南下的中國知識分子影響，誤把原鄉認同視爲國族認同，導致以北爲尊，無法在嶺南之地生根。這裡，我們就讓作者自己說話吧，因爲他雄辯、痛切的話語一針見血地戳破了許多香港知識分子的迷障與幻想，同時明確指出了實踐方向：

此等論述認爲香港只是個海容百川的大都會，其住民只有城籍而沒有國籍；這個城市或是後國族社會的典範，或是享有特殊待遇的中國屬邦，就是沒有成爲國家的資格。他們不知道昔日即使不談主體，卻能盡享文明之福，既不可持續，亦於理不合。如今中國獨大、帝國壓境，地緣情勢早已不似從前，就不能再妄想能坐享缺乏

> 主體之善治。香港人集體想像的社會，不是東亞大陸上的秋海棠，
> 而是深圳河以南三十里江山內的千方里地：是以任何民主自治的實
> 踐，都必然是事實上的港獨。（282）

　　然而香港知識分子的虛假意識不止於虛擬的都會主義，也包含虛擬的
階級主義。在第七章，徐承恩進一步點出了香港階級問題的中國殖民根
源：香港本是雙重帝國邊陲，歷史上在中、英兩帝國夾縫之間左右逢源，
兼得兩帝國文化，但中國領有香港後變成單一帝國殖民統治，這個新宗主
國與香港本土資產階級合謀壓迫中下層階級，因此必須打倒中國殖民統
治，才能解決香港的階級問題。非常明顯，這是對香港左派「只談階級、
不談民族」立場的嚴厲批判。

　　全書最後以一篇長文〈跋〉作結。這是一篇兼具期勉與明志的奇文，
非常具有民族史家的風格。徐承恩不介意日本國學在當代思想史上的爭
議，奇想天外，硬是引18世紀本居宣長獻身日本國學的建構，試圖使日本
脫離中華思想影響的艱辛苦鬥過程，對照出近年香港人一昧渴望透過短期
的群眾運動「畢其功於一役」以獲得自治的盲點，並提醒缺乏歷史意識的
香港人必須認清追求命運自主，就是一種國族建構的長久事業，需要長期
努力、累積與分工。以日本國學啓發香港本土──不是反動的修辭，而
是一種rude awakening，也是對香港民族的殷殷期勉。與此同時，徐承恩
也以宣長自許自況，不僅宣示自己也將以建構香港本土思想爲終生志業，
同時也暗示將效法宣長「務要堅持，但莫強出頭」的姿態，拒絕被體制收
編，「默默守候歷史時刻的來臨」。讀到這裡，安靜內斂的民族史家容顏
浮現腦海，誰謂思想不是自傳呢？

　　《思索家邦》是徐承恩「發明」（invent）香港本土思想的另一篇勞
作，他的論證未必是最終的答案，他的世界史解讀也並非沒有爭議，然而
所有革命性的歷史想像都是如此──徐承恩如此，他私淑的王育德如此，
剛剛離開我們的史明前輩當然更是如此，他們需要的是不是學院知識的準
確周延，而是某種能與歷史現狀全面決裂的，指向未來的原創想像與直

覺。從《鬱躁的家邦》到《思索家邦》，徐承恩從本土走向世界，從世界回返本土，以非學院的，野生的直覺，原創的想像，催生了「嶺南邊陲」香港與大陸帝國的決裂——從靈魂深處開始的決裂。

然而徐承恩是一個寂寞的知識分子——至少在他的祖國香港，他是絕對寂寞的，因爲他幾乎就是全香港極少數清楚認識到——或者願意承認——雨傘革命以來這一切的騷動，這一切追求「命運自決」的聲音與憤怒，其實就是一種政治主體胎動的徵候，同時也是全香港極少數——或許是唯一一個——認識到堅實主體的形成需要時間與思想的積累，並以此爲志業的，不合時宜的知識分子。

作爲高度全球化的金融之都，香港的時間流速彷彿比地球上任何其他地方都要快了好幾倍。比方說，2019年夏天香港經歷的三個月，彷彿是台灣走過的三十年，然而還沒有停止思考的人都知道，構成堅實認同與主體性的思想厚度、情感厚度無法在三個月——或者四個月、五個月、六個月、一年、甚至十年——內累積、形成。香港人的面具被除下來了，然而香港人的香港之路才剛剛開始而已。在時間飛逝，在今日的悲劇迅速被明日的悲劇覆蓋，在熱情勇敢的手足不斷改寫新的「香港人時程表」的過程中，香港民族意識不斷積累卻無法昇華深化，因爲香港知識分子拒絕加入論述香港主體性的思想工作，the task of articulating the nation, because they are in collective self-denial。在這樣的香港，徐承恩只能是寂寞的，他的陣地戰只能是單打獨鬥的，因此他的書也只能是——寫給後世香港的書。

2019/11/8 草山

以自我燃燒抵抗帝國

吳介民
中央研究院社會學研究所副研究員

2019年10月1日，中華人民共和國國慶，香港街景卻宛若戒嚴：禁止港人遊行，關閉地鐵站，馬路設崗哨安檢，大型商場停止營業，大批鎮暴警察部署守衛在西環中聯辦，但民眾仍無懼上街抗議，警察開槍重傷一個18歲的中學生。這一天，反送中運動讓中國國慶，成為不名譽的耀武揚威的秀場，讓這天變成了舉世震驚的香港國殤日。（此時，10月1日深夜）

然而，北京極權迫壓不肯就此罷手，四天後，港中政府行政長官林鄭月娥宣告，引用《緊急法》（緊急情況規例條例）訂立《禁蒙面法》（禁止蒙面規例），於5日凌晨起實施。消息一傳開，激烈的抗爭行為勢必難免，憤怒的人們破壞了地鐵站、砸爛中資銀行營業處所及撐警撐中的商店，使得數日後的香港地鐵交通仍陷於半停頓狀態。這種破壞公物的集體行為（vandalism）（其中部分被懷疑有港警反串助攻），並沒有翻轉民意對勇武抗爭的支持，因為大部分香港人相信，單憑「和理非」已經無法帶來改變。

把遺書背在身上

《緊急法》這個潘朵拉盒子一旦打開，就難以關上，行政長官的權力已經形同帝國總督，擁有了立法權。更真確地說，掌握實權的總督是西環

中聯辦與中方治港團隊。《緊急法》是英殖時代遺留下來的法律。港英政府最後一次使用這部法律是在1973年石油危機期間，再前一次是1967年的暴動。港府啓動這部《緊急法》，等於實施了未經頒佈戒嚴令的戒嚴狀態。北京正在以「分期付款」手法，奪取香港人長期享有的自由與法治，逐步拆除「一國兩制」門面，向「一國一制」過渡。香港自此從「混合政體」（半民主、半威權），正式落入「威權政體」範疇。打開了《緊急法》這扇門，若抗爭情勢持續，港府下一步便可能頒佈宵禁令、檢查管制通訊（禁網）、延長拘捕、驅逐及遞解離境等法令。

從另一角度，乞靈於《緊急法》，而不使用軍事鎮壓手段，是機巧的策略。北京若採取軍事鎮壓或直接宣佈戒嚴，將招致全球譴責與抵制，也將喚起1989天安門鎮壓對極權屠夫的記憶。尚且，香港經濟地位對中國仍相當重要。中國經濟正值內憂外患，北京爲何會在此時做出明顯違反其經濟理性的決定？引用《緊急法》的政治成本相對低，而預期的經濟衝擊小於軍事行動與戒嚴。但無論如何，這仍是一個重大的政治決斷，爲何北京非如此不可？一個可能的解釋是：中共的「政治邏輯」凌駕了其他考慮。北京認定外國勢力藉香港圍攻中國。香港超過四個月的勇武抗爭，已經讓中共的社會控制出現了破口。如果香港抗爭繼續下去，這把火難保不燒到中國內地，而產生骨牌效應。前仆後繼的勇武青少年，抱持著「攬炒」（玉石俱焚）的心情，把遺書背在身上，可更令北京恐懼，而圖謀設局殲滅。

香港和中國的問題，本質上是政治身分的主觀選擇：香港人是否願意在專制威權下當順民（subjects）。鄧小平年代設計的一國兩制，允諾香港在中國主權下繼續擁有「境外」身分而迴避這個問題。2003年之前，香港人大致不懷疑一國兩制的可行性。但2003年「基本法23條立法爭議」開啓了疑寶，從此便一路惡化，北京毀棄「雙普選」承諾而導致傘運，歷經魚蛋抗爭後的政權壓制，直到反送中運動，已經無法閃躲政治身分的質問。一個年輕上班族說：「如果我們這次失敗了，香港就註定滅亡。我不希望我的生活方式變得和在中國生活一樣。」

說到底，香港問題是：一個由「在地人」組成的傀儡政權在尊奉帝國中央的指令，執行對「在地社會」的鎮壓。這個結構是根本的制約。這個構造體不拿掉，就無法改變此時此地政治事務的本質。但是，要拆卸這個壓迫結構，卻必須先摘除強壓在這個「再殖民化」社會上的帝國頂蓋。但，香港的城邦規模如何挑戰量體巨大的中華帝國？因此，對壓迫的抵抗，陷入一個令人抑鬱的迴圈。北京對香港與臺灣的所謂「自信」，無非來自力量對比的傲慢。

帝國鬆手那一刻

但，為何，人們明明知道這個根本侷限，卻依然勇敢大無畏地邁開反抗的步伐前進，再前進。人類社會最大的秘密，或許深藏在此：對尊嚴的需求、對自由的追求、對壓迫的憎恨，讓人不再信奉唯經濟理性，再無法操作簡單明瞭的利害計算，而激發出反叛的動力。這個時刻，對國族血緣神話、對國家專制機器、對警察暴力的憎惡，決定了人們的抵抗意志。在槍林煙霧中騁馳街頭的黑衣少年，他／她們超越經濟理性的勇武行為，已經讓建立在血緣神話與威脅利誘手段的中華帝國顯露出窘境，讓中共七十國慶黯然無光，顏面盡失。搬用緊急法，即是明證。

帝國鬆手的那一刻，都必先發生帝國自身控制決心的崩盤。只要帝國意志不崩盤，即便明知道繼續鎮壓極可能加速自己未來的滅亡，它仍然會持續鎮壓下去。這是亙古的「帝國的悲劇」。這悲劇中更加荒謬的劇情是帝國子民和周邊弱小民族的陪葬⋯⋯（10月6日午夜）

徐承恩即將出版《思索家邦：中國殖民主義狂潮下的香港》，為他的著作寫序，此時尤感艱難。除了這段期間注意力都放在抗爭現場，心隨時懸著，更因為香港安危未卜，而港人犧牲已如此鉅大。

我和承恩結緣於中國因素氣旋下的港台交流情誼。幾年前，有次到港，承恩約我們在地鐵站，當時還有張秀賢和胡淑雯，我們走訪富有歷史的街坊，承恩逐一詳細介紹，終於抵達一家潮州火鍋店，店內人聲鼎沸，

承恩點了滿滿一桌豐盛火鍋料，性格羞怯寡言但內心熱情周到的承恩食飯節奏緩慢，秀賢則埋頭滑手機，我和淑雯相視而笑。那是記憶深刻的一頓飯，如此吵雜，也如此靜默，味覺則全然失憶了。餐後，承恩又帶我們閒逛九龍寨城遺跡，在深冬冷風中，為我們娓娓補課香港史。

重新協商與中國政治關係

承恩習醫，復師承社會學者陳健民教授（佔中三子之一，此刻仍在獄中）。其後，選擇執業家庭醫生，夜間看診，半夜讀書寫作到清晨，儼然過著修道者研究生活。承恩的寫作位置，令他揮灑香港歷史、政治評論，放言批判無所忌諱，是不折不扣的「民間學者」。臺灣在戒嚴年代，學術思想自由遭禁錮，在此環境下誕生了多位曾具影響力的民間學者，例如史明、楊碧川、南方朔（王杏慶）、杭之（陳忠信）等人，他們的歷史觀與思想基底迥異，但皆直指國民黨黨國體制的不公不義，而激發了一代學子。他們影響力不亞於體制內學者。

依我的理解，承恩這本書藉由分析中華帝國與國族主義，討論一個根本問題：香港應該如何重新協商（negotiate）與中國的政治關係。這個問題纏繞著關於主體、國民身分與政治邊界的重劃。反送中運動讓中華帝國再殖民香港這個根本議題浮上檯面，本書即時介入了這場當代世界必須直面的辯論。（10月9日）

今天，香港抗爭者正在以肉身對抗一個帝國。攬炒做為策略，對港中政府、對中國政權具有威脅性，是因為香港年輕人的自我燃燒，但自燃的代價非常高。因此，自燃糾結著倫理難題。我們生活在目前仍安全的遠方，對血光激戰中的香港提出種種看法，因為香港戰鬥者對我們的期待與看重，我們的言詞也必然帶有深刻的責任倫理……（經常思索至此而困頓）

10月1日那天，我曾藉一位中世紀人物寫道：「當城邦面臨生死存亡的時刻，在過激與犬儒之間，我選擇過激。」我想再一次告訴香港朋友：

你們的抗爭，已經爲自己的「政治身分」，向世界展示難以辯駁的存在。
（10月12日）

自　序

　　上本著作《香港，鬱躁的家邦：本土觀點的香港源流史》出版至今，已度過兩個寒暑。香港以至東亞的大棋局，早已不比從前。而前作的焦點，卻多放在歷史身分的追尋，並未有深究拙著中的史觀究竟有何社會政治上之意義。故此文集收錄並整理這幾年寫過的文章，嘗試回答一些前作未及回應的問題，期望能基於香港人的身分盡力道出香港的主張。

　　第一章是爲出版文集而寫的新文章，主要是借用管禮雅（Liah Greenfeld）的理論，以歷史社會學之分析解釋何爲國族主義。有一些論者愛把「國族主義」當髒字用，他們看到臺灣和香港抗拒強權壓境的本土運動，就想當然地將此貶抑爲「民粹排外」的「沙文主義」。然而國族意識之根源，乃平等公民因爭取世俗參政權而有的同仇敵愾。但隨之而來的動員力，使部分帝國嘗試從上而下地創製國族，以便披上國族主義的外衣行帝國主義之實。如此我們要評斷某國之國族主義是好是壞，就無法一概而論，而必須先衡量論者是爲了爭取住民的民主自決，還是想要以共同的血緣文化爲擴充帝國版圖之理由。

　　第二章原爲《上報》的一篇書評，藉兩本書討論何以東亞大陸最終會被大一統的帝國壟斷，並給現代中國留下集權的傳統。東亞沿海世界本可走上另一條發展道路，特別是東北亞國家自16世紀起就已確立某種列國體系的雛型。只是日本深受大陸那種大一統帝國神學影響，在明治維新達成

現代化後，即自視爲東亞世界的新中華，想以現代技術將整個東亞都變成自己的天下帝國。日本的帝國夢隨敗戰而幻滅，但中國國族主義卻積極模仿，最終以帝國復興爲終極的中國夢。

第三章是紀念五四運動百年祭和六四慘案卅年祭的長文，原刊載於《上報》。簡要言之，以五四爲高峰的中國國族建構運動，追求的是富國強兵，而不是民主自由。中國國族主義最爲在乎的，是帝國風華不再的屈辱，是以他們的所謂國族主義，其實是建基於仇恨的帝國復興運動。六四慘案前夕的自由風潮，是知識人群起質疑帝國建構的世界史時刻。可惜自當局血腥屠城後，大國崛起就成爲無可質疑的主旋律。根據歷史的教訓，這個大一統帝國若不能土崩瓦解、劃地分治，自由和民主將永遠無法福澤東亞大陸的民眾。然而，香港和臺灣的本土運動既然都是反帝抗爭，那就無法忘記六四慘案的死難者爲批判帝國獻上靈魂，故此我們皆應當以反帝的高度悼念六四。

之後第四章則源自一篇掀起軒然大波的文章。原文爲《香港民族論》的其中一章，是一篇基於本土角度撰寫的香港簡史。此文闡明香港有史以來，即走上與中國截然不同的歷史軌跡，因而令讀畢拙文的權貴勃然大怒。本章將部分內容重寫，並補充最近幾年的發展。近日香港局勢丕變，爲本章之改寫倍添困難。在動筆之時，香港社會運動陷入好幾年的低潮，似乎已一沉不起；但到了截稿之日，香港百萬計的民眾卻爲反對《逃犯條例》草案而持續抗爭。歷史或有大趨勢，但期間的各種波浪仍是令人難以掌握。

隨後三章的內容，則嘗試闡釋各界對香港本土思潮之種種誤解。第五章改寫自投稿往《上報》的一系列嬉笑怒罵文章。本章指出香港人過往在特殊的地緣形勢，因而受困於虛擬自由主義和虛假中華意識這兩大思想籠牢，使香港人的反抗因缺乏主體意識而遭削弱。之後兩章均改寫自刊於《立場新聞》的文章。第六章則反駁「爭取民主與港獨毫無關係」的講法。事關香港人爭取的民主，乃「高度自治、港人治港」：說白一點就是除國防外交事務外，香港大小事務均當只由香港民眾以民主方式決定，與

中國無尤。這種「還政於民」的理想，實際上就是要建立半獨立的次主權國家。在具有聯邦制傳統的國家中，中央政權或可以將這種次主權的訴求，與獨立運動分別起來；但中國顯然不是這樣的國家。中國自1927年以來，就是黨國一體的國家：是否愛黨，乃衡量國民愛國水平的獨一準繩。地方若提出「還政於民」的訴求，就是以普羅主權阻止黨國中央實踐其主權。即使爭取民主的民眾有著不可救藥的大中華迷思，在黨國觀點而言就必然是在鬧獨立。第七章則以地緣政治的角度，指出香港若不自主自決，未能擺脫「港式愛國」的迷思，就沒有達至自由民主的可能。香港獨立非但不是假議題，反倒是承載著所有抗爭的基礎議題。

最後一章改寫自刊在《上報》的一篇評論，筆者於文中藉澄清主流論述對韋伯和本居宣長這兩位大師的誤解，勸勉香港人當誠實地回應時代的呼召。韋伯提倡建基於責任倫理的現實政治，並不是主張為求存而置理想於不顧。他主張的是這樣的態度：將理想視為類似上帝的召命，而非個人道德情操的彰顯，繼而以使命必達的責任心，沉實而冷靜地默默作工。而本居宣長對唐心之意之否定，則提醒我們召命乃源自誠實的心靈。我們必須誠實地面對自己，莫要因恐懼和虛榮墜入事大主義的迷思，惟獨如此，我們方能活出蒙召的人生。

這本文集以香港為主要的關注點。然而21世紀，也就是中國大國崛起的世界史時刻。此刻中國以復仇的心志，誓要恢復華夏天下帝國的威榮。香港在中國帝國復興的過程中首當其衝，但帝國的鐵蹄不會就此止住。臺灣、東亞沿海以至整個世界，都必會成為中國染指的對象。各地民眾必須做好準備，為敵擋中國帝國擴張各司其職，方能使世界免遭沉淪。

己亥蒲月廿九日晚
寫於柏山山麓

第一章

民主與國族
歷史視野中的小國國族主義

在社會評論的圈子中，「國族主義」這四個字，彷如一組百搭的貶義詞。在他們的眼中，現代社會的種種弊病都是國族主義的錯。歷史有過的種種人道慘案，包括帝國主義對亞非拉的掠奪、兩次世界大戰、世界各地的族群衝突、自奧斯威辛以來的種族滅絕，不論其背後具體成因如何，總之都是國族主義惹的禍。若不自視爲地球村村民，不肯服膺於世界無疆界的信仰，就是心胸狹窄的頑固分子，都是未受文明開化的守舊派，甚至是現代文明的恥辱。

但這種對國族主義的條件反射，難道眞是理性的結論？還是只不過因爲對歷史一知半解，才因而產生「國族主義就是萬惡之源」的定見？也許在討論之先，我們先搞清楚何爲國族主義。在理念上，當一群世俗化的民眾將自己想像成權利人人平等、並實踐普羅主權的共同體，就生成了國族。[1]而在物理上，國族主義就是在主張每個國族都應有其主權國家，其國土及國民都應當是固定的。這告訴我們兩個事實：首先，國族主義的邏輯，本來就傾向固守其特定之疆域：那些向外擴張的侵略戰爭、以及針對個別族群的滅絕行爲，是國族主義邏輯遭扭曲之結果，那必然是源自其他

---

1   Anderson, Benedict (1991). *Imagined Communities: Reflections on the Origin and Spread of Nationalism.* London: Verso; Greenfeld, Liah (1993). *Nationalism: Five Roads to Modernity.* Cambridge, MA: Harvard University Press.

思潮之影響。[2]而更重要的是，國族主義的首要關注就是民主的實踐，而民主主義與國族主義，就是同一枚錢幣的正反兩面。雖然國族主義在歷史上屢遭威權利用，但這些威權大多聲稱其專政是爲了實踐某種特殊類型的民主，比如民主集中制。那麼與其說是國族主義妨礙了民主，倒不如說民主化本身乃是一條難行之窄路，容易因主事者的表裡不一而走上歧途。[3]

這種合乎邏輯和事實的推論，卻與不少人的印象剛好相反。爲什麼會如此呢？這是因爲民主也好、國族也好，其發展並非單純的線性發展。**做爲現代思潮**的國族主義在實踐上往往會遭各種自中世紀殘留的因素牽絆，使其無法按照自身之邏輯正常發展。爲此，我們不得不先回顧一下前人當年如何實踐民主政治，以及國族這個理念如何在民主之實踐中得以誕生。

前現代的城邦與帝國

在文明初發之時，由於技術仍然原始，因此地球上大部分地方皆非宜居之地。人類只能聚居在相對容易開發的地方，零零落落地分佈在廣大的蠻荒地帶中間。因地力所限，這些聚落能夠容納的人口頗爲有限，而聚落之間亦爲難以穿越的荒地。由於交通、通訊不便，各個小聚落只能自行處理其內部事務，無法仰賴其他社群的奧援。這些聚落人口基數少，基本上是沒有陌生人的社群，而原始的經濟分工則要求每個人都扮演類近的角色。這種被德國社會學大師藤尼斯（Ferdinand Tönnies）稱爲Gemeinschaft 的社群，並不會鼓勵成員擁有偏離群體的個性，但與此同時亦不強調成員之間等級身分的差異。[4]是以在這些社群中，其成員較容易以平等身分參與決策，以集體商議的方法制訂社群的規則。這種原始的民

---

2   Greenfeld, Liah and Daniel Chirot (1994). "Nationalism and Aggression" , *Theory and Society*, 23(1):79-130.

3   Greenfeld 1993; Helbling, Marc (2009). "Nationalism and Democracy: Competing and Complementary Logics?" , *Living Reviews in Democracy*, Volume 1.

4   Tönnies, Ferdinand (2017). *Community and Society.* Eastford, CT: Martino Fine Books.

主制度，乃歷史至爲悠久的政治制度之一。[5]

　　隨著農業經濟脫離刀耕火種的階段，這些群落的規模緩慢地增長，而社會之權力亦逐漸集中在少數地主手上。君主和貴族的寡頭統治，逐漸演化爲人類社會之常態。[6]然而原始民主的遺風還是在一些聚落延續下來，這些聚落之後發展爲城市國家，其民眾則成爲實踐城邦自治的市民，而雅典式民主則是最廣爲人知的例子。雅典的政治決策，都是公民大會以多數決決定，再交由五百人會議執行。成年男性市民服過兵役，就有權參與公民大會，而大會很多時候幾乎是全民參與。雖然只有精英階層才有資格參加五百人會議，但會議成員和雅典的大部分公職一樣，有九成是由公民提名後再抽籤選出，餘下一成則經選舉產生。雅典亦實行陶片流放制，讓公民投票驅逐被他們視爲威脅的人，從而制衡潛在的僭主。雖然與原始民主相比，雅典的制度可謂民主之倒退：雅典的女性並無參政權，而雅典的公民大都擁有被剝奪人身權利的奴隸。而蘇格拉底之死，更說明Gemeinschaft 的民主，容易淪爲多數人的暴政。即或如此，雅典的民主還是被啓蒙時代的西方知識人視爲典範。

　　雅典的民主，在古希臘世界中亦不是孤例。科林斯、墨伽拉以至在西西里島的敘拉古都曾實施過城邦民主制。[7]即使是雅典的死對頭、被稱爲寡頭政體的斯巴達，其體制仍有原始民主之影子。斯巴達之兩位君主輪流執政，並與貴族主導的元老院共治，在正式運作上比較貼近寡頭制度。然而斯巴達亦設有公民大會，30歲以上曾服役的男性公民均能參與，大會每年選出5位督政官，這5位民選官員在理論上有彈劾國王之權力。[8]而城邦民主亦非地中海世界所獨有，在前6至前4世紀的南亞大陸北部亦

5　Olson, Mancur (1965). *The Logic of Collective Action.* Cambridge, MA: Harvard University Press.

6　Mann, Michael (1986). *The Sources of Social Power: Volume 1, A History of Power from the Beginning to AD 1760.* Cambridge: Cambridge University Press.

7　Robinson, Eric W. (1997). *The First Democracies: Early Popular Government outside Athens.* Stuttgart: Frank Steiner Verlag.

8　Pomeroy, Sarah B., Stanley M. Burstein, Walter Donovan and Jennifer Tolbert Roberts (1999). *Ancient Greece: A Political, Social, and Cultural History.* New York: Oxford University Press.

曾出現過共和國城邦，其政治運作則可能介乎在寡頭制度和民主制度之間。[9]原始民主未有因文明發展銷聲匿跡：諾貝爾和平獎得主曼德拉年少時是滕布族的王子，他認爲族人的議事大會、以及會中強調的烏班圖精神（Ubuntu），是他的民主初啓蒙。[10]

由於交通技術尚未能克服地理的障礙，在公元10世紀前世界經濟還是以莊園經濟爲主。在這種經濟模式中，各聚落都盡可能自給自足，使經濟生產的各步驟都集中在小社群內。如此除了男耕女織這類性別分工外，社會分工並無法做得太仔細：比如社群會有年輕男性於夏天耕田、在冬天做苦工，卻比較少見專職的農夫和苦力。地主固然可以仰賴他人之勞力，或是以奴隸主的身分強迫大部分人無償勞動，或是以貴族身分要求其農奴上繳部分收成：但這種建基於武力的剝削顯然稱不上是什麼分工。而聚落之間貿易往來亦相對有限，交易的若非少數權貴獨享的奢侈品、就是像鹽、礦物和染料這類不平均分佈的必需品。也就是說，聚落之間不會爲促進經濟效率，而把工序放在不同的地方：他們只會因必需品的匱乏跨越聚落間的不毛之地。

在猶太教的創世神話中，亞當與夏娃被逐出伊甸園後，生下了該隱和亞伯。該隱以務農爲業、亞伯則爲牧羊人，兩兄弟將其產物獻給上帝後，上帝卻只看上亞伯奉獻的羊隻和羊膏，結果該隱出於嫉妒而殺害亞伯。[11]神話往往反映上古社會的結構，而該隱與亞伯的故事描述了人類歷史上最古老的跨聚落分工：農耕社會與畜牧社會之間的分工。隨著農業技術發展，農牧兩者亦逐漸分家。在沖積平原的社群利用土地肥沃的優勢而專事耕作，而在平原邊緣的丘陵地帶則出現以畜牧爲業的遊牧社群。這兩種社群之間存在著依存關係：遊牧社群若不從農耕社群取得穀物，就是可能取得足夠的熱量存活下去；農耕社群沒那麼依賴遊牧社群，但若沒有源自遊

9　Sharma, J.P. (1968). *Republics in Ancient India: c.1500 BC-500 BC.* Leiden: Brill.

10　Mandela, Nelson (1995). *Long Walk to Freedom: The Autobiography of Nelson Mandela.* New York: Little Brown & Co.

11　《聖經和合本》，〈創世記〉4:1-8。

牧社群的肉食及乳製品，他們就比較難獲得蛋白質，而皮革製品亦爲其生活所需。依存關係使貿易成爲必須，但不同社群間的依存亦不對稱，如此又令族群衝突無日無之。最終，較強勢的族群以武力控制貿易交通的要衝，並爲跨聚落的分工訂下規則。這種跨聚落的寡頭政治體制，是爲帝國之濫觴。[12]

在公元前23世紀，薩爾貢（Sargon）吞併美索不達米亞的諸聚落，建立從地中海伸延至波斯灣的阿卡德帝國（Akkadian Empire）[13]。這是人類已知歷史上第一個帝國，其幅員覆蓋了當時美索不達米亞人的已知世界。帝國之特徵，在於其缺乏明確的邊界：帝國不像城市國家，並不以城牆或城市範圍所限，是以帝國之大小完全取決於中央之能力。在中央強盛時，帝國的勢力就會隨交通路線往外擴張；待中央衰弱，帝國的版圖就大幅收縮。而在交通不便、通訊緩慢的時代，帝國只能以武力控制通道、佔領要塞。政令之傳遞往往費時失事，使中央無力將觸角伸往版圖內各大小群落。亦因如此，帝國只能在各群落與地方賢達建立互信，用「以夷制夷」的方式間接管治。較爲講究的，即以等級尊卑分明的封建制度，以平民尊敬貴族、小群落尊敬大群落、大群落尊敬中央的間接方式意欲促成整個領域的效忠、甚至以一層接一層的方式向中央獻上物資。

帝國的社會控制，在前現代帝國頗爲有限，是以部分中央勢力較弱的帝國，實際只是一個有強勢族群領導的部落聯盟而已。後來帝國逐漸建立起掌握地方的技術，或是像羅馬帝國那樣強調文明與野蠻的分野，從而藉文明人的力量壓倒邊陲蠻族；或是借助基督教這樣的意識形態，讓在政治上各行其是的群落都能接受某種共同的規範。[14]在東亞大陸的帝國，則在華夷之辨、儒家禮教之外再加上儒官體系，從而達成前現代帝國罕見的中

12　Mann 1986.

13　阿卡德人爲閃語族群。在其帝國覆亡後，其故土先後出現亞述帝國和巴比倫帝國，其統治族群都講阿卡德語。猶太人亦爲閃語族群，其神話大量參考巴比倫傳說，這也許說明何以該隱和亞伯的故事能反映阿卡德帝國初起時的社會狀況。參：Lambert, W.G. (1965). "A New Look at the Babylonian Background of Genesis," *The Journal of Theological Studies,* 16(2):287-300.

14　Mann 1986.

央集權。但即或如此，帝國還是沒有能力在任何時間於任何地方實踐全盤控制。帝國只能選擇於特定的時間和地方彰顯其權能，若非如此就會因過度擴張而無以爲繼。帝國必須藉地方精英之協作方能維繫，而其版圖之內亦會有中央力不所及的空白空間。即使在早熟的東亞大陸帝國，中央政權於10世紀前還是不斷受到地方武裝集團的威脅，並要到現代前期才能以「改土歸流」的方式直接管治邊陲地帶。在清帝國於20世紀初推行全盤的現代化改革前，東亞大陸帝國一直呈現「皇權不下縣」的格局，中央必須靠地方儒者的協助才能管理縣以下的地方。[15]

帝國的政治，乃中央憑藉武力優勢而實行的專制統治，但是這種專制卻是不完全的。地方在效忠中央的前提下，除了偶然上繳人力物力，在大部分時間都能實行自治；帝國的小民，因而有高唱「帝力於我何有哉」的空間。雖然帝國取代城邦成爲前現代世界最普及的政治制度，城市國家還是以某種形式保存下來。威尼斯和熱那亞這類建立於貿易據點的城市國家，既能夠保住自身的獨立自主，並隨海洋上的交通網絡於海外建立正式及非正式的帝國。而部分城邦則成爲帝國的屬國，幫助管理交通要道上的據點，從而換取帝國恩賜下的自主權。民主政治的形式在這些城邦承傳下來：這些城邦實行共和制度，擁有資產的男性市民理論上可以參與公民大會，並選出執政之官員。專制的帝國、民主的城邦，就如此編織出前現代世界的政治風景。

從中世走向現代

但是這種維持了好幾千年的政治風景，在公元10世紀後隨經濟制度之演化而面臨巨變。東亞大陸早熟的中央集權，使東亞成爲最先從中世走向

---

15 「皇權不下縣」的情況在清帝國治下開始改變。清帝國於縣之下增設衙門，使官僚力量能往鄉鎮層級進一步伸展。然而這種直接管治仍是不完全的，地方官員仍然需要地方士紳協助管治鄉鎮，亦要從地方聘請執行政令的雜吏。胡恒（2015），《皇權不下縣？清代縣轄政區與基層社會治理》，北京：北京師範大學出版社。

現代的地區。[16]隋唐帝國於6世紀起於黃河及長江流域興建運河網絡，使跨聚落、跨地域的大規模集運成為可能。東亞大陸於8至10世紀的漫長戰爭，使貴族階層步向衰落、並消滅了大部分地方的武裝勢力。宋帝國於10世紀中統合東亞大陸大部分地方後，就透過科舉制度在平民階層中選拔官員，並讓中央派遞的文官掌管各地的民政軍政，在縣以上的層面實踐君臣共治的中央集權。[17]

交通之改善、政治之合一，催生跨地域的經濟分工。[18]宋帝國先後以開封和杭州為京師，兩地都處於運河網絡的樞紐，靠漕運從東亞大陸各地取得養活首都的糧餉。沿著河道和運河的物流，催旺水道交滙處的經濟活動，帶動城鎮的發展。由於大批物資集中於這些城鎮中，使商品交換日益頻繁，而貨幣隨因大額交易而普及。城鎮中經濟分工日趨仔細，出現了林林總總的工商行業。隨後，不同城鎮則按其相對優勢發展特色經濟，比如長江三角洲的城鎮專事手工業，景德鎮以陶瓷聞名天下，杭州、成都和建陽是印刷業重鎮，而杭州和浙江、福建的沿海城鎮一樣都是海洋貿易的口岸。地域分工很快就從工商業擴展到農業：畢竟運河網絡最初的功能，就是用來運送穀物。長江三角洲原為魚米之鄉，但之後手工業成為當地主要經濟活動，該地亦因而必須從外地輸入主糧。原先講求自給自足的莊園亦因市場力量而瓦解，城鎮附近的農村多改種能賣錢的經濟作物，或是蔬果等較易腐壞的副食品，或是棉花、蠶絲這類工業原材料，然後從更偏遠的地域入口便於貯存運送的穀物。東亞大陸的糧產中心，亦從長江下游轉移往長江中游的湖廣地區。[19]

貨幣市場經濟的發展，又進一步促進帝國中央對地方的管治能力。貨

16 宮崎市定著，張學鋒、陸帥、張紫毫譯（2018），《東洋的近世：中國的文藝復興》，北京：中信出版社。

17 余英時（2003），《朱熹的歷史世界：宋代士大夫政治文化的研究》，臺北：允晨文化；余英時（2004），《宋明理學與政治文化》，臺北：允晨文化。

18 Skinner, G.W. (1985). "Presidential Address: The Structure of Chinese History," *The Journal of Asian Studies*, 44(2):271-292.

19 小島毅著，游韻馨譯（2017），《中國思想與宗教的奔流：宋朝》，臺北：臺灣商務印書館。

幣之流通，使中央一來不再單靠實物徵稅，二來則不再依賴田賦。宋帝國沿用唐帝國晚期的兩稅法，按戶等納錢、按田畝納穀；而城鎮化及工商業的興起，則使中央能從屋稅、商稅取得大量現金。充足的現金流使中央可以更有效控制各地域，比如宋帝國在對北鄰的外交中，常有以歲幣換和平之舉，雖然此政策一直爲人所詬病，但其實如此遠比興兵開戰經濟，而且也確實帶來長久的和平。事實上，宋帝國於北疆碰到的劫難，並不源自歲幣外交之軟弱，而在於藉敵人之敵人之助撕毀和約的魯莽盲動。[20]在內政方面，政府則取代了佛寺原先的濟貧功能，設立官營的居養安濟院安置貧病無依者、創辦收留棄嬰的慈幼局、設置安濟坊和施藥局贈醫施藥、以舉子倉資助育兒費用以杜絕棄嬰溺嬰之社會問題、以常平倉賙濟貧民，此等史無前例、無微不至的公共服務，可謂福利國家的濫觴。[21]無孔不入的公共福利服務，一方面促成社會的安定，但同時也增強中央對地方的控制。

宋帝國在某程度上有著現代國族國家的影子：跨越全國的交通通訊網絡、「強幹弱枝」的中央集權制度、任人爲才的文官取代以出身定勝負的貴族、跨地域分工的市場貨幣經濟也取代了聚落自給自足的莊園經濟。不過宋帝國的中央集權制度還未算爐火純青：縱然君主派遣的文官成功壓住地方豪強，卻同時削弱了帝國的軍事力量。不過這也帶來國族國家的另一項特徵，也就是明確的國際邊界。宋帝國缺乏軍事實力，其北疆亦出現遼帝國、金帝國和西夏王國等強鄰，使其無法實踐過往東亞大陸帝國「普天之下、莫非王土」的宏願，而須以稅金與鄰國制訂和約。這些條約都明確界定了宋帝國與強鄰的邊界，宋帝國的知識人無法再將國家定位爲世界獨一的天下帝國，而必須將之視爲列國中之一員。倘若這段時期的趨勢發展下去，宋帝國能否成爲世界史上第一個現代國族國家，尚未可知。[22]然而

---

20 王飛凌著，王飛凌、劉驥譯（2018），《中華秩序：中原、世界帝國，與中國力量的本質》，臺北：八旗文化。

21 梁其姿（1997），《施善與教化：明清的慈善組織》，臺北：聯經出版。

22 Tackett, Nicolas (2017). *The Origins of the Chinese Nation: Song China and the Forging of an East Asian World Order.* Cambridge: Cambridge University Press. 然而本人並不完全認同譚凱將宋帝國視爲國族國家的判斷。即使宋帝國君主不如其他東亞大陸帝國的君主獨裁，但國家體制依舊是皇

宋帝國於1276年不敵蒙古帝國的侵略，宋恭宗決定退位投降，換取杭州無血開城。部分遺臣雖帶著皇兄皇弟出逃，到東亞大陸東南端另立流亡政權，但撐了近3年還是於崖山全軍覆沒。東亞大陸歷時319年的現代化實驗，就此劃上句號。

　　源自內亞的蒙古帝國，雖然消滅了宋帝國，卻依隨著其市場貨幣經濟的邏輯進行管治：內亞的遊牧民族，本來就須倚靠與東亞大陸、西亞或東歐交易維持生計，是以先天上就容易接受市場的邏輯。蒙古憑藉騎兵的機動能力，於13世紀東征西討，建立幾乎涵蓋整個歐亞大陸的超巨型帝國。這個帝國的主要收入來源，來自歐亞大陸各地域之間的貿易，帝國亦因而施行重商主義的經濟政策。當時穆斯林商人已建立起連接地中海和印度洋各地的海洋貿易網絡，蒙古帝國則努力將這個網絡與被稱為「絲綢之路」的內亞草原通道，以及東亞大陸及沿海的水道連接起來。隨著交通變得便利，歐亞大陸兩端的東西交流亦活絡起來，東亞模式的貨幣經濟及文官體制就在整個已知世界流傳起來。[23]

　　蒙古治下的和平（Pax Mongolica）最終只能維持大約一個世紀，但即使蒙古帝國在幾代人的時間內就土崩瓦解，其連貫歐亞大陸東西的市場網絡卻存活下來，並且持續擴張。歐亞大陸已因貿易連成一體，跨地域的經濟分工隨市場貨幣經濟擴散，歐亞世界亦不可逆轉地從中世走向現代。源自地中海彼岸的外來思潮，擴闊歐洲知識界的視野：新思潮隨源自東亞的印刷術廣泛流傳，使教會及其神學家無法再壟斷知識的承傳。歐洲知識人從西亞及北非找到自希臘和羅馬承傳下來的知識，而追源溯流的衝動則令文藝復興得以展開。部分神學家亦響應這種回歸根源的思想潮流，想要擺脫羅馬大公教會中世以來的「墮落」發展，重新回到奧古斯丁時代的正

室的家天下。縱使科舉制度使平民能通過考試和評核成為政權的一分子，但社會仍未有主權在民和萬民平等的觀念。最終，這樣的體制也只是知識精英的寡頭政治，而帝國亦沒有動員民眾參與國事的機制。也就是說，宋帝國欠缺國族國家在定義上最關鍵的元素，只能算是有著部分國族國家特徵的準國族國家。譚凱於書中結語亦強調，宋帝國的「國族主義」與當代中國沒有很強的關聯。當代中國的國族建構，承傳的乃是清帝國留下的遺產。

23 杉山正明著，周俊宇譯（2014），《忽必烈的挑戰：蒙古與世界史的大轉向》，臺北：八旗文化。

統。但歐洲知識人回歸本源、回到正統的努力，卻無可避免會衝擊到固有的信念和價值觀，爲此他們就必須本於理性和良心重新思索。最終宗教改革者確立了「歸正」的新正統，但其他的知識人卻同樣以理性和良心解開教條的束縛，矢志追尋自由和啓蒙。[24]

　　源自東亞、南亞及西亞的知識使歐洲科技突飛猛進，而軍事科技的革新對歐洲影響至爲深遠。蒙古人在侵略東亞大陸時，從敵俘學會使用火藥的戰術，很快便將之用在歐亞大陸另一端的戰事。[25]火藥的傳入促成歐洲軍事技術的革命：火藥的威力可輕易突破小型城堡的城牆，亦使曾縱橫歐洲戰場的重騎兵再無用武之地。但熱兵器戰爭亦異常昂貴：士兵須長期訓練，才能掌握善用槍炮的方法，而軍團亦須有一定的人數才能使火槍發揮效用。新時代的戰爭不能只靠少數軍事貴族的力量，亦不能於農閒季節臨時拉夫上陣，常備軍的軍餉和訓練都會對國家造成沉重的負擔。小國缺乏財力及兵源，大多難逃被吞併的命運，而國家之間亦不再有無主之地。自此明確的國界就如楚河漢界，任何國家若越過雷池半步就等同宣戰。國家爲開拓財源，亦須以經濟及行政改革促進自社會獲取資源的能力，如此則使中世的封建郡國演化爲中央集權的現代國家。[26]他們推動國內工商業發展，並以土地私有制鼓勵農民種植經濟作物，透過市場貨幣經濟的商貿活動增加稅收。貴族漸漸被解除於地方世襲管治的權力，他們被召回中央、再按才能委派公職：雖然此後大部分國家的公職仍是由貴族壟斷，但他們不再是封建領主，而是中央委派的流官。複式簿記[27]、土地測量和人口普查等新技術，則使國家能充分掌握國內的人口，以及土地上的資源。

24　MacCulloch, Diarmaid (2005). *The Reformation: A History.* London: Penguin Books.

25　Andrade, Tonio (2017). *The Gunpowder Age: China, Military Innovation, and the Rise of the West in World History.* Princeton: Princeton University Press.

26　Tilly, Charles (1993). *Coercion, Capital, and European States, AD 990-1992.* London: Basil Blackwell.

27　Soll, Jacob (2014). *The Reckoning: Financial Accountability and the Rise and Fall of Nations.* New York: Basic Books.

走向現代：中央集權的國家巨獸

自16世紀起，熱兵器運用是歐洲戰爭的常態，而戰事的規模和傷亡均為史上未見。歐洲國家則實行「數目字管理」，他們對每一個國民、每一塊土地都一清二楚，亦有能力介入國民的生養死葬，並掌管著充實庫房的稅金。國家的管治力量已達到登峰造極之境，以至平民在國家之前，顯得極其渺小。那麼這頭巨獸對民眾而言是福還是禍呢？首位能為蒙古東征以來之巨變把脈的思想家，當數17世紀的英格蘭哲學家霍布斯。他認為中央集權以轄制萬民的國家體制，既是大勢所趨，也是維繫文明的必要之惡。他指出：

> 我們看見天生愛好自由和統治他人的人類生活在國家中，使自己受到束縛，他們的終極動機、目地或企圖是預想要通過這樣的方式保全自己並因此而得到更為滿意的生活；也就是說，使自己脫離戰爭的悲慘狀況……這種戰爭狀況是人類自然激情的必然結果。

人類天性之慾望，使他們不會自然地為公共的善而努力，反倒會為私利互相鬥爭。各懷鬼胎的人們不可能就共同利益達成共識，只能持續鬥爭，造成「所有人對所有人的戰爭」。霍布斯的讀者大概能如此聯想：中世紀諸侯間的私戰無日無之，但畢竟還只是地方武士之間的冷兵器衝突；但當代的軍隊已擁有能橫跨歐陸的機動能力，火藥又是具殺傷力的武器，不受控制的戰爭，招來的是人類文明之終局。市場貨幣經濟帶來了資本主義，為歐洲諸國帶來前所未有的財富，精英階層更是過著豐庶的生活。但這種生活模式，卻會輕易被戰火摧毀。霍布斯指出：

> 在人人相互為敵的戰爭時期所產生的一切，也會在人們只能依靠自己的體力與創造能力來保障生活的時期中產生。在這種狀況下，產業是無法存在的，因為其成果不穩定。這樣一來，舉凡土地的栽

> 培、航海、外洋進口商品的運用、舒適的建築、移動與卸除須費巨
> 大力量的物體的工具、地貌的知識、時間的記載、文藝、文學、社
> 會等等都將不存在。

　　那麼人類文明若要維繫下去，就要仰賴強而有力的秩序維持者。爲了
秩序的緣故，社會的守護人必須擁有掌控一切的絕對權力。國家之專權，
乃源於民眾與政權間的默契：民眾願意爲了社會安寧，自願放棄其人身自
由，遵從中央集權國家的政令，從而使國家獲得守護社會秩序的能力，使
民眾能得享國家威權的庇護：

> 人人都向每一個其他的人說：我承認這個人或這個集體，並放棄我
> 管理自己的權利，把它授與這個人或這個集體，但條件是你也把自
> 己的權利拿出來授與他，並以同樣的方式承認他的一切行爲。[28]

　　霍布斯將中央集權的國家體系，比擬爲《舊約聖經》〈約伯記〉中被
稱爲「利維坦」的巨獸。[29]在1651年發行的初版《利維坦》，其封面上的
巨獸有著君王的形象：他頭戴冠冕、一手持劍、一手提著權杖，俯瞰著下
面的大地。而他的身體，則是由各方民眾組合而成，意指這頭巨獸彰顯
著國民的集體意志。在巨獸頭上寫著一段拉丁文，Non est potestas Super
Terram quae Comparetur ei，乃〈約伯記〉對利維坦的描述，翻譯爲漢文就
是「在地上沒有像他造的那樣，無所懼怕」。[30]這封面它活把現代國家的
權能活靈活現地展現爲圖像，也許稱得上是出版史上最震撼人心的封面設
計之一。

　　但誰能保證這頭巨獸眞的會履行維護民安的承諾，而不會恃著神力無
邊吞噬民眾呢？在現代初期，歐洲大部分知識人都認爲唯有君主制能駕御

28　Hobbes, Thomas (1982). *Leviathan*. London: Penguin Classics.

29　《聖經和合本》將利維坦譯爲鱷魚。《聖經和合本》，〈約伯記〉41:1。

30　《聖經和合本》，〈約伯記〉41:33。（在霍布斯所引的《拉丁通俗譯本》則爲41:24。）

【圖1】　《利維坦》1651年版之封面插圖。

中央集權的國家體系。民主政治在此之前也未治理過比城邦更大的疆域。當城市國家不斷拓展，以至超越城市的範圍，就無可避免會衰變爲寡頭政體，羅馬如是，威尼斯也如是。而多數人的暴民政治，亦使自由派知識人對民主有所保留：他們寧可仰賴開明君主的庇護，也不願讓蘇格拉底的悲劇歷史重演。君主必須擁有絕對的權力，方能實踐以自由換取安定的承諾；但君主亦因此超然於社會之上，那又有什麼力量能督促他信守承諾呢？

　　借用宗教的力量，以上帝之力約束君主，是當時流行的「君權神授論」之論調。君權神授，背後有兩重的含意：君權既然是由至高無上的上帝所命定，凡人就無可置喙之地，不得不順服君王的權威；然而君主登基卻是出於上帝的召命，君王因此不能自行其是，亦要遵守上帝的戒命。現代前期的絕對君主大多是虔誠的信徒，比如英格蘭的詹姆士一世本人有研

習過神學，在資助劍橋、牛津的神學家和聖公會主教翻譯聖經《英王欽定本》時，曾活躍地下指導棋。除此以外，他還熱衷參與神學討論，甚至曾親自判定部分不從國教者爲異端，使被告遭受火刑。[31]

君權神授的前提，是統治者與民眾都要信奉同樣的宗教信仰。這樣君王與民眾之分別，則爲天賦恩賜的區別：但國度之內的所有人都因一主、一信、一洗，而在基督裡合而爲一。然而在現實世界，民眾的上帝又是否爲君主的上帝？在宗教改革發生後，信奉新教或舊教，乃當代政治鬥爭背後的基本矛盾。君主很多時候非但不能藉宗教安定人心，反倒要以暴力手段強迫民眾信奉國教。奉舊教爲國教的國家在驅逐新教徒後，尚且可以靠大公教會的力量統合社會，但新教本身卻是由眾說紛紜的教派所組成，其教會領袖不能像教皇那樣扮演使徒統緒的角色，教會亦未能統合爲團結的社會組織。是以在新教國家中，因教派論爭掀起的政治風波無日無之。在荷蘭，加爾文派與阿民念主義者（Arminian）就自由意志和普救論等問題爭論不休。國際法的奠基人格老秀斯（Hugo Grotius）因信奉阿民念主義而於政治鬥爭中下獄，他越獄後逃往巴黎，後來被瑞典委任爲駐法大使。[32]而同時期的英格蘭更可稱得上是新教教派的博物館，各派之間互不相讓，而後來的歷史則顯示國王根本沒可能以宗教的合一使民眾信服。

除此以外，國家之間的矛盾亦不一定能與宗教矛盾完全一致。新教國家若和舊教國家相爭，政權固然可以藉宗教矛盾動員民眾。問題是在歐洲的列國體系中，新教國家互相攻伐、舊教國家打個你死我活，卻是司空見慣的事。英格蘭與荷蘭爲控制海洋征戰連年，直到1688年光榮革命時，英格蘭國會爲驅逐藐視國會權威的詹姆士二世，邀請荷蘭國主佗儮共同接任國王，才使這場爭鬥以雙贏局面落幕。而在同期的歐洲大陸，法國與統治奧地利和西班牙的哈布斯堡王朝爭奪歐洲霸主的地位，而兩者皆爲信仰舊教的國家、皆自奉爲羅馬大公教會的守護者。於1620至1640年代執政的法

---

31 Willson, David Harris (1963). *King James VI & I.* London: Jonathan Cape Limited.
32 Vreeland, Hamilton (1917). *Hugo Grotius: The Father of the Modern Science of International Law.* New York: Oxford University Press.

國首相利希留，雖爲大公教會的樞機主教，卻不顧禁止教徒自相殘殺的教條與哈布斯堡開戰。當德國因教派衝突爆發三十年戰爭，於國內迫害新教徒的利希留卻站在新教國家那邊，資助荷蘭和瑞典與奧地利對抗。樞機顯然不可能把虔誠的奧地利人貶爲異端，並將戰爭定位爲守護教條的聖戰：他身爲神職人員，施政卻必須依從世俗化的現實政治原則。

　　霍布斯甚爲欣賞利希留的政績：他於任內推行的中央集權政策，一方面使波旁王朝的國王能對地方實踐直接而絕對的統治，另一方面則使法國能一躍而成歐洲大陸至爲舉足輕重的強權。他相信利希留能達成此等成就，是因爲法國乃絕對君權的國家，是以國王可以享有未被分割的主權、可以憑一己之意志透過其信任的權臣實踐無人可擋的意志。而民主政治則缺乏統一的意志，議會內的動議則多爲漂亮的修辭而非理性的辯證，是以無能駕馭中央集權的巨獸。但霍布斯卻不認爲君權神授論能夠證成絕對君權：他相信理性的法理邏輯，卻不相信上帝。[33]是以他才以社會契約的觀點說明君權之必要：民眾向專制君主奉上自由，換取社會的安寧；而民眾既因社會穩定而安居樂業，就應當順服絕對的君主，此乃合乎法理原則的等價交換。

　　但這樣的觀點卻令霍布斯的保皇派盟友坐立不安：他顯然是從共和派那邊汲取思想資源，雖則其結論是支持絕對君權，但如此一來君權不就受制於民眾嗎？這不正說明君主不只要效忠上帝，還要向民眾問責嗎？英國於1660年結束短暫的共和政治，霍布斯的學生查理二世重返倫敦登基稱王，向他的老師發放豐厚的年金。保皇派卻向國王告御狀，控告霍布斯傳播異端思想，甚至指責他與克倫威爾及共和派暗通款曲。國王堅持保護他的老師，但霍布斯直到往生，都無法在英格蘭再出版自己的著作。[34]而他的社會契約論，則被自由主義者挪爲己用。洛克在其《政府論》修正霍布

33　Hamilton, James J. (2009). "Hobbes the Royalist, Hobbes the Republican," *History of Political Thought*, 30(3):411-454.

34　Curran, Eleanor (2002). "A Very Peculiar Royalist: Hobbes in the Context of his Political Contemporaries," *British Journal for the History of Philosophy,* 10(2):167-208.

斯的社會契約論，他一方面主張以中央集權保護民眾的自然權利，但又指出掌管國家機器的必須是民眾的代理人，而民眾則有權撤換不稱職的代理人。去到這裡，君主神授論就因社會契約論的緣故，徹底被君權民授論取而代之。[35]這套新理論，一方面主張中央集權，同時又堅持以民限權，為1688年光榮革命後英格蘭之立憲政治奠定基礎。

在另一個角度看，民主雖非現代才出現的制度，但現代的中央集權制度，卻令民主從選項變成必須。前現代的帝國實行間接統治，世界充斥著帝力不及的灰色地帶。道不行，乘桴浮於海，也能找到容身之所。但踏入現代，歐洲各國紛紛建立中央集權的國家，無主之地都遭強鄰兼併。倘若這些國家都奉行不寬容的威權政治，那麼珍愛自由的民眾，又能何以自處呢？

然而若是君權民授，那麼誰可算是民呢？邊界問題可謂民主理論中最難解決的問題：民主自治的共同體應該有哪些成員？什麼人有資格參與民主的表決過程？如何儘可能使持分者都能有參與的權利，卻又不會讓局外人搭便車？有些政治哲學家認為應該視乎某政策會影響到什麼人，再容許任何受影響的人參與表決。但在實踐上，每項政策受影響的人數不盡相同，若然每次表決都是讓不同的人參與，那政治就無可避免會變得零碎。博弈理論亦已指出在單次博弈中容易出現囚徒困局，引至不利整體利益的結果。議事者若然知道他只能於單一議題表決一次，他就偏好做出不顧後果的尋租行為。唯有重複博弈能解決囚徒困局：也就是說，每一次表決都應在一個成員結構穩定的群體內執行。[36]再者，誰又有權決定政策該如何分拆，以及決定誰有權參與每項政策的表決？如此我們又回到了原點。民主政治的前提，就是成員結構穩定的群體，而這個群體亦不能靠民主決策產生，而必須是某種先驗的存在。[37]

---

35 Locke, John (2013). *Two Treatises of Government and A Letter Concerning Toleration*. New Haven: Yale University Press.

36 Axelrod, Robert (1984). *The Evolution of Cooperation*. New York: Basic Books.

37 Whelan, Frederick G. (1983). "Prologue: Democratic Theory and the Boundary Problem," *Nomos*

　　但在現代初期，民主政治一直只曾於城邦發揮作用。荷蘭和瑞士雖然都實行相對民主的制度，但兩者在當時嚴格來說都只是邦聯，是城市國家的聯盟，而非真正統一的現代國家。[38]城邦成員先是由城市範圍所規定，到後期出入城市的人流隨貿易增長，就以是否於城市置產做為區分市民與過客的準繩。這種界定公民身分的做法極為粗糙，若套用在規模更大的國家，其結果就會淪為事實上的寡頭政治。而令情況雪上加霜的是，歷史上的城邦均是由缺乏個性的成員組成的 Gemeinschaft，但隨著經濟分工趨向條目分明，使大都會演變為由各色各樣的人群組成的多元社會。在這種 Gesellschaft 中，成員個性迥異，雖互相依存卻多各不相識。大都會尚且如此，更何況是百倍規模的國家？如何能使如此眾聲喧嘩的社會，演化為共商國是的共同體呢？答案就是國族主義。

馴服利維坦：國族主義與現代民主

　　英格蘭於15世紀初於歐洲大陸的戰場失利，其大陸領地僅剩下與多佛遙遙相對的加萊，之前與法國逾百年的戰爭亦帶來沉重的財政負擔。各封建領主為財務問題爭執不休，而金雀花王朝內部亦因王位繼承問題分為蘭開夏派和約克派，最終於1450至1480年代引發持續32年的內戰。王室和貴族於玫瑰戰爭中分為兩派互相攻伐，而派系內部矛盾亦使貴族不時倒戈相向，從而使戰事曠日持久。貴族之間自相殘殺，使其勢力大為削弱，但參戰各方都寄望將來能接管整個完好無缺的國家。是以他們多選擇遠離繁盛

25:13-47; Tamir, Yael (2019). *Why Nationalism.* Princeton: Princeton University Press.

38　荷蘭於1581年自西班牙獨立，是7個自治省分結盟之結果。他們邀請奧蘭治家族的威廉擔任國主，建立尼德蘭共和國。但各省在建國後仍保持獨立運作，各有其政府、議會和法律。要待1815年維也納會議後，荷蘭才演變成由奧蘭治家族的國王統治的中央集權國家。瑞士則是由阿爾卑斯山麓各部族組成，他們於13世紀末為反抗奧地利而組成鬆散的聯盟，在結盟後各州仍為事實上的獨立國家，不單各有政府和法律，甚至有自己的軍隊。瑞士要到1847年鎮壓獨立聯盟的叛亂後，才確立為中央集權的聯邦制國家。即或如此，瑞士如今仍保持著鬆散邦聯的特色。在伯恩的聯邦政府規模有限，大部分權力均下放予各州，部分州分亦保留承傳自部落時代的直接民主制。

的城市，於遠離人煙的地方選擇戰場進行會戰。如此貿易就不受干擾，市場貨幣經濟也得以蓬勃發展。城市的商人和專業人士，以及於鄉間種植飼養經濟作物的地主，就於貴族大批消亡之際累積財富和聲望。[39]

來自威爾斯的亨利·都鐸於1485年於博斯沃思（Bosworth）擊殺國王理查三世，重新統一英格蘭。由於原有貴族大多家道中落，都鐸王朝只得邀請各地平民出身的新貴共治天下，或是讓他們實行地方自治，或是邀請他們到倫敦擔任議員或官員，甚至把他們封爲貴族。如此英格蘭平民就得享前所未見的上向流動機會：較具聲望的新貴自然會投身政治，而略有積蓄的平民亦到文法學校以至牛津及劍橋求學，寄望能因此學得一技之長、甚至令上位者能賞識其文采。這些新時代的平民新貴，是世上第一批眞正意義上的資產階級和中產階層。[40]

16世紀末在華威郡的某個墟市，有位叫約翰的商人累積了一點財富，就希望其他人能稱他爲紳士。爲此他向倫敦的紋章院請願，希望當局能批准他使用紋章，最終如願以償。除此以外，他還花錢把兒子威廉送到文法學校，寄望他能學有所成。威廉沒有像他父親那樣從商，但其文化事業還是使他名成利就，其聲望比父親還要顯揚。而他亦像其父親那樣，希望紋章院能准許他使用新設計的紋章，爲此花了30英鎊：當時城市的非技術勞工的日薪才3至4便士，需要連續工作近5年才能賺到這筆錢財。然而此時紋章院內部卻爆發權力鬥爭，其中一派指斥對方意欲私相授受，指明道姓地批評他們想要通過威廉等「寒微之士」（mean persons）的申請。[41]威廉結果求名不成，反倒被同業恥笑他貪慕虛榮。這個在埃文河畔的墟鎮薄有名氣的新貴家族，其姓氏爲莎士比亞。[42]

---

39 Lander, J.R. (1980). *Government and Community: England, 1450-1509.* Cambridge, MA: Harvard University Press.

40 Stone, Lawrence (1966). "Social Mobility in England, 1500-1700," *Past and Present,* 33:16-55.

41 McCrum, Robert (2017). "How 'Sherlock of the Library' Cracked the Case of Shakespeare's identity," *The Observer,* 8th January 2017.

42 McCrea, Scott (2005). *The Case for Shakespeare: The End of the Authorship Question.* Westport, CT: Praegar Press.

　　這些新貴不只是自在的階級（Class in itself），亦是自爲的階級（Class for itself），英格蘭各地的新貴很快就意識到自己於都鐸時期的大變局中，乃是命運共同體。各地新貴不只能參與城鎮居民自治，還有機會問鼎西敏宮的議會政治。他們的影響力不再限於一時一地，如今整個英格蘭都是他們的舞臺。印刷術的傳入，使各種思潮能於短時間迅速傳播；不同地方的讀者都在閱讀和談論相似的讀物，使原先互不相識的民衆意識到他們共處於同一個時間和空間、經歷著相似的事情，就如一般的社群那樣。亨利八世爲求子嗣，意欲離婚再娶，卻與羅馬大公教會鬧得極不愉快。亨利於1530年代與羅馬決裂，但英格蘭對宗教改革並無共識：亨利認爲馬丁路德傳播異端思想，期望聖公會能秉承大公教會的神學及禮儀，只是將牧首從教宗置換成國王就好。但新貴們卻從路德及加爾文的思想中得到解放的力量，希望能推行更基進的宗教改革。印刷術的傳入再加上連年的神學論爭，使印刷資本主義急速發展[43]：倫敦印刷的普及著作和兩座大學城印刷的學術著作遍佈各地，而且能夠賣錢。英格蘭新貴透過閱讀和著述，把自己想像成命運和價值的共同體，並通過文學建構舉國一致的語言和文化。[44]

　　平民出身的新貴初嚐權力的滋味時，亦意識到他們掌握著中世王室及貴族都無法想像的中央集權。雖然眞正能廁身倫敦的只是極少數的精英，

43　印刷資本主義與國族主義的關聯，是由安德森於其經典著作《想像的共同體》首先提出。
　　參：Anderson, Benedict (1991). *Imagined Communities: Reflections on the Origin and Spread of Nationalism.* London: Verso。但是據吳叡人老師憶述，安德森對英格蘭以及英國都沒有好感，認爲他們是裝模作樣的一群。他在學生時代曾與英格蘭裔的同學就殖民地的論爭衝突，後來當上東南亞研究的學者。也許正因如此，他不願將「首席國族」的名銜交予英格蘭，反倒稱南美洲爲國族主義首先出現的地方。關於對此說的批評，參：Greenfeld, Liah (2005). "The Trouble with Social Science," *Critical Review: A Journal of Politics and Society,* 17:101-116. 有趣的是，安德森的母親對英格蘭人有相似的評價。安德森的父親於1930年代到昆明海關任職，夫婦二人途徑香港時，安德森的母親對當地英國人有相似的評論。她認爲「這裡甚至沒有人喜歡最起碼的誠實……人們的面孔冷若冰霜，除非是談論娛樂和天氣」。參：Welsh, Frank (1997). *A History of Hong Kong.* New York: HarperCollins.

44　Helgerson, Richard (1992). *Forms of Nationhood: The Elizabethan Writing of England.* Chicago: The University of Chicago Press; Shrank, Cathy (2006). *Writing the Nation in Reformation England, 1530-1580.* Oxford: Oxford University Press.

但晉升階梯如今卻不受出身限制，使新貴們構思出普羅主權的概念。伊莉莎白時代的權臣湯瑪士・史密夫（Thomas Smith）於其《英格蘭共和》（*De Republica Anglorum*）中，主張國王之施政必須得到臣下之認受。即使最卑賤的英格蘭人，也必須有權對國王的政策置喙。國會應當能代表全國各階層，而國王的政令必須得到代表民意的國會認可，方能算是合理而合法。[45]

新貴既珍惜自己新到手的權力，亦意識到大權若由獨夫獨攬，可以帶來暴政和災難。瑪麗一世在其1553至1558年之間的短暫統治，重新將羅馬公教奉爲國教，爲此她大舉搜捕新教徒，並對逾280人施行火刑。她與西班牙國王菲利普二世的婚姻，則使新貴感到來自外來政權[46]與外來宗教之雙重威脅。流亡海外的清教徒傳道人福克斯質疑「何以她要帶菲利普過來：通過那奇怪的婚姻，使英格蘭整個國度都淪爲那陌生人的臣民」。[47]伊利莎白一世於1558年冬繼位後，英格蘭回復爲新教國家，聖公會教堂都放置著聖經、公禱書以及福克斯的《殉教者名錄》，鼓勵識字的會友閱讀，時刻提醒會友缺乏共識的國王獨裁能招惹的惡果。這些新貴們並不像以往的當權者那樣懼怕民變，反倒視不受限制的君權爲更令人憂慮的威脅。[48]在霍布斯還未寫出《利維坦》時，新貴們就意識到中央集權之可怕，矢志要讓此等專權受到民意代表的制衡，莫讓血腥瑪麗再現英倫。

---

45 Smith, Thomas (2013). *De Republica Anglorum: A Discourse on the Commonwealth of England.* Cambridge: Cambridge University Press.

46 菲利普二世與瑪麗一世結婚後，在名義上與瑪麗同爲英格蘭國王：雖然根據國會之法案，這資格於瑪麗駕崩後即自動撤銷。西班牙於瑪麗一世統治期間，曾介入英格蘭內政，支援迫害新教徒的政策。在瑪麗一世身故後，菲利普二世總結於英格蘭的經驗，在西班牙屬行異端裁判。參： Evenden, Elizabeth (2015). "Spanish Involvment in the Restoration of Catholicism during the Reign of Philip and Mary," in Vivienne Westbrook and Elizabeth Evenden eds., *Catholic Renewal and Protestant Resistance in Marian England.* Farnham, Surrey: Ashgate Publishing. Pp. 45-64.

47 Foxe, John (2011). *The Unabridged Acts and Monuments Online or TAMO,* 1570 edition. Sheffield: Humanities Research Institute of the University of Sheffield Online Publications. p. 2337. (http://www.johnfoxe.org/)

48 McEachern, Claire (2007). *The Poetics of English Nationhood, 1590-1612.* Cambridge: Cambridge University Press.

都鐸時代的新貴如此建立起一種世上前所未有的身分認同：他們雖不為城市界線侷限，但他們對國度的想像卻有明顯的疆界。瑪麗一世於1558年春丟失加萊，自此英格蘭無法再視歐洲大陸之土地為不可割裂的神聖領土。[49]英格蘭雖開始往海外開拓，但新貴卻只視不列顛群島為家國（Home Nations）：除卻愛爾蘭因信仰公教而遭信奉新教的英格蘭及蘇格蘭移民殖民統治，威爾斯和蘇格蘭都是在相對平等的條件下自願與英格蘭聯合[50]，最終於18世紀整合為大不列顛聯合王國。英格蘭在17世紀經歷造成逾十萬傷亡的內戰，最終於光榮革命後確立議會至上的君主立憲制度，使平民新貴成為事實上的統治階層。這段期間的教派衝突，使他們決定包容所有的新教教派，並在隨後一個世紀擴展為完全的宗教自由。[51]在宗教寬容的前提下，國家施政亦以世俗之權益平衡為準繩，雖然仍以公帑資助聖公會，但卻不會干涉民間的宗教和思想潮流。

在光榮革命之後的1689年，國會通過《權利法案》，此法案不單確立議會凌駕國王的憲政慣例，亦為英格蘭民眾帶來前所未見的自由和權利：民眾自此擁有向國王自由陳情之權利，執法者若阻撓民眾請願即屬違憲。政府不能以無法負擔的罰款和酷刑對待被捕民眾，而任何審訊均需有陪審團參與。除非經法院定罪，否則政府也不能沒收任何人的財產。該法案甚至還賦與民眾持械自衛的權利：聯合王國其後雖做出修改，但自英國獨立

---

49 金雀花王朝之祖先為法國之封建領主，而王室亦曾與法國王室通婚。英格蘭遂以血緣為依據，聲稱自己是法國的合法君主，並於14世紀中起與法國持續爭戰。然而當平民新貴提出普遍主權的概念，並使其成為政權認受性的來源，國家就無法僅以王室血緣為開疆拓土之理由。邊界的制訂，以至國家的涉外政策，自此須以共同體的集體利益為考量，是為現實外交的開端。

50 威爾斯於13世紀末遭英格蘭武力併吞，在體制上與英格蘭其他地方融為一體。威爾斯人在起初的一個世紀繼續抵抗，並相信民間傳說預言的英雄即將降生拯救族人。都鐸王室原為威爾斯望族，其成員曾與金雀花王室通婚，後來以這種血緣連帶參與玫瑰戰爭，並取得英格蘭之統治權。亨利八世後來廢除壓制威爾斯人的政策，並讓於國會中給威爾斯人預留議席，威爾斯人遂視都鐸王室為傳說中的解放者。蘇格蘭的政治精英則是因為海外投資失利，自願與英格蘭聯合，使蘇格蘭國民能到英格蘭之海外領地發展，完全是出於利益之考量。

51 MacCulloch, Diarmaid (Writer) and Anna Cox (Director and Producer). (2012). A Tolerant People? (Television series episode) in Anna Cox (Producer), *How God Made the English*. London: British Broadcasting Corporation.

出來的美國至今仍在爭議聲中延續相關規定。經哲學家洛克四處奔走遊說，國會於1695年廢除向印刷商發牌之規定：在這之前，除卻兩間大學出版社，英格蘭的印刷商均必須爲在倫敦的出版同業公會之成員，其工坊亦必須設在倫敦。[52]新規定除了使出版業於英格蘭各地蓬勃發展，亦促成現代報業之誕生。新聞報導和時事評論的出現：這種在傳媒上的想像社群，以及咖啡館爲閱報議政的人士，形成全民皆能加入的公共領域，使命運共同體的想像進一步普及化。

在法國大革命爆發時，小皮特的政府通過一連串的緊急法令，並於1792至1794年以叛國罪控告包括《常識》作者潘恩在內的6位激進評論人。[53]雖然這些政治檢控一度造成寒蟬效應，但最終6位被告皆未被定罪，亦側面說明聯合王國的法律在非常時期，仍能保障民眾不致以言入罪。政府不尋常的打壓縱使令政治評論家暫時平靜下來，卻壓不下文學家的批判。[54]而藝術家的諷刺更未有一刻停止過：他們以尖酸刻薄的筆觸羞辱王室成員的版畫，甚受時人之歡迎。生於18、19世紀之交的版畫家吉爾雷（James Gillray）之作品，則爲這段時期政治漫畫的顛峰之作。他於1786年一幅諷刺政府發債的畫作中（下頁圖2），將國王喬治三世描繪爲貪婪的痴肥人士，而他和首相小皮特的口袋則裝滿快溢出來的金幣。然而，在左邊的威爾斯親王（即後來的喬治四世）卻衣衫襤褸，在右邊則有一位四肢盡失的乞丐。這暗示當時剛丟失美國的政府外強中乾，只能靠發債充撐門面，並讓國王及政客劫貧濟富、中飽私囊。

在1792年政治檢控潮開始時，吉爾雷則以人身攻擊的手法，把威爾斯親王描繪爲身型暴漲的饕餮（下二頁圖3）。在左邊的飯桌上，有波特

---

52 Deazley, Ronan (2004). *On the Origin of the Right of Copy: Charting the Movement of Copyright Law in Eighteenth Century Britain (1695-1775).* London: Hart Publishing.

53 Graham, Jenny (1999). *The Nation, The Law and the King: Reform Politics in England, 1789-1799,* Volume II. Lanham, MD: University Press of America.

54 Johnson, Nancy E. (2019). "Literary Justice: Representing the London Treason Trials of 1794," in Michael T. Davis, Emma Macleod and Gordon Pentland (eds.), *Political Trials in an Age of Revolutions: Britain and the North Atlantic, 1793-1848.* London: Palgrave Macmillan.

【圖2】 James Gillray, *A New Way to Pay the National Debt.*

酒，有白蘭地，有大塊肉、吃剩的骨頭，桌下還有多個空酒瓶；在右邊的
地板，則有賭具和欠條。在親王身後的几子，上面有滿瀉的便盆，下面壓
著一堆肉店的單據和國會議案（單據和議案，在英語皆爲 Bill）。但整幅
畫作最侮辱的部分，則在右邊的藥架：上面裝著治口臭和痔瘡的藥，旁邊
還有一大瓶治性病的草藥糖漿！以如此粗鄙不文的筆法嘲諷親王爲酒囊飯
袋，其作風與《太陽報》和《每日郵報》等21世紀的英國小報別無二致。

　　由是觀之，不列顛自1790年代對激進派的反彈，並不能單純將之視爲
精英階層與民眾間的階級對立。當歐洲大陸被革命風潮籠罩時，共同體之
想像在不列顛的民眾間迅速傳播。當政治評論因寒蟬效應而一度沉寂、公
眾之集會權利一度受限，民間社會卻還是繼續爲共同體之願景鬧得不可開

【圖3】 James Gillray, *A Voluptuary under the Horrors of Digestion.*

交：也就是說，除了當權者與激進派的對立，更重要的是進步民眾與保守
民眾間的論爭。不列顛民眾都意識到自己是不列顛共同體平等之一員，卻
對何為公共利益各執一詞。激進派受法國大革命鼓舞，想要完全不設限的
參政權、想要廢除國王及聖公會的特權、想要達成分配平等、想學法國民
眾那樣訴諸群眾暴力。而保守的民眾，則連珠炮發地反問：如今不是已經
有基本自由嗎？法國模式不是會造成輕忽自由的多數暴政嗎？改變習以為
常的一切後，生活方式可保持嗎？你們激進派想糾眾滋事，那我們保守派
難道不會動員群眾嗎？[55]不列顛處於歐洲革命的颶風之旁，一直都處於革

---

55 Levin, Yuval (2013). *The Great Debate: Edmund Burke, Thomas Paine, and the Birth of Right and Left.*
New York: Basic Books.

命陰影的恐懼下。但激進派和保守派民眾的辯證，卻是在同一個想像共同體內發生，如此雙方最終都保持克制：保守派不得不承認持續變革之必要，激進派亦放棄以暴力革命與同胞刀戎相見。不列顛上下顧慮大家同屬一個共同體，最終為公共利益的緣故選擇妥協，最終緩慢而堅定地逐漸走到自由民主的方向。[56]

在此我們必須明白，縱然在現今標準而言，18、19世紀之聯合王國確是不平等的社會，歐洲大陸的不平等，乃貴族與平民的血統分野，但不列顛的成年男性只要擁有一定的財產，即可得到參選和投票的資格。也就是說，參政權取決於透過自身努力獲得的財產，而非承傳自祖先的血緣身分：新貴之所以要為選民資格設資產審查，其中一個原因是擔心坐擁祖傳累積資產的大家族會憑藉其人力物力，動員家僕食客左右選舉結果。[57]而取得參政權的資格此後不斷放寬，到19世紀更向全男性普選邁進。在1833年的改革後，擁有投票權的成年男性比率為五分之一。1867和1884年的改革進一步放寬財產的限制，先後容許城市及鄉郊的所有男性業主投票，也就是說有足夠積蓄置房的勞動階層亦可以投票。在兩次改革後，成年男性擁有投票權的比率則增至六成。在第一次世界大戰後，政府撤消選民置產的規定，即能以無縫接合的方式實現全民普選。[58]

英格蘭的新貴在現代前期得享上述種種的自由和權利，這些都遠超其父輩所能想像。《權利法案》保障他們的獨立自尊，制度給予民眾一定的言論、集會和新聞自由。民眾在報章評論欄及咖啡館、酒館中月旦時事，在種種公共領域的參與中，得以體味何為大眾主權。而英格蘭從貴族政治走向資產階級政治、再緩慢穩步向全民普選邁進，則為平等主義的演進。而政治亦因政府寬容非國教的教派，而漸以世俗現實考量施政。是為政治

56　Royle, Edward (2000). *Revolutionary Britannia? Reflections on the Threat of Revolution in Britain, 1789-1848.* Manchester: Manchester University Press.

57　但英格蘭在17世紀，已有新貴提出要開放參政權予任何能自食其力的成年男性。當中比較有名的，乃曾為克倫威爾新模範軍幹部的平等派（Levellers）。參：Rees, John (2017). *The Leveller Revolution: Radical Political Organisation in England, 1640-1650.* London: Verso.

58　Heater, Derek (2006). *Citizenship in Britain: A History.* Edinburgh: Edinburgh University Press.

思想上世俗化。**研究國族主義的歷史社會學大師管禮雅指出，在特定疆域內奉行普羅主權、平等主義以及世俗主義原則之共同體認同，那就是國族主義。**都鐸時期的新貴對自己新到手的權益嘖嘖稱奇，覺得整個新貴群體雖都來自鄉土，卻能掌握過往帝侯將相皆不可即及的權益，驚覺此世人人都是精英。新貴們借用拉丁語指涉在地精英的詞彙 natios，將遍及全國的新貴群體稱爲 nation，也就是英語現時指涉國族的那個詞語。隨著參政權日趨普及，而議論時事又成爲跨階層的生活習慣，nation 這個詞就演化成對全體國民的稱謂。[59]

英格蘭國族身分的本質，就是**視全國上下均爲平等的公民成員。**國族的成員均**可享有基本人身權利和自由，並在委身於群體公共價值的前提參與政事：**委身的定義，逐漸從擁有資產，轉變成對公民責任的抽象實踐；而公共價值則從起初的反公教信條，轉化爲自由民主的價值。**國族成員均爲身分平等而守望相助的鄰舍，有共享公共財之公民權利。**這種建基於公民民主自治原則的國族主義，即爲**公民國族主義。**這種國族主義的第一因並非血緣及族群連帶，是以當同樣以公民國族主義爲基礎的蘇格蘭於1707年與英格蘭組成聯合王國[60]，經歷半個世紀的磨合後，就能團結爲不列顛國族之一員。即或如此，隨著不列顛的公共領域於17至18世紀蓬勃發展，文人懷著國族情懷於各種媒介交流切磋，最終還是提煉出一套迥異於歐洲大陸的文化。[61]不列顛的普羅民眾對部分精英以歐陸潮流爲風尚的做法不以爲然，認爲此等在絕對王權下發展的外來文化若於列島植根，勢必令階

59　Greenfeld, 1993.

60　蘇格蘭低地的民眾較傾向與英格蘭融合：長老會的信眾偏向信賴光榮革命後的英格蘭王室，認爲屬於蘇格蘭謀求復辟的斯圖亞特家族爲不堪信任的公教徒。高地民眾則較抗拒英格蘭，並較願意和斯圖亞特家族合作。查爾斯·斯圖亞特於1745年登陸蘇格蘭高地，率領支持者進攻英格蘭北部，卻未能於低地及英格蘭獲得預期的民眾支持，最終於翌年4月在庫洛登被反攻的政府軍擊潰。蘇格蘭之後直到1960年代，都未曾出現要求獨立的群眾運動。之後隨著英國解殖，蘇格蘭人無法再在大英帝國謀發展，而柴契爾夫人激進的新自由主義政策又打擊蘇格蘭之工業，蘇格蘭才再現爭取獨立的呼聲。參：Keating, Michael (2009). *The Independence of Scotland: Self-Government and the Shifting Politics of Union.* Oxford: Oxford University Press.

61　Green, Barclay Everett (2000). "Making the Modern Critic: Print-capitalism and National Identity in Seventeenth-century England," Ph.D Thesis, University of Massachusetts Amherst.

級間之不平等再度惡化。亦因如此，他們就越發強調本土文化之獨特，以愛國主義抗衡受王權思想荼毒的歐陸「普世」文明。[62]不列顛國族亦因而確立其文化和語言上的特徵，並以文化自豪感爲捍衛公民平等自治之利器。[63]

遭帝國蠶蝕的國族

然而在世界從中世走向現代的進程中，英格蘭乃幸運的少數：大部分地方皆未能找到剋制利維坦的方法。舊帝國取得現代的組織和物質技術，即將自己改造成中央集權的新帝國。這些帝國不須倚靠中介間接統治：他們透過中央派遣的官員，即能直接控制疆域內的人口、土地和資源。以新技術建成的交通通訊網絡，使帝國能向遠方投入大批兵力，並以大殺傷力的熱兵器壓倒邊疆的反抗。現代帝國有著前所未有的國家能力，並以工業技術充分運用和調動境內之資源，但帝國還是依從青銅時代阿卡德人的政治邏輯：帝國的邊界還是會隨實力持續擴張，而中央仍是靠上尊下卑的差序身分向周邊展現權威。

而以建基出身尊卑的不平等政治，不單是中央對地方的規範，在中心地帶同樣是政府轄制民眾的管治邏輯。事實上對帝國而言，中央地帶與邊陲除了和帝都的距離有異，並沒有任何本質上的區別。身分的不平等，乃帝國之棟樑：帝國不會容讓邊疆與中央平起平坐，同樣也不會讓民眾與統

---

62 Newman, Gerald (1997). *The Rise of English Nationalism: A Cultural History, 1740-1830.* London: Palgrave Macmillan.

63 以公民權利和自由價值定義自身的群體，也必然會有自身的語言和文化，沒可能做到百分百的語言中立和文化中立：凡是社會群體就必然會有自身的語言和文化，這理當是社會科學的基本常識。公民國族的新成員必須擁有基本的語言和文化的常識，方有能力實踐公民參與：他們若生於本土，其父母和鄰舍就有文化薰陶的公民責任；他們若自外地遷入，就必須以自身的努力學習融入群體之語言文化。以賽亞·柏林的門生、以色列工黨思想家塔米爾認爲，若然認爲公民國族主義可以只談公民身分、完全抽離於語言和文化上的定義，乃是不切實際的。是以她不偏好「公民國族主義」一語，改爲主張「自由國族主義」。Tamir, Yael (1993). *Liberal Nationalism.* Princeton: Princeton University Press.

治階層平權。這固然是出於當權者之權慾，但他們亦意識到民主政治與住民自決正好是錢幣的兩面，任何促成身分平等的舉動都會令帝國無以為繼。英格蘭和其後的聯合王國雖然未能擺脫建立帝國的誘惑，但他們還是在「家國」和「海外屬地」之間劃上界線，如此「家國」部分還能以國族國家的姿態實踐自由民主的政治。但大英帝國乃是人類帝國史上的特例：帝國的首要任務不在開疆拓土，而在維持「家國」商界賴以維生的貿易網絡；其主要特徵，在於刻意保留前現代帝國間接統治的特色，強調在任何屬土的管治均必須因地制宜。[64]但其他現代帝國，大多選擇在邊疆實行與中心地帶同樣的中央集權政策。[65]中央集權的現代政治，再加上前現代的帝國邏輯，帶來人類歷史上最殘酷的政治壓迫。邊陲地區的民眾一如以往，都是帝國裡的二等臣民：但如今中央有形之手無處不在，來自中心地帶的殖民者趾高氣揚地橫行帝國各地，地方住民無法再像以往那樣以間接統治換取有限的自主。

13世紀的蒙古西征，使整個歐亞大陸都踏上走往現代的進程。蒙古帝國旗下各汗國於14世紀逐一衰落後，歐洲諸國開始利用蒙古人帶來之技術互相攻伐，而汗國上之各方勢力亦躍躍欲試。生於烏茲別克的帖木兒於14世紀中趁察合台汗國內亂，投靠地方軍閥積聚實力，終於1370年建立自己的帝國。帖木兒矢志要一統四分五裂的蒙古帝國，在20年內將勢力從中亞擴展到波斯、美索不達米亞和南亞西北部。他於1404年集結軍隊，意欲經略東亞，卻於行軍時駕崩。

64　Darwin, John (2013). *Unfinished Empire: The Global Expansion of Britain.* London: Bloomsbury Press. 大英帝國屬地之殖民地政府高度自主，其官員雖由殖民地部派任，其訓練卻強調施政必須合乎在地社會之狀況。殖民地官僚往往會為屬地權益與倫敦唱反調。帝國於19世紀中，亦於歐裔住民佔人口多數的屬地成立自治領（Dominion），除國防外交等範疇外，基本上容許住民民主自治。是以大英帝國之屬地於獨立後，較易走上自由民主之道路：縱然這種優勢會隨時間而消退。參：Lee, Alexander and Jack Paine (Forthcoming). "British Colonialism and Democracy: Divergent Inheritances and Diminishing Legacies," *Journal of Comparative Economics.* (DOI: 10.1016/j.jce2019.02.001)

65　法國雖主張在殖民地採取內地延長主義的方針，但實踐上卻在內地延長主義和因地制宜的特別統治主義間舉棋不定。清帝國則為混合模式：帝國在滿洲及明帝國故土實行中央集權、在中亞實行軍事統治、在蒙古和西藏推行間接統治、在秋海棠以外的藩屬則為事實上的獨立國家。

　　帖木兒帝國此後陷入一片混亂，但現代帝國仍繼續於歐亞大陸各方湧現。這些新帝國有著前所未有的組織和規模，或是在整片次大陸雄據一方，甚至意圖將勢力擴展到全世界。[66]莫斯科大公國原為金帳汗國（欽察汗國）之藩屬，於14世紀中趁汗國衰落而叛變，並不斷併吞汗國之屬土。伊凡四世接任莫斯科大公後，屬行中央集權政策，從貴族手上收回地方治權和兵權，並設置強大的中央常備軍。他亦以特轄軍（Oprichnik）為特務，以恐怖統治的手段威嚇貴族及民眾。伊凡於1547年自封為沙皇、建立俄羅斯帝國，並於1552年消滅喀山汗國。俄羅斯的勢力隨後越過烏拉爾山脈，迅速擴展成橫跨歐亞的大帝國。在伊兒汗國的故土上，薩法維家族在波斯高原和美索不達米亞重建波斯帝國[67]，而鄂圖曼帝國亦沿著地中海拓展勢力。鄂圖曼帝國於1453年消滅苟延殘存的東羅馬帝國，標誌著現代帝國對中世帝國的勝利。此後鄂圖曼不斷在歐洲擴張勢力，直到1683年於維也納被擋下為止。

　　在現代初期，這些新帝國之管治多揉合現代及中世之手法。東亞雖為現代文明誕生之地，在這段時期亦重拾部分中世制度，正好說明這現代初期各帝國的制度特徵。前文論及東亞大陸自10世紀起，即已發展出市場貨幣經濟，而長期與東亞貿易的蒙古亦習慣這種現代經濟模式。但蒙古在建立起橫跨歐亞的帝國後，以商業稅為主要財源，也就是說帝國之存活，全賴歐亞各地之間跨的地域貿易。然而貿易出現之前提，是各地域間必須存在著經濟分工，如此地域之間才會有交易之需求。如此若有地域改變其產業構成，地域間的交易量就會改變，從而使帝國財政難以穩定。蒙古帝國為此強化中世的身分制度，把民眾之職業定為世襲身分。比如在1306年的一道詔令，就曉喻民眾「諸色戶計已有定籍，仰各安生理，毋得妄投別管名色，影蔽差役、冒請錢糧」。[68]透過固定社會分工的身分制度，蒙古帝

66　Darwin, John (2009). *After Tamerlane: The Rise and Fall of Global Empires, 1400-2000.* London: Bloomsbury Press.

67　自稱為伊朗。

68　《元典章》，〈重民籍〉，大德十年五月十八日。

國就能夠控制各地特產之生產量，並藉此使跨地域貿易保持穩定。[69]

然而中世溫暖期於13世紀末終結，全球平均氣溫於蒙古帝國時代持續下降，到15世紀更開始逾三世紀的小冰期。[70]急速的氣候變化使帝國穩定貿易的措舉歸於徒勞，從天災、饑荒、瘟疫到經濟崩潰的骨牌效應，使蒙古帝國撐了一個半世紀即土崩瓦解。[71]蒙古帝國自1350年代開始就喪失對東亞大陸的控制，武裝勢力於各地據地稱王。東亞大陸經過近17年的混戰後，朱元璋以勝利者之姿建立明帝國。他派兵往直搗蒙古於內亞的根據地，使其回到過往部落聯盟的組織形態，從而鞏固對東亞大陸之控制。明帝國沿用蒙古留下之匠戶制度，以世襲的身分制度確保軍人及工匠之數目。法律規定「凡軍、民、醫、匠、陰陽諸色戶，許各以原報抄籍爲定，不許妄行變亂。違者治罪，仍從原籍」。[72]在經濟方面，明帝國初年奉行「重本抑末」的政策，視農業爲本、商業爲末。朱元璋甚至曾激進地主張「若有不務耕種、專事末作者，是爲遊民，則逮捕之」。[73]這樣東亞經濟從全面的市場貨幣經濟，倒退成市場莊園的混合模式。帝國亦全面禁止民間海外貿易，並以朝貢制度壟斷所有涉外貿易的渠道。[74]在政治上，雖然文官制度仍然維持、帝國亦定期舉辦科舉，但宋帝國模式的君臣共治卻已成歷史：如今明帝國只會視文臣爲皇室之奴僕，甚至會以暴力對待抗命之官員。除此以外，明帝國更以儒官士紳體制，以保守態度詮釋宋帝國流傳下來的理學，在鄉間推行鼓吹順服尊上的意識形態灌輸。[75]

明帝國的經濟制度和政治制度，其目的乃是以穩定壓倒一切。但明帝

69 杉山正明 2014。

70 Mann, Michael E. et al (2009). "Global Signatures and Dynamical Origins of the Little Ice Age and Medieval Climate Anomaly." *Science.* 326:1256-60.

71 杉山正明 2014。

72 《明會典》卷十九，〈戶部六·戶口一〉。

73 《明太祖實錄》卷208。

74 曹永和（2000），〈試論明太祖的海洋交通政策〉，《中國海洋史論集》，臺北：聯經出版；鄭永常（2004），《來自海洋的挑戰：明代海貿政策演變研究》，臺北：稻鄉出版社。

75 余英時（2004），《宋明理學與政治文化》，臺北：允晨文化；馬驌著，莫旭強譯（2017）。《朱元璋的政權及統治哲學：專制與合法性》。長春：吉林出版集團。

國確成功維繫比宋帝國更大的疆土，其國祚有276年，期間不曾像宋帝國那樣丟失半壁江山。但為了維持如斯的大一統，帝國必須以保守之意識形態，以現代科層體系的力量維繫中世的身分制度。如此帝國不單規限民眾的人身自由，還要實行思想控制。[76]像俄羅斯一樣，明帝國亦以特務政治於社會營造人人自危之恐怖氣氛：帝國於開國之初即以錦衣衛執行祕密任務，後來再設東西兩緝事廠對民眾實行更嚴密的監控。中世與現代之混合雖造就帝國之穩定，卻使民眾須面對前所未有之高壓，而這種模式在經濟層面更是矛盾叢生。

市場貨幣經濟出現後，就自有其發展邏輯，無法以政治力量完全控制。明帝國初年重農抑商的經濟模式，使東亞大陸走出14世紀中天災人禍的陰影。但財富累積就會帶來需求，即使帝國之政策貶抑商業，灰色地帶的市場經濟還是會蓬勃發展。[77]由於東亞大陸對海外貨品需求持續增長，源自南美洲的白銀又於16世紀起不斷湧入，使走私貿易日趨頻繁，並於沿海建立起武裝力量。最終明帝國在鎮壓勢力最大的武裝商隊後，還是要屈從市場力量放寬海禁。[78]原先對懷疑市場的儒官和士紳亦營商獲利，他們重新詮釋儒家經典以肯定「經世濟民」的市場經濟活動，最終達成儒商合一的局面。[79]

明帝國在全面邁向市場貨幣經濟後，物質生活空前豐盛，但此等繁榮卻是以國家能力之衰落為前提。在1590年代的壬辰戰爭使明帝國元氣大傷，亦破壞東北亞的勢力平衡，使女真人能集合內亞之力量建立清帝國，並挑戰明帝國在東亞的霸權。17世紀初正值小冰期最寒冷的時刻，明帝國最終不敵飢荒、瘟疫與民變而崩潰，並讓清帝國於17世紀中入主東亞大陸。清帝國於17世紀末某程度上扭轉這個局面：他們全面採用市場貨幣經

---

76 馬驪 2017。

77 Brook, Timothy (1999). *The Confusions of Pleasure: Commerce and Culture in Ming China.* Berkeley: University of California Press.

78 Antony, Robert (2003). *Like Froth Floating on the Sea: The World of Pirates and Seafarers in Late Imperial South China.* Berkeley: Institute for East Asian Studies.

79 余英時（2018），《中國近世宗教倫理與商人精神（三版）》，臺北：聯經出版。

濟，並鼓勵境內境外之貿易，使經濟在逾半世紀的戰禍後恢復繁盛，與此同時又能促進國家管治能力。[80]但從反面看，清帝國進一步增強對民眾的意識形態控制，主動地審查沒收坊間的出版物，並以嚴刑峻法對付以言犯禁者。[81]但隨著清帝國版圖擴張，人口又於18世紀內急增兩倍，其規模超越現代中世複合體制能承受的極限。人口過剩、農田過分開墾，最終造成水土流失，既令水患日益頻繁，亦使地力無法持續，不少農民都須靠自南美洲傳入之粗糧果腹。[82]而日益僵化的官僚，又未能適應西方貿易自18世紀以來的爆炸性增長。[83]清帝國於19世紀先有內亂，之後又因商務問題與西方大打出手。直到19世紀末，清帝國連東亞霸王的地位也被日本奪去。自此他們才醒覺：現代帝國要更上層樓，不得不把國族的偽裝當成聖衣穿上。[84]

　　鄰近英格蘭的國家很早就發現到國族主義的動員力量。單以國土和人口論，英格蘭在歐陸標準而言只是個中型國家，比起其主要對手並不亮眼。但在18世紀，英格蘭或不列顛的軍隊在歐陸的戰場上所向披靡[85]，其海軍更是無人能敵：其軍隊的規模以歐洲標準而言不算龐大，但政府以開設國家銀行和發行債券等現代財務手段，確保有充足之資源保持一支質素優良的軍隊。充足的財源，對海軍的發展更有決定性的影響。英格蘭在光榮革命後逐漸取代荷蘭於海洋貿易的領導地位，成為全歐洲最富有的國家。其活躍而持續增長的經濟，使各行各業皆樂於採用新技術促進生產效率，使不列顛能成為工業革命的搖籃。聯合王國之資本主義工商業經濟之

80　Zhao, Gang (2013). *The Qing Opening to the Ocean: Chinese Maritime Policies, 1684-1757*. Honolulu: Hawaii University Press.

81　王汎森（2013），《權力的毛細管作用：清代的思想、學術與心態》，臺北：聯經出版。

82　Rowe, William T. (2009). *China's Last Empire: The Great Qing*. Cambridge, NA: Cambridge University Press.

83　Van Dyke, Paul A. (2005). *The Canton Trade: Life and Enterprise on the China Coast, 1700-1845*. Hong Kong: Hong Kong University Press.

84　參〈不容自由的百年帝國夢〉。

85　在1714年至1837年，聯合王國國王因安妮女王無嗣而終，王位由漢諾威國王兼任。聯合王國的軍隊，亦因國王的緣故參與歐陸多場大戰。

所以可以蓬勃發展，正是因為這是一個以國族主義邏輯運作的國族國家。

全體國民盡皆平等，此乃國族主義的根本前提。而普羅主權和世俗政治的原則，則承諾國民可得享免受政治力及宗教教條箝制的自由。國民之身分尊卑，並不取決於顯赫的家世，乃源自在於後天的成就。如此在各行各業中的自由競爭，就成為上向社會流動的主要途徑。自由之理念，則為國民帶來容許爭取個人目標的私領域：如今對私利的追求，不再被先驗地視為對公益的虧欠，而是進一步鼓勵國民為取得成就而各展所長。共同體之理念，則使公益之促進，與私利之追逐連結在一起：若然每個國民皆能求得私利，國民富有即是國家富有；國民之財富若能增多，社會之公共財亦會水漲船高，他身處的共同體就能獲益。而國家之主權既為國民所共有，那政府自然就應當為國民的福祉而服務。資本主義若然再加上國族主義，就不只是個人獲利之機制，而是藏富於民的國民經濟體制。促進國民經濟，並為國民管理社會整體的公共財，則是政府對國民不可推卸的責任。為此，民治、民有、民享的政府就必須審時度勢，為國家最大的公益推行合適的經濟政策：有的時候要保護國家之業界人士、有的時候要維護國民交易之自由、又有時候要以再分配政策讓國家財富雨露均霑。[86]

不列顛經濟受助於國族主義，既使民眾生活得到實際的改善、亦促進經濟生產之效率。而這種生產力，則令不列顛能得到與國土人口不成比例的軍事動員力。與不列顛競爭的諸國，就必須走出現代－中世的混合模式，方能有力與之一搏。歐洲大陸以至世界各知識人想借用國族主義的力量，卻受限於舊體制的政治模式。如前所述，國族主義思想有三大特徵：世俗化、平等主義、普羅主權。此時歐洲大陸之國家雖多設定國教，但連年多戰使各國政權不得不將目光從來世的救贖，轉移到現世之成敗，世俗化因此成為不可逆轉的共識。**然而模仿國族主義的知識人，卻能以各種新奇方式詮釋何為平等主義和普羅主權，如此他們的國家就能以國族主義的**

---

86 Greenfeld, Liah (2003). *The Spirit of Capitalism: Nationalism and Economic Growth.* Cambridge, MA: Harvard University Press.

名義、行帝國主義之實，使仿擬國族主義淪爲反自由的威權意識形態。這些對國族主義原則的曲解可歸約爲三種模式：或是以集體主義的方式詮釋普羅主權、或是將普羅主權詮釋爲排外主義的集體復仇運動、或是以浪漫主義的形式將平等詮釋爲共同的文化血緣。[87]

（一）集體主義的公意共同體

於16至17世紀屢與不列顛正面衝突的法國，於這段期間亦走上中央集權之路。然而法國卻強調朝廷至高無上的權威，自1614年直到法國大革命前夕，法國都未有召開議會，完全斷絕平民參政之路。於17世紀初，利希留和馬薩林先後擔任首相，任內實行中央集權政策，貴族不能再世襲公職，亦不能以領地爲私有根據地，而必須按才能接受朝廷的直接任命，而且亦會派遞往全國任何地方。兩位權相雖同爲樞機主教，卻以今生的世俗成就爲施政之準繩：對他們而言，羅馬公教不過是實行思想控制的工具，是以他們一方面迫害新教徒，一方面抗拒羅馬介入法國教會之事務。同時法國亦爲抗衡奧地利而與新教國家結盟，甚至與信奉伊斯蘭教的鄂圖曼帝國維持友好關係。

被譽爲「太陽王」的路易十四於馬薩林逝世後，就不再設首相一職而直接親政，使法國的絕對君權邁向高峰。他進一步削弱貴族之權力，並建設能容納大批貴族居住的凡爾賽宮。國王將凡爾賽視爲其大舞臺，以王室禮儀的表演彰顯其權能；貴族必須參與其演出並得到其注視，方能獲得國王的賞賜。如此，最顯貴的貴族多離開領地，旅居凡爾賽陪伴國王，使他們長期處於中央的監視之下。路易十四亦增強對國家情報之控制：他在官僚的協助下設立中央檔案室，派遣官員到各地從流言蜚語中蒐集情報，並有系統地監視往來全國各地的信件。[88]

這種中央集權的科層體制壟斷一切的公共財，如是者法國上下的民生

---

87 Greenfeld 1993.

88 Rule, John C. and Ben S. Trotter (2014). *A World of Paper: Louis XIV, Colbert de Torcy, and the Rise of the Information State.* Montreal: McGill-Queen's University Press.

福祉，均需仰賴凡爾賽訂下的政策。雖然法國仍為講究出身血緣的不平等社會，身處凡爾賽的缺席地主仍會向其領地的民眾苛索物資，政府之有效管治仍能大幅改善民眾的生活。此時法國平民的生活水準，遠勝於荷蘭以外的歐洲大陸諸國。傳說開創波旁王朝的亨利四世曾許下承諾，讓最貧困的農戶逢星期天也能有雞下鍋（Un poule au pot le dimanche.）：這正好反映了當時民眾對政府的期望，他們都希望強而有力的政權能以動用無遠弗屆的公權力，以國家之資源和力量滿足其種種生活所需。[89]

　　即使是對絕對君主獨裁不滿的法國知識人，亦未能擺脫這種對強力國家的渴望。當時法國的自由派知識人都從不列顛汲取靈感，比如孟德斯鳩就根據聯合王國君主立憲制的經驗，於《論法的精神》提出權力分立的憲政理論。他們亦延續霍布斯和洛克關於社會契約的討論，一方面肯定民主政治之必要，另一方面卻將民主政治想像成集體主義的集權制度。盧梭在《社會契約論》中，指出要以社會契約建立共同體，從而使眾人以博愛戰勝個人之自私，從而使民主政治成為可能：

> 要尋找出一種結合的形式，使它能以全部共同的力量來衛道和保障每個結合者的人身和財富，並且由於這一結合而使每一個與全體相聯合的個人只不過是在服從自己本人，並且仍然像以往一樣地自由。這就是社會契約所要解決的根本問題……

　　然而，這樣的共同體之成員，卻必須公而忘私。盧梭不認同不列顛那種共同體自治：那就是共同體各人都追求利益最大化，繼而在爭辯中找到利益之平衡，最終以妥協的方式達成協議。盧梭認為這只是一群追逐私利的人，而自私的人則沒可能帶來公共的善。為了公共的善，參與民主政治之民眾就必須以眾人的心為心、以共同體的自我為自我，好讓社會能合而

89　de Tocqueville, Alexis (2008). *The Ancien Régime and the Revolution* (Gerald Bevan Trans.). London: Penguin Classics.

爲一、成爲一體。合而爲一的群體則有其集體意志，是爲公共意志，或曰公意。公意爲共同體之本，共同體的成員順服於公意，爲此甚至需對離群者實行制裁，使共同體能繼續運作下去：

> 每個結合者及其自身的一切權利全部都轉讓給整個的集體……我們每個人都以其自身及全部的力量共同置於公意的最高指導之下，並且我們在共同體中接納每一個成員做爲全體之不可分割的一部分……任何人拒不服從公意的，全體就要迫使他服從公意。這恰好就是說人們要迫使他自由，因爲這就是使每一個公民都有祖國保證它附於一切人身依附的條件，這就是造成政治機器運轉的條件。

當民眾透過民主參政成爲共同體，就意味著要以公意爲法律的依歸，而任何人的私意在法律上都毫無地位。這個共同體乃主權之所在，壟斷國家的一切合法權力，且不容個體的挑戰：

> 在一個完美的立法之下，個別的或個人的意志永遠應該是毫無地位的……從而公意或主權的意志永遠應該是主導的，並且是其他一切團體意志的唯一規範……大家的意志就是至高無上的秩序與律令；而這一普遍的、人格化了的律令，就是我稱爲的主權者……主權是不可分割的、不可轉讓的，而且它在本質上就在於共同體的全體成員之中。[90]

盧梭本人希望這種彰顯公意的共同體，可以使國家體制日趨組織化之時，同時能確定民眾於群體中的自由。公意共同體壟斷主權，就是說主權乃是由全體國民共同擁有：主權在於民眾，而不在政府或個別的政權手

---

90 Rousseau, Jean-Jacques (1968). *The Social Contract* (Maurice Cranston Trans.). London: Penguin Classics.

中。他期望能透過全民參與其中的直接民主，制止政權侵害自由的舉動。盧梭理解的自由，亦不只是免受轄制的自由，亦是免於淪爲禽獸的自由。身爲自由人，就必須擁有某種公共德性：一群不受轄制的人，可爲私利鬥個你死我活；唯有受公德規範的人，方會爲眾人之自由而付出，如此自由社會方有可能持續。更重要的是，盧梭提出公意論並非要設計出某種制度規範，而是想提出愛好自由的人當以何種心態參與政治：他談的不是外在的權力規範、而是內在的道德約制。[91]

　　但不論盧梭之本意如何，**這套論述還是有另一種詮釋方式：政權取得民眾認受後，就能以普羅主權之名取得凌駕所有個體之權力。**公意既然可以對逃避自由的個體「迫使他自由」，奉民眾集體意志行事的政權就可以指斥個別民眾「奴化」，從而要求他改造自己、以公權力強迫他接受集體的規範。這意味著公權力能以大眾之名，介入民眾的私領域，以群體的「自由」壓倒個體的自由。盧梭是以強調共同體的政治，必須是眾人皆能平等參與的直接民主，這樣則只有民眾能奉民眾之名行事。他反對代議民主，認爲公意不能被任何人代表，不然就會對民主造成損害。然而問題正正就在於現代的 Gesellschaft 社會，因著其多元組成及複雜的社會分工，直接民主在實踐上會遭遇嚴重的困難。民意代表在取得政權後，就能奉公意之名施展不受限制的權力，使民主政治淪爲集體凌駕個人的暴民政治，使多數人的意志成爲利維坦的強心針。

　　而法國大革命的血腥風潮，正好說明公意論如何爲集體主義之政權所用。在革命開始之時，不論是革命派還是保皇派皆以公意之名肯定其政治主張。國民議會於1789年8月通過的《人權宣言》，其第六條即表明「法律是公共意志的表現」；路易十六在面對國民議會之質詢，亦聲言自己按公意施政。盧梭的公意論此時已被視爲政權認受性的來源。[92]但最終把公

91　Wokler, Robert (2012). *Rousseau, the Age of Enlightenment, and Their Legacies.* Oxford: Oxford University Press.

92　Thompson, Eric (1952). *Popular Sovereignty and the French Constituent Assembly, 1789-91.* Manchester: Manchester University Press.

意論的集體主義傾向發揮得至爲淋漓盡致的，卻是羅伯斯比的山嶽派。

羅伯斯比於求學時期，即醉心於盧梭等啓蒙思想家的理論，甚至曾稱盧梭爲神明。在1790年代初，法國陷入內外交困之境地：此時歐洲諸國均向法國開戰，民眾因革命未有改善其生活而開始鼓譟，保皇派自然亦會伺機行事。山嶽派以激進派之姿態，於1793年取得政權，就大舉逮捕威脅政權的人民公敵。羅伯斯比於聖誕日（雪月5日）發表《關於革命政府原則之報告》（*Rapport du 5 nivôse an II sur les principes du Gouvernement révolutionnaire*），他揚言：

> 憲法之目標爲保護共和國，革命政府之目標爲建立共和國……革命政府有責任給予良好公民舉國之保護，卻沒責任給予人民公敵任何東西：除了是死亡……這些觀念足以解釋革命之源由和法理之性質……這是否代表革命政府比起一般政府——因要爲其進步步伐採取更進取、更無束縛的行動——較不關注公平和合法性？不，他們是由最神聖之法則所支撐：那就是人民的救贖。

山嶽派以救贖萬民爲理由，展開逾十個月的殺戮。他們先是把王后瑪麗·安東妮送上斷頭臺，並大舉屠殺貴族和神職人員，但隨後連與羅伯斯比意見不合的革命派亦被打爲反革命分子。曾與山嶽派作對的吉倫特派幾乎全滅，往法國聲援革命的潘恩亦幾乎遭害，後來因時任美國駐法大使的門羅出面援助才倖免於難。羅伯斯比連自己的朋友也不放過，丹敦與德穆蘭於1794年4月5日因被指憐憫敵人而遭處決，而德穆蘭還是羅伯斯比的兒時玩伴。羅伯斯比於山嶽派內的同志，因懼怕成爲下一輪清算的對象，遂於7月27日（熱月9日）發動政變，並於翌日處死羅伯斯比。但此時已逾30萬人因政治因素被投獄，當中有約17,000人被處決，並有約一萬人死於獄中。[93]

93　Scurr, Ruth (2007). *Fatal Purity: Robespierre and the French Revolution*. New York: Henry Holt and

　　雖然大革命後的法國政局一片混亂，但中央政府還是能透過群眾運動加強對地方的控制，並徹底根除貴族和教會對地方僅餘的影響力。山嶽派政府落實全民徵兵，使法式模擬國族主義的動員力能轉化爲軍事實力，此後縱使法國於革命後遭強鄰圍攻，卻能弔詭地拓展版圖。民眾多接受盧梭的公意論，可以爲集體公益而放棄個人的自由，他們只寄望強而有力的政權能抒民解困。他們起初受革命派動員進攻巴士底，爲的是要得到麵包；在熱月政變後，他們要的是麵包和安定。他們渴求一位眞正代表公意施政的強人，他們願意爲集體之公益擺上自我：只要全能的中央集權國家能解決生活大小問題，那麼民眾之民主選擇，就是把強人抬上公意代表之寶座。這種集體集權的共同體參與，就是法式模擬國族主義的精意。[94]

　　集體主義之公意共同體，在理論上可以有著明確的邊界。然而，集體主義仰望強人，而代表共同體公意之強人，就是事實上的皇帝：公意之代表權，猶如東亞帝制的天命。皇帝有了天命，帶領著無遠弗屆的中央集權體系，而全民一體皆是他的軍隊。剛巧自由、平等、博愛，都是放諸四海皆準的偉大價值。那麼代表著公意的強人，自然就承擔著德化四夷的天命。拿破崙於革命初期屢建軍功，後來於1799年11月9日（熱月18日）以政變推翻不孚人望的督政府，成爲法國民眾景仰的強人。他於1804年登基爲皇帝後，幾乎把整過歐洲都吞併爲法蘭西帝國之領地。雖然拿破崙最終被歐洲諸國之聯軍打敗，但先以公意規限個人，再以公意代表之姿稱帝，然後以天命所歸之態將權能彰顯於國門之外，卻已成爲以國族之名、行帝國之實的標準流程。

（二）排外主義的怨恨共同體

　　俄羅斯在14世紀，於金帳汗國的基礎上發展成橫跨歐亞的帝國，但其現代化發展隨即落後於歐洲諸國。這是一個實行現代－中世混合模式的典

Company.
94　de Tocqueville 2008.

型國度：其農村皆爲貴族之莊園，而農奴生活的社區實際上乃凡物公用之公社。法律規定領主有權自訂規則管理莊園的農奴，決定他們如何上繳其產物，但如此一來，各個莊園都有自己的規定，而這些規矩本身亦不是眞正的法律。這樣最終不單使農奴遭受不平等的欺壓，還使產權變得不清晰，亦令合約難以執行。[95]俄羅斯之都市發展比西歐和中歐落後，也沒有市民自治的傳統，大大妨礙其工商產業發展。[96]而俄羅斯直到18世紀初都沒有自己的海港，使其遠離市場貨幣經濟的發展重心，令這個受中世制度掣肘的帝國步向現代之路倍加崎嶇。

　　到了18世紀，俄羅斯在彼得大帝和凱薩琳二世的強勢領導下，依西歐經驗推行現代化改革。彼得大帝於1697至1698年往西歐遊歷，一方面爭取歐洲諸國協助俄羅斯打擊與其接壤的鄂圖曼帝國，另一方面則參觀工廠、拜會學者，親身接觸各地最新的科技和學術成就。此次出行雖未有達成亮眼的外交成就，卻使彼得大帝確定其治國方略。他於1698年提早歸國平定近衛軍叛變，之後從事軍事、地方行政和貨幣改革，進一步鞏固中央集權。於18世紀後半期執政的凱薩林，亦延續此等的現代化改革，令俄羅斯國力達到高峰。但爲此兩位大帝皆需重用來自西方的人才：俄羅斯要到1724年才在聖彼得堡開設第一所大學，在那個時代具有現代才能的人，也只可能是來自西方。

　　沙皇的絕對君權制度，早已使貴族無法分享政權：他們大多只能留守地方，做個沒有兵權的莊園領主。當西方專家獲沙皇奉爲上賓，貴族能參政的機會就更加渺茫。沙皇不單要引入西方科技，還要貴族們移風易俗，皇室禮儀和服飾亦先帶頭全盤西化。如今貴族們不單是鬱鬱不得志，還覺得自己的苦況是外國人害的：剛巧凱薩琳原先是從普魯士嫁過來的公主，後來政變推翻丈夫彼得三世才得以登基稱王。這種仇外心態，很快就在精

95　Dennison, Tracy (2011). *The Institutional Framework of Russian Serfdom.* Cambridge: Cambridge University Press.

96　Gurevich, Aron J. (1985). *Categories of Medieval Culture* (G. L. Campbell Trans.). London: Routledge and Kegan Paul.

英階層中傳揚開來。[97]到19世紀初，卡拉姆津（Nikolai Karamzin）憶述上
世紀的往事時，如此描述俄羅斯人的觀感：

> 當（沙皇）清除古早風俗，將之視爲荒謬、愚笨，（因此）引進外
> 來習俗之時，他們覺得這位沙皇正在羞辱俄國人。難道作賤自己，
> 就能使每個人、每位公民做大事嗎？[98]

這些排外的失意貴族，懷著怨恨的偏見觀摩西方事物，認爲西方盡皆
僞善，並將自由平等視爲邪惡的外來思想。但是接受過現代教育的新知識
階層，卻對西方的現代文明甚爲嚮往：他們深覺俄羅斯之落後和壓制，想
要將國家改革成西方國家之一員。在1814年4月，沙皇亞歷山大一世率兵
攻下巴黎，迫使拿破崙宣告退位，俄羅斯軍隊於13日通過凱旋門。然而，
勝利的俄兵卻遭敗戰的法國人白眼：法國人即使戰敗，卻依舊鄙視戰勝他
們的俄羅斯人，認爲他們是不諳西方文明精粹的蠻夷。又有些士兵驚嘆巴
黎之先進與自由，反令自己自慚形穢。部分軍官決定於1825年12月26日
（儒略曆12月14日）起義，反對尼古拉一世接任沙皇，並要求制訂憲法、
解放農奴。然而十二月黨人撐了半個月就遭鎮壓，與事者則被流放西伯利
亞。令親西方知識人沮喪的，不只是帝國政權的高壓。當他們發現自己意
欲拯救的民眾，既對起義之事茫然無知、對自由平等的理念又漠不關心，
就墜入絕望的深淵。[99]哲學家恰達耶夫（Peter Chaadaev）如此哀鳴：

> 我們也是（歐洲）諸國族之一員，（卻）似乎未能成爲人類社會的
> 一部分，只能爲這世界帶來重大的（反面）教材。我們命定要（向
> 世人）宣示的教訓，肯定不會被人遺忘，但誰知道我們能否於人類

97　Greenfeld 1993.

98　Karamzin, Nikolai M. (2005). *Karamzin's Memoir on Ancient and Modern Russia: A Translation and Analysis* (Richard Pipes Trans.). Ann Arbor, MI: University of Michigan Press.

99　Greenfeld 1993.

社會中覓得自我？誰知道我們要實踐自己的命運，會經歷多少慘事？[100]

對西方欲拒還迎、愛恨交織，乃一直糾擾19世紀俄羅斯知識人的糾結。他們一方面自視為西方世界之一員，渴望取得西方的各種進步與成就，希望能與西方諸國平起平坐。但他們卻同時有著自卑情結，認為西方一直在看扁他們，甚至是自己以至俄羅斯種種挫折的源由。他們潛意識地把西方的寬容視為偽善，並將目光投往備受欺壓的農奴：農奴生活困苦，但知識人卻將其粗糙的文化，視為彰顯俄國魂的高尚品格。知識人意欲改變屈辱的現狀，開始走到基層社區動員民眾，如此這種對西方又愛又恨的情結，就普及成俄羅斯人的集體想像。他們一方面歌頌自己的「野蠻」，嘲諷西方文明的裝模作樣；另一方面卻又學習西方，期望有朝能迎頭趕上，並向一直侮辱他們的西方復仇。布洛克（Alexander Blok）的詩作〈斯基泰人〉，正好能捕捉到這種複雜的情懷：

> 你們成千上萬，嗯，我們無計其數
> 聽吧：你若要戰，我們就和你戰
> 是的，我們是斯基泰人、是亞細亞的枝葉
> 我們橫眉以對，眼神盛載著貪慾……

> 往昔數百載　汝等向東望
> 貪慕我們的寶石礦藏
> 帶著敵意的眼神盯著時機
> 一聲號令　萬炮齊鳴
> 時辰已到　災難振翅高飛

---

100 Chaadaev, Peter (2012). *Philosophical Works of Peter Chaadaev* (Raymond T. McNally and R. Tempest Eds.). Dordrecht: Springer.

屈辱與日俱增

直到那日

用徹底的破壞　終結安定的生活……

謎之史芬克斯，就是俄羅斯，悲傷卻士氣高漲

沾上黑色的血　低頭悲嘆

她凝視著你、等待著你

充滿熱烈的愛戀、充斥激烈的仇恨……

加入我們！免於恐懼和怨懟

讓我們於擁抱中和好

尚有時間，劍莫出鞘

同志，吾乃同族弟兄

爾若拒絕，於我無損

我們也曉吟誦那徒勞的誓辭

然而此後、此後爾等皆受詛咒

我們兒孫那遙遠的後代　必以苦痛折磨你們[101]

　　界定俄羅斯人身分的，不是他們自身的特徵，而是源自外界的羞辱：也就是說一切的自我認同，皆源於對外人的否定。根據俄式模擬國族主義的定義，代議政制和平等民權，都是假民主、僞平等：那只是西方爲嘲笑俄羅斯落伍而發明的語言僞術。**何爲普羅主權？讓俄羅斯人在鄙視他們的西方人面前吐氣揚眉，就是俄式民主。何爲平等主義？整個俄羅斯都要忍受西方的侮辱，此等屈辱人人有份，是爲眾生平等。個人的自主、個體間的平等，都是源自西方的虛假意識；唯有讓整個群體都能報仇雪恨，方能**

101《維基文庫》英譯本，筆者自行翻譯。

達成真解放、真自由。俄羅斯人認爲原始而純樸的勞苦大眾，不像上流社會那般受過西方思潮茶毒，故此等承傳俄羅斯之國粹。他們寄望能有強人出現集合廣大群眾的力量，內除崇洋媚外的親西方奸細、外抗西方霸權的欺凌侮辱；然後以集體的力量，展開超越西方的現代化建設、實踐俄羅斯國族的偉大復興。如此踏入20世紀，俄羅斯就把希望寄託在布爾什維克的黨國主義。

布爾什維克奉馬克思主義爲圭臬，卻將「工人無祖國」的國際主義，視爲提升俄羅斯國際威望的契機。俄羅斯的社會主義革命若能成功，就能畢全功於一役：俄國實行社會主義，除了可以立即超越實行資本主義的西方，還可以晉身爲世界社會主義革命的老大哥。就如列寧在〈論大俄羅斯人的民族自豪感一文〉指出：

> 我們，大俄羅斯覺悟的無產者，是不是根本沒有民族自豪感呢？當然不是！我們愛自己的語言和自己的祖國；我們正竭盡全力把祖國的勞動群眾的覺悟提高到民主主義者和社會主義者的程度……我們滿懷民族自豪感，因爲大俄羅斯民族也造就了革命的階級，也證明它能給人類提供爲自由和爲社會而鬥爭的偉大榜樣……所以我們說：20世紀在歐洲——即使在歐洲的最東部——保衛祖國的惟一辦法，就是用一切革命手段反對自己祖國的君主制度、地主和資本家，反對我們祖國的這些最可惡的敵人。[102]

就是這樣，布爾什維克於1917年11月7日（儒略曆10月25日）發起十月革命，建立社會主義蘇維埃政權。在布爾什維克黨國一體的統治下，貴族、地主、資本家和異見者被打爲祖國的敵人，遭有系統地集體清洗。新的共產主義政權將舊事物悉數破壞，並以一黨專制的高壓控制社會。民眾

---

102 列寧著，中國共產黨中央編譯局譯（1990），《列寧全集》第26卷，北京：人民出版社。頁109-110。

都成為集體動員的對象，或是投入生產、或是打倒祖國的敵人。這個國家挺過了起初的內戰，肅清內外的敵人，還以集體生產的方式推動工業化，開始走上強國之路。然而，俄羅斯人在黨國高壓下，再也沒有個體的自由：他們已融入黨國領導一切的群體，也就是集體復仇的共同體。帝國的時代結束了，但蘇維埃聯邦卻保留著舊帝國的疆土，也拒絕按國族國家的邏輯自限於邊界分明的領土。俄羅斯人會不斷走出去，把馬列主義的「福音」傳到地極，「加入我們！免於恐懼和怨懟」。俄羅斯成為社會主義陣營的老大哥，透過推動各地的社會主義革命、透過成立社會主義衛星國，以「天下帝國」之姿與西方繼續那已延續好幾百年的超級馬拉松。

（三）血脈為本的浪漫共同體

德國之現代化歷程異常複雜。中歐是歐洲最早現代化的地方之一：在經濟方面，萊茵河把德國中南部和荷蘭的鹿特丹連接起來，而北部的波羅的海海岸亦為貿易航線，沿著貿易路線的城市多為自治的城邦，部分城邦亦締結促進貿易的聯盟。這是歐洲最早採用市場貨幣經濟的地方之一。在意識形態方面，德國正正就是宗教改革的發源地：馬丁路德於1517年10月31日，於德國東部維滕貝格的諸聖堂大門張貼《九十五條論綱》，質疑羅馬公教教廷販售贖罪卷的做法，為宗教改革掀開序幕。德國亦為啟蒙運動之搖籃，其文學和哲學可謂冠絕全歐。

然而這個地方的政治異常落後，平民和知識人皆沒辦法決定國家之政事：更貼切地說，他們根本沒有國家。自中世以來，中歐就是神聖羅馬帝國之疆域所在，而德意志王國則為帝國最主要的組成部分：事實上自12世紀起，帝國皇帝亦是由德意志國王兼任。然而這個帝國就如伏爾泰之名言所云：「絕非神聖、亦非羅馬、也非帝國。（en aucune manière ni saint, ni romain, ni empire）」嚴格而言，這帝國和德意志王國同樣都是鬆散的小國邦聯，其皇帝亦是由4至6位實力諸侯，聯同科隆、美茵茲及特里爾的樞機主教選出。

帝國中央的管治權威自中世末期即持續衰落，在宗教改革後，各小國

亦因宗教上之差異無法同心一德，並於17世紀初打了一場牽涉歐洲各方勢力的30年內戰。戰後這些小國成為獨立主權國家，但事實上只能算是鄰近大國的藩屬。奧地利和普魯士乃唯二的例外，但奧地利的疆域大多處於德語區之外，如此普魯士就成為當今德國國境內唯一的現代國家。普魯士推行官僚施政的中央集權制度，不計出身地延攬各界人才，管治民眾的政策亦比較寬容。但普魯士的開明專制，憑藉的乃君主之個人意志（亦因為普魯士於地緣上腹背受敵，使政府必須以開明與寬容避免內耗），國王雖會禮賢下士，但知識人及平民精英並無任何憲定的政治地位。

在17世紀末至19世紀初，德國的知識人有相對上的思想自由：即使他們的見解不為領主所容，他們亦能周遊列國：甚至可以像黑格爾那樣，於聲名鵲起後以國師之姿態獲邀到柏林。然而在德國參政的機會，只開放予貴族以及受過科學教育的官僚，文學家和哲學家雖有思想的自由，甚至會被奉為國賓，卻始終與現代政治絕緣。他們根據自己的景況，認定科學和理性把人類和大自然隔絕起來，並因而束縛人性之自由。是以人類若要得到解放，就不得不超克現代、恢復天人合一的自然狀態。這樣德國知識人，就對敬虔主義感到興趣，並走進浪漫主義的懷抱。他們雖然對宗教持懷疑態度，卻欣賞敬虔主義者那單純的信心：受敬虔主義影響的基督徒強調要與上帝建立個人關係，無時無刻都要以情感和上帝契合，要恆常以禱告和上帝交流傾訴。德國知識人不一定相信上帝，但他們卻渴望能與大自然有同樣的親密關係，為此他們順水推舟：以浪漫主義把德國神格化。就如哲學家米勒（Adam Müller）所言：

> 國家不僅僅是工廠、農場、保險、制度或商業社會，它是一切物質和精神需要、整個物質和精神財富、一個民族的內在和外在生命，緊密結合成巨大、充滿活力、無限活躍和有生命力的整體。[103]

---

103 Müller, Adam (1955). "Elements of Politics," in H.S. Reiss (ed.), *The Political Thought of the German Romantics, 1793-1815.* London: Blackwell.

把國家神格化，倒非德國與別國不同之處：按照社會學大師涂爾幹的觀點，宗教之起源正正就是社群的神格化。[104]問題是被敬奉的，是自由平等的國民共同體自身（就像美國 We the People 之稱謂），還是某種超然於國民的力量。拿破崙於1790年代末成為獨裁者，並出兵入侵中歐。德國知識人一度甚為興奮：他們以為拿破崙東征，是要傳揚自由、平等、博愛等源自法國大革命的理念。只是隨著戰事繼續，法國顯然不是德國人的解放者，只是想把中歐視作遠征俄羅斯的跳板：在文明憲制的背後，卻是侵略和掠奪。於是德國知識人齊寄望能激起德國民眾的愛國熱情，從而集合力量驅逐法國侵略者。在戰事如火如荼之際，菲希德（Johann Gottlieb Fichte）為喚起民眾愛國心，就在德國各地巡迴演講，這些演說隨後輯錄成《告德意志國民書》，乃德國模擬國族主義經典之作。文中指出：

> 居住的變遷還不算十分重要……較此上述變化更為重要，而且恐怕成為德國人和其他條頓人根本不同的地方，是國語的變化……德國人始終說著由自然力流出來的生氣勃勃的國語，而其他民族則說著死寂無生命的言語。[105]

德國自神聖羅馬帝國衰落以來，直到1870年前都未曾統一，德國各地的知識人未有共同參與公共事務的體驗。公民共同體的認同，對知識人本身來說已是偏向抽象，遑論要靠此理念動員民眾救亡。如此德國知識人的國族建構工程，就訴諸德國人共有的語言：縱使在標準德語出現之前，德國各地通行之「德語」稱不上是統一的語言。他們認為語言乃自然之產物，德國各地民眾既然都說著勉強能互通的語言，那就說明德意志民族的形成，乃自然定律的結果。在德國知識人眼中，德語不單獨特、更是優秀，是德國精密思維的結晶。他們把母語視為自然之產物，那麼獨特而

---

104 Durkheim, Émile (2008). *The Elementary Forms of Religious Life* (Carol Cosman Trans.). Oxford: Oxford University Press.

105 菲希德著，臧渤圓譯（1947），《告德意志國民書》，瀋陽：中國文化服務社。

傑出的語言，就比喻著純正而優秀的血統。克爾納（Theodor Körner）的
〈獵人之歌〉，正好反映著這種思路：

> 語言的神聖紐帶
> 使我們緊密相連
> 共同的上帝、共同的祖國、共同的可靠的德意志血統
> 使我們緊密相連[106]

　　據德國知識人之浪漫主義觀點，語言乃與生俱來的自然之物。語言源
自血緣，又與土地互相連結，如此生成的德意志國族就是自然力量的彰
顯。他們鄙視不列顛自由主義者的主張，認爲整天都說著捍衛自由，反倒
是缺乏自由的表徵。與大自然契合才是眞正的自由，是以德國要爭取的，
不是政治自由、人身自由，而是要讓德國民眾正視其共有之血緣連帶：唯
有這樣方能超克非人的現代化，回復人性的自然狀態。這個血濃於水的大
家庭自有其生命力，是比個人更偉大的生命體，而且還有自己的意志。就
如施勒格爾（Frederich Von Schlegel）所云：

> 人類被嚴格劃分爲民族，比近來發生的若干民族混合更適合大自
> 然……每個國家都是爲自己而存在的獨立個體，它絕對是其自身的
> 主人，有其特有的特點，並依其特有的法律、習慣和習俗管理自
> 身。[107]

　　而德國人之尊嚴所在，就是要奉獻自己的生命，讓德意志這個超越一
切的生命體能茁壯成長。身爲德國人，就要意識到自己在承擔著偉大的使
命，因爲他們所組成的德意志比世上的任何族群都要優越。德意志何以優

---

106 Körner, Theodor (2011). *Sämtliche Werke*. Charleston, SC: Nabu Press.
107 Von Schlegel, Frederich (1836). *Friedrich Schlegel's Philosophische Vorlesungen aus den Jahren 1804 bis 1806*. Bonn: E. Weber.

越？此乃建基他們身上純正的血脈：日耳曼人從未被羅馬帝國完全征服，又不像斯拉夫人那般曾向蒙古臣服，整個歐洲也只有他們能保持純粹的原初狀態。阿恩特（Ernst Moritz Arndt）如此吹噓：

> 德意志人沒有因異己民族而變得低劣，他們還沒有成為雜種；就其最初的純潔而言，他們比許多其他民族保持得更多，並且他們有能力按照時間的持久法則，緩慢而悄悄地從其種族和天性的這種純潔中發展起來；幸運的德意志人是原初民族。[108]

浪漫主義去到盡頭，就是我族中心主義的種族主義。德國自19世紀以來的認同政治，往往被視為國族主義的典例，而1930至1940年代的法西斯主義則被視為國族主義的惡果。然而戰前德國的國族主義，乃是模擬的國族主義。德國第一批國族主義者將平等主義詮釋為德國人共享的純正血統：**既然大家都流著同一樣的血液，那麼政治平等、身分平等的訴求就通通都是假議題**。對他們來說，普羅主權乃德意志整個生命體的權能，而非個別德國人的榮辱：就如枝葉茂盛的大樹，也有枯枝隨新陳代謝消逝，但依舊還是綠意盎然。浪漫主義者會堅持：枝葉存在之自然意義，就是促使綠葉成蔭、聚樹成林，除此以外枝葉就沒有任何自然價值可言。也就是說，**不論是平等主義還是普羅主權，其主體都是做為血緣共同體的「大我」，而個體則是必須被克服的小我**。歸根究底，浪漫主義及其衍生物，都是對現代的反動，乃對現代文明之否定。不論如何再披上「國族」的偽裝，這種模擬國族主義骨子裡乃對現代國族原則的反響，最終只是為復興中世帝國巧立名目。

任何訴諸語言和血緣的共同體，都不可能有明確的人口和疆界。高地德語和低地德語只能勉強相通，但德語區的人都被視為血濃於水的共同

---

108 Köhn, Hans (1949). "Arndt and the Character of German Nationalism," *American Historical Review,* 54(4):787-803.

體。倘若依照同樣邏輯，所有講西日耳曼語言的地方——包括荷蘭和英格蘭——也當與德國認祖歸宗。北日耳曼語支與西日耳曼語支有共同起源，那難道斯堪地那維亞也應該是德國的一部分？跨族群的婚姻，自古以來皆不算罕見，那麼如何能界定共同體之間的界線？是以實行這類浪漫型模擬國族主義的國家，稍有國力就會發起「固土收復運動」，那其實是以浪漫修辭掩飾開疆拓土的野心。可鬆可緊的界線，就是可隨實力伸縮的帝國型邊界；以血緣之純正定族群之優劣，其實就是核心貶抑邊陲的身分差序，這也是中世帝國的邏輯。唯一與中世不同的，是模擬國族主義者如今能動用現代工業科技，迫使於歧視鏈底層的邊陲群體面對種族滅絕。要待中世帝國的夢被徹底炸碎，直到德國人不再高歌「德意志高於一切」，直到無人再將德國女性和美酒與忠誠相提並論[109]，德國才算是真真正正的國族國家：自此以後，德國人只會高唱統一、正義和自由，只會把自由認作歡樂頌。[110]

以國族國家馴服帝國

19至20世紀常被稱為國族主義的世紀，而1910年代和1940年代的兩場世界大戰，則多被視為國族矛盾之大爆發。然而在這兩個世紀湧現的國族主義，大部分都只是模擬的國族主義：他們都不符合平等主義和普羅主權這兩個構成國族主義的原則。這些新興國族主義，或是將普羅主權解作集體主義，或是將之解作排外主義的集體復仇運動，或將平等解作集體成員的共有血緣。這些都是對國族主義原則的曲解，卻還是能令不少國家能以國族之名動員民眾，繼而以國族之名行帝國之實。國族主義的原則，就是在特定疆界內的住民自決，但模擬國族主義卻將一切都顛倒過來。最終的

---

109 摘自德國國歌《德意志之歌》之歌詞。德意志聯邦共和國於1952年重新將此曲訂為國歌後，就一直只唱第三節。
110 柏林圍牆倒下後，名指揮家伯恩斯坦獲邀到柏林指揮演奏貝多芬第九交響曲，伯氏為此將曲末的《歡樂頌》改為《自由頌》。

結果，是無限制的國家權力、以壓制國民權益的方式和爲按實力表述的浮動邊界，再加上現代的軍事及政治技術而釀成的災難。災難的起因，是中世帝國邏輯對現代國族的侵蝕，問題不在國族主義之過盛，而是在於其不振。

引發兩次大戰的，不是國族主義之間的衝突，而是帝國主義之間的衝突。國族國家之間雖然確有邊界衝突之可能，但此等衝突多侷限於特定區域以內。但帝國主義之間的衝突卻可源自地球任何角落，而且那不一定是邊境糾紛，更有可能是因**擴張勢力**範圍而引起的衝突。戰前的危機，往往都是帝國爲劃分勢力範圍而起的衝突：比如法國和德國爲摩洛哥劍拔弩張、俄羅斯與奧匈帝國爲控制巴爾幹而拔河，這些都是帝國之間的矛盾，不是國族之間的衝突。很多新興國家雖然弱小，卻多以自奉爲古帝國的傳承者，根基未穩就急著要恢復帝國的榮光。比如保加利亞爲恢復帝國時代的版圖，獨立後屢與鄰國衝突，甚至爲此於二戰時加入法西斯陣營。[111]希臘則曾構思重現拜占庭風華的大希臘計畫（Megali Idea），想要盡取環繞愛琴海的土地，並將首都從雅典遷往君士坦丁堡。[112]巴爾幹諸斯拉夫族小國或是爲集合力量抵抗強鄰，或是意欲建設「大塞爾維亞」的小帝國，於一戰後勉強湊合爲南斯拉夫，卻爲1990年代的族群矛盾埋下伏筆。[113]

英國和美國雖然都發展成由平等公民民主自治的真國族國家，但兩國在未有國族主義前，就已經展開其帝國霸業。英格蘭在12世紀就在愛爾蘭建立殖民地；美國在獨立之前，就認定殖民北美洲乃其昭昭天命，甚至幻想費城能成爲大英帝國的陪都。[114]兩國在成爲國族國家前，就已經帶著帝國的遺產。雖然兩國都將其帝國視爲在外地的資產，小心翼翼地令其本部能保留國族國家的形態，但它們在國際關係上也難免要依從帝國擴張的邏

---

111 Crampton, R.J. (2005). *A Concise History of Bulgaria.* Cambridge: Cambridge University Press.

112 Smith, Michael Llewellyn (1998). *Ionian Vision: Greece in Asia Minor, 1919-1922.* London: Hurst.

113 Ramet, Sabrina P. (2006). *The Three Yugoslavias: State-building and Legitimation, 1918-2005.* Bloomington: Indiana University Press.

114 Greenfeld 1993.

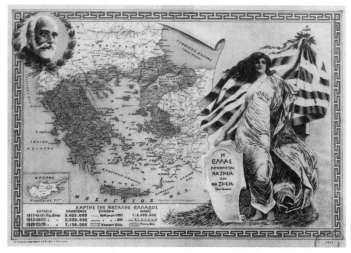

【圖4】大希臘計畫願景圖。

輯。美國雖曾高調提倡國族自決的國際政治原則，在實踐上卻是表裡不一。[115]觀乎英美於過去兩個世紀的涉外衝突，可見兩國仍為帝國的囚徒。

　　在帝國主義騎劫國族主義的混合體系中，當權者能夠模仿國族國家的樣式，或是以「數目字管理」的現代管治技術壓榨屬民，又或是以「同源論」或「故土收復論」要求屬民移風易俗。但這些實行模擬國族主義的國家，卻未有遵從國族主義的邏輯把別國視為對等的國族國家：它們倒是像舊帝國那樣無限擴張其疆界，又強調核心和邊陲間的尊卑區別，為的是肯定核心對邊陲的壓榨。**歸根究底，19至20世紀的種種衝突，病灶乃帝國主義對國族主義之侵蝕。以中世遺留的邏輯運用現代的國家機器，結果自然就是災難。**

　　兩次慘烈的世界大戰，並非國族主義造成的惡果；大戰後的相對太平，同樣不是國族主義退潮的結果。在經歷過兩場全面戰爭後，世上能繼續維持下去的帝國，就只剩下美國、蘇俄和中國。其他帝國於隨後數十年

---

115 Manela, Erez (2007). *The Wilsonian Moment: Self-Determination and the International Origins of Anticolonial Nationalism*. New York: Oxford University Press.

皆盡數解體，其屬地紛紛按國族自決原則獨立建國。而失去帝國的西方國家之重新定位，亦使它們從帝國的桎梏中解放。它們自此必須按國族國家的邏輯，把別國視爲對等的伙伴：**我們可以說，這才是國族國家時代眞正的開始**。雖然發達國家還是能藉經濟力量延續在海外之影響力，但它們再也不能像以往那般動輒以武力威嚇他國：美、俄、中三國雖高人一等，但除此以外的國際關係卻比以往平等得多。國際間的對等關係，亦使煤鋼共同體這樣的跨國區域整合成爲可能。和以往相比，世界相對變得太平，至少戰爭於已開發國家中已不被視爲常態。

英法兩國於1956年與以色列串謀，出兵埃及以圖奪取蘇伊士運河的控制權，卻激起美國和蘇俄的反彈。英法兩國在國際壓力下匆忙撤兵，意味此後除美蘇兩國（以及於1960年代起挑戰蘇俄於社會主義陣營領導地位的中國）外，世上再容不下其他的帝國。除美國外之西方各國的帝國夢就此破滅，自此只得專心經營自身的國族國家。而西歐各國則以對等的身分協商合作，推動經濟和貿易的跨國整合。[116]英國於蘇伊士危機後，即部署於從各殖民地光榮撤退；戴高樂於1958年掌權後，即運用其個人聲望於阿爾及利亞舉行自決公投，展開法國去殖民化之進程；葡萄牙的中下層軍官於1974年發動政變推翻獨裁政權，決定放棄所有殖民地[117]，並於翌年舉行民主選舉。

帝國的退卻，也就是民主的進步。在戰後幾十年間，失去海外帝國的西方諸國，盡皆落實普及而平等的公民政治權利。在政治變革的氛圍下，西方社會亦變得寬容，民間社會亦湧現要求進一步落實平等民權的社會運動。這段時期的公民國族主義，不再強調種族之純潔，不再沉迷於國仇家恨，亦不再信奉集體主義：如今任何認同社群價値的公民，憑藉公民參與過程中的共同經歷，就有權宣稱自己是國族平等之成員。這種於西方發展

---

116 Judt, Tony (2005). *Postwar: A history of Europe Since 1945.* London: Penguin Press.

117 但中國卻想以澳門爲對外交涉之窗口，不願意於此時取得澳門。葡萄牙其後宣佈只擁有澳門之治權，而其主權則一直屬於中國。兩國於1988年簽訂聯合聲明，協議於1999年12月20日將澳門交予中國。

成熟的普羅主權思潮於戰後普及全球，推動一波接一波的民主化浪潮[118]：對民主的渴求，使殖民地民眾投入獨立運動；殖民帝國之瓦解，亦促成原宗主國自身的民主化。國族主義若未有墜入帝國的邏輯、堅持公民共同體的社會平等及普羅主權，就會是促成民主化的正面力量。[119]

　　隨著國族邏輯戰勝了帝國邏輯，社會民主從夢想變成可能，西歐亦於1960至1970年代踏入社會民主的時代。[120]公民國族的共同體想像，使民眾更易同情弱勢社群之不幸：既然整個國族都面對著共同的命運，那麼就當甘苦與共，視國人之苦難為自身的苦難。[121]建基於公民身分的國族認同，亦可以促成社會成員間的互相信任[122]，從而令社會救濟的努力事半功倍。在公民國族主義較發達的國家，其社會安全網比較完善，甚至能推行分配正義的社會福利政策。[123]戰後這種沒有但書的普羅主權和平等主義，才是國族主義的真義：是以法西斯陣營於大戰落敗，並不意味著國族主義的退潮；與此相反，這其實意味著國族主義能掙脫帝國邏輯敗壞的陰影，並彰顯其進步之本色。世界於兩次大戰後，大體上確立了由平等的國族國家構成之國際秩序；縱然世界仍然充滿問題，但戰後幾十年的世界大勢仍大體上步向自由、民主與和平。

新自由主義全球化：利維坦2.0

　　然而1990年代以來全球一體化，卻衝擊著曾推動世界進步的國族國家

---

118 Huntington, Samuel P. (1991). *The Third Wave: Democratization in the Late Twentieth Century.* Norman, OK: University of Oklahoma Press.

119 Munoglu, Ertan (2011). "The Impact of Nationalism on Democratization in Central and South-Eastern Europe," *Ethnopolitics,* Papers No. 9, Exeter Centre for Ethno-Political Studies, University of Exeter.

120 Judt 2005.

121 Miller, David (1995). *On Nationality.* Oxford: Oxford University Press.

122 Berg, Linda and Mikael Hjerm (2010). "National Identity and Political Trust," *Perspectives on European Politics and Society,* 11(4):390-407.

123 Hjerm, Mikael and Annette Schnabel (2012). "How much Heterogeneity can the Welfare State Endure? The Influence of Heterogeneity on Attitudes to the Welfare State," *Nations and Nationalism,* 18(2):346-369.

體系。貨櫃運輸系統的發明，使運輸成本大幅下降；噴射航機則使旅客及急件可於日內抵達全球大部分地區，亦令更多人有能力以金錢換取速度；如此再加上資訊科技的發展，半製成品能廉價且準時地運送到地球的另一端，這樣廠商就能把不同的生產工序按成本遷往不同地方。這種新興生產模式，自然會衝擊固有的國民經濟體系。不過自蒙古時代起，跨地域的經濟分工已逐漸成為世界的常態，這種生產模式的出現其實乃幾百年大趨勢的延續。[124]真正衝擊國族國家體系的，是這種歷史背景下出現的意識形態：也就是於1980年代流行起來的新自由主義。

　　被新自由主義者視為啟蒙先知的海耶克曾說過：「通往地獄之路，都是由善意鋪成的。」新自由主義論述，起初亦是由善意鋪成，其立論乃基於對極權主義的恐懼：政府越是介入經濟活動，越是提供更多的公共服務，就越有能力控制社會，最終鋪成通往奴役的路。海耶克之用意，在於提防法西斯和蘇俄那種壟斷社會資源的黨國模式：雖然他憂慮社會民主主義和凱恩斯經濟政策會導致蘇俄模式的極權，但他還是認同政府有維持秩序的角色。[125]然而隨後的新自由主義者，卻認為任何的規管皆必然有害：他們主張要有自由放任的市場、透過無限制達成財富的分配。他們認為唯有自由競爭的市場環境，才能真正尊重個人的選擇，而這亦是達成公平與效率的唯一方法。他們認為公營服務缺乏效率，亦會鼓勵搭便車的尋租行為，從而令公營服務的質素註定差劣。亦因而此，新自由主義者主張削減公共服務以維持低稅率，讓民眾用自己的錢在市場上購買自己選擇的服務。

　　新自由主義的問題，在於假定民眾都有資源在自由市場上獲取所需的服務。但在分配不均的社會，貧苦大眾在市場上亦缺乏競價能力，他們不得不靠公共服務維持生活。唯獨資源充足的富者，方有能力於自由市場出價，並隨心所欲的自由選擇。這種觀點更大的問題，在於把任何的社會行為都視為消費，都是個體基於理性的自利選擇。這種假設無疑是反社群

---

124 Osterhammel, Jürgen and Niels P. Petersson (2009). *Globalization: A Short History.* Princeton: Princeton University Press.

125 Hayek, F.A. (2007). *The Road to Serfdom* (Bruce Caldwell Ed.). Chicago: University of Chicago Press.

的，就如柴契爾夫人所言：「沒有社會這回事。」倘若社會只是個大市場，而社會成員都只是參與競價的買賣人，那麼按照市場的邏輯，那些無法投得心頭好的人，就只能怪責自己出價不夠狠準。按照同樣的推理，貧者之所以貧窮，主要是因爲他們自己不夠努力；富者之所以富有，則主要是因爲他們投資得宜。貧也好、富也好，禍福皆自招；各人既已得到自己應得的賞賜，那麼贏家對輸家亦不用付上任何責任：贏家或會基於同情心而伸出援手，但同情是修養而非社會責任，個人的施善亦非社群的互助。貧富全憑個人努力的講法，既是脫離現實，亦鼓勵各人成爲只爲自己負責的原子化個體，使公民共同體無以爲繼。[126]

但這種偏離現實的意識形態，對工商界以至部分不欲多繳稅款的中產階層（以及自以爲比下有餘的基層）來說，卻是悅耳的歌聲。主張新自由主義的政客，聲言以放任政策「拼經濟」就能使普羅大眾因滴漏效應受惠：基層民眾若非屬於頂貧頂弱的一群，對上向流動致富仍有一絲渺茫的盼望，亦容易將此等政見視爲大勢所趨。主張新自由主義的政治人物，於1980年代在西方多國取得政權。他們對內大幅削減公共服務，並在勞資糾紛中站在資方那邊，鼓勵工業界將生產鏈外包往他國。他們把仰賴社會福利的貧民標籤爲不負責任的懶人，認爲失業者是因爲不願自我增值而遭勞動市場拋棄：也就是說貧困大都是咎由自取，都不配獲得政府的援助。在對外政策方面，他們以自由貿易的捍衛者爲己任，要求弱國放棄關稅自主、開放海外投資，並鼓勵本國企業到人權紀錄惡劣的國家開設勞動密集的血汗工廠。在美國牽頭下，世界貿易組織於1995年正式成立，與國際貨幣基金會和世界銀行合作，按新自由主義的範式維持世界經濟秩序。富裕國家及國際組織在借貸予弱國時，以條款規定借款國必須推行新自由主義的改革：它們不單要開放市場和鼓勵投資，亦必須縮減政府之規模，即使這意味著要犧牲貧民賴以維生的社會服務。[127]

---

126 Judt, Tony (2011). *Ill Fares the Land.* London: Penguin Books.
127 Stiglitz, Joseph E. (2002). *Globalization and Its Discontents.* New York: W.W. Norton and Company.

　　就如主張新自由主義的評論人佛理曼，就指出在全球化的大勢下，國族國家猶如穿上黃金緊束衣。[128]自由放任的經濟政策的確能吸引外來投資，在帳面上增加國家的國民生產總值，更可造就一批先富起來的人。然而國族國家為此必須放棄部分主權：它必須放棄以公共政策完善市場失效的問題，甚至要否認市場有失效的可能。政府必須縮減規模以壓低稅率，而不得不由政府提供的公共服務亦要按市場邏輯評核表現。而更重要的是，國族國家若要參與全球化的經濟，就必須放寬邊界的管制：它們不能再隨便以利率調控國家的經濟，不可以再用關稅鼓勵自身的產業發展，甚至要在不顧社會承受能力和文化差異的情況下容許人口流動。新自由主義的全球化已經成為凌駕於列國之上的體制：任何國家若不順從，就必須面對難以承受的沉重後果。

　　如此，弱國失去了保護自己免受富國剝削的能力，而富國自身亦必須讓利予企業，無法再像以往那樣保護窮苦大眾。能左右政府決策的精英階層，大都不在乎國族國家體制的崩壞：他們隨時都能走到生活更舒適的地方，並自詡為對各國文明都能放開懷抱的世界公民，因為他們在各地感受到的都是文明的幸福。但普羅大眾卻是「貧賤不能移」：他們若是被迫遷移，也只會是顛沛流離的難民、不會是翱翔四海的世界公民。他們只能生於斯、長於斯，面對雲遊四海的精英們留下的種種社會成本。[129]世界各地的普羅民眾，都要面對越來越不安定的前景，都面對著生活水準的退步：只有中國是個例外，而這是因為黨國帝國體制賦予其別國不再能擁有的國家能力，使它能按東亞鄰國昔日的模式以舉國之力引導經濟發展。[130]

　　就如前文所述，過往民主只能夠於城市國家的得以實踐。任何比城邦

128 Friedman, Thomas L. (1999). *The Lexus and the Olive Tree: Understanding Globalization*. New York: Farrar, Straus and Giroux.

129 Tamir 2019.

130 陳志武（2010），《沒有中國模式這回事！》，臺北：八旗文化。中國之所以能擁有這種特權，某程度為美中這兩大帝國勾結合謀的結果：然而後來美國卻因1990年代對中國的優惠而吃虧。參：Pillsbury, Michael (2015). *The Hundred-Year Marathon: China's Secret Strategy to Replace America as the Global Superpower*. New York: Henry Holt & Co.

更大的政體，就只能是靠內外尊卑的身分差序維持，而這種政體就是帝國。前現代的帝國因為地理空間的障礙，而必須以間接方式實行管治，如此使各屬地都能因帝力不及而享有相對的自由。但現代化對地理空間的壓縮，令帝國能掌握直接管治的能力，使它們能演變為無法抗衡的權力魔獸。如今民主的制衡，就從選項變為必須，但城邦已無法在新的國際形勢下生存。**令民主能於更大的政體上落實的，是國族主義，是由對等國族國家組成的世界體系。國族主義的出現，使憲政民主能於英格蘭及隨後的聯合王國逐漸演進；國族國家體系之確立，則帶來民主化浪潮及社會民主。但如今新自由主義的全球化體制，已經成為一股難以抵抗的超國家力量、已蛻變為新時代的利維坦；這股力量如今已凌駕於國族國家之上，不斷侵蝕各國的管治能力；當今的時局就如一場帝國反擊戰。**

在這種形勢下，自由民主又當如何維繫呢？自由主義者大都對國族主義沒有好感，但他們的論理卻下意識地假設國族國家之存在。[131]他們之所以抗拒國族主義，是因為誤將訴諸集體主義、種族主義和怨恨的模擬國族主義視為國族主義的典型；然而他們還是認為自由要在有明確邊界的共同體內方能實踐。自由主義政治哲學大師羅爾斯於《萬民法》中，指出「（治理人類社會的，應該是）互相合作的組織，和不同群體的聯盟，但卻不（應該）肯定世界國家」。[132]亦因如此，「（由於）世界國家並不（應該）存在，是以必須要有某種邊界，（縱使）若將這些邊界孤立出來看，看起來或（無可避免地）會顯得隨意、並在某程度上受制於歷史的條件」。[133]他亦反對無限制的跨國移民，要求「人們必須瞭解到，他們不能為了無法控制人口、或是無法管理自己的土地，就去發動侵略戰、或是未得別國同意就移民過去」。[134]而在另一段註解，羅爾斯則指出「另一個限

---

131 Canovan, Margaret (1998). *Nationhood and Political Theory.* Cheltenham: Edward Elgar Publishing.

132 Rawls, John (1999). *The Law of Peoples, with "The Idea of Public Reason Revisited".*Cambridge, MA: Harvard University Press. p. 36.

133 Rawls 1999. p. 39.

134 Rawls 1999. p. 8.

制移民的原因，是要保護（既有）民眾的政治文化及其憲政原則」。[135]而如前文所述，根據民主理論討論中的邊界悖論，任何民主共同體都必須有邊界，而邊界的定義卻必須是先驗的。綜合而論，在全球化不斷侵蝕國族國家及其邊界的情況下，世界自由民生的前景絕不令人樂觀。

代議民主制度之長處，在於在顧及管治效率及專業議政的情況下，仍使民眾能得享對政府的否決權：政府之政策若損害民眾之利益，民眾就可以在下次選舉把執政者趕下臺。但民主政制若要達到其預期之果效，各競爭之政團必須能給予民眾真正的選擇。但在全球化的**趨勢**下，原先在政治光譜上處於不同位置的政黨，如今大都皆服膺於新自由主義的原則。於1990年代擔任美國總統的柯林頓雖為民主黨人，卻是全球化體系的重要推手，他對跨國財團的偏袒和與親商著稱的共和黨別無二致；英國的工黨於1990年代放棄對社會民主的堅持，按照社會學家紀登斯提出的「第三條路」往右靠攏，如此布萊爾於1997年上臺後的施政方針，就被輿論稱為「沒有柴契爾夫人的柴契爾路線」。此後民主政府不只要服務民眾，也要服務全球化體系。

然而耶穌早有明言：「一個人不能侍奉兩個主，不是惡這個愛那個，就是重這個輕那個。」[136]國族國家理當遵從普羅主權之大原則，但全球化的邏輯如今卻凌駕國族國家內的一切，而國族國家的政客卻在順水推舟。民眾看在眼裡，就深感自己遭到政治精英出賣，亦對代議民主制度失去信心。他們想要越過政治精英，以直接行動實踐直接民主，使各民主國家於21世紀湧現民粹主義風潮。[137]然而公民共同體於多年新自由主義政策的影響下，卻早已五癆七傷：既有的民主參政渠道，若非遭新自由主義邏輯侵蝕，就是被體系邊緣化。政治精英以裝著開明的態度，濫用自由主義的語言意圖瓦解國族國家、侵害普羅主權，更使民眾厭惡「開明人士」的表裡

---

135 Rawls 1999. p. 39.

136《聖經和合本》〈馬太福音〉6:24。

137 水島治郎著，林詠純譯（2018），《民粹時代：是邪惡的存在，還是改革的希望》，臺北：先覺出版社。

不一。民眾如今只能以種族語言宣洩他們的怨恨，並寄望他們的意見領袖
能成爲新時代的羅伯斯比，把出賣民眾的政治精英都送上民意的「斷頭
臺」。怨恨的情緒、種族的語言，以及訴諸意見領袖的願望，這些原先都
是帝國爲收服國族而創作的邏輯，如今卻弔詭地成爲民眾爲奪回國族而提
出的論述。這種趨勢固然使人擔憂，但政治精英的回應更是令人絕望：他
們未有正視民主因國族國家崩壞而衰落的事實、沒有意識到粗野乃絕望的
表徵，他們只知道自己受到粗鄙小民的冒犯、只顧將民間的批評者嘲爲沒
有識見的白丁。民眾感受到問題，卻用錯方法；精英政治正確，卻脫離現
實；雙方都半對半錯，卻又毫無交集；如此21世紀的民主政治就不斷空
轉。[138]

　　那麼，該如何約制新自由主義的力量，使民主政治重獲活力呢？有論
者認爲建立統一的世界國家，乃人類社會必然的終局：世界本來就連在一
起，各地都要面對著共同的問題，那麼由統領全球的體制管理整個地球就
是最合理的做法。既然昔日城邦和藩國能結合爲國族國家，那麼如今國族
國家何以不能整合爲世界國家呢？[139]然而從列國體系到列國體系的量變，
又豈能和從列國體系到單國體系的質變相提並論呢？民主之維持，賴乎權
力之制衡，而列國之間的競爭本身就是一種制衡：英格蘭人爲趕走日益專
制的君主，而邀請宿敵荷蘭出兵入侵，此爲以國際競爭促進民權的經典案
例；在最壞的情況，國民亦能逃離專制的母國，並以政治難民的身分向母
國施壓。列國體制對個別國家之制衡，雖非充分，卻爲必須。世界國家卻
缺乏這樣的制衡，容易失控成爲吞噬全球的利維坦。康德認爲世界國家
「……這樣的普世和平狀態將反而對自己造成更大的危害，因爲它可能會
導致最令人恐懼的專制主義」，亦因如此，即使列國之間不時開戰，仍然
勝於「一個因過度膨脹而壓倒列國，並逐漸以絕對君主強權融合列國」的
世界政府。他亦認爲世界政府規模大得無法維持，卻能對全人類帶來前所

---

138 Tamir 2019.

139 Wendt, Alexander (2003). "Why a World State Is Inevitable," *European Journal of International Relations*, 9(4):491-542.

未見的威權，最終「那無靈魂的獨裁在毀滅良善意志的根源後，最終將會衰落爲無政府狀態」。[140]威權的世界國家終必會崩潰，隨之而來的就會是前所未有的動盪。

西歐諸國自戰後的多邊合作，最終使歐洲既達致前所未有的和平，亦能走出美蘇兩大帝國的陰影找到自己的角色：此乃人類文明史上其中一項最偉大的成就，乃值得所有人參考的典範。然而西歐諸國先於1986年簽署《歐洲單一法案》，到1991年再簽署馬斯垂克條約，把「歐洲經濟共同體」改造成「歐洲共同體」：原先列國對等合作的多邊平臺，就此整合爲歐洲聯盟這個超國家體制，猶如微縮版本的世界國家。但後來發生的事情，卻說明以超國家體制達成世界大同的嘗試，到頭來只可能走火入魔。歐盟成立後一直受困於民主赤字的問題：面對布魯塞爾日益膨脹的官僚體系，歐洲民眾之制衡力量卻日益衰微。歐盟雖然設有民選的歐洲議會，但議會卻缺乏啓動立法程序的權力，而斯特拉斯堡對民眾來說亦比起其本國之議會遙遠得多。而各國自身的民選政府，對歐盟往往也莫之奈何：而這對小國和窮國尤其不利。[141]

而也許更重要的是：這種超越各既有共同體的大政體，其運作最終也必然依從帝國的邏輯。歐洲各地文化、宗教、語言均大異其趣，除卻能四處遊歷的精英階層，大部分民眾都未有共同的集體經歷：是以歐盟的政治並非共同體的政治，而是行政官僚的政治[142]；如此政策依據就不會是普羅主權的邏輯，而是容易受市場邏輯左右的科層評核。歐盟成立後，即隨冷戰結束的世界大勢急速東擴。但這種擴張並未有足夠的政治理據支持：一方面西歐爲了擴展影響力而主張東擴，另一方面東歐民主化後的自由價值尚未鞏固，與西歐未有達成價值上的共識，卻還是爲了集中力量抵抗俄羅

140 Kant, Immanuel (1991). *Kant: Political Writings*. Cambridge: Cambridge University Press.

141 Follesdal, Andreas and Simon Hix (2006). "Why There is a Democratic Deficit in the EU: A Response to Majone and Moravcsik," *JCMS: Journal of Common Market Studies*, 44(3):533-562.

142 Manent, Pierre (2007). *Democracy Without Nations?: The Fate of Self-Government in Europe* (Paul Seaton Trans.). Wilmington, DE: Intercollegiate Studies Institute.

斯而申請加入。[143]如此無節制地爲擴張而擴張，歸根究底都只是帝國的邏輯。亦因如此，這個規模龐大的超國家體制非但未有爲成員國的權益而努力，反而是新自由主義全球化積極的推動者：它對成員國提供有條件的援助，受助國必須按歐盟要求改革其財經制度，以求達致收支平衡。歐盟之政治，在實際運作上就是在德法兩大巨頭主導下，實行開放市場、消滅邊界的全球化政策。在歐洲的窮國弱國，以及一直被邊緣化的英國，其民眾面對惡化的公共服務及不穩的經濟收入，就想要重奪國家的主權：這說明這些國家何以於近年出現民粹風潮。[144]

在將國族國家整合爲區域國家，繼而再整合爲世界國家之前，我們不得不考量到這種整合對民主的影響。雖然目前未有證據說明大國無法民主化，但小國的選民對民主政治顯然比較投入，亦較難出現無力感。經濟學人信息社的民主指數除了量度各國是否自由和民主，亦會判斷民主政治於政治文化、公民參與和施政水平等各層面的質素。根據2018年的民主指數，只有排在頭20位的國家才能稱得上是質素優良的完全民主。在這20個國家中，只有加拿大和澳洲算是比較大的國家：但兩國皆只是國土遼闊，而兩國人口分別爲三千萬和二千萬，只有中小型國家的規模。而身爲民主大國，又在海外擁有非正式帝國的美國，則是排名25位的部分民主國家。由此看來，小國族國家組成的列國體系，乃是最能夠保障自由、實踐民主的國際體系。國家越大，民主的質素越難維持；帝國擴張的雄心壯志，必然會犧牲國家的民主和自由。讓國族國家在對等的平臺上爲普世之福祉洽談合作，才是實踐普世公義的正途；若要建立凌駕於國族國家之上的世界

---

143 歷史學家東尼·賈德認爲，歐洲煤鋼共同體和歐洲經濟共同體之設立，起初只是爲了恢復歐洲於戰前的經濟秩序。歐洲各國早在20世紀初，就已確立互相依存的國際經濟體系：這就是說歐洲的經濟整合，並不是歐洲一體化的結果。西歐在戰後的榮景，背後有著各種各樣的因素：歐洲各國於戰後不再窮兵黷武，在國內推行各種社會福利政策、趁百廢待興推行進取的經濟規劃，在外又有美國的馬歇爾援助。這一切都發生在國族國家體制之內，而歐洲一體化則是西歐戰後榮景的結果：但歐洲一體化的提倡者卻倒果爲因，以爲憑著他們的獨步單方，就可以重演戰後的高速增長。Judt, Tony (2011). *A Grand Illusion?: An Essay on Europe.* New York: New York University Press.

144 即使在德法兩國，其基層民衆亦未有受惠於歐洲一體化的政策，使兩國未能對民粹主義免疫。

國家，即使是為了大同世界的崇高理想，也只可能是通往奴役的歧途。

排名	國家	得分	選舉程式與多樣性	政府運作	政治參與	政治文化	公民自由	類型
1	挪威	9.87	10	9.64	10	10	9.71	完全民主
2	冰島	9.58	10	9.29	8.89	10	9.71	完全民主
3	瑞典	9.39	9.58	9.64	8.33	10	9.41	完全民主
4	紐西蘭	9.26	10	9.29	8.89	8.13	10	完全民主
5	丹麥	9.22	10	9.29	8.33	9.38	9.12	完全民主
6	愛爾蘭	9.15	9.58	7.86	8.33	10	10	完全民主
6	加拿大	9.15	9.58	9.64	7.78	8.75	10	完全民主
8	芬蘭	9.14	10	8.93	8.33	8.75	9.71	完全民主
9	澳洲	9.09	10	8.93	7.78	8.75	10	完全民主
10	瑞士	9.03	9.58	9.29	7.78	9.38	9.12	完全民主
11	荷蘭	8.89	9.58	9.29	8.33	8.13	9.12	完全民主
12	盧森堡	8.81	10	8.93	6.67	8.75	9.71	完全民主
13	德國	8.68	9.58	8.57	8.33	7.5	9.41	完全民主
14	英國	8.53	9.58	7.5	8.33	8.13	9.12	完全民主
15	烏拉圭	8.38	10	8.57	6.11	7.5	9.71	完全民主
16	奧地利	8.29	9.58	7.86	8.33	6.88	8.82	完全民主
17	模里西斯	8.22	9.17	8.21	5.56	8.75	9.41	完全民主
18	馬爾他	8.21	9.17	8.21	6.11	8.75	8.82	完全民主
19	西班牙	8.08	9.17	7.14	7.78	7.5	8.82	完全民主
20	哥斯大黎加	8.07	9.58	7.5	6.67	7.5	9.12	完全民主
25	美國	7.96	9.17	7.14	7.78	7.5	8.24	部分民主

【表1】2018年民主指數前20位的國家列表。

總結：以小國結盟運動抵抗各種帝國

　　面對全球化以至帝國的重重進迫，一眾小國難道就沒有轉寰餘地嗎？設立凌駕國族國家的世界國家，既不是好方法、更不是唯一的方法。如前所述，西歐步上建立超國家政體之歧途前，曾是小國合作抗衡強權的典

範。戰後西德和法國雖與美國處於同一個陣營，卻不願陷於完全被動之境地。兩國爲此拋開百年來的恩怨，於1951年聯同荷蘭、比利時、盧森堡和意大利簽訂成立歐洲煤鋼共同體的《巴黎條約》，以跨國組織維持煤鋼共同市場之運作；諸國到1957年再簽訂成立歐洲經濟共同體的《羅馬條約》，將合作的範圍擴展到其他經濟層面。西歐諸國亦於1949年成立歐洲委員會[145]，並於1953年起按《歐洲保障人權和基本自由公約》規範各成員國，務求使成員國都遵從自由民主的政治價值。雖然西歐諸國在冷戰期間仍爲美國的盟友，卻未有自甘淪爲美國的附庸（就這點來說，法國爲典範，英國爲例外），反倒能以不卑不亢的態度面對美蘇兩大帝國。

　　雖然歐洲經濟共同體的創始者，大都抱有建設政治共同體的宏願，但這在隨後30年都未有成爲事實：這種「遺憾」，卻意外令西歐的區域合作達致合適的平衡點。此時西歐的跨國組織，都專注於經濟及能源等特定領域，仍未算是超然於國家之上的政權。此時的區域經濟整合能夠兼顧貿易自由和國家自主，西歐諸國仍保留大部分的主權，特別是財務上的自主。如此各國政府仍能增加稅收，一方面透過擴大公共服務的規模達成社會財富再分配、另一方面則透過公共投資促成各種必須的基礎建設。1950至1970年代的西歐，乃是由自主的國族國家出於自願而組成同盟。當時維繫同盟的，並不是任何超乎國家以上的體制，也不只是市場整合的力量。更重要的其實是西歐諸國皆相信及追求共同的價值：也就是國際之間的和平、國民享有的自由，以及國家在美蘇兩大帝國面前的自尊和自主。

　　建基於共同價值觀的同盟，似是虛無飄渺，卻能達成眾多不可能的任務。在這30年間，歐洲達成過往未曾達致的和平，從戰後的一片頹垣敗瓦變成高速增長。民主和自由成爲西歐的常態，民權意識於民間急速發酵，催生活躍的公民社會及社會運動，而政府亦因應民間抗爭而完善其人權保障。這種民主價值深化的大潮流，亦擴散葡萄牙和西班牙，使兩國於1970

---

145 希臘和土耳其於歐洲理事會成立後三個月加入，西德和冰島則於翌年加入。葡萄牙和西班牙是最遲加入理事會的主要西歐國家，兩國分別於1976和1977年加入。隨著冷戰於1989年結束，東歐諸國隨後亦先後加入理事會。如今除白俄羅斯和梵蒂岡外，歐洲所有主權國家均爲理事會成員。

年代中先後從法西斯步向自由。而西歐的民主，不只是自由民主，也是社會民主：自主的國族國家因著相信自由平等的價值，就以社會福利政策把從經濟整合帶來的財富分配與全體國民。國民既是國族國家主權之所在，那麼根據國族主義的邏輯，政府不單要還政於民，亦要還富於民。西歐於1960至1970年代乃社會民主的時代，社會不平等的問題得以大幅改善：普及的教育、廉價的醫療、對貧民及失業者的援助，為民眾之生活水準帶來普遍的提升。歐洲自1980年代末起將同盟整合為邦聯，卻忽視西歐之所以能達成戰後的成就，乃是先有價值上之共識，讓各國族國家在共同價值的前提下，在符合普羅主權的情況下推動體制上的合作。如今歐盟卻將馬車放在馬匹前，由上而下地推行制度上的均一，未有讓各國民眾卻先達成價值上的合一，使善意的洪業淪為墜落的開端。

　　要抗衡帝國，並不需要把自己變成帝國。西歐於戰後30年的成就，說明中小型國族國家基於自由價值而締結同盟，既可以有效地抗衡帝國，並同時兼顧國民的民治、民權和民生。歐洲於1980年代末去國族化的趨勢，反倒是過猶不及，只會使復辟的帝國邏輯造成同盟的分化。小國以對等方式結盟，並成功抵擋帝國，在歷史上亦非無先例可援。遊牧民族的部落聯盟，往往能戰勝規模宏大的農耕帝國。希臘的列國同盟面對波斯帝國的進迫，在馬拉松作戰、在溫泉關作戰、在薩拉米灣作戰、在普拉提亞作戰，非但能抵住了帝國、甚至能反敗為勝。

　　那麼在東亞的處境中，我們又能如何於美中兩大帝國的狹縫中實踐獨立自尊？臺灣、大韓民國和日本已先後成為自由民主的國家，香港的民眾亦為追求民主、抵抗中國而苦苦支撐。歐洲的毛病在於整合過度，以至走火入魔；東亞沿海的問題卻是缺乏整合，以致各國都顧著昔日的恩怨，未能放下歧見共同面對今日的問題。何以東亞沿海諸國不能基於自由價值，締結成抵抗中國帝國主義的自由同盟，並發展成與美國平起平坐的東亞共同體？政治，就是於不可能之中製造可能的藝術；我們既要務實，亦要以充足的想像力敢於夢想：

我有一個夢想，夢想那大一統的咒詛，能從東亞大陸永遠消失，在此大陸上之帝國能土崩瓦解，使眾民獲自由而得釋放；

我有一個夢想，夢想能丟棄一切的尊卑輩分、華夷之辨，以自由爲判辨文明獨一之準繩：沒有誰可以把別人當作奴僕，除卻那可愛的小狸奴；

我有一個夢想，夢想日本能放下對帝國之執迷、放棄自視爲文明中心的唐心之意，並對友鄰存知物哀之心，重拾幽玄侘寂之大和魂；

我有一個夢想，夢想能擦乾大韓的眼淚，好讓他們能夠學會寬恕、得以重拾自尊，爲著東亞自由的未來、放下舊日的怨恨；

我有一個夢想，夢想臺灣不再是亞細亞的孤兒，使這個美麗的島國，能活出沒有前設後綴的自我；

我有一個夢想，夢想香港人繼續靈巧像蛇、卻拒絕再當私利的奴隸，以澄明之心面對自我，在靈活之餘再加上誠實的勇氣；

我有一個夢想，夢想琉球毋須再寄帝國之籬下，能把刀劍打成犂把，普天間那兵戎之地，自此爲東亞自由諸邦結盟之所；

我有一個夢想，夢想東亞沿海能團結一致，以自由同盟之姿垂範天下、以東亞之永久和平奉獻普世；

我有一個夢想，夢想各族均設自主之邦、夢想各國均以自由爲本，以各國各民之獨立自尊，鞏固世界和平之基礎。

第二章
中國帝國擴張的歷史路徑

　　過往的主流歷史論述中，往往會把中國描述爲西方殖民主義的受害者。這些論述多會指中國自鴉片戰爭以來就遭到所謂的「百年屈辱」，主權因種種不平等條約而遭西方列強侵蝕，使其淪爲被瓜分的半殖民地。隨後中國經歷國族主義和共產主義革命，抗日戰爭取得勝利，驅逐殖民勢力並收復主權。這種觀點傾向以同情的角度描述當代中國的制度暴力，認爲當局之所以要用集權政治富國強兵，是爲了掙回百年屈辱而錯失的發展機會。而中國對屬地的高壓統治、以及與鄰國的邊界糾紛，亦因此被視爲維護領土完整的正常舉動。

　　然而，這種主流歷史論述卻未有反映事實之全部。當清帝國於1870年代在沿海遭列強侵蝕主權之際，左宗棠卻率軍攻入中亞，以殘暴的手法鎮壓維吾爾人，到1884年清帝國更將其中亞屬土編爲新疆省。[1]到1880年代，清帝國更模仿西方殖民主義的做法，先於1882年趁朝鮮王國發生政變出兵干預，然後先後在1882年和1884年與朝鮮簽訂不平等條約，並在仁川設立清租界。[2]**內外交困的清帝國尚且會積極擴張，更何況已躍升爲世界**

1　Millward, James (2007). *Eurasian Crossroads: A History of Xinjiang*. New York: Columbia University Press.

2　Larsen, Kirk W. (2008). *Tradition, Treaties, and Trade: Qing Imperialism and Choson Korea, 1850-1910*. Cambridge, MA: Harvard University Press.

第二大經濟體的現代中國？中國於21世紀將其新興經濟實力，轉化爲影響各國政治經濟發展的「銳實力」[3]，並高調地讓「以我爲主」的外交作風達成所謂「中華民族」的偉大復興。近年中國提倡的「一帶一路」，於航運據點大撒金錢建設基建，再以債務操縱位處戰略要地的小國。[4]即使在西方國家，中國還是能透過投資計畫、政治捐獻、文化交流的方式，對西方社會各界全面統戰，並多番刺探科技及軍事情報。[5]**中國顯然不是帝國主義無辜的受害者，它本身亦蛻化爲意欲經略寰宇的復興帝國。**

但國際關係學界對中國崛起並步向帝國主義，卻相當後知後覺。他們有的只將目光放在當代，或是以相對較低的人均收入否定中國稱霸之可能，或是訴諸庸俗的現代化理論以說明中國將和平演變。放眼歷史的，則會依從中國方面的論述，把東亞大陸的帝國視爲和平包容的典範。能夠正視東亞大陸從舊帝國到當代中國皆有追求帝國擴張之歷史路徑的著作，可謂鳳毛麟角。中西輝政《中國霸權的論理與現實》[6]和王飛凌《中華秩序》[7]兩書可謂不可多得之著述，可助我們反思中國崛起背後的歷史基礎，以及其近年重振帝國榮光的野心。

吞食天地的中原聚寶盆

根據中西輝政的觀察，東亞大陸的帝國史有兩種與眾不同的特點。眾所周知，自秦帝國於公元前3世紀統一大陸，就有一連串的帝國盤據於東

3　International Forum for Democratic Studies (2017). *Sharp Power: Rising Authoritarian Influence.* Washington DC: National Endowment for Democracy.

4　Miller, Tom (2017). *China's Asian Dream: Empire Building along the New Silk Road.* London: Zed Books; Fontaine, Richard and Daniel Kliman (2018). "On China's New Silk Road, Democracy Pays a Toll," , *Foreign Policy*, 16/5/2018.

5　Diamond, Larry and Orville Schell (eds.) (2018). *Chinese Influence and American Interests: Promoting Constructive Vigilance.* Stanford: Hoover Institution.

6　中西輝政著，李雨青譯（2016），《中國霸權的論理與現實》，臺北：廣場出版。

7　王飛凌著，王飛凌、劉驥譯（2018），《中華秩序：中原、世界帝國、與中國力量的本質》，臺北：八旗文化。

亞大陸中央的中土。縱然有部分帝國只能算是地方政權，但後人依然能畫出一條連綿不絕的道統傳承。但中西卻進一步指出，這些接二連三的帝國雖有著類近的核心地域，其構成及內涵卻一直演變。在公元4至6世紀的民族大遷徙，使隋帝國和唐帝國在文化和血統上都深受鮮卑等內亞民族影響。就如陳寅恪所言，隋唐精英門閥「取塞外野蠻精悍之血，注入中原文化頹廢之軀，舊染即除、新機重啓、擴大恢張，遂能別創空前之世局」。[8]

但到公元10世紀，宋帝國卻強調華夷之辨、掃除內亞文化對中土之影響，之後明帝國則以更保守的方式延續這作風。17世紀中滿洲人入主中土創立清帝國，則為另一個轉折點。清帝國之疆土，除中土之外，還包括滿洲、蒙古、青藏高原和被稱為「新疆」之中亞屬地。東亞大陸在這之前的眾帝國，大都只能短暫佔據中土以外的周邊，但清帝國卻能將各部整合為一體。如此當中國國族主義於19世紀末興起，便形成清帝國領土「一點都不能少」的大中國想像。[9]

東亞大陸各地文化及血緣均大異其趣，民族構成亦一直演變，何以在過去2,200年卻一直出現涵蓋整片大陸的大帝國？夏、商、周王國先後稱霸中原，但中原依舊列國林立，所謂霸權也不過是大國主導的列國聯盟。這些國家起初都是只有一座城池的城邦：在當時的概念中，居於城內的都被視為國民，而活在外邊的則是鞭長莫及的野人。是以漢文的「國」字，就是代表城牆的「囗」內，寫上代表武力的「戈」、代表土地的「一」和代表民眾的「口」。[10]後來這些國家互相攻伐、兼併，於周王國衰微後形成七個大國，而當中的秦王國於公元前221年吞併其餘六國，並建立東亞大陸上第一個帝國。中原之地勢猶如一個聚寶盆，為東亞大陸的交通要沖、人流物流集中之地，當中各生活形態迥異的族群因政治統一的緣故，隨人流聚集變成統一的集團。秦帝國在中原北邊建造廣為人知的萬里長

8　陳寅恪（2001），《金明館叢稿二編》，北京：三聯書店。

9　葛兆光（2011），《宅茲中國：重建有關「中國」的歷史論述》，臺北：聯經出版。

10　杜正勝（1979），《周代城邦》，臺北：聯經出版。

城，猶如宣告整個中原已成爲一個巨型城邦，而當中因各種理由聚集的人都已變成秦帝國的國民。

　　東亞大陸帝國的國家觀念，並非建基於文化、血緣或宗教，而是「城牆之內、盡皆國民」的城邦觀念。中原於地緣上乃大陸人流物流之中心點，而又長期是東亞已知世界獨一的文明中心，城邦觀念就在「一個文明、一個國家」的現狀下，演化成「普天之下莫非王土」的天下觀。由於帝國國民的身分並非建基於文化、宗教和血緣，即使中原的民族構成隨時間轉變，帝國體系仍可能得以維繫。隨著世界氣候於公元4世紀轉冷，中亞和內亞的游牧民族大規模向歐洲和東亞遷移。西方的羅馬帝國因受不住民族大遷徙的壓力而衰落，自西羅馬帝國於公元476年覆亡後，列國體系就成爲歐洲的常態。在東亞大陸，晉帝國因內亞民族入侵中原而於公元316年滅亡。黃河流域各族群紛紛建國，而大批晉帝國世族則逃亡至邊陲的長江南岸，並於翌年擁戴琅琊王司馬睿成立流亡政權。但東亞大陸的列國體系只維持272年：隋帝國於589年吞併陳帝國後，帝國體系又重新成爲常態。非但如此，原先東亞大陸「大城邦」的已開發地區只侷限在黃河流域的中原，如今長江流域亦因晉室流亡而得以發展，使東亞大陸帝國的規模比以往更爲龐大。

　　由於主導帝國的意識形態不是形而上的宗教、純粹只是世俗的政治考量，帝國的對外政策因此傾向務實。也就是說，「大城邦」的「城牆」可以隨國力形勢而伸縮。在強鄰環伺、國力不振之時，帝國傾向躲進小樓成一統，專注內政而莫理化外之民。即或如此，帝國仍寄望他日能東山再起、盡顯本色。就如中西先生所言：

> 即使是在周期性的環境當中，依然強烈的渴望「統一」，當中國社會因這樣的衝動而運作時，便開始意識到超越中國的普遍性世界。然而一旦中國世界（再度）統一了，渴望「普遍」的志向便被「體制化」……「渴望統一的衝動」總是伴隨著心理上的惰性，以往嚮往的「普遍」，在統一後成爲充實國力的歷史條件，不久後再度膨

脹爲對「外」的渴望。[11]

東亞大陸帝國勢弱時，多傾向韜光養晦。但只要能力容許，就會將版圖盡可能向外推，以達成「一個世界、一個文明、一個國家、一位皇帝」的政治理想。帝國亦積極將因種種因素未能征服的外國納入朝貢體系，設法不發一兵一卒就使對方臣服。辛亥革命雖在名義上結束了帝國體系，但這種天下觀念對當代中國影響深遠，對中國與東亞諸國的外交影響尤鉅。

但如此幅員廣大的帝國，成員既沒有共同的文化、宗教和血緣，又當如何維繫？一部分的原因，是因爲東亞大陸通行的漢文，是種言文分離的文字。東亞各地知識人只須學會書寫漢字，此後即使語言不通，亦能以文字筆談、發佈政令。部分原住民則以土語的邏輯學習漢文，帶著鄉音學習中原的上古漢語或中古漢語。這些混雜語言，最終演變成各種互不相通、但同樣能以漢文表達的漢語族克里奧爾語。[12]然而除此以外，東亞大陸帝國之維繫，亦不得不倚靠各種愚民的意識形態。

秦漢體制的愚民反智論

在公元前5至3世紀，周王國名存實亡、中原亦陷入列國爭霸的時代。但周王國霸權的瓦解，亦帶來空前絕後的思想自由：周國文化此刻已非文明的標竿，列國相爭的政治秩序易使各國君主渴求治國良方。此刻知識有價，列國知識人亦能於此大環境下百家爭鳴。這二百餘年湧現的新思潮，有的確立道德倫理、有的批判建制、有的思索利民紓困的技術，但最終改變大局的卻是以知識爲霸王服務的法家思想。開創道家思想的老子著重實踐理性，認爲時下學究過分沉迷理論，故有「絕聖棄智」之說。他不鼓勵民眾與官僚探索理論，認爲「民多智慧，而邪事並起」，因而爲政者當

11　中西輝政 2016，頁60。

12　李心釋、呂軍偉（2010），〈漢語南方方言中的古越語底層研究〉，《廣西大學學報：哲學社會科學版》，32卷1期。

「不尚賢，使民不爭」。法家則延伸道家的邏輯，認爲民眾注定是愚昧無知、既好財利又貪生怕死，是以君主要順利施政，就不能讓民眾掌握知識。如韓非所言：「民智之不可用，猶嬰兒之心也。」爲政者只需讓民眾溫飽，然後就要用嚴刑峻法使他們服從，如此君主就能從民間取得征伐天下所需的人力民力。爲此，君主必須壟斷一切的知識，不能用讓民眾有閱讀和思想的自由。

秦王國越公元前356年起用商鞅，自此以法家治術治國，使國力迅速擴張，並於公元前221年一統中原。秦帝國欲以刑法實踐中央集權，但隨後的史實證明單靠刑法無法長期確保帝國的認受性。領導秦王國吞併餘下六個大國的始皇帝於公元前210年駕崩，繼任者卻缺乏威信，是以民變四起、六國遺民亦趁機復國，令帝國僅僅3年後就覆亡。此後中原一度在楚王國主導下短暫回復昔日的列國體系，但劉邦的漢王國卻於5年內消滅包括楚王國在內的列國，再度一統中原。漢帝國建國後廢除不得人心的秦法，並折衷地撤回部分中央集權措施，但如此皆不是維繫帝國的長遠之策。最終漢帝國君主將目光放在注重倫常禮法的儒家思想上。

儒家思想的終極關懷，是要以人的良知建立和諧仁愛的社會秩序。他們主張知識人當教化民眾，以禮法彰顯人性的美善。在道德實踐上，則是確立父慈子孝的家庭倫理、再以此爲君臣之間政治秩序之模範。儒家思想一方面主張制約君權，比如孟子主張「民爲貴，社稷次之，君爲輕」，荀子則主張「從道不從君，從義不重父，人之大行也」。但與此同時，禮法不單要限制君王，亦要約束民眾。民眾理當得享仁政，但亦有遵從禮法之義務：除非在上者有違禮法、施行暴政，民眾應當尊重上尊下卑的社會秩序。儒家一方面主張仁愛政治，但錢幣的另一面則爲秩序情結。

漢帝國君主利用儒家思想的兩面性，把法家的內容偷渡進去。君主一方面做出施行仁政的承諾，另一方面則以家庭倫理實行間接的社會控制。實際運作上，則將倫常禮法當作刑法使用，把禮法對君主的約束輕描淡寫，並把儒家經典變成「經義斷獄」的思想控制機制。[13]但以家庭倫理控制社會的做法，比較貼近民間既有倫理觀，也就不會像刑法那樣使民眾覺

得不近人情。**與此同時，以禮治國的方針亦強調家長約束子弟的父權，並以此爲社會控制的主要手段。如此則使家長及其繼承人成爲帝國共犯結構的一部分。除此以外，這套意識形態講究的是世俗社會的長幼尊卑。**帝國內不同文化、語言、血緣、宗教的族群，只要有著農耕社會的家庭結構，就可以與帝國意識形態契合。王飛凌如此總結這套秦漢式帝國思想：

> 儒化法家制度在政策實踐中打磨了秦式極權主義政體的粗礪棱角；在意識形態上，更支持威權主義而不是極權主義，通過將帝制國家擬人化爲父系家長制，並借用上天（即上帝或大自然）授予的神力來降低統治成本；在功能上，秦漢政體是一個前現代的組織結構，它的政治治理、經濟體制和社會生活之間的關係保持著一致性。通過仿效最重要、最穩定的人類組織——家庭，給儒家關於權威、等級、和諧與繼承的種種規則、隱喻和規範，淡化了極權主義政治機制，使得漢帝國版本的法家政體比秦帝國版本更穩定，成本更低，也更容易爲民眾尤其是社會精英們所接受。[14]

此後，秦漢模式外儒內法的意識形態，就成爲東亞大陸的主流，並持續進化。朱元璋以暴力手段創立明帝國後，以保守版本的儒家理學爲正統官學，亦更強調尊卑有序的意識形態，從而爲戶籍身分世襲的僵化新制度背書。明帝國亦透過鄉里組織自上而下灌輸理學教條，以意識形態速使民眾服從。[15]此後，社會氣氛雖曾隨明帝國衰落而稍微鬆動，但之後清帝國以文字獄進行思想審查[16]，而其知識人亦相信明末清初的天災人禍乃思想脫序招致之惡果[17]，令思想氛圍再度趨向保守。因著知識階層的退縮，秦

13　余英時（2014），〈反智論與中國政治傳統：論儒、道、法三家政治思想的分野與源流〉，《歷史與思想》，臺北：聯經出版。

14　王飛凌 2018，頁83。

15　李新峰（2010），〈論元明之間的變革〉，《古代文明》，2010年第4期。

16　王汎森（2013），《權力的毛細管作用：清代的思想、學術與心態》，臺北：聯經出版。

17　Rowe, William T. (2009). *China's Last Empire: The Great Qing.* Cambridge, NA: Cambridge University

漢模式的社會控制比以往更有效、更壓制。王飛凌認爲秦漢以來的意識形態雖令東亞大陸帝國體系能持續2,200餘年，卻有系統地阻礙和懲罰有違官方意識形態的獨立思考。明帝國和清帝國對理學教條的保守詮釋，令科學技術的創新大不如前，經濟效益亦未能趕上全球的現代化發展。最終東亞大陸帝國「沒有留下文藝復興、沒有帶來啓蒙運動、沒有開啓工業革命」。[18]大一統的帝國體系也未有如一些論者想當然那樣對東亞的和平有過正面影響。帝國強盛時，往往因「普天之下莫非王土」的執念，不惜虛耗國力向外征伐；帝國衰落時，中土各方勢力則會爲爭奪中央政權內戰。人類歷史上最慘烈的戰爭中，有近半發生在東亞大陸帝國體系之內。

　　共產黨自20世紀中以來的極權統治，亦是這種秦漢邏輯的延伸。只是外儒內法的舊意識形態，被馬克思外衣包著法家內核的毛澤東思想取代。共產黨的組織幹部，則擔當著昔日儒官集團的角色。舊帝國將「民心所趨」視爲帝國「天命」之所在，毛澤東則透過煽動群眾暴力的政治運動取得政治認受。後毛澤東時代的中國雖放棄群眾暴力路線，但仍然以中國國族主義的意識形態壓倒民眾之自由思考，也像法家那樣以溫飽和刑法令民眾服從。

　　自清帝國19世紀中遭遇西方帝國之來襲，也被迫放棄天下帝國的觀念，被迫成爲西發里亞國際體系之一員。東亞大陸的帝國主義，亦於世紀之交轉型爲中國國族主義。但中西輝政和王飛凌均認爲中國未有心悅誠服地遵從西發里亞體系的遊戲規則，特別在1990年代經濟起飛之後，中國就一直想重建「以我爲主」的天下帝國體系。中西輝政指出中國近年與其他東亞國家交往時，往往遵從昔日朝貢體系的邏輯，比如把朝鮮視爲自己的藩屏。毛澤東在延安時期，就把韓半島、緬甸、不丹、尼泊爾和越南等現已獨立建國之地，與香港、臺灣、澎湖和旅順等量齊觀，同樣視之爲被人搶奪的「中國的許多屬國與一部分領土」。[19]中國經濟改革後無法再倚靠

Press.

18　王飛凌 2018，頁173。

19　中西輝政 2016，頁238。

共產理想取得政權認受性，就只能重振秦漢帝國主義的意識形態：親政權的中國知識人為帝國擴張搖旗吶喊，有的鼓吹建立以中國為中心的天下國家體系[20]；有的主張以儒化法家的「中國價值」挑戰西方「普世價值」的「霸權」。[21]中國於21世紀亦拋棄「韜光養晦」的務實低調，以大國崛起的姿態追求「中華民族偉大復興」，王飛凌如此解讀中國近年的基本國策：

> 中華秩序的復興將把全世界置於一個中央集權政府下，一個（但願是仁慈的）獨裁者而非法治制度之下。中國夢裝腔作勢地要把19世紀以前中華世界的長期停滯和專制主義，重新包裝，做為中國針對現存西發里亞體系而提出的替代方案……北京的新國際努力儘管被勾畫為一種所謂的「另類現代性」，但其實不過是另一種形式的帝國主義而已。[22]

東亞大陸在儒法混合的意識形態下，過去2,200餘年中的大部分時間，都是由專制而敵視自由的大一統帝國統治。到20世紀儒化法家的作風又與舶來的黨國主義合流，使中國淪喪於極權主義的鐵蹄下。難道東亞大陸的政治秩序就沒有其他的可能？

曇花一現的澶淵體系

活躍於公元10至13世紀的宋帝國，可說是東亞大陸帝國體系中的異數。宋帝國之立國方針，亦源於對帝國體系之反省。唐帝國雖在7世紀至8世紀期間盛極一時，但自地方將領安祿山於755年叛變後，東亞大陸局勢就持續動盪。隨後一個半世紀，地方將領擁兵自重、密謀奪取中央執政

20　趙汀陽（2005），《天下體系：世界制度哲學導論》，南京：江蘇教育出版社。

21　蔣慶（2003），《政治儒學：當代儒學的轉向、特質與發展》，北京：三聯書店。

22　王飛凌 2018，頁299。

權。軍閥朱溫於907年簒奪帝位後，各地勢力即自立建國，令帝國體系一度崩潰。趙匡胤於960年發動政變創立宋帝國後，除策劃統一中土的戰爭外，亦要擺脫武人干政的傳統。他一方面收回地方兵權，另一方面則確立由文人執掌中央政權的原則。由於既有世族因前朝之戰亂而衰落，宋帝國只能透過科舉制度，讓民間知識人參加考試取得公職。

宋帝國開國時，在內亞的契丹人早已趁中土連年爭戰、學效東亞大陸的模式建立遼帝國，並一直控制著中原北部。雖然宋帝國曾嘗試以武力一統中原，但其軍事力量卻遠不及遼帝國。遼帝國1003年南侵，意欲吞併中土，部隊翌年末打到澶州時，戰事卻呈膠著狀態。雙方只得講和，並於1005年初締結盟約：宋遼兩國約為兄弟之邦，而宋帝國此後需要每年向遼帝國輸送幣銀和絹布。這即是說，東亞大陸中央的帝國僅將自己視為列國中之一員，並不再以天下帝國自居。宋帝國在澶淵之盟後有著明顯的邊界意識，並將界線另一邊視為對等的國家。後來西夏於黃河中上游興起，之後雖協議讓西夏向宋帝國稱臣、但仍需向西夏輸送物資，兩國在實際上仍為對等關係。在女真人建立金帝國、消滅遼帝國並侵佔中原後，宋帝國於兩國關係中位階反倒較低。王飛凌認為這時東亞的國際關係，與西發里亞體系有其相似之處：**儘管宋帝國並不情願，還是在條約上放棄天下帝國之宣稱，並自視為列國體系中之平等成員。**

結果宋帝國在其319年歷史中，雖曾丟失半壁江山，卻仍然比其他東亞大陸帝國太平。宋帝國的對外戰爭及叛亂皆少於其他帝國，亦從未爆發過內戰。宋帝國相對的太平，使其可以貫徹文人統治的方針。此時世族衰落，取而代之的官僚則為科舉選拔的民間知識人，皇室祖宗之訓亦強調尊重文官，其社會以東亞大陸標準而言相對平等。雖然宋帝國仍是君主專制，但政策實際上出自君主與文臣之間之共議，近乎「君臨而不統治」之理想，時人程頤略為誇大地將之稱為文人與君主「共治天下」之局面。這亦是東亞大陸思想較為開放的時期，外儒內法的意識形態不再具壟斷地位，各派思想家為儒家真義爭論不休，因而帶來百家爭鳴的學風。文學、科學、藝術、宗教的發展亦同樣百花齊放，這些文化成就也隨印刷業興盛

而變得普及。市場經濟亦於此時完全取代莊園經濟，海洋貿易爲宋帝國帶來巨額財富，令東亞大陸踏入前所未見的豐饒年代。[23]

　　澶淵體系雖爲東亞大陸帶來長久的和平，但宋帝國君臣始終未忘天下帝國之顛倒夢想，並將理性的外交政策視爲奇恥大辱。宋帝國給予諸國以確保和平之財寶，遠少於征戰所需軍費，亦多能從邊界貿易中賺取回來。然而蘇洵卻以秦滅六國的歷史穿鑿附會，含沙射影地指出「六國破滅，非兵不利、戰不善，弊在賂秦」。但實情是宋帝國最慘烈的戰禍，皆出於恢復天下帝國的貪欲。金帝國興起時，宋帝國爲取得一直由遼帝國管治的中原北部，以圓其一統中原之夢，就與金結盟夾擊遼帝國。但戰事反倒突顯宋帝國防衛空虛，金帝國遂直搗帝都開封。帝都於1127年攻陷後，欽宗皇帝、太上皇徽宗以及大部分皇族均淪爲俘虜。幸而康王趙構倖免於難，輾轉逃到杭州。南渡的宋帝國抵住金帝國兩次南侵，以較過往屈辱的條件簽訂和約，但宋帝國在文化經濟上反倒更爲璀璨。然而宋帝國君臣還是沒有從歷史學到教訓。權臣韓侂胄1206年發起北伐，卻出師不利，最後更須以自己的首級賠罪。之後宋理宗又在1232年決定與蒙古夾擊金帝國，就像聯金滅遼一役那樣，蒙古很快把矛頭針對宋國。力戰40餘年後，太皇太后於1276年抱著年幼的恭帝出降、杭州無血開城。部分遺臣則另立少主在嶺南力挽狂瀾，但3年後就在崖山全軍覆沒。

　　宋帝國政權雖然覆亡，但其文化經濟人口仍得以保存，遺民於蒙古治下仍有相對的自由。雖然宋帝國遺民如今寄人籬下，但其文化依舊興盛：論文學成就，有元曲和小說；藝術方面，黃公望、王蒙、倪瓚、吳鎮這四大家之書畫更是東亞藝術顛峰之作。宋帝國故都杭州依舊繁華，甚至是元帝國最繁榮的港口。[24]宋帝國雖已覆亡，但其社會卻運作如舊，如此72年後，當宋金故地爆發大規模民變，元帝國的蒙古人很快就失去對長江流域

23　余英時（2003），《朱熹的歷史世界：宋代士大夫政治文化的研究》，臺北：允晨文化；余英時（2004），《宋明理學與政治文化》，臺北：允晨文化；小島毅著，游韻馨譯（2017），《中國思想與宗教的奔流：宋朝》，臺北：臺灣商務印書館。
24　杉山正明著，周俊宇譯（2014），《忽必烈的挑戰：蒙古與世界史的大轉向》，臺北：八旗文化。

的控制。在1350至1360年代初，長江流域陷入群雄競逐的局面。以江蘇、浙江沿海爲根據地的張士誠透過海洋貿易致富，亦控制著連貫中土南北的大運河，有以商貿立國的傾向。他對內爭取知識人的支持，對外則與元帝國時戰時和，勢要恢復澶淵體系南北分治之局面。[25]但最終朱元璋憑武力成爲最後的勝利者，先於1368年創立明帝國，隨後驅逐在中土的蒙古勢力，1388年派兵消滅撤退往蒙古本部的元帝國朝廷。朱元璋稱帝後，就想擺脫澶淵體系的陰影，想著要恢復秦漢式的天下帝國。對內，他不信任曾支持競爭對手的知識人和商人[26]，亦想以社會控制手段迫使民眾服從；對外，他認爲中土以外各族應向帝國臣服，而國際交往均應只限於官方的朝貢[27]：國際市場貿易則被指會損害帝國之威信。是以明帝國之內政與外交，都按朱元璋對儒家理學之選擇性詮釋，確立內外差序、尊卑分明的秩序。宋帝國理學高舉道統，但考慮到當時以君臣共識施政的政治慣例，這背後很可能有以「道」約束君權之用意。[28]但朱元璋則以儒家秩序觀肯定絕對皇權，並借用元帝國戶籍制度限制社會流動，並以禮法確立君尊民卑的身分區別，並制約民眾的思想與行爲。他亦於鄉間舉行道德教育，藉此進行思想改造。朝廷之內，朱元璋則沿襲金帝國和元帝國的作風，將官僚視爲自家的奴僕，而非共定國是的夥伴。他甚至以暴力強迫官僚服從，用體罰懲治不合心意的官僚，甚至釀成好幾次血腥清洗。[29]東亞大陸帝國外儒內法的專制政治，自此進入另一個層次。

明帝國開國之初，亦奉行鎖國政策。各港口的市舶司於1374年廢除，自此外國商船不得泊岸，而海禁令則規定片板不許下海。到16世紀中，明帝國的管治能力衰落，無力杜絕走私貿易，才決定開放海禁。[30]此後明帝

25　上田信著，葉韋利譯（2017），《海與帝國：明清時代》，臺北：臺灣商務印書館。

26　曹永和（2000），〈試論明太祖的海洋交通政策〉，《中國海洋史論集》，臺北：聯經出版。

27　鄭永常（2004），《來自海洋的挑戰：明代海貿政策演變研究》，臺北：稻鄉出版社。

28　余英時 2003。

29　余英時 2004；馬驌著，莫旭強譯（2017），《朱元璋的政權及統治哲學：專制與合法性》，長春：吉林出版集團。

30　曹永和 2000；鄭永常 2004。

國市場商品經濟雖變得空前繁盛，朝廷及官僚卻受制於意識形態，須扭盡六壬使貿易政策勉強符合僵化的教條。如此則招來論爭，使政策舉棋不定。[31]是以有近兩個世紀的時間，明帝國對外之邦交貿易只限於官方朝貢關係，外邦須遵從內外尊卑之規範。要到清帝國才重新以推動海外市場貿易爲國策。即或如此，清帝國仍對能衝擊儒法意識形態的外來思想存有戒心，對基督教傳教活動尤其警惕。是以通商口岸，都設於交通便利但又便於帝國監控的節點。[32]

秦漢體系之東亞變奏

　　明帝國鎖國又要求列國朝貢的對外政策，擺出一副重建天下帝國的姿態，爲東亞世界帶來衝擊波。韓半島的高麗國善於利用澶淵體制，一方面與宋帝國通商，另一方面又持續與遼帝國和金帝國抗衡，確立國家自主。直到1258年，高麗力戰27年後，才同意成爲蒙古的屬國。朝鮮於1392年取代高麗後，雖實行親明「事大政策」，卻仍務實地捍衛王國之獨立自主。[33]在日本，雖然室町幕府將軍足利義滿於1374年自稱日本國王，並向明帝國朝貢，然而室町幕府無力約束諸侯，到1467年應仁之亂後，朝貢已淪爲地方大名與富商包辦貿易之機會。但後來大名爲爭奪參與朝貢之資格，縱容部下於1523年在寧波大打出手，驚動明帝國。至此日本再也沒法向東亞大陸帝國朝貢。在東亞大陸沿海靠海吃海的海洋族群，則受海禁政策所害。他們是大陸東南原住民的後人[34]，較不受儒家教條約束。海洋族群因帝國政策生計受損，便以武裝船隊從事走私貿易，並偶爾侵擾帝國沿

31　Brook, Timothy (1999). *The Confusions of Pleasure: Commerce and Culture in Ming China*. Berkeley: University of California Press.

32　Zhao, Gang (2013). *The Qing Opening to the Ocean: Chinese Maritime Policies, 1684-1757*. Honolulu: Hawaii University Press.

33　Yun, Peter I (1998). "Rethinking the Tribute System: Korean States and Northeast Asian Interstate Relations, 600-1600." PhD thesis, Department of East Asian Languages and Cultures, University of California Los Angeles.

34　湯錦台（2013），《閩南海上帝國：閩南人與南海文明的興起》，臺北：如果出版社。

海。雖然明帝國後來放寬海禁，但這些海上武裝仍屢禁不絕。[35]

到明清鼎革，東南沿海背離東亞大陸的形勢則更加明顯。朝鮮素來視滿洲人之前身女真人爲蠻夷，又曾經在韓半島東北的咸鏡道征服女真人，對滿洲人有先入爲主之見。清帝國及其前身金帝國先後於1627及1636年入侵韓半島，才使其不情不願地臣服。之前曾於1592至1598年的壬辰戰爭協助朝鮮抵抗豐臣日本的明帝國，卻於1644年崩潰，令清帝國能入主中土。自此朝鮮對清帝國陽奉陰違，自命爲「小中華」的真正統。[36]日本將東亞大陸之變局稱爲「華夷變態」，儒學者自此將日本視爲儒學發展的中心，而此時批判儒學正統的新思潮亦開始浮現。兩種不同學派的共通點，都是視日本爲與清帝國對等的獨立國家。[37]大陸沿海的海洋族群亦趁機擴張勢力，鄭芝龍的海上武裝先後投靠明清兩大帝國，其子鄭成功則以明帝國流亡政權的姿態於1661年在臺灣創立東寧王國。[38]東南沿海開始出現列國體系的雛形，與滿洲人在大陸、內亞、青藏和中亞的帝國體系分庭抗禮。就如歷史學家葛兆光所言：

> 明清時期，日本、朝鮮和中國，從文化上「本是一家」到「互不相認」的過程，恰恰很深刻地反映著所謂「東方」，也就是原本在華夏文化基礎上東亞的認同的最終崩潰，這種漸漸的互不相認，體現著「東方」看似同一文明內部的巨大分裂。[39]

中西輝政和王飛凌均未有進一步闡釋東亞沿海體系之後的發展。不過

35 Antony, Robert (2003). *Like Froth Floating on the Sea: The World of Pirates and Seafarers in Late Imperial South China*. Berkeley: Institute for East Asian Studies.

36 葛兆光（2014），《想象異域：讀李朝朝鮮漢文燕行文獻札記》，北京：中華書局；吳政緯（2015），《眷眷明朝：朝鮮士人的中國論述與文化心態，1600-1800》，臺北：秀威資訊。

37 Watanabe, Hiroshi, Trans. David Noble (2012). *A History of Japanese Political Thought, 1600-1901*. Tokyo: International House.

38 Hang, Xing (2016). *Conflict and Commerce in Maritime East Asia: The Zheng family and the Shaping of the Modern World, c.1620-1720*. Cambridge: Cambridge University Press.

39 葛兆光 2011，頁155。

觀乎17世紀以來東亞沿海諸國的發展，我們可以斷言這些國家都像昔日宋帝國那樣，未能擺脫天下帝國的思維。東寧王國開國後，國內一直存在路線之爭，陳永華一派主張固守臺灣獨立建國、經略南洋，但馮錫範及支持他的明帝國遺民卻堅持要反攻大陸反清復明。最終明帝國遺民在政爭取得上風，國王鄭經決定出兵支援大陸的三藩之亂，卻因而損兵折將。之後清帝國雖一度同意讓東寧王國成為獨立的朝貢國，明遺民卻於和談期間從中作梗，最終談判破裂，清帝國遂於1683年以武力侵吞臺灣。[40]朝鮮王國則自視為東亞世界獨存道統的傳承者，其知識人貴族鑽研朱熹正統之學，卻為儒家思想該如何實踐爭論不休。這最後演化為你死我活的政治鬥爭，各派都指斥對方偏離正統，如此既令施政舉步維艱，亦令創新之主張容易動輒得咎。[41]朝鮮正祖李祘在位時銳意改革，並鼓勵學術創新。實學派獲國王支持，就積極主張擺脫固有華夷觀念，並向滿洲人治下的清帝國學習利民厚生之術。[42]部分學者甚至更進一步，想從西方學習各種科學技術。[43]然而正祖不幸於1800年急病離世，改革政策亦因保守知識貴族群起攻擊無以為繼。[44]天主教的傳入，更觸動知識貴族的反動心態。迫害天主教徒的風氣過後，朝鮮王國就走上排外鎖國的不歸路。[45]

天下帝國思維在日本的發展，更對當今東亞有決定性的影響。豐臣秀吉統一日本後，想取道韓半島入主東亞大陸，便於1592年發動歷時6年，牽動日本、朝鮮及明帝國的壬辰戰爭。德川家康於1600年取得日本政權後，對東亞諸國改採取務實政策，以求確保剛恢復的和平。然而江戶時代

40　Hang 2016.

41　Kim Haboush, JaHyun (2001). *The Confucian Kingship in Korea: Yongjo and the Politics of Sagacity*. New York: Columbia University Press.

42　吳政緯 2015。

43　葛兆光 2014。

44　Yi, Tae-Jin (2007). "King Chongjo: Confucianism, Enlightenment, and Absolute Rule," *The Dynamics of Confucianism and Modernization in Korean History*. Ithaca, NY: Cornell University East Asia Program. Pp. 207-234.

45　Baker, Don and Franklin Rausch (2017). *Catholics and Anti-Catholicism in Choson Korea*. Honolulu: Hawaii University Press; 葛兆光 2014。

日本知識人雖努力確立獨立自主的身分認同，卻始終未能完全擺脫因固有華夷觀念而滋生的自卑感。[46]部分學者並不滿足於確立於東亞大陸帝國的身分，更想把過往的華夷秩序顛倒過來，使日本人成爲天下帝國體系的中心。[47]比如活躍於17、18世紀之交的朱子學家淺見絅齋於〈中國辯〉聲言日本才是「中國」：

> 生於其國，即以其國爲主、以他國爲客。如是觀之，當各有其國立處置稱號也。學道者，學實理當然也。在吾國，若知春秋之道，則吾國之主也……孔子若生日本，則日本春秋之旨當立也……中國、夷狄名，此皆唐所付之名也。若以其名稱吾國，此皆效唐之作爲也。唯以吾國爲内、以異國爲外，明辨内外賓主，則稱吾國、云異國，又有何妨？蓋以不達道理故也。

日本明治維新期間之所以積極求學於西方，是因爲認識到西方文明進步一面後，日本知識人開始視西方爲眞正的「中華」。這給予日本政界和知識界畢全功於一役的黃金機會：只要日本推行西式改革、學界又能儘速趕上西方學術水平，那麼日本自然能比執迷體用之分的清帝國更早達到「新中華」的標準，成爲眞正的「新中國」。[48]保守派政客爲抗衡自由民權思想，就借用神道教教義將天皇封爲天照大神之後代，然後又將其包裝爲儒家聖君，以儒家忠君思想要求國民盡忠盡孝，潛臺詞是平民百姓必須順從「輔弼」天皇的薩長藩閥。這些意識形態於1890年輯錄成《教育敕語》，全國國民自小學開始都要背誦。除此以外，明治政府亦將儒家父權家庭倫理寫進民法[49]，原先儒家禮教只約束武士和貴族階層[50]，如今卻成

---

46 Watanabe 2012.

47 子安宣邦著，丁國旗譯（2017），《江戶思想史講義》，北京：三聯書店。

48 渡邊浩著，區建英譯（2016），《東亞的王權與思想》，上海：上海古籍出版社。

49 Gluck, Carol (1985). *Japan's Modern Myths: Ideology in the Late Meiji Period.* Princeton: Princeton University Press.

50 Watanabe 2012.

爲對全體國民的監控。東亞大陸帝國的意識形態，就是外儒內法；而大日本帝國的意識形態，即是在儒法體制外，加上神道教的外衣。

日本自1895年於日清戰爭取得勝利，就爲帝國擴張積極籌謀，政界及知識人開始視日本爲天下帝國體系的中央。爲預備未來之擴張，他們開始把大和民族想像成多元的複合族群。最初的大和民族，乃東國繩文人及西國彌生人之結合。後來自東亞大陸和韓半島來了一批渡來人，同時九州的熊襲、隼人，本州東北的蝦夷亦融爲大和民族一員。到明治時期，琉球人與北海道的阿伊努人之同化方興未艾。根據這種邏輯，日本與東亞其他民族都可說有血緣連帶，兩者唯一的分別在於日本已受到文明開化的洗禮。亦因如此，日本有義務爲列島外的「同胞」推動「文明開化」，使他們同沐於天皇「一視同仁」的恩德，並同化爲高度文明的大和民族之一員。[51]日本的帝國擴張，也就是文明的使命。我們可發現這種多元一體民族論，與東亞大陸帝國體系的意識形態甚爲相似：只是「天子」被置換成「天皇」，文明的準繩則由儒家禮教置換成現代文明而已。

如此，日本版本的秦漢帝國體系，對內引致文武官僚專政的國家主義，對外則醸成不斷征伐的軍國主義。日本20世紀初雖有過自由化思潮，1920年代曾短暫民主化，但到1930年代帝國夢還是壓毀自由和民主。[52]帝國在海外屬土，一方面推行漠視傳統風俗的同化政策，另一方面又未能落實「八紘一宇，一視同仁」的族群平等，使屬地住民受到不公平的高壓統治。[53]爲求建設以日本爲中心的天下帝國，日本的文武官僚一意孤行地使東亞各地慘遭戰火蹂躪，最終整個日本都要爲帝國主義的野望蒙受沒頂之災。

51　Oguma, Eiji (2002). *A Genealogy of 'Japanese' Self-images*. Balwyn North: Trans Pacific Press; 小熊英二（2011），《日本人的國境界：從沖繩、愛奴、台灣、朝鮮的殖民地統治到回歸運動》（上卷），嘉義：國立嘉義大學臺灣文化研究中心。

52　Gordon, Andrew (1992). *Labor and Imperial Democracy in Prewar Japan*. Berkeley: University of California Press.

53　陳培豐著，王興安、鳳氣至純平譯（2006），《同化的同床異夢：日治時期臺灣的語言政策、近代化與認同》。臺北：麥田出版。Caprio, Mark E. (2009). *Japanese Asslimilation Policies in Colonial Korea, 1910-1945*. Seattle: University of Washington Press；小熊英二 2011。

　　日本式的天下帝國觀，最終反過來影響東亞大陸，使步向衰亡的東亞大陸帝國體系以中國國族主義的姿態浴火重生。清帝國於日清戰爭敗北後，知識階層紛紛湧往日本求學，想要參考日本現代化的成功經驗，最終按照日本國族建構的模式發明中國國族主義。[54]中國國族主義雖曾探索過西方民主自由的思想，但還是帶來精英主導的國家主義，並形成主張讓少數先鋒黨改造社會的黨國主義。中華民族的論述，主張清帝國故土上各民族皆應「五族共和」、形成大一統的複合國族，就有著大和民族多元民族融合論的影子。雖然中國軍事在20世紀初頗為落後，但民國軍人仍然相信軍國主義，極力主張以武力於新疆青藏等地殖民、要在武力支持下消滅其文化語言，其主張與日本軍國主義的作風幾無分別。[55]比如在1935年，有中國軍官於中華民國政府軍事參議院軍事廳出版的刊物中，聲言要「取西藏之本質、繼乃奪其一切，漸次因勢而利導之，使於毫無反對與完全不覺之情形下、將西藏整個地為中國移植過來……（如敢反抗就令他們）感受無限之痛苦……必要時直搗西藏；負對西藏問題根本之重責者，莫如武力……」。[56]回顧當年中國軍事文獻，此等論述比目皆是。在此基礎之上，毛澤東既以軍事動員的手法組織群眾暴力，又以集團方式建立指揮軍隊、監控民眾的黨國體系，使東亞大陸至20世紀中就陷入新秦漢體制的極權主義帝國羅網之中。

思索自由和平的東亞新秩序

　　當東亞大陸因毛澤東成功奪權，而淪入極權的新秦漢帝國體系時，東亞沿海列國體系的發展卻往前踏了一步。1945年日本戰敗後，駐日盟軍總

54　王柯（2015），《民族主義與近代中日關係：「民族國家」、「邊疆」與歷史認識》，香港：中文大學出版社。

55　鄺智文（2017），《民國乎？軍國乎？第二次中日戰爭前的民國知識軍人、軍學與軍事變革，1914-1937》，香港：中華書局。

56　萍（1935），〈西藏與國防〉，《軍事彙刊》，18、19期。

司令部主導日本政治改革，自由派則趁此機會爭取民主和自由。1951年日本簽訂《舊金山和約》恢復國權後，日本已經是穩固的自由民主國。東亞沿海其他國家卻一度只能勉強站穩。韓半島1950年代爆發內戰，最終北部淪爲東亞大陸帝國的附庸，唯有南部能留在沿海列國體系內。國民黨政權流亡到臺灣這片新得領土，並建立遷佔者政權，中華民國在臺灣與大陸帝國分庭抗禮，但實際上卻正式成爲沿海體系上的島國。此刻香港雖爲英國殖民地，其政府卻高度自主，其住民則多自大陸避秦之士，亦多源自大陸之沿海。總體而言，是個與沿海列國體系更親近的準城市國家。戰後50年內，日本在頹垣敗瓦上復興，一躍成爲世界第二大經濟體。大韓民國、臺灣、香港與在東南亞的新加坡，亦因急速成長被譽爲亞洲四小龍。這說明東亞除大陸帝國外，還可以有別的可能。

　　1980年代起東南沿海列國亦爆發自由化風潮。在此之前，東亞沿海只有日本是自由民主國家，香港則爲半自由地區，除此之外都是不自由的威權國家。大韓民國持續不斷的社會抗爭，於1987年爆發「六月民主運動」，最終軍人政權決定讓步。同年12月舉行總統大選，反對派領袖金大中翌年當選總統，奠定大韓民國之自由化。[57]臺灣的轉捩點，同樣發生在1987年。蔣經國於7月14日宣佈翌日解除歷時逾38年的戒嚴令，臺灣的社會氣氛則逐漸鬆動。流亡臺灣的國民黨之構成亦日漸本土化，次年蔣經國急病往生後，接任總統的是臺灣籍的李登輝。李登輝於任內積極推動透過增修憲法條文把「中華民國」臺灣化，將之從來自中國的流亡政權，改造成由臺灣人選舉出來的民主政體：也就是說，臺灣是個實然獨立的島國，它的國號叫「中華民國」。臺灣自此急速自由化，並於1996年舉辦民主的總統選舉。2000年的選舉，則首次由本土政黨取得執政權。[58]香港雖然因英中談判失利，而將於1997年改換成中國的特別行政區，但此時亦出現要

57　Cumings, Bruce (2005). *Korea's Place in the Sun*. New York: W.W. Norton.

58　若林正丈著，洪郁如等譯（2016），《戰後臺灣政治史：中華民國臺灣化的歷程》，臺北：國立臺灣大學出版中心。

求「民主自治」、「港人治港」、「民主拒共」的呼聲。[59]東南沿海列國體系，也自此成爲追求自由的體系。

反觀東亞大陸在1980年代的自由風潮，雖然一度令人期盼，卻於六四慘案後一沉不起：當權者決定以舉國之力發展國家資本主義[60]，並推行「毋望國恥」的仇外教育[61]，如此皆使東亞大陸帝國在財力及思想控制上更上一層樓。自由派此後已淪爲小眾關懷，「中華民族的偉大復興」這「中國夢」才是社會的主旋律。**至此東南沿海與東亞大陸之分野不再只是地理分野，而是自由與帝國兩種意識形態的對峙。**

當東亞大陸秦漢式帝國走向極權專制，那東南沿海世界就必須更團結一致，以守護沿海的自由與民主。然而東亞沿海的格局，此刻仍然倚靠美國提供的核保護傘，沿海各國未能意識到自己皆爲抗拒帝國、捍衛自由的地緣命運共同體。沿海各國至今仍未能完全擺脫舊有錯誤的華夷觀念，未能以對等心態交往合作，只仰賴美國維持東亞沿海的秩序。可是美國並不必然是可靠的盟友。根據往績，美國外交政策往往以國家利益爲重，亦屢次爲維繫自身霸權而支持獨裁專制的地區秩序。除此以外，美國對外政策亦有經濟效益之考量，比如川普在競選美國總統時，就曾提出要削減駐外美軍規模、甚至要求盟友支付美軍協防的開支。若美國本土政治形勢丕變，也可能像當年對待越南共和國那樣離棄東亞的盟友。東亞沿海列國體系若要長久維持，臺、日、韓三國不得不擺脫對美國的依賴，放下成見、攜手合作、自力救濟。但現時三國交往之狀況，顯然強差人意。

日本雖在駐日盟軍總司令部軍事佔領期間民主化，但當局後來爲冷戰之緣故，對轉型正義輕輕帶過。[62]部分右翼政客一直阻撓政府爲戰爭負

59　So, Alvin Y. (1999). *Hong Kong's Embattled Democracy: A Societal Analysis*. Baltimore: Johns Hopkins University Press.

60　Vogel, Ezra F. (2011). *Deng Xiaoping and the Transformation of China*. Cambridge, MA: Harvard University Press.

61　Wang, Zheng (2012). *Never Forget National Humiliation: Historical Memory in Chinese Politics and Foreign Relations*. New York: Columbia University Press.

62　Dower, John W. (1999). *Embracing Defeat: Japan in the Wake of World War II*. New York: W.W. Norton.

責，亦未能了解日本以及國際形勢早就天翻地覆，還是以天朝大國的心態
與鄰交往。大韓民國則內化其「小中華」思想，如此再加上被日本侵吞的
屈辱感，就形成注重血緣文化的族群國族主義。然而建基於血緣文化的國
族主義，與自由民主有潛在的衝突。政客炒作韓日恩仇煽動民粹，亦有損
東亞沿海體系的團結。[63]而臺灣和香港，則與東亞大陸帝國藕斷絲連。臺
灣住著一群中華民國遺民，一直都對本土化嗤之以鼻，繼而把「去中國
化」當成罵人的髒話；有的臺灣人想搭大陸帝國經濟發展的快車，就想掩
飾自己的獨立身分，為了人民幣自甘為「中國臺灣人」。香港權貴早遭各
種殖民主義馴化，若能從中牟利，亦少有想到香港人之政治權益。即使是
在野派，他們面對橫蠻的現實中國時，心中仍擺脫不掉那虛擬的鄉愁；他
們不知道在沿海小邦推行民主自治，就必須要脫離帝國的宰制。是以當年
輕世代提出要以香港獨立向帝國說不，卻不為鄉愿的主流重視。

　　如今東亞局勢大抵篤定。中國在東亞大陸已成為現代化的秦漢式帝
國，在國內不斷提升習近平的「帝權」，對外則要將國力一直伸延到地
極。這個帝國只會侵吞香港、干擾臺灣、麻煩日本、離間韓國，並隔海向
美國叫陣。但在東亞沿海，除卻香港仍在負隅頑抗，澳門早遭共產黨全盤
操控，而韓半島北部仍由中國支持的極權政府管治外，餘下都已經是自由
民主的文明國家。這個列國體系理當團結一致，集合力量阻止東亞大陸帝
國的無限擴張，方能守護東亞的自由和平。為此我們必須丟清「華夷尊
卑」、「天下帝國」等思想毒素，建立基於自由平等的沿海列國秩序。

　　為了東亞的和平、民眾的尊嚴，我們不得不苦苦思索前路。東亞的未
來，取決於沿海世界抵擋大陸帝國侵略的抗爭。這是關乎東亞前途以至人
類命運的關鍵鬥爭：是自由還是壓制、是民主還是威權、是自立還是奴
役、是幸福還是羞辱，必須二擇其一，不可能存在任何曖昧的空間。東亞
沿海世界務要團結自救，永久粉碎東亞大陸帝國侵吞世界的野望，脫離中

63　Shin, Gi-Wook (2006). *Ethnic Nationalism in Korea : Genealogy, Politics, and Legacy*. Stanford: Stanford University Press.

華、振興東亞、宏揚自由自主的進步價值。如此東亞方能履行對普世社會的責任，為人類文明的自由、幸福和尊嚴做出貢獻。脫華興亞，乃東亞沿海諸國之時代責任。

亞東萬浬航

獨立自主脫中華

訣別秋海棠

第三章

不容自由的百年帝國夢
從五四百週年、赤化七十年到六四三十年

　　回顧人類爭取自由的歷史，東亞大陸猶如和自由絕緣的無底深潭。大陸上的民眾大多沒有自由的靈魂，縱偶有像劉曉波先生那樣實踐自由意志的賢者，卻會遭到國家以至鄰舍排擠，甚至可以不得善終。敵擋自由的國家意志，亦透過日新月異的科技得以彰顯。東亞大陸的互聯網採取實名制，國家能根據國民的一舉一動判斷其忠誠程度，以「信用評級」把國人分等級。等級低下的叛逆者，不只求職求學會有問題，甚至連訂車票出遊之類的閒事也會遇到困難。《1984》的反烏托邦就是東亞大陸的現實：國家要異議者求生不得、求死不能，也不過彈指間的功夫。

　　東亞大陸的政權自詡為天下之中的「中國」，對周邊邊民的自由更是置若罔聞。中央政權一直都要消滅西藏固有風俗，強行清拆寺院和宗教學校，藏民接二連三地自焚抗議，卻未能替當權者帶來一絲的感動。而在新疆，中國更效法納粹德國興建大批禁閉營，將整代維吾爾族青年關進去勞動思想改造。即使比較富裕的基督徒，亦因意識形態問題遭政府以武力強行清拆教堂及十字架，甚至還可能要改用由國家修訂至「符合國情」的新舊約聖經。

　　根據自由之家的公民自由評級，日本和香港自1970年代起一直都是東亞最自由的地方，其評級徘徊在最佳三級之間。臺灣和大韓民國在1970年代徘徊第五、六級，僅比中國好一丁點，但之後卻能在1980年代末急追直

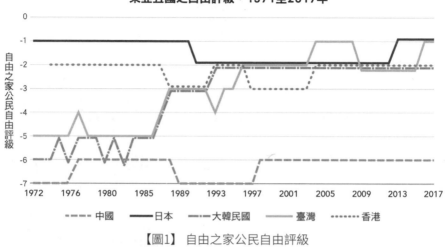

【圖1】 自由之家公民自由評級

上，並維持在與港日同等水平。唯獨中國表現強差人意：很多時都處於第二差的第六級。在文化大革命期間、以及六四慘案之後幾年，中國公民自由水平更屬最惡劣的第七級。[1]

中國國勢日強，目前已不斷收緊香港的自治權，甚至要考慮用嚴刑峻法針對任何疑似港獨言論。即是在實際獨立的臺灣，中國亦動員假消息假新聞，要以流言蜚語干擾臺灣的民主政治，期望能靠急統的威權主義者引導輿論，甚至讓這些第五縱隊參選奪權。

為了東亞恆久的自由，我們得先瞭解東亞大陸如何變成自由黑洞，也就是東亞大陸由清帝國轉化為名為「中國」的現代國家之過程。

文明帝國的現代轉型

在東亞大陸固有觀念中，世界就如一個同心圓，普天之下只有一個文

---

1 Freedom in the World Data and Resources. 8 May 2018, freedomhouse.org/content/freedom-world-data-and-resources.

明中心，也就是漢人居住的中土。中心之外那一層是文明較開化的蠻夷，隨著文明向外擴散，也將與中心融為一體。再外面那一層開化程度較低，亦較難融合。如此類推，最外面那層就是野蠻原始的化外之民，亦是中心帝國難以施展力量的地方。雖然這種天下觀並未能反映東亞世界體系的現實，比如中土亦一直有吸收同心圓外圍的文化，然而東亞大陸的知識人始終認為內外有別的華夷秩序乃正當的理想。對於外來文化，他們或視之為生活風雅，或視之為奇淫技巧，總之是難登大雅之堂的事物。

即使清帝國於英清戰爭後屢為西方國家所敗，東亞大陸的知識人仍未捨棄這種華夷天下觀。由於西方國家的勢力大多限於沿海的租界以及邊境，他們只視西方的挑戰為傳統的邊患。他們以為只須學會西方軍事技術就能「師夷之長技以制夷」，此後天下帝國的秩序仍然可以千秋萬世。然而舊帝國的邏輯，在日清戰爭落敗後再也沒有說服力。擊敗清帝國的日本雖自安土桃山時代後再沒有臣服於大陸的帝國，但在壬辰戰爭失利後就沒有正面挑戰帝國身為上國的地位，明帝國和清帝國也因此能繼續視日本為天下體系的邊陲小國。華夏帝國遭邊陲小國打敗的事，縱然不是沒有發生過，但以往入主中土的外族都採用儒家禮教。日本此刻卻正值明治維新，**雖然儒學的影響實情未曾消退，但從大陸的觀點看，日本卻是個離棄孔孟、擁抱西方的束夷。自此華夏再也不能是理所當然的世界中心，清帝國也不得不承認自己不過乃列國體系中之一員。東亞大陸必須思索自己在世界上的定位，自此踏入30年轉型時代。**[2]

嚴復於1890年代引介並翻譯《天演論》等著作，並以社會達爾文主義將世界局勢描述為白種人與有色人種的種族戰爭。[3]東亞大陸深受朱熹《家禮》影響，對血緣親族的祭祀傳承甚為重視，容易接受基於血統論的

2　Chang, Hao (1971). *Liang Ch'i-ch'ao and Intellectual Transition in China, 1890-1907*. Cambridge, MA: Harvard University Press; 張灝（2003），〈轉型時代中國烏托邦主義的興起〉，《新史學》，14卷2期。

3　Schwartz, Benjamin I. (1964). *In Search of Wealth and Power: Yen Fu and the West*. Cambridge, MA: Harvard University Press.

種族主義。如此嚴復之譯著一石激起千重浪，帝國的知識階層皆恐懼會遭亡國亡種，為此議論紛紛。[4]梁啓超卻自信黃種人不能與其他低下的有色人種相提並論。他於《論中國之將強》指出：「凡黑色、紅色、棕色之種人，其血管中之微生物、與其腦的角度，皆視白人相去懸絕。惟黃之與白殆不甚遠，故白人所能為之事，黃人無不能者。」雖然日本自明治維新後廁身列強，但「日本之種，本出於我國」，那麼倘若清帝國能以明治日本的方式變革，不就能再次富強嗎？梁啓超、譚嗣同等寄望得到光緒帝的支持就能大展拳腳，卻令慈禧太后等感到威脅。最終慈禧發動政變，百日維新夭折，梁啓超亦得東渡日本避難。

　　梁啓超流亡日本，不斷觀察日本成功之道。他發現國族主義的力量，能集中國民意志推動現代化改革。為此他於1902年撰寫《新民說》，指出東亞大陸必須從文明帝國轉化為國族國家。因為「自16世紀以來，歐洲所以發達、世界所以進步，皆由民族主義所磅礴衝激而成。民族主義者何？各地同種族、同言語、同宗教、同習俗之人，相見如同胞，務獨立自治、組織完備之政府，以謀公益、而禦他族是也」。如今大陸面臨西方和日本的擴張主義，「欲抵擋列強之民族帝國主義，以挽浩劫而拯生靈，惟有行我民族主義之一策」。此時知識階層的子弟，亦以留學日本為風尚，他們同樣認為東亞大陸應按照明治日本的模式，提倡以文化和血緣為基礎的族裔國族主義。[5]

　　在清帝國談族裔，難免會觸碰開國以來的滿漢矛盾。江南文人於私人藏書中，重新發現明清之交的禁忌之學，曾投身於反清復明運動的王夫之亦被奉為哲人英雄。《揚州十日記》等描述明清變革之暴力的著述，亦再版並於地下流傳。[6]新一代知識人反覆描述明人遭滿人弄得國破家亡的悲情，並將東亞大陸的現狀類比為西方國家的殖民地。他們認為漢人自17世

4　Dikotter, Frank (1992). *The Discourse of Race in Modern China*. London: Hurst.

5　王柯（2015），《民族主義與中日關係：「民族國家」、「邊疆」與歷史認識》，香港：中文大學出版社。

6　Zarrow, Peter (2012). *After Empire: The Conceptual Transformation of the Chinese State, 1885-1924*. Stanford: Stanford University Press.

紀末就遭滿人奴役，東亞大陸也淪爲滿人的殖民地，如此當船堅炮利的西
方人來到東方，滿人就將殖民地的奴民輕易出賣予西方的新殖民者。[7]鄒
容於1903年撰寫《革命軍》，如此挑動讀者的反滿情緒：

> 嗚呼！我漢種，是豈飛揚祖國之漢種？是豈獨立亞細亞大陸上之漢
> 種？是豈爲偉大國民之漢種？嗚呼漢種！漢種雖眾，適足爲他種人
> 之奴隸；漢地雖廣，適足供他種人之棲息。漢種！漢種！不過爲滿
> 洲人恭順忠義之臣民。漢種！漢種！又由滿洲人介紹爲歐美各國人
> 之奴隸。

　　漢族中心論者主張以暴力革命，把滿人驅逐出漢人聚居的十八行省，
並建立漢人主導的共和國。但這亦意味著這新興東亞國家將不會統治清帝
國在滿蒙疆藏的領地。梁啓超等人認爲這等同將這些地域拱手讓予西方各
國，如此東亞大陸的處境只會更加凶險。他們認爲以立憲君主制度將清帝
國轉型爲多族裔國家，會是更穩當的做法。爲此他們從日本近年政治發展
中尋找思想資源。

　　日本於世紀之交正值自由主義退潮。1870、1880年代的自由民權運動
與地方利益有太多糾纏，板垣退助等運動領袖也許更關心如何能從薩長藩
閥手上奪權。主導明治維新的領袖大多偏好官僚專政，木戶孝允等開明派
亦因板垣的權慾而與民權派鬧翻。執政官僚基於儒家公益私利之辨，把自
己抬高爲不群不黨、大公無私的父母官，把民權派政黨貶斥爲基於利害關
係的私黨。[8]日本於1889年立憲後，官僚和保守派積極反撲。1890年頒佈
的《教育敕語》借用神道教概念將天皇捧爲天命所歸的聖王，再以儒家忠

7　Karl, Rebecca E. (2002). *Staging the World: Chinese Nationalism at the Turn of the Twentieth Century.* Durham, NC: Duke University Press.

8　Kim, Kyu Hyun (2008). *The Age of Visions and Arguments: Parliamentarianism and the National Public Sphere in Early Meiji Japan.* Cambridge, MA: Harvard University Press.

孝觀要求國民服從政權，用「挾天子以令諸侯」的方式抗衡民權觀念。[9]
由於憲法未有賦與國會組閣權，官僚亦抗拒參與政黨政治，被稱爲民黨的
反對派只能透過拉倒預算案與政府討價還價。而所謂民黨，又不過是不同
地方利益的鬆散組合。如此國會自1890年11月召開後，政局一直不穩定，
單單在1890年代就出現過8個內閣。[10]對在此時此刻到日本求學的大陸知
識人來說，自由民權可算是好壞參半的概念。

　　梁啓超的精神導師加藤弘之於明治初年曾爲自由主義者，卻因自由民
權運動與政府的衝突而轉向成爲國家主義者。他於1882年出版《人權新
說》[11]，否定天賦人權的民權觀，並指出物競天擇、適者生存才是眞正的
天道：惟獨於競爭得勝的強者，方有資格申索自己的權利。而族群之間的
殊死之爭，又比個人的競爭更爲關鍵。日本要在普世的族群鬥爭站穩陣
腳，就必須集合眾人之力，爲此日本必須維持其國體：日本國民必須以天
皇爲首，讓輔弼天皇的官僚以國家之力推動由上而下的變革。天皇的國家
主權，必須凌駕於民眾的自由和人權。梁啓超剛落難時曾接受過自由主義
的理念，卻於1901、02年轉向，主張清帝國要建立集權國家體制，以公權
力改變社會、改造國民。[12]他於《新民說》中指出：

> 自由云者，團體之自由，非個人之自由也。野蠻時代，個人之自由
> 勝而團體之自由亡；文明時代，團體之自由強而個人之自由減。

　　與此同時，隨著日本的帝國擴張，日本知識人亦逐漸拋棄講求血統純
正的單一族群論。新一代的學者多指出日本史就是族群融合的歷史：西國
的彌生人、東國的繩文人、九州南部的隼人、東北的蝦夷人與來自大陸與

9　Gluck, Carol (1985). *Japan's Modern Myths: Ideology in the Late Meiji Period.* Princeton: Princeton University Press.

10　原田敬一著，徐靜波譯（2016），《日清・日俄戰爭》，香港：中和出版。

11　加藤弘之（1882），《人權新說》，東京：谷山 。

12　Zarrow 2012, Chang 1971.

韓半島的渡來人，在過去兩千年使日本列島變成族群的大熔爐。在明治年
間，琉球人和阿伊努人的融合仍是現代進行式。昔日列島各族既然能在天
皇的恩典下融爲多元一體的大和民族，那麼帝國新領地的住民，理論上也
能透過文明開化成爲日本人。[13]日本人在韓半島提倡日鮮同祖論，認爲日
本人與韓民族有共同祖先：他們認爲好一部分日本人的祖先爲自韓半島遷
入的望族，又一些歷史學家則以神功皇后征韓之傳說論證日韓一體。統監
府以及後來朝鮮總督府的日本人，多指出日韓同種、韓語也是日語方言，
只是韓半島的文化因朝鮮王國之鎖國政策而故步自封。日本征服韓半島，
是爲了文明開化落後的「同胞」，在天皇的恩賜下推行現代化改革，將韓
人同化成爲完全的日本人。[14]而這一套邏輯，後來亦用在其他領地之上。
雖然臺灣在日治初期曾因「清國因素」採用特別統治主義，但在田健治郎
於1920年代執政時還是改採內地延長主義，之後亦隨戰爭爆發推動同化臺
灣人的皇民化運動。[15]到1930年代，日本亦以相若的邏輯侵吞滿蒙，想要
把滿族、蒙古族以至漢族與日本人融爲一體。[16]

　　這種多元一體又能無限擴張的族群融合論，正好切合清帝國多族群的
現狀，亦有助於讓國內諸族融合成同樣尊崇天子的新國族。由於漢族能與
他族融爲一體，也就沒有丟棄滿蒙疆藏的問題。梁啓超顯然被日式多元一
體論說服，是以他在1903年於〈政治學大家伯倫知理之學說〉提倡他所言
的「大民族主義」：

> 吾中國言民族者，當於小民族主義之外，更提倡大民族主義……合
> 國內本部屬部之諸族，以對於國外之族是也……合漢、合滿、合

13　Oguma, Eiji (2002). *A Genealogy of 'Japanese' Self-Images*. Balwyn North: Trans Pacific Press.

14　Duus, Peter (1998). *The Abacus and the Sword: The Japanese Penetration of Korea, 1895-1910*. Berkeley: University of California Press.

15　陳培豐著，王興安、鳳氣至純平譯（2006），《同化的同床異夢：日治時期臺灣的語言政策、近代化與認同》。臺北：麥田出版；荊子馨（2006），《成爲「日本人」：殖民地臺灣與認同政治》，臺北：麥田出版。

16　Oguma 2002.

蒙、合回、合苗、合藏，組成一大民族，提全球三分有一之人類，
以高掌遠蹠於五大陸之上，此有志之士所同心醉也。

另一位立憲派楊度則更進一步，在1907年於〈金鐵主義說〉論證中華
民族之融合，乃歷史自然演化的過程：

中國自古有一文化較高、人數較多之民族在其國中，自命其國曰中
國，自命其民族曰中華……中華之名詞，不僅非一地域之國名，亦
且非一血統之種名，乃爲一文化之族名……夷狄可以進爲中國，專
以禮教爲標準，而無親疏之別。其後經數千年混雜數千百人種，而
稱中華如故。

楊度認爲東亞大陸各族群融合爲中華，乃五千年之歷史過程，滿清入
主中原也是這歷史進程的一部分。漢人欲排斥滿人而自立，就是和歷史潮
流作對。而在西方進迫的世界大勢下，大陸諸族也必須在帝國的領導下集
中力量，融合成中華民族：

故中國之在今日世界，漢滿蒙回藏之地不可失其一部、漢滿蒙回藏
之人民不可失其一種，必使土地如故、人民如故、統治權如故。三
者之中，不可失其一焉有所變動，一有變動則亡國矣……國民之漢
滿蒙回藏五族，但可合五爲一、而不可分一爲五。

在1900年代，主張五族共融的立憲派與主張排滿革命的革命派鬧得不
可開交，但隨後事態發展卻超乎所有人預期。清帝國最終的立憲方案極爲
保守，令躍躍欲試的地方士紳大失所望；而經濟波動又使帝國急需借貸，
朝廷將鐵路國有化爲抵押品，更侵害地方士紳利權。最終原先傾向立憲的
地方士紳反抗，意外催生中華民國。革命派在脆弱的平衡下取得大陸南部
統治權，不敢負上出賣國土的罪名。而他們排滿的初衷，是爲了建立富強

的國家，如今有望能執政，自然想將清帝國的遺產整碗捧去。是以革命派在屠殺滿人的狂熱過後，就改採「五族共和」的方針。孫文於1912年就任中華民國臨時大總統時，就如此宣告：

> 國家之本，在於人民。合漢滿蒙回藏諸地爲一國，即合漢滿蒙回藏諸族爲一人。是曰民族之統一。

　　同年孫文與清帝國內閣總理大臣袁世凱達成協議，袁世凱答應迫宣統帝遜位，孫則將中華民國大總統的職位出讓予袁。清帝國自此覆亡，且由名爲中國的國族國家取以代之。不過中國卻非典型的國族國家，中國國族主義亦非典型的國族主義。歷史社會學家管禮雅（Liah Greenfeld）指出國族主義的理念，乃主張普羅主權和身分平等的世俗化思想。[17]也就是說，先有民主自治的平等公民，才爲他們建立中央集權的國家；先有國民，然後再按國民權益界定國土。**中國國族主義卻反其道而行，先是認定清帝國遺下的疆域一點都不能少，再根據領土界定誰是國民，到最後知識精英才以國家的需要界定國民能享有的權益。**中國知識人爲求延續帝國的規模與威榮，就以先射箭後畫靶的方式模仿他國的國族主義，這就是安德森在《想像的共同體》所描述的官方國族主義。[18]

　　中國問題專家白魯恂（Lucian W. Pye）曾指出，中國只是「一個僞裝成（國族）國家的文明（帝國）」。[19]他的意思是：中國只是爲了保全帝國，才將自己裝扮成國族國家的模樣，期盼能以國族主義的動員力重現帝國的榮光。中國的國族主義，雖然以受害者的姿態披上「國族解放」的迷彩，其本質卻是意欲稱霸世界的帝國主義。

17　Greenfeld, Liah (1993). *Nationalism: Five Roads to Modernity.* Cambridge, MA: Harvard University Press.

18　Anderson, Benedict (1983). *Imagined Communities: Reflections on the Origin and Spread of Nationalism.* London: Verso.

19　Pye, Lucian W. (1990). "China: Erratic State, Frustrated Society," *Foreign Affairs*, 69(4).

五四：與自由擦身而過

中華民國想以共和制國族國家的形式延續清帝國的領土疆域，卻盡得兩種模式之弊。民國政治，乃眞獨裁假共和，但偏偏沒有一位獨裁者有稱帝的能耐。袁世凱蠢蠢欲動，但尚未登基就離心離德，最終只得鬱鬱而終。他的手下沒人能一言九鼎，大家也看不上大家，就淪爲互相攻伐的軍閥。在外交方面，蒙古等地只願臣服清帝，不願恭順漢人，就借俄羅斯之力雄據自立。日本則趁西方忙於應付歐戰，向中國聲索原由德國享有的山東利權。雖然中國工業發展略有起色，但與舶來品競爭激烈，而中國工業規模基數低，再發展國貨還是難敵種種洋貨，尤其是趁歐戰於亞洲各地搶灘的日本貨。文化方面反倒是一成不變，尊崇天地君親師的儒家禮教仍主宰大部分中國人的心智。

民國初年的種種亂象，使知識階層反思傳統文化之不足。他們主張要以民主和科學啓蒙國人，並於1910年代發起被稱爲「大五四」的新文化運動。知識人不再只關心富國強兵，反倒關注如何擺脫傳統枷鎖以擁抱自由。分析民初文章資料庫中的關鍵字，可看到「自由」、「個人」、「自由主義」、「個性」等字於1910年代用得頻密。也就是說，中國知識人於這幾年日益重視自由的理念。[20]陳獨秀於1915年創辦《新青年》，並於創刊詞〈敬告青年〉勸勉讀者要抱緊自由：

> 解放云者，脫離夫奴隸之羈絆，以完其自主自由之人格之謂也。我有手足，自謀溫飽；我有口舌，自陳好惡；我有心思，自崇所信。絕不認他人之越俎，亦不應主我而奴他人。蓋自認爲獨立自主之人格，以上一切操行、一切權利、一切信仰，唯有聽命各自固有之智能，斷無盲從隸屬他人之理。

---

20 秦暉（2015），〈重論「大五四」的主調，及其何以被「壓倒」〉，《二十一世紀》，150期。

　　對民國政治失望的知識階層把希望寄託在民國初年才踏入大學校園的年輕世代。在這個世代成長期間，清帝國廢除科舉，並以西式現代教育取以代之。與其飽讀四書五經的前輩相比，年輕人較不受儒家忠義觀念的影響，傾向相信民眾能由下而上地改革中國。開明知識人爲栽培晚輩，寄望他們能擺脫儒教道學對個性的壓抑，以及各種迷信的傳統觀念，就積極地於校園推動自由學風。如此自由風潮席捲1910年代中國的校園。[21]

　　當年青世代自我主體意識覺醒，就確認自己爲有權參與政治的國民，要爲社會種種不平事發聲。美國總統威爾遜於1917年美國參與歐戰前，就已經提出對戰後世界秩序的願景，寄望能藉輿論奠定美國戰後影響力。威爾遜指出未來的國際秩序若要穩定，世界各國的地位與權利必須平等，而各國政府亦必須得到住民認受。這些觀點在1918年被歸納爲《十四點和平原則》，當中提及國族自決和平等對待殖民地民眾的原則。於1916年在上海成立的中美通訊社向中國各大傳媒發佈威爾遜的訊息，這些內容引起極大迴響，是以各媒體經常全文轉載威爾遜的演說辭。中國知識人和大學生深受鼓舞，得見自由美國戰勝威權德國，就憧憬著尊重弱國的自由世界新秩序。[22]

　　但現實政治終究是殘酷的。英國、法國和日本在戰勝後，都無意放棄其帝國霸業，亦對德國的海外領土垂涎三尺。美國自身亦有海外利益，也無意爲殖民地問題與盟友鬧翻，因此不欲於歐洲以外貫徹國族自決方針。軍閥主導的北京政府於1919年派員代表中國出席凡爾賽和談，代表團原先期望能收回德國在山東之權益，但開戰後日本就出兵攻打德國在青島的租界，並於山東長期駐軍。但列強對只曾派出苦力和輜重隊的中國並不重視，傾向把山東權益讓予日本。代表團準備簽字的流言於5月1日傳到北京，使大學生義憤塡膺。他們於4日走上街頭到天安門外集會，然後遊行

21　Schwarcz, Vera. (1986). *The Chinese Enlightenment: Intellectuals and the Legacy of the May Fourth Movement of 1919*. Berkeley: University of California Press.

22　Manela, Erez (2007). *The Wilsonian Moment: Self-Determination and the International Origins of Anticolonial Nationalism*. New York: Oxford University Press.

往各國使館。部分學生高呼「外爭主權、內懲國賊」，衝往親日官僚曹汝霖的宅邸趙家樓，先是見人就打，隨後縱火洩憤。北京政府雖下令拘捕學生，蔡元培等師長仍為學生四處奔走，而學潮則迅速擴散全國。民眾亦一度積極聲援學生，商人發起罷市、工人發動罷工。最終政府退讓，通電代表團暫緩簽署合約，使山東問題繼續懸而不決。[23]

受「大五四」薰陶過的年輕學子，在「小五四」期間得到充權，並發現社會抗爭引發的政治能量。最終越來越多人嫌思想啟蒙曠日彌久，便改為投入政治運動，期望奪權後就能以公權力從上而下改造國家。年輕人的口號，亦日趨政治化：他們認定軍閥是外國帝國主義的協作者、又倡導揚忠孝抑個性的迷信，是不得不打倒的對象。是以他們的口號從最初的「民主與科學」和「只問外交、不問內政」，到後期演化為「打倒軍閥、再造中國」。雖然仍有知識人孜孜不倦地為啟蒙默默耕耘，但奪權救亡的思潮卻成為時代的巨浪。[24]年輕人於1920年代日趨激進，他們認定軍閥政府乃反動保守的賣國者，就想以暴力革命把其推翻。比如北京政府於1921至1922年的華盛頓會議成功取回山東主權，但《新青年》對此卻隻字不提。[25]既然軍閥是要打倒的對象，他們的功績也自然要視而不見。

大五四的知識人乃充滿矛盾的一群。他們主張個性解放，卻未有擺脫族群競爭的世界觀：他們只是假定個人自由的實踐是群體成功的關鍵。他們雖主張理性和科學，卻有著浪漫主義的情懷：他們深信自己可以成為英雄、可以用意志克服種種現實的磨難。知識人提倡民主，卻又相信自己是少數獲得啟蒙的一群；他們要回到民眾那裡，但又覺得自己是民眾的導師。[26]**這群知識人就這樣在自由夢與帝國夢之間夢迴，直到帝國夢把自由夢吞噬。**

23　Spence, Jonathan D. (1991). *The Search for Modern China*. New York: W. W. Norton.

24　金觀濤、劉青峰（2004），〈五四新青年群體為何放棄「自由主義」？──重大事件與觀念變遷互動之研究〉，《二十一世紀》，82期。

25　秦暉 2015。

26　張灝（2004），〈重訪五四：論五四思想的兩歧性〉，《時代的探索》，臺北：聯經出版，頁105-139。

　　年輕知識人想要推翻軍閥，自然會招致無情打壓。在小五四期間，中
國全民激憤，民眾與工商界積極聲援，如此才迫使代表團拒簽凡爾賽和
約。但當社會運動的焦點從外交轉往內政，不願介入政治鬥爭的民眾便不
再支持，使知識人陷入孤立無援之境況。知識人急需打倒政敵的力量，卻
發現自由主義無法提供這種力量，就轉為探索更激進的思潮。部分知識人
因此對列寧主義感到興趣。曾勸告青年擁抱自由的陳獨秀，亦於1920年離
棄自由主義，改為主張以集權手段實踐列寧主義。那年他於〈談政治〉一
文指出：

> 若是不主張用強力、不主張階級戰爭，天天不要國家、政治、法
> 律，天天空想自由組織的社會出現；那班資產階級仍舊天天站在國
> 家地位、天天利用政治、法律。如此夢想自由，便再過一萬年，那
> 被壓迫的勞動階級也沒有翻身的機會。[27]

　　既然要以強力集權的方式推動變革，就需要有一支領導群眾的先鋒
黨。小五四後陳獨秀於社會運動屢戰屢敗，亦未能贏得普羅大眾支持。陳
因此對啟蒙失去信心，更認為愚民不配獲得自由。他於1921年撰〈卑之無
甚高論〉一文，以眾人皆醉我獨醒的姿態貶斥民眾之愚昧：

> 簡直是一盤散沙、一堆蠢物，人人懷著狹隘的個人主義，完全沒有
> 公共心……將這重大的責任胡亂放在毫無知識、毫無能力、毫無義
> 務心的人們肩上，豈不是民族的自殺！[28]

　　救亡既是頭等大事，就不能讓愚蠢的平民作主、亦不應顧慮愚民的自
由。知識人反倒要做先知先覺的精英，從上而下領導民眾，按知識人的藍

27　陳獨秀（1920），〈說政治〉，《新青年》，8卷1號。
28　陳獨秀（1984），〈卑之無甚高論〉，《陳獨秀文章選編》中冊，北京：三聯書店，頁132。

圖改變社會。為此陳獨秀與李大釗等人於1921年7月成立中國共產黨。此時盤踞廣東的孫文，亦積極籌備自己的先鋒黨組織。他反思1913年反袁世凱叛變的失敗，認為「二次革命」敗於同盟會成員未有服從他的指令。於是他翌年於日本成立中華革命黨，要求加入者宣誓向領袖個人效忠，到1919年此黨改稱中國國民黨。[29]如此孫文會被列寧主義吸引，也就不足為奇。他於1922年與共產國際的代表接觸，到翌年1月26日更與蘇聯特使越飛發表聯合宣言。國民黨與共產黨這兩個先鋒黨結為革命伙伴，國民黨實施聯俄容共的方針，容許共產黨員以個人身分加入國民黨，甚至讓他們身居要職。而共產黨則決議和國民黨組成革命統一戰線。國民黨於1924年於廣州召開第一次全國代表大會，在共產國際顧問鮑羅廷協助之下把國民黨改組成列寧式政黨。[30]

孫文於1924年展開一連串演講，要向國人闡述其「三民主義」思想。他表明反對自由主義，認為中國人必須犧牲個人自由，服從強而有力的集權領袖，中國方能抵抗外來侵略。他於〈民權主義〉第二講表示：

> 我們是因為自由太多，沒有團體、沒有抵抗力，成一片散沙。因為是一片散沙，所以受外國帝國主義的侵略、受列強經濟商戰的壓逼，我們現在便不能抵抗。要將來能夠抵抗外國的壓逼，就要打破各人的自由，結成很堅固的團體，像把水和士敏土（按：水泥）參加到散沙裡頭，結成一塊堅固石頭一樣。

而孫文的目標，不只是要抵抗外侮。他最終要達成中華民族的偉大復興，要以民國之名義、重建世界第一等的帝國。他於〈民族主義〉第六講指出：

---

29 沙培德（Peter Zarrow）（2012），〈民權思想與先鋒主義：民國時期孫中山的政治主張〉，《中央研究院近代史研究所集刊》，第78期。

30 Bergere, Marie-Claire (1998). *Sun Yat-sen* (Trans. Janet Lloyd). Stanford: Stanford University Press.

中國從前是很強盛文明的國家，在世界是頭一個強國，所處的地位
比現在的列強像英國、美國、法國、日本，還要高得多。因為那時
的中國，是世界的獨強。

孫文自信以中國的規模，若能集中力量，像日本那樣富國強兵，中國
就能回復世界第一的狀態：

日本學歐美不過幾十年，便成世界列強之一，但是中國的人口比日
本多十倍、領土比日本大三十倍、富源更是比日本多……如果中國
學到日本，只要用一國便變成十個強國；到那個時候，中國便可恢
復頭一個地位！

而中國再次強大後，更要領導世界各國的革命，達成天下一統的大同
之治。雖然孫文強調此乃「濟弱扶傾」，並非西方帝國主義的侵略。但這
種想法依舊是傳統天下帝國觀念的自我辯解。孫文的用意，不只是要反對
西方帝國主義、更是要建立以我為主的新帝國主義，讓重新偉大起來的中
國成為新帝國秩序的中心：

我們要將來能夠治國平天下，便先要恢復民族主義和民族地位，用
固有的和平道德做基礎去統一世界，成一個大同之治，這便是我們
四萬萬人的大責任。

在1920年代，中國新興起的先鋒黨為復興帝國的春秋大夢，誓要戮破
1910年代的自由夢，要以黨國體系集中眾人之力。受大五四啓蒙，並於小
五四後投身社運的年輕知識人，就為國共兩黨所拉攏。自從這些知識人把
目光從外交轉往反對軍閥政府，就失去民眾支持，工商界亦不願再提供物
資。社會運動陷入內外交困之境，令年輕人不得不向各政黨求援。青年代
表初次與孫文見面時，雙方均感到格格不入：孫文根本對年輕世代的啓蒙

價值興趣缺缺。[31]但雙方很快就意識到彼此能互相利用。國民黨於1920年代成為學生運動的主要財源，到1923年全國學生總會更索性遷往由國共兩黨盤踞的廣東。國共兩黨都積極在年輕人群體招收黨員，並想將青年運動轉化成政黨附庸。國民黨於1924年改組後設立中央青年部以指揮學生及青年運動，共產黨則派員滲透各社運組織，並成立中國共產主義青年團。此後年輕知識人就成為國共兩黨打擊軍閥和外國人的馬前卒，或是做文宣工作，或是動員普羅大眾，或是上街抗爭。這些街頭運動往往演變成流血衝突，為國共兩黨興師北伐製造條件。[32]

投入國共兩黨政治運動的年輕知識人，像政黨領袖一樣自視為先知先覺的關鍵少數。他們認為身為先鋒黨的責任，是去喚醒和領導後知後覺的普羅大眾。而普羅大眾在他們眼中是無知反動的愚夫愚婦，對自身的權益一無所知，是以民眾必須得到智者提點方能實踐其權利。民眾尚未醒覺、其自由抉擇亦不能帶來解放，是以他們必須服從先鋒黨；而民主參與，則是在為民眾夙夜匪懈的先鋒黨的帶領下集合力量，爭取整個國家的集體權益。也就是說，要讓服從和團結取代自由和啟蒙。[33]

國共兩黨及其年輕支持者若論及「自由」二字，只為突顯軍閥的不堪，卻無意推動民眾的自由與民權。他們反倒利用民眾既有的華夷觀念，主張打倒外國的帝國主義，奢言要重拾漢唐盛世的風範，以沙文主義口號煽動仇外民粹。而在取得一定民眾支持後，則會透過群眾暴力逼迫餘下的民眾選邊站。先鋒黨帶領民眾革命，奪權以後就以黨國之力由上而下地改造社會，以國家主義集合眾人之力，從而達成國家的富強。[34]如此大五四的自由夢，自1920年代後只屬少數學者的堅持[35]，一切都被清末以來的帝

31 Bergére 1998.

32 呂芳上（1994），《從學生運動到運動學生：民國八年至十八年》，臺北：中央研究院近代史研究所。

33 Fitzgerald, John (1996). *Awakening China: Politics, Culture, and Class in the Nationalist Revolution.* Stanford: Stanford University Press.

34 畢仰高（Lucien Bianco）著，何啓仁、陳三井譯（2017），《中國革命的起源 1915-1949》，臺北：聯經出版。

35 Schwarcz 1986.

國夢所吞噬。而當北伐推進到長江流域，青年運動隨著國共兩黨矛盾白熱化被國民政府瓦解，此後繼續參政多加入國共兩黨、推動黨國集權。[36]帝國的復興夢，自此完全壓倒對自由的渴望。

赤化：極權主義與帝國建構

北伐戰爭於1926年爆發後，國共兩黨爲爭取主導權頻起衝突。年末北伐軍打到長江流域，將沿江而下進軍上海。共產黨以拉一派、打一派的手法，高舉「打倒買辦資產階級」的旗幟爭取具國族情懷的商人支持。同情共產黨的商人聯同親共工會和大學生於11月28日召開市民大會，主張實踐抗拒軍閥的市民自治。1927年初北伐軍兵臨城下，共產黨發動三次罷工暴動，想要攻進上海各租界後建立政權，然後迫使未進城的蔣介石接受既定事實。他們於北伐軍抵達市郊時，於3月21日發起罷工罷市罷課，並於翌日成立上海特別市臨時市政府，又以警察和軍閥殘部的武器把工人糾察隊武裝成黨軍。然而蔣介石未有如共產黨預期那樣就範，並於4月12日發動幫會襲擊親共工會，到14日派兵攻入臨時市政府總部，並開始肅清國民黨內部的共產黨員。[37]到1927年，在武漢與蔣介石對峙的國民黨左派亦決定與蔣介石復和，並與共產黨決裂。自此共產黨只能從事地下活動。

受到挫折的共產黨必須重新思索其未來發展。根據馬克思本身的想法，若要令普世所有人類得以解放，無產者必須團結一致，以社會主義革命推翻資產階級。如此人類文明才能進化，先是達成以勞動分配的平等社會，並爲步向以需分配的共產主義烏托邦繼續奮鬥。這場革命必須是全球革命，國族主義則是資產階級分化無產者的伎倆。

然而這套正統理論在中國卻有實踐上的問題。中國工業發展遲緩，所謂資產階級其實是遠離權力核心的新興階級，而普羅民眾則多爲農民，並

36　呂芳上 1994。

37　李達嘉（2015），《商人與共產革命，1919-1927》，臺北：中央研究院近代史研究所。

不是工業社會的無產者。國際主義的主張，亦與懷著華夷觀念的中國人格格不入。不過列寧卻爲馬克思主義開了一度後門：他認爲西方的殖民主義乃資本主義的最高階段，帝國擴張一方面是資產階級爭取利益極大化的必然結果，另一方面也是利用透過剝削得來的海外資源收買西方無產者的手段。那樣西方以外資本主義發展落後的地區，仍能透過反抗帝國主義參與全球社會主義革命。[38]倘若把這理論後門拉闊一點，共產黨就能以反帝之名義推動跨階層的國族主義革命，而毛澤東則把這理論突破轉化爲政治實踐。

毛澤東出身於下層士紳家庭，在大五四期間於1918年曾任職北京大學圖書館，其上司爲與陳獨秀一起創辦共產黨的李大釗。他於小五四爆發前返回家鄉湖南，發動學潮、組織學生、創辦刊物，之後於1920年成立湖南共產主義小組。他於1921年7月以湖南代表身分到上海參加中國共產黨第一次全國代表大會，正式成爲共產黨員。

在聯俄容共之時，毛澤東於國民黨中央宣傳部任職，負責北伐期間的動員工作。[39]但在1927年清黨後，他未有像其他黨員那樣在城市組織地下工會，而是到江西農村帶領農民叛亂。當時共產黨由王明領導，主張以正統理論推動國際主義的階級鬥爭，認爲毛澤東的農民運動只是旁門左道。而毛澤東批評王明教條主義，本身則想把國際主義揉合中國國族主義，以領導世界社會主義革命爲目標，從而滿足復興天下帝國的強國夢。國民黨期間多次圍剿在江西的共產黨根據地，共產黨於1934年9月決定逃離江西，一直流亡到陝北延安，美其名曰長征。在流亡期間，共產黨召開遵義會議，毛澤東獲得張聞天支持，擊敗王明那一派，亦自此晉身中央政治閣常委之一。

毛澤東站穩陣腳後，就積極擴張在共產黨的影響力，爲此他提出了一套與王明等國際派抗衡的革命理論。日本曇花一現的大正民主於1930年代

38　Lenin, Vladimir (2010). *Imperialism, the Highest Stage of Capitalism*. London: Penguin Classics.
39　Fitzgerald 1996.

崩壞，並因軍人主政而走向軍國主義。駐紮在滿洲的關東軍於1931年9月
18日瞞著東京的民選政府，逕自起兵驅逐張學良的東北軍，並扶植滿洲國
為日本附屬。1932年日本再出兵上海，迫使中國同意把上海鄰近地區非軍
事化。蔣介石知道中國剛剛才勉強統一，與日本實力懸殊，因而投鼠忌
器。在九一八事變時，蔣不許張學良反擊，之後亦對日本在華北的擴張多
番忍讓。但共產黨未有執政包袱，就能在道德高地指斥國民政府喪權辱
國，以民眾的屈辱感煽動仇外情緒、藉此提升自己的聲望。[40]毛澤東趁機
提出一套兼容國際主義理想與國族情懷的論述，他於1935年於〈中國共產
黨在民族戰爭中的地位〉指出：

> 國際主義者的共產黨員，是否可以同時又是一個愛國主義者呢？我
> 們認為不但是可以的，而且是應該的……只有民族得到解放，才有
> 使無產階級和勞動人民得到解放的可能……愛國主義就是國際主義
> 在民族解放戰爭中的實施。

　　蔣介石在北伐過後，就想要建立一人獨裁的制度。他甚為欣賞剛在西
方冒起的法西斯主義，雖然他畏懼法西斯模式的群眾動員，卻期望能以
類法西斯組織招聚忠心的地方精英。[41]但這種獨裁主義卻使蔣介石離心離
德，曾與蔣一同參與北伐的地方勢力屢次與南京衝突，在1930年代爆發多
場政爭以至是內戰，部分實力較強的地方勢力則於根據地雄踞自治。高壓
政治和連場鬥爭使知識階層對國民黨大失所望，亦令他們無法體諒蔣介石
的對日方針。他們未有考慮實際戰略問題，只是覺得國民黨專注剿共而未
有興兵抗日，是因為蔣介石為一己權慾而置國家安危於不顧。毛澤東認為
這些知識人雖然都屬於資產階級，卻是能與共產黨聯手打擊國民黨的有用
伙伴。他主張可以與非國民黨的在野人士組成革命統一戰線，集中力量與

40　畢仰高 2017。
41　Wakeman, Frederic Jr. (1997). "A Revisionist View of the Nanjing Decade: Confucian Fascism," *The China Quarterly,* 150: 395-432.

日本侵略者和國民黨對抗。

　　失去滿洲地盤的張學良不滿蔣介石的對日政策，於1936年12月12日趁蔣到西安巡視時發動兵諫。蔣於被俘期間承諾暫停內戰並與共產黨合作抗日，為瀕臨敗戰的共產黨帶來生機。毛澤東主張調整戰略，先與國民黨合作抗日，並藉游擊戰培養實力。在趕走日本人後，再與革命統一戰線聯手挑戰國民黨政權。毛澤東於1937年撰寫〈矛盾論〉，為此戰略提供理論基礎。他根據馬克思的唯物辯證法，指出在社會演化的每個階段皆有正反雙方的矛盾鬥爭。正題與反題的鬥爭，最終會辯證出合題，使歷史踏入下一個階段。此後合題就會成為新的正題，遭到與之矛盾的反題挑戰，如此再踏入下一個循環。毛澤東強調在每個階段皆有其主要矛盾，在當前的階段主要是中國與帝國主義的矛盾，在下一個階段則是革命統一戰線與國民黨的矛盾，在此以後社會主義和資本主義的矛盾才會走到臺前。國際派想於此時此刻實現社會主義世界革命，因而主張以國際主義取代國族主義，則是不辨主次先後的左傾教條主義。毛於1940年〈新民主主義論〉，指出革命統一戰線在驅逐國民黨後，並不會馬上展開由共產黨領導的無產階級專政，而是要先實行新民主主義，讓革命統一戰線各成員以民主方式組成聯合政府。此後中國要展開現代化改革建設，到條件成熟後才會過渡往社會主義階段。

　　在這些理論基礎下，毛澤東於1942年於根據地延安發動政治鬥爭，要求黨員自我批判、審查各幹部的思想，發展成批鬥內奸的獵巫運動。共產黨的國際派、親蘇派於這場延安整風遭到整肅，而毛澤東一躍成為共產黨獨一領導。[42]然而在中國西南的大後方，毛澤東卻發行大批闡述新民主主義的文宣，非國民黨的知識人不滿國民黨以訓政為名實行一黨專政，對毛澤東新民主主義的承諾甚為憧憬。[43]在對日作戰方面，共產黨主要在華北農村發起游擊戰，將正規軍的對決交給國民黨。共產黨則以戰養戰，並於

42　高華（2000），《紅太陽是怎樣升起的：延安整風運動的來龍去脈》，香港：中文大學出版社。
43　笑蜀（1999），《歷史的先聲：半個世紀前的莊嚴承諾》，汕頭：汕頭大學出版社。

華北鄉郊建立多個解放區。

　　日本昭和天皇於1945年8月15日中午發表玉音放送，宣佈向包括中國的盟國無條件投降，此刻國共兩黨皆為未來大決戰磨拳擦掌。雖然雙方曾於重慶談判，並於10月10日簽署協定，國共內戰還是在年底全面爆發。不過毛澤東全權領導的共產黨已非吳下阿蒙，在1947年初於臨江戰役得勝後戰局逆轉，之後進軍更勢如破竹。在這種形勢下，大批知識人受新民主主義吸引而離棄國民黨。中央研究院於1948年選出81名院士，當中只有9位於翌年隨國民黨流亡臺灣、此外有12位院士出走美國，餘下60位院士都選擇留在中國。他們有的因富國強兵的迷夢跟隨共產黨的領導，餘下的或是討厭國民黨的獨裁與無能，或至少對共產黨沒有惡感。[44]這81位院士的去向，或多或少反映中國知識階層的人心所向。除此以外，部分國民黨地方勢力亦因為與蔣介石的恩怨，就以投機的心態改投中共。在1948至1949年，國民黨連續輸掉三場關鍵戰役，無法守在東亞大陸，只得流亡到臺灣這片得手才4年的海外屬地。雖然那時候大陸西南方仍有國民黨部隊殘部，但大局已定，毛澤東亦於10月1日在天安門城樓宣佈成立中華人民共和國。

　　共和國成立後第一件大事，就是以「志願軍」之名出兵韓半島。韓半島北部的金日成政權於1950年6月25日舉兵南侵，使大韓民國幾遭沒頂之災，但麥克阿瑟率以西方軍隊為主的聯合國軍於9月在仁川登陸後，不單迅速取回首爾，更勢如破竹地直逼鴨綠江。毛澤東不欲金日成政權消亡，於10月開始出兵入侵韓半島，到1951年春更一度佔據首爾。此後戰爭陷入邊談邊打的狀態，前線亦逐漸固定在現時非軍事分隔區附近。這種膠著狀態一直持續到1953年7月27日簽訂停戰協定之時。[45]

　　在停戰前夕，於蘇聯執政達31年的強人史達林於3月5日離世，嚴厲批判史達林路線的赫魯雪夫隨後上台。蘇聯共產黨在安定國內形勢後，於

44　傅國涌（2009），《抉擇：1949，中國知識分子的私人記錄》，臺北：八旗文化；〈1948中研院去留糾結〉，《南方教育時報》，2014年3月7日。

45　Cumings, Bruce (2011). *The Korean War: A History*. New York: Modern Library.

1956年邀請各國共產黨代表出席第20次代表大會。到2月25日，赫魯雪夫在各共產國家代表面前發表題為「關於個人崇拜及其後果」之演說，這篇全盤否定史達林之演說震驚整個共產世界。中國剛於韓戰令美國主導的聯合國軍吃盡苦頭、守住金日成的半壁江山，就自信能取代蘇聯成為國際共產運動的新老大哥。共產黨喉舌《人民日報》於11月12日的評論，就指出中國將於國際社會扮演積極角色：

> 因為中國是一個具有960萬平方公里和6萬萬人口的國家，中國應當對於人類有較大貢獻。而這種貢獻，在過去一個長時期內，則是太少了。這使我們感到慚愧。

為此，毛澤東發起了一連串的政治運動。他先於1957年春發起「大鳴大放」，鼓勵知識人批評時政，藉此制衡日益坐大的官僚。然而知識人的批評很快就指向共產黨，觸犯了毛的逆鱗。毛指斥批評共產黨的知識人都是資產階級右派，既然中國已赤化多年，也是時候清算右派並正式向社會主義過渡。如此，不順從共產黨的知識人，以至名義上與共產黨組成新民主主義聯合政府的民主黨派都遭到整肅。到1958年，原有農村社區都遭重組為人民公社，原有地方精英遭到整肅而被架空，造就黨國體系對農村的直接控制，一改東亞大陸一直以來「皇權不下縣」的局面。這兩年的政治運動徹底改變了中國社會結構，任何共產黨以外的精英階層都遭受沒頂之災。**共產黨確立黨獨攬大權、一把手專政和動員群眾專政的集權制度，中國正式成為黨國不分的極權國家。**[46]

共產黨完全執政後，就想要正式往社會主義過渡，並要以戰時集體動員的手法使國家經濟超越西方國家。毛澤東於1958年中提出「以鋼為綱」的口號，動員全民大煉鋼，以求達到年產1,070萬噸鋼鐵的目標。劉少奇亦提出「人有多大膽、地有多大產」的口號，將這種動員生產的方式應用

46　錢理群（2012），《毛澤東時代和後毛澤東時代（1949-2009）：另一種歷史書寫》，臺北：聯經出版。

於農業之上。「大躍進」的經濟模式，是先由黨國提出高得不切實際的生產目標，再利用剛奠定的黨國體制動員民眾，期望集中力量就能在短時間內提升國力。毛澤東領導下的共產黨之所以要揠苗助長，爲的是要達成富國強兵的帝國夢。毛想要中國成爲共產主義版本的華夏天下帝國，他於1958年在〈仿陸放翁〉一詩中，感嘆「人類而今上太空，但悲不見五洲同」。他於1958年8月19日的北戴河政治局擴大會議上更直白地宣示：

> 來我們要搞地球管理委員會，搞地球統一計劃。

他在1959年9月11日的中央軍委擴大會議，再次道出富國強兵、征服地球的壯志豪言：

> 我們戰勝地球、建立強國。一定要如此！一定要如此！全黨全民團結起來、全世界無產者團結起來！目的一定可以達到。

毛澤東的目標，首先是要在短時間「超英趕美」，以集體動員的力量追上西方的發展水平。其次就是以群眾參與證明中國比蘇聯民主，以廢除所有私有制的人民公社去證明中國才是貨真價實的共產社會，藉此說明中國才有資格領導全球社會主義革命。然而大躍進的集體經濟模式帶來的卻只有災難。爲了達成「以鋼爲綱」的目標，共產黨動員各地民眾放下日常事務，以土高爐煉鋼湊數。這種做法欠缺效率，又要爲取得燃料而砍伐森林，造成不可逆轉的環境破壞。而農業生產的指標則不符現實，地方當局爲奉迎上意虛報產量，最終使各地均須上繳超乎承受能力的糧食。當農村開始鬧糧荒，政府仍以城市工業發展和軍需爲優先，遲遲不肯開倉濟民。在1958至1961年，中國氣候並無異常、部分地方甚至豐收，卻有逾三千萬人死於飢荒，部分地方還發生人相食之慘劇。[47]

中國非但未能憑大躍進取得共產世界之領導地位，其造成之各種災禍反招人口實，令蘇聯能非議中國共產黨之方針。中國不甘示弱，反倒指斥

赫魯雪夫否定史達林、又主張與美國和平共處，是出賣盟友的修正主義。
兩國關係急速惡化，蘇聯更於1960年撤出所有支援中國建設的專家。毛澤
東反倒堅定其取代蘇聯之心志：他認為蘇聯已經出賣整個共產世界，惟獨
中國仍會堅持支援開發中國家的社會主義革命。他於1960年在〈轉發黑龍
江省委傳達北戴河會議精神報告之批語〉表示：

> 革命之重心已移向亞非拉（按：亞洲、非洲、拉丁美洲），革命
> 的指導中心已移到中國，我黨應把國際主義運動的領導責任擔當起
> 來。

由於中國經濟面臨崩潰，共產黨不得不議決撤回部分較激進的集體經
濟政策。在劉少奇主導下，當局容許農民保有自留地，以自負盈虧的方式
在自由市場售賣農產，亦計畫讓農民家庭承包國家土地。毛澤東認為這是
倒退回資本主義，對承包制更是反對到底。他堅信必須透過階級鬥爭，貫
徹公有制的集體經濟，中國方能以共產文明之尊的身分領導全球革命。

最終毛於1966年藉吳晗創作的京劇《海瑞罷官》引起的論爭發動文化
大革命，藉群眾暴力打擊他心目中的資產階級，甚至連毛澤東討厭的共產
黨官僚亦一併被列為打擊對象。這場政治運動的目標，是要將中國轉化為
毛澤東思想的大學校，使各國社會主義運動皆萬邦來朝，讓中國成為向世
界輸出革命的泱泱大國。當時尚為毛澤東親信的陳伯達提出〈毛澤東思想
中心論〉，認為文化大革命能令中國重新成為文明世界的中心，一洗百年
來西風壓倒東風的屈辱：

> 全世界的文化是從東方開始的，從東方轉到西方，現在又轉一個
> 圈，又回到東方來了……東方起來的這個新文化比西方資本主義文

47　楊繼繩（2009），《墓碑：中國六十年代大饑荒紀實》，香港：天地圖書；Dikotter, Frank (2010).
Mao's Great Famine: The History of China's Most Devastating Catastrophe, 1958-62. London:
Bloomsbury Publishing.

化高得多。這個新文化的創造者是毛澤東同志代表的中國人民群眾、中國無產階級。

　　日清戰爭戰敗之後，中國人一直思索如何能在列國體系中繼承清帝國的遺產，想要復興漢唐盛世的帝國風範。**如今毛澤東發起文化大革命，是想要畢全功於一役。向世界輸出革命的中國，就如舊時代的天下帝國，中國因實行毛澤東主義而成爲天下之中，而受中國恩惠的社會主義國家則是帝國的朝貢國。在這個黨國天朝，毛澤東就如身爲天子的聖賢，只是國家意識形態不再是儒家思想，由取而代之的馬列主義擔當共產主義帝國的國家神學。**[48]昔日信奉儒家禮教的地方士紳在赤化後的階級鬥爭運動遭到肅清，共產黨的科層組織把觸角伸到基層農村地區，透過分配國家資源與民眾建立恩庇侍從的關係，並向民眾灌輸官方意識形態。[49]

　　如此共產黨擔當昔日士紳管理地方、教化民眾之角色，而地方黨組織則因一把手專政與中央緊緊扣連，確立黨國群眾融爲一體的中央集權體制。這種國家建構再加上戰時動員模式的經濟架構，令中國迅速成爲不容忽視的軍事強權。身陷越戰泥沼的美國亦不得不與中國修好，借中國之力抗衡蘇聯。美國總統尼克遜於1972年破天荒出訪中國，後來還於1979年放棄管治臺灣的中華民國流亡政權與中國建立邦交。清末以來渴求帝國復興的春秋大夢，於此刻已實踐了一大半。

　　但黨國帝國主義的興起，卻爲社會帶來沉重的代價。共產黨透過群眾暴力推動政治鬥爭，令社會充斥腥風血雨，侵害人權之事則成生活日常，不少被階級鬥爭的對象，只因家有餘糧、困境不及鄰人，就被視爲富農而慘遭批鬥。在文化大革命期間群眾暴力失控，連共產黨官僚亦被視爲資產階級同路人而遭鬥倒，比如國家主席劉少奇因曾計畫推動承包制而遭群眾虐待，最後因病於1969年離世。最終毛澤東需出動軍隊穩定局面，並以知

48　錢理群 2012。

49　Walder, Andrew G. (1988). *Communist Neo-Traditionalism: Work and Authority in Chinese Industry*. Berkeley: University of California Press.

識青年「上山下鄉」運動驅散群眾。黨內鬥爭亦因毛澤東拉一派打一派的作風白熱化，原定接班人林彪於1971年叛逃，並於蒙古墜機身亡。如此政治局勢變得極不穩定，經濟生產因而停擺。[50]在1976年文化大革命結束時，中國人均國民生產總值只有165美元，只有臺灣的七分之一，或香港的十七分之一，可謂是一窮二白。研究中國近代史的法國學者畢仰高（Lucien Bianco）不客氣地指出：

> （共產）革命分子所追求的目標是民族的尊榮，而不是百姓的福祉。他們的初衷與列寧和馬克思大相逕庭，反倒是跟希特勒比較接近。[51]

六四：步向自由的最後機會

毛澤東於1976年9月離世，文化大革命隨即結束。毛指定的接班人華國鋒接任國家主席及共產黨中央委員會主席，他以「兩個凡是」為口號，想要延續毛澤東固有路線。但此刻中國百廢待興、民心思變，共產黨內部亦多期望重新思索前路。結果鄧小平以元老身分架空華國鋒的權力，使中國走向開放改革。鄧小平實踐劉少奇未能推行的承包制，並以「兩條腿走路」為口號，推動市場經濟和計畫經濟雙軌並行的務實經濟政策。共產黨放棄以群眾暴力進行階級鬥爭的作風，社會氣氛也變得相對寬鬆。

曾被視為階級鬥爭對象的知識人，終於能暫時重拾自由思想的空間。部分曾被毛澤東思想吸引的知識人亦意識到文化大革命是條歪路，並為曾經投入群眾暴力而感到愧疚，就想要設法避免重蹈集體主義的覆轍。如此拋開毛澤東時代的黨八股尋覓自由，並從封閉的國界外尋找新思潮的啟蒙，就成為1980年代中國知識界的風潮。此時民間亦渴望走向民主自由，

---

50 Dikotter, Frank (2017). *The Cultural Revolution: A People's History, 1962-1976*. London: Bloomsbury Publishing.

51 畢仰高 2017。

在1978至1979年於西單體育場的圍牆上，民間自發貼上各種政見的大字報，一度形成一個爭取政治自由化的公共領域。部分參與者更出版地下刊物，品評時政。參與的知識人意識日趨大膽、無所不談，被譽爲「北京之春」。然而，《探索》創辦人魏京生於1979年3月25日，在西單民主牆張貼題爲〈要民主還是要新的獨裁〉的號外文章，卻觸動當局之神經，認爲魏要批評鄧小平是獨裁者。魏於29日被捕，後因反革命罪被判監15年。

北京大學於1980年10月亦展開校園民主運動，校內學生就各種政經文化事項議論紛紛，當年被打爲右派的知識人成爲學子的新英雄，而毛澤東思想亦成批評對象。學生們除了要爭取民主，還要求人身自由、思想自由、言論自由、結社自由，他們高舉個性、主張對權力的制衡。此後學生運動雖屢遭打壓，但中國各大學的學潮於1980年代還是此起彼落。[52]

中國知識界於1980年代想確立自己爲主體，他們積極評論公共事務，想要爲社會帶來啓蒙。他們擁抱自由，也要重估一切價值，爲中國的未來想出路。簡要而言，就是要學效大五四：昔日新文化運動以民主與科學抗衡儒教八股、今日公共知識人就要以自由和啓蒙對抗毛澤東思想的黨八股。[53]而民間亦想要有自己獨立的聲音，想要解除集體主義的壓制以及鬥爭思維的反智。在1988年新時期10年金曲回顧演唱會上，搖滾樂手崔健以象徵意義濃厚的紅布蒙著雙眼高歌〈一塊紅布〉，引起了一輪騷動：

那天是你用一塊紅布

蒙住我雙眼　也蒙住了天

你問我看見了什麼

我說我看見了幸福……

看不見你　也看不見路

我的手也被你拴住

52　錢理群 2012。

53　許紀霖（1998），〈啓蒙的命運──二十年來的中國思想界〉，《二十一世紀》，50期。

你問我在想什麼
我說我要你做主

　　歌詞描述一位恐怖情人，用一塊於毛澤東時代象徵共產革命的紅布蒙蔽故事的主人翁，以物理禁錮加情感勒索換取他的依戀、使他「忘掉我沒地兒住」、「看不見地已經乾裂」。可憐的主人翁最終「身體已乾枯」，不理智的迷戀使他一窮二白，卻已無從反抗。這不啻是對毛澤東時代的強烈控訴，激起當時民眾之共鳴。〈一塊紅布〉和〈一無所有〉等控訴極權、渴慕自由的歌曲，使崔健一躍而紅，被歌迷尊爲「中國搖滾之父」。
　　同樣於1988年廣播的電視紀錄片《河殤》，則可謂當代自由知識人的共同宣言。紀錄片藉海洋文明與黃河文明之對比，挑戰黨國的集體主義。片中旁白主張民主開放，是現代世界的天下大勢，是以反專制、爭民主、爲自由，是中國走向現代化時不能迴避的功課：

　　　　專制政治的特點是神祕性、獨裁性、隨意性；民主政治的特點應該
　　　　是透明性、民意性、科學性。我們正從混濁走向透明，我們已經從
　　　　封閉走向開放。黃河命定要穿過黃土高原，黃河最終要滙入蔚藍色
　　　　的大海。

　　而《河殤》的評論，亦嘗試跳出「愛國不愛黨」的套路，並把大一統的華夏帝國觀納入批判對象。中國的專制和封閉，不只是「中共」的問題、更是「中國」本身之錯謬：

　　　　這個神祕的超穩定結構，主宰了我們兩千年……但是，大一統的幽
　　　　靈似乎還在中國的大地上游盪……官僚主義、特權思想、以致局部
　　　　的腐敗現象，仍然在破壞我們的「四化」（按：四個現代化）大
　　　　計……[54]

　　《河殤》既質疑黨國、甚至也批評愛國主義，令共產黨中的保守派極爲不滿，認爲這是敵擋政權的「資產階級自由化」。雖然當時大部分知識人對愛國的質疑，主要是愛之深、責之切。他們心底仍有強烈的國族情懷，因此亦無意推翻政權、只是寄望共產黨能自行推動自由化改革。即或如此，**1980年代中國的時代精神，顯然主張自由遠比愛國重要**。愛國情意結，也不過是因時代侷限而脫不掉的闌尾；爭取民主與自由，才是這個時代的主調。後來得到諾貝爾和平獎的知識人劉曉波，於1988年12月接受香港《開放》雜誌訪問時，提出極具爭議的「三百年殖民地論」。他認爲中國要成功改革、走出農業文明的專制主義，就必須：

> （成爲）三百年殖民地。香港一百年殖民地變成今天這樣，中國那麼大，當然要三百年殖民地，才會變成香港這樣……我無所謂愛國、叛國，你要說我叛國，我就叛國！就承認自己是挖祖墳的不孝子孫，且以此爲榮。

　　劉曉波爲現代化而「擁抱」殖民，固然忽視了「殖民現代性」與「現代性」之分別，對西方殖民主義有太多浪漫投射。即或如此，劉曉波的見解仍可說是高瞻遠矚。中國的大一統思想，本身就是帝國主義；東亞大陸千百年來的奴役，無疑就是殖民。那麼中國半桶水的現代化，無疑也是「殖民現代性」的表現。既然都是殖民現代性，那英國在香港的現代化縱是半桶水，和中國比還是相對上自由。人權先於主權、自由優於愛國、統一就是奴役，這才是「三百年殖民地論」的重點。

　　但1980年代的自由風亦有其時代的侷限。雖然知識人開始對愛國情意結有所批判，但他們大多未能像劉曉波那樣坦誠和灑脫，亦未能捨棄追求富強的救亡思維。《河殤》雖提倡自由民主，甚至質疑大一統的華夏道統，但其出發點仍是救亡：

54　崔文華編（1988），《河殤論》，北京：文化藝術出版社。

　　救民族之危亡，勢必拒寇於國門之外。但是，救文明之衰微，又必須打開國門、對外開發，迎接科學和民主的新曙光。[55]

　　除此以外，1980年代的知識人對西方資本主義體系有太多浪漫的投射。他們質疑毛澤東思想，連帶把與集體經濟相對立的市場經濟擺上神壇，並將市場化與自由化劃上等號。這部分反映知識人希望能畢全功於一役，期望可透過一場運動兼得自由和財富。他們以為市場化必然會帶來自由化，並深信隨市場改革而興起的民營企業和中產階級會成為推動自由民主的中流砥柱。[56]他們忽視市場經濟和資本主義若缺乏制衡，容易招致分配不均的副作用。

　　也許更重要的是，資本主義並不必然排斥國家主義和威權主義：雖然英美模式的資本主義一直與自由民主並駕齊驅，但德國模式早已證明兩者之間並無必然的關連。這情況在東亞尤其明顯：在戰前日本和戰後的臺灣和韓國，其資本主義發展最初也伴隨著高壓的威權主義。與共產黨系出同源的國民黨，在1987年解嚴前就是靠黨國之力推動資本主義發展，並藉「拼經濟」的成果鞏固其在臺灣的遷佔者政權。我們切莫忘記漢學家史華慈（Benjamin I. Schwartz）的忠告：若是為了富強而追求自由，心不正、劍則邪，最終只會為富強而丟棄自由。[57]自由理當是絕對的終極關懷，它本身毋須任何道德證成，更不能被當成追求財富及權勢的工具。

　　以元老身分垂簾聽政的鄧小平對知識界的自由風深感疑慮。他雖主張市場化改革，在政治上卻與保守派陳雲一樣，都堅持一把手抓的一黨專制。而黨內甚至領導人亦受自由風潮之影響，比如胡耀邦和趙紫陽等開明派偏向同情自由民主的訴求。1986至1987年各大學均爆發爭取民主的風潮，鄧小平認為這是挑戰黨的權威，並認為開明派的中央委員會總書記胡

55　崔文華編 1988。
56　錢理群 2012。
57　Schwarcz 1964.

耀邦辦事不力。在1987年1月6日《人民日報》社論，以〈旗幟鮮明地反對
資產階級自由化〉為題訓斥黨內開明派：

> 在這次學生鬧事中，民主黨派的表現是好的，周谷城、費孝通、錢
> 偉長等幾位著名的民主人士的態度是好的，不好的倒是我們有些共
> 產黨員。

　　結果胡耀邦於16日在壓力下辭去總書記一職。這時候中國改革開放走
到十字路口，除了保守派與開明派關乎政治改革的論爭外，共產黨內部對
經濟改革方向意見不一。陳雲為首的保守派始終堅持計畫經濟，對市場經
濟充滿疑慮。這樣中國只能折衷地採用市場經濟和計畫經濟並存的雙軌
制，而市場經濟的開放程度又受制於政治因素。很多時候在推行市場開放
政策後，保守派就藉轉型期間的混亂反擊，最終使政策開倒車，造成「一
放就亂、一亂就收、一收就死、一死就放」的惡性循環。而共產黨官僚亦
利用兩種經濟制度之間的差價，在市場炒賣透過職權取得的資產，造成擾
民的「官倒」現象。開明派受壓、經濟前景不明朗、官僚又走向腐敗，令
民怨日益累積。[58]

　　胡耀邦於1989年4月15日離世，觸動傾向自由化改革的知識階層之情
感，大學生則紛紛湧到天安門集會哀悼。就像「大五四」的新文化運動促
成「小五四」的抗爭那樣，1980年代的自由風潮亦於此時催生了天安門學
生運動。學生留守天安門廣場，並於17日向當局提出7項要求。他們肯定
胡耀邦生前主張的「民主、自由、寬鬆、和諧」，要求當局重新評價胡。
此外，學生亦要政府正視官倒和官僚腐敗的毛病。

　　然而鄧小平卻認為學生和聲援民眾要質疑黨國體系的合法性，將事件
定性為顛覆政權的叛亂。《人民日報》於26日發表題為〈必須旗幟鮮明地
反對動亂〉的社論，指斥學生藉悼念胡耀邦尋釁滋事。之後天安門的抗爭

58　楊繼繩（2010），《中國改革年代的政治鬥爭》，香港：天地圖書。

呈膠著狀態，雖然國務院總理李鵬曾於5月18日與王丹和吾爾開希等學生代表對話，但雙方毫無交集、會談也不歡而散。

毫無疑問，天安門學運是中國近代史最偉大的時刻，比起名過其實的五四運動更加偉大。五四運動的參與者，歸根究底是要當統領萬民的先鋒黨，不過是以救亡之名重建帝國的威榮。但天安門學運之精神，就只是自由與民主：自由者，命運自決也；民主者，在定義上就是主權在民，由下而上地實踐普羅主權。天安門學運之所以偉大，在於參與者既反思上而下之大一統，又主張下而上的民主。**是以這場學運乃世界史進程上的十字路口：自現代中國誕生以來，知識階層首次集體質疑帝國復興歷史路徑，提出要以民主的自由夢取代大一統的帝國夢。**學運若然成功，東亞大陸的歷史發展將會急轉彎，東亞世界的秩序也定必轉型。

然而自由夢卻始終不敵帝國夢。最終中國軍隊於6月3日晚間開進北京城，到4日凌晨大開殺戒，以機槍和坦克對付手無寸鐵的民眾，死傷枕藉。當局隨後大規模搜捕抗爭者，部分被通緝的抗爭領袖則獲同情學運的香港人協助流亡海外。[59]1980年代的自由風潮，自此煙消雲散。

後六四時代：大國崛起不容自由民主

受1980年代自由風潮鼓舞的天安門學運，於1989年6月4日清晨流血落幕。有論者認為抗爭者雖批判毛澤東思想，卻始終未能擺脫毛式全贏全輸的鬥爭觀，因此未能把握機會與共產黨內的開明派聯手。[60]這評論雖不無道理，但似乎高估了開明派的實力，亦低估共產黨做為集權先鋒黨的路徑依賴。天安門學生運動失敗的主要原因，毫無疑問是因為知識階層與黨國之間的實力差距太懸殊。真正值得討論的，是何以整個自由風潮在六四慘案後就一沉不起。

59　香港記者協會編（1989），《人民不會忘記：八九民運實錄》，香港：香港記者協會。
60　鄒讜（1994），《二十世紀中國政治：從宏觀歷史與微觀行動的角度看》，香港：牛津大學出版社；錢理群 2012。

　　對鄧小平來說，天安門學運乃幾乎招致黨國覆亡的認受性危機。除此以外，他亦認為共產黨內出了與顛覆者裡應外合的叛徒，故此決定整肅開明派。共產黨於23至24日召開中央委員會全體會議，會中譴責趙紫陽支持動亂並分裂共產黨，並決議革除他於黨內一切職務。此後趙紫陽一直遭到軟禁，直到2005年辭世。而上海市委書記江澤民則接任中央委員會總書記一職。被視為不忠的共產黨官僚亦遭到清算，趙紫陽的政治祕書為六四慘案後被捕的最高級官員，他被控洩露國家祕密罪和反革命宣傳煽動罪，最終被判入獄7年，並被共產黨開除。而包括中國社會科學院副院長趙復三、中國經濟體制改革研究所所長陳一諮、駐香港代表（新華社香港分社社長）許家屯等共產黨官僚亦出逃海外。

　　在六四慘案和蘇聯解體的衝擊下，鄧小平堅持「一個中心、兩個基本點」的既有路線，即是堅持在共產黨領導下，承傳馬克思、列寧和毛澤東的社會主義道統，以「人民民主專政」的集權政治推動改革開放。他亦提出「冷靜觀察、穩住陣腳、韜光養晦、決不當頭、有所作為」這二十字方針安定黨內人心。[61]

　　除此以外，當局亦決定以愛國教育抗衡1980年代起的自由風潮。於1989年以後入學的大學生於開學前，均必須接受軍事技能訓練，藉此教導學生服從紀律。而於訓練期間兼任指導員的大學教師，之後亦會成為學生的班主任，繼續於校園跟進輔導。當局也把西方國家於六四慘案後以人道理由做出的制裁，與19世紀至20世紀初西方的帝國主義挑戰相提並論。而要求自由民主的社會抗爭，背後是由西方國家煽動。西方國家想要重溫帝國主義的美夢，不想中國富強，才千方百計去搞擾中國社會秩序。1990年代以來的愛國主義教育，**以「毋忘國恥」的口號煽動仇外情緒，以動員民眾順服共產黨的領導，放棄自由全力拼經濟，用有中國特色的社會主義踏上向西方復仇的復仇之路**。[62]

61　楊繼繩 2010。

62　Wang, Zheng (2012). *Never Forget National Humiliation: Historical Memory in Chinese Politics and Foreign Relations*. New York: Columbia University Press.

　　這種反自由的愚民政策效果出奇地理想，中國在1990年代起就經歷了好幾波的愛國排外風潮，而社會輿論亦多認為中國不論在政治、經濟還是價值觀都毋須再仰西方鼻息。在1996年，宋強和張小波等人模仿日本右翼政客石原慎太郎的《日本可以說不》撰寫《中國可以說不》，發行不足一個月就沽清需要重印，至今累積銷量以百萬計。而題材類近的《中國還是可以說不》、《中國仍然要說不》、《中國為何不高興》，都是熱賣的暢銷書。而1990年代後的社會抗爭，大都不脫愛國仇外的主旋律，於「忠黨愛國排外」的框架下提出自己的訴求。[63]

　　然而鄧小平也意識到愛國教育若要奏效，就必須讓經濟發展起來，使民眾脫離貧窮，如此才能確立對黨國感恩戴德的愛國心。為此中國必須全面市場化，跳出放則亂、收則死的怪圈。然而以陳雲為首的保守派卻堅持計畫經濟不可棄，認為市場經濟只會招來敵對黨國的「資產階級自由化」，而六四慘案的經歷亦使保守派振振有辭。到1992年1月，鄧小平決定先發制人，先到較接納市場經濟的廣東考察。旅程第一站是在香港邊界旁的深圳，那是鄧親自指示成立的經濟特區，也是全國市場經濟發展最蓬勃的城市。他於23日表示「深圳的發展和經驗證明我們建立經濟特區的政策是正確的」，隨後就不點名地向著陳雲喊話：

　　　年紀大了，要自覺下來，否則容易犯錯誤……我們這些老人應該下
　　　來，全心全意扶年輕人上去。[64]

　　之後鄧小平到達位於珠江口另一邊的珠海，並召開高級軍事會議。與會者包括軍旅出身的楊尚昆以及一眾高級將領，代表軍方對鄧小平的支持，唯獨身兼軍事委員會主席的江澤民未克出席。在會中鄧嚴厲地指出：

63　Shen, Simon (2007). *Redefining Nationalism in Modern China: Sino-American Relations and the Emergence of Chinese Public Opinion in the 21st Century*. London: Palgrave Macmillan.

64　周虎城（2008），〈鄧小平南方談話裡哪兩句話未見報〉，《南方日報》，2008年7月25日。

誰不改革，誰就下台……我們的領導看上去像是做事，但他們沒做任何有用的事。[65]

到31日，鄧小平才巡視陳雲的根據地上海。此時大部分傳媒都不敢轉載鄧小平的講法，都懼怕會於權力鬥爭中選錯邊。返回北京的鄧小平命令全國媒體轉載《深圳特區報》對南巡講話的報導，期望以輿論壓力強迫江澤民選邊站。最終江澤民於4月1日在日本記者面前肯定鄧小平之講話。[66] 之後當局便準備全面推行市場經濟，到10月12日江澤民更於共產黨第十四次全國代表大會，宣佈經濟改革的目標是「社會主義市場經濟體制」。

鄧小平推動市場化改革之際，美國亦調整了其中國政策，令改革事半功倍。於1993年1月上任的美國總統柯林頓堅信經濟自由會催生政治自由的現代化理論，於任內積極推動全球貿易自由化。在他上任不足一年內，與加拿大和墨西哥簽訂的北美自由貿易協議即於1994年元旦生效。在美國主導下，124個國家於同年4月15日於摩洛哥馬拉喀什（Marrakesh）簽署協定，將鬆散的關稅及貿易總協定改組成世界貿易組織。此時中國以假情報和裝作開明的官員，使美國政界相信在六四慘案後，中國社會以至共產黨內部仍存在嚮往自由的暗流。美國當局相信以自由貿易使中國經濟完全市場化，就能夠助長這股暗流，促成中國走向自由民主的和平演變。柯林頓政府因而決定不再制裁中國，於1995年起把最惠國待遇與中國人權問題脫鈎，這意味著中國事實上已成為美國的永久最惠國。2000年10月10日簽署生效的《美中關係2000年法案》則將這既成事實變成法規，翌年中國就成為世界貿易組織之一員。[67]

中國就這樣趕上了全球貿易一體化的快車。在全球化大勢下，以美國

65　Vogel, Ezra F. (2011). *Deng Xiaoping and the Transformation of China*. Cambridge, MA: Harvard University Press.

66　張松平（1999），〈《東方風來滿眼春》一文發表前後〉，《新聞愛好者》，1999年2期。

67　Pillsbury, Michael (2015). *The Hundred-Year Marathon: China's Secret Strategy to Replace America As the Global Superpower*. New York: Henry Holt & Co.

爲首的西方資本大舉在中國投資，將生產鏈遷往工資較低廉、環境勞保法規較寬鬆的中國。黨國體系根據市場經濟的邏輯，以計畫經濟的規劃推動各地基礎建設和制度改革。他們動用國家體制的力量，一方面集中人力物力以最短時間修橋築路，一方面掃除或會反對黨國經濟規劃的社會力量。之後黨國以「官督商辦」的方式，支持民間企業在國家經濟發展的藍圖下自由發展。

除此以外，中國亦趁此形勢加強對香港及臺灣企業的統戰，一方面汲取他們的資本和技術，另一方面則爲透過經濟融合實踐對港臺的帝國擴張。事實上在1990年代，香港和臺灣才是中國最大的外資來源，而西方企業則多把工序外判予港臺企業設在中國的工廠。[68]除此以外，中國以或明或暗的方式從外資手上取得技術，藉此建立自身的工業基礎。簡要而言，這就是戰後東亞沿海各國的發展模式，再加上中國特有的規模效應而造成的經濟奇蹟。[69]

中國經濟於短短20年急速擴張，以購買力平價計算的人均國民生產總價從1990年的971國際元，2000年的2,905國際元，升至2010年的9,324國際元，前後增加了近九倍。也就是說，中國從低收入國家發展成中等收入國家。同期國民生產總值總量，則從11,028億增至124,734億，剛好能超越日本成爲世界第二大經濟體。中國的人類發展指數從1990年的0.502，升至2000年的0.594和2010年的0.706，即是從低等水平發展成高水平。民眾之生活水平無疑會大爲改善。

後六四中國在機緣際會下，其民眾不單能脫離赤貧狀態，國家也崛起成新興經濟強權。新興中產階級非但沒有像現代化理論預言那般成爲自由化的中流砥柱，反倒變成黨國的忠實支持者：他們意識到自己新到手的財富，均來自黨國積極引入資金的政策。縱使他們很享受隨市場經濟而來的

---

68 Zhang, Kevin Honglin (2005). "Why does so much FDI from Hong Kong and Taiwan go to Mainland China?", *China Economic Review,* 16(3):293-307.

69 Baek, Seung-Wook (2005). "Does China follow 'the East Asian development model'?", *Journal of Contemporary Asia,* 35(4):485-498; 陳志武（2010），《沒有中國模式這回事！》，臺北：八旗文化。

經濟自由，卻因此更不願攪擾既有政治秩序，不願讓自由民主衝擊令他們致富的建制。[70]民間企業家受惠於黨國的扶植政策，不單無意確立自身的政治主體性，還與黨國官僚結合成利益一致的權貴資產階級。[71]中國的新興企業，類似日本、韓國那些與政府關係密切的財閥：只是與黨國糾纏不清的中國企業，其官商勾結和靠家屬人事與政府連帶的日韓財閥相比，可謂青出於藍勝於藍。而普羅民眾縱受到種種不公壓迫，多只會怪罪企業和地方政府，堅信被地方勢力「蒙蔽」的中央政府最終會體恤民情。[72]

　　而也許更重要的是，後六四的中國不單脫貧，還成為世界無法忽視的列強之一。隨著中國經濟起飛，其軍備及對外影響力均急劇擴張。香港和澳門分別於1997及1999年被納入版圖，淪為半自治的特別行政區，香港人對此百感交雜，中國官方卻視之為一雪前恥的盛會。親中派馬英九於2008年當選臺灣總統，則使中國寄望能透過「國共合作」，以經濟融合逐漸達成政治上的兼併。2007至2008年次貸危機引發全球金融市場崩潰，使西方國家一度陷入經濟衰退，中國卻依舊維持高速增長。中國遂意得志滿地於2009年和巴西、俄羅斯和印度召開金磚四國（BRIC）高峰會，以世界經濟的拯救者自居。**如今中國不單富而強，還有力問鼎全球。清末以來的帝國復興夢得以圓滿，更使民眾相信共產黨仍然掌握天命。**

　　自由派相信經濟自由引致政治自由的現代化理論，卻與1990年代後的發展南轅北轍。受惠於社會主義市場經濟的中產階級和民營企業固然對黨國感恩戴德，但未能適應市場而生活艱苦的基層民眾亦無法理解自由派那種將經濟自由與政治自由劃上等號的論述。國營企業在計畫經濟下原為社會福利的提供者，但企業在全面市場化後就要以營利為目標，不但未能延

70　Chen, Jie (2013). *A Middle Class Without Democracy: Economic Growth and the Prospects for Democratization in China.* New York: Oxford University Press.

71　Dickson, Bruce J. (2008). *Wealth into Power: The Communist Party's Embrace of China's Private Sector.* Cambridge: Cambridge University Press; 裴敏欣（2017），《出賣中國：權貴資本主義的起源與共產黨政權的潰敗》，臺北：八旗文化。

72　Dickson, Bruce J. (2018). *The Dictator's Dilemma: The Chinese Communist Party's Strategy for Survival.* New York: Oxford University Press.

續既有社會救濟功能，更要大幅裁員。地方政府非但未能以社會福利政策彌補，反倒以招商投資爲正業。他們既縱容企業違反環境、消防和勞工法規，亦爲推行基礎建設和房地產投資以強制手段收地，令大批貧民流離失所。城市政府透過僵硬的戶籍制度，一方面汲取來自農村的人口紅利，另一方面卻拒絕爲他們提供與城市居民同等的社會福利，使農民工淪爲替城市人擔當厭惡性工作的「低端人口」。面對種種步向市場經濟的轉型之痛，使自由派未能適應而集體失語。

後六四思潮：帝國神學群魔亂舞

一些親黨國學者於此時針對自由派弱點，以中立姿態批判自由派，藉此提出暗助黨國的理論。王紹光與胡鞍鋼於1993年撰寫《中國國家能力報告》，指出黨國的國家能力於鄧小平時代就不斷弱化，還利用中國讀者之救亡心態，誇張地描述中國分崩離析的風險。[73]王紹光將市場化改革後的種種亂象，都歸咎於國家能力弱化，並指責迷信經濟自由的自由派對此視若無睹。他指出國家能力和國家體制是兩種不同概念：專制國家的國家能力可以異常虛弱，而中國雖然必須民主化、但民主鞏固的前提乃強大的國家能力。[74]然而，王紹光所講的民主，乃中國特色的民主。他以基要主義者的姿態，指斥西方的代議民主、自由民主和憲政民主乃不完全而「有修飾詞的民主」。[75]王紹光故意忽略這些「修飾詞」的功用，是要消弭自由與民主間的潛在衝突，是要防止民主淪爲多數人的暴政，是要防止魅力型領袖以群眾力量滿足個人野心。這種原教旨民主是否民主尚且可以爭論，但卻肯定是反自由的，甚至會爲毛澤東主義那種動員群眾打擊少數敵人的集體暴力鋪平道路。

當中國於後六四時代走上富強之路，部分未能擺脫強國情結的知識人

73　王紹光、胡鞍鋼（1994），《中國國家能力報告》，香港：牛津大學出版社。

74　王紹光（1997），《挑戰市場神話：國家在經濟轉型的作用》，香港：牛津大學出版社。

75　王紹光（2008），《民主四講》，北京：三聯書店。

就如史華慈預言那樣變節，而王紹光這類「新左派」思想就為知識人轉向提供理論基礎。甘陽是其中一位較有名的轉向知識人。他於1980年曾是自由派，亦曾參與天安門學運，加入過首都各界愛國維憲聯席會。[76]六四慘案後甘陽逃離中國，並到芝加哥大學攻讀博士。他未取得學位，就於1999年到香港大學任研究員，並於2009年歸國。他於1989年寫的一篇文章，曾提倡個人自由之重要，指斥大五四的知識人執迷於拯救國家和國族，從而忽視自由：

> 近百年來中國知識分子的最大教訓或許在於：他們總是時時、處處把社會、民族、人民、國家放在第一位，卻從未甚至也不敢理直氣壯地把「個人自由」做第一原則提出，因為在他們看來，個人自由似乎只是關乎一己之私事，豈能做為社會的第一原則？……然而，在我看來，正是在這裡，就已經隱含著他們喪失自己獨立性的可能。……從今天來看，五四時代提出「民主」和「科學」兩個口號，並沒有真正抓住問題的根本。不首先確立「個人自由」這第一原則，談什麼科學，談什麼民主？……這種所謂的「民主」和「科學」都有可能變成一種新的壓迫形式、新的專制方式。[77]

　　然而甘陽到1990年代中卻以今日的我打倒昨日的我，成為新左派的代言人。他附和王紹光強調建立國家能力的主張，不再承認自由是先於一切的終極關懷。他表面上是為了反對自由派的經濟不干涉主義，認為自由派不關注社會分配不均的問題。當中國經濟日趨市場化，貧富懸殊只會日益嚴重。在此形勢下，平等比自由更為重要，而只有強大的國家方能有力紓緩種種社會不公。即或如此，甘陽此刻還是擺出開明的姿態，將自己的轉向包裝成自由派內部的路線之爭，並將自己的立場美其名曰「自由左

76　吳仁華（2014），《六四天安門血腥清場內幕》，臺北：允晨文化。

77　甘陽（1989），〈自由的理念：五四傳統的闕失面——為五四七十周年而作〉，《讀書》，1989年第5期。

派」。[78]

甘陽亦像王紹光那樣主張「無修飾詞的民主」，並指責自由派爲不信任群衆的知識精英。但他心目中的「民主」，卻是國家促成中央集權、壓抑地方勢力的工具。根據新左派的邏輯，社會不平等的元凶，乃不受中央操控的地方政府，以及與其勾結的資本。要打破這種壓迫，就須以動員民衆的民主政治，讓中央能有力量於地方貫徹管治意志、制約資本的貪婪。他以美國聯邦黨爲案例，指出「民主」並不以地方分權爲先決條件：

> 日後被稱爲美國憲政民主之父的並不是「反聯邦黨人」，而恰恰是「聯邦黨人」。這就已經足以提示我們：中央集權未必一定就是專制，而地方分權也並不必然就是民主。

而美國的案例，甚至說明大國比小國更爲優越，亦能論證中國將因大一統而偉大：

> 聯邦黨人在政治史上最大貢獻就在於他們徹底打破了民主只有在小國才有可能的西方傳統政治觀，在西方以至人類歷史上第一次奠定了「社會越大，越能妥當自治」這一截然相反的「大國民主論」……中國的大一統傳統或將極大地有助於中國最終成熟爲一個「憲政布於天下」的偉大現代政治共同體。[79]

甘陽故意忽略美國政治的基本常識：縱使美國最終確立聯邦政府的絕對主權，其制度卻依然強調州權對聯邦政府的制衡。參議院和選舉人制度，用意均爲增強小州的議價能力。部分大州的自主性，甚至比一些管治失效的小國更強。美國的民主管治表現亦非特別亮麗，於2017年經濟學人

78　甘陽（1997），〈反民主的自由主義還是民主的自由主義〉，《二十一世紀》，39期。
79　甘陽（1996），〈公民個體爲本，統一憲政立國〉，《二十一世紀》，35期。

信息社的民主指數排名僅爲21位。[80]除加拿大和澳洲外，排在前頭的都是中小型國家。而加澳兩國國土雖大、人口卻是中型國家水平。

　　而更重要的是：美國之發展史極其獨特，並非其他國家所能比擬。歐洲人開拓北美洲時，幾乎把原住民屠殺殆盡，讓美國能以處女地的姿態吸納各方移民。考慮到美國的規模，那其實是個均一的國家，比較貼切的說法是「在共有文化下均勻地多元」。這正正是美國做爲大國仍能維持民主的原因。東亞大陸顯然不是這種地方。若要在此地建立大一統的「民主」，也許先要以歐洲人屠殺原住民的蠻勁，把大陸各地在族群、文化、語言、政治理念上的差異用公權力強行夷平，如此方能成事。

　　甘陽到21世紀，丟下「自由左派」的遮羞布，高調提倡黨國專權的帝國主義，如此可謂「大一統民主」的自然發展。他指出儒家禮教、毛澤東主義和鄧小平思想三者之間看上去似有斷層，但其實應當視爲連綿不絕的華夏道統的三個階段。是以當代知識人應當「通三統」，在這三大傳統汲取思想資源融會貫通，從而實現中華民族的偉大復興。[81]甘陽認爲中國自古以來就是偉大的文明帝國，只是到19世紀不敵西方船堅炮利，才被迫降格參與建構國族國家的遊戲。21世紀當爲中國的世紀，中國也應當建立以自己爲中心的世界秩序，重新成爲超越國族國家的文明國家。[82]我們至此理解到甘陽何以轉向：當中國於後六四時代國力提升，他就重新燃起那潛藏的強國夢。這追求富強的心志，就是百年來知識人戀慕帝國威榮的復興夢，爲此他們不惜侵害自由，以集權國家之力集合群衆之力重建帝國。

　　另一位轉向知識人劉小楓則頗爲傳奇。他於1980年代起自稱爲不信教的「文化基督徒」，在1989年到瑞士巴塞爾大學攻讀神學。學成後先到香港，並先後在中文大學中國文化研究所和漢語基督教文化研究所任職。他這時候提倡沒有信仰的文化基督教，遵從的是1980年代自由派知識人的邏

80　The Economist Intelligence Unit (2018). *Democracy Index 2017.* http://www.eiu.com/topic/democracy-index .

81　甘陽（2007），《通三統》，北京：三聯書店。

82　甘陽（2012），《文明‧國家‧文學》，北京：三聯書店。

輯：如飢似渴地吸收西方思想、甚至不惜把西方浪漫化，想直接將西方模式套用在苦無出路的後毛澤東中國。他歸國到中山大學和人民大學任教後，卻轉向成爲國家主義者，並積極引介施米特（Carl Schmitt）式的納粹法學。

劉小楓於2010至2013年舉辦了三次關於中國近代史的演講，思路近似甘陽「通三統」之說。他以煽動仇外的口吻，控訴美國一直都想阻止中國步向富強。而來自西方的啓蒙思想，則是近代中國一切劫難的源頭。中國以儒家禮教治國的精英政治，正正就是德裔美國政治哲學家施特勞斯（Leo Strauss）推崇的「賢人政治」，而近代知識人想要推動啓蒙、促進自由，只是庸人自擾的破壞。而毛澤東則撥亂反正，以儒家聖王的姿態驅除啓蒙遺毒、實踐黨國主導的賢人政治，是以當尊稱他爲中國國父。

劉小楓的轉向，歸根究底是對平等主義的絕對排斥。他認爲人類心性德性皆有異、人人水平不同，而眞理也只能向少數聰明通達者顯明，愚蠢的凡人應當默默接受智者的領導。自由派主張啓蒙，只是讓愚者承擔自己承擔不起的責任。[83]劉以蘇格拉底被處死的歷史爲喻，指責自由派意欲煽惑民眾敵擋智者：

> 陪審團中那些非處死蘇格拉底不可的人是誰？是雅典民主政體的政治家……哲人與人民的對立是假象：因爲人民既搞不懂也不關心哲人的言論，眞相是哲人與自認爲代表人民的自由民主的知識分子的對立。

劉小楓認爲民眾的本質是反智的。他們沒有哲思的能力，沒有追求啓蒙的意願，也不介意讓全知的智者帶領。自由派提倡的啓蒙和解放，歸根究底只是假議題。劉小楓認爲自由派之所以卑鄙，是因爲平庸的大眾若得知世界的眞象，就只會陷入完全的絕望：

83　陳純（2018），〈清除啓蒙毒：論劉小楓的反平等主義〉，《思想》，35期。

哲學搞到盡頭，一定會撞上虛無。然而，哲人的美麗恰恰在於，不可讓自己發現的這個世界的虛無本相大白於天下。[84]

　　套用蘇格拉底的比喻，唯獨像劉小楓那樣的智者才有資格做個痛苦的人，才有能力明白真理。而凡夫俗子皆應樂於做頭快樂的豬，不要妄圖獲得啓蒙。讓智者以先鋒黨角色欺瞞民眾、帶領民眾，民眾才會快樂、社會才會和諧。倘若甘陽是爲了大一統帝國的榮光而捨棄自由，劉小楓就是爲了先鋒黨的尊嚴背叛基督。他當初選擇成爲「文化基督徒」，是要利用洋教洋和尚的身分與民眾區隔：如此他就可以扮演德拉克羅瓦（Eugène Delacroix）名畫《自由引導人民》當中的自由女神，在英雄主義的浪漫氛圍下帶領民眾走向自由。但當他發現人獲得自由，就會追求獨立自尊，既不倚賴上帝，更不需要先知，他就必須另闢蹊徑才能滿足那身爲智者的虛榮心。此刻中國帝國崛起，耶穌又不是中國人，那樣他自然就會離棄基督，擁抱自孔孟承傳到毛澤東的帝國神學，並自詡爲幫助帝國開基創業的國師。就如猶大出賣耶穌，不是爲那只值四個月工資的30塊銀錢，而是出於渴望成爲解放先鋒的虛榮。

　　而一度被共產黨視爲封建餘毒的儒家思想，弔詭地於後六四時代成爲炙手可熱的顯學。只是這新興中國新儒家學派，卻高調地反對西方、質疑自由。他們把香港和臺灣的新儒家視爲假想敵，指責唐君毅、牟宗三、徐復觀等人想要引導儒學適應西方的自由民主，是在搞自我夷狄化的自虐儒學。中國新儒家主張惟獨中國才是文明中心，國土以外的種種思潮皆「非我族類、其心必異」。凡是主張向西方學習的論調，他們都要反對到底；面對自由主義，他們更是嗤之以鼻。他們主張儒學必須政治化，批評港臺新儒家只搞內在修養的「心性儒學」。爲了抗衡港臺的「歪風」，中國新

84　劉小楓（2011），《施特勞斯的路標》，北京：華夏出版社。

儒家必須定位爲輔弼帝國的「政治儒學」。[85]

這種政治儒學，實際上是帝國儒學。他們反對一切的民主，認爲民意只是一時一地的私益，而儒者卻要以「爲萬世開太平」爲己念。爲此就必須重建一個長幼尊卑、內外上下皆井然有序的社會。自由、民主和平等的訴求，只會破壞秩序、損害和諧。儒家應做的是扶助政權、引導當權者成爲儒家聖王，如此象徵宇宙意志的「君主」就能以儒教維繫人心、以壓倒一切的階級穩定促成社會和諧。[86]在這個過程中，「政府利用儒家，儒家也利用政府」，最後達成所謂的「王道政治」。[87]

另一些學者則著眼於重建華夷尊卑的秩序，意欲建立一個以中國爲中心的華夏天下體系。他們認爲由獨立主權國家組成的西發里亞體制，是由西方霸權主導，也是由西方帝國主義強加諸世界各國之上。是以西發里亞體制強調西方之優越，以及西方與世界的對立，從而肯定西方對世界各地之侵略。與此相比，以中國爲中心的華夏天下體系，卻主張和平崛起，以及國際間的平等和包容。[88]只是這些講法故意淡化華夏天下體系的侵略性，將東亞大陸幾千年的血淚輕描淡寫成平等包容的文化融合。

然而事實上東亞大陸的帝國大都講究華夷之辨的差序秩序，帝國中心與被侵略者之間也存在著「君子勞心、野人勞力」的不平等社會分工。帝國以文明教化「懷柔遠人」，看似和平包容，背後卻是「天下歸心」的野望，是要無止境地吞食天下的狼子野心。所謂新天下體系，就是要向西方叫陣、以中國霸權取代西方，並建立以中國爲中心的世界帝國體系。[89]

自由派學者徐友漁認爲，後六四時代的中國思想界，已呈自由派、新左派和傳統文化保守主義三分天下之局。[90]這種評估還稍嫌樂觀。在前文

85　蔣慶（2003），《政治儒學：當代儒學的轉向、特質與發展》，北京：三聯書店。

86　葛兆光（2017），〈異想天開：近年來大陸新儒學的政治訴求〉，《思想》，33期。

87　蔣慶（2016），〈王道政治是當今中國政治的發展方向〉，任重編，《中國必須再儒化：「大陸新儒家」新主張》，新加坡：世界科技出版。

88　趙汀陽（2005），《天下體系：世界制度哲學導論》，南京：江蘇教育出版社。

89　葛兆光（2015），〈對「天下」的想像：一個烏托邦想像背後的政治、思想與學術〉，《思想》，29期。

90　徐友漁（2008），《中國當代政治文化與西方政治哲學》，臺北：秀威資訊。

我們已看到新左派已學會挪用帝國傳統文化的思想資源，而中國新儒家則樂於攻擊當局所抗拒的自由主義普世價值，這兩股親黨國思潮正合流協助當局維穩。在帝國崛起的氛圍下，自由派於論爭節節敗退，其社會影響力不斷消減。

在21世紀開始浮現的維權運動，亦只是自由派的負隅反抗，無法扭轉帝國夢壓毀自由夢的大勢。這些年來的維權運動大多限於經濟民生的議題，抗爭的對象侷限於地方。雖然這些抗爭得到自由派知識人的協助，卻始終未有串連成全國規模的政治抗爭運動，大體上仍是分散的偶發事件。大部分抗爭者都未有參與反體制社會運動的自覺，亦未能組織起來，儘管這樣已令當局甚為警覺。[91]

中國的社會抗爭始終未脫清帝國以來的路徑依賴，抗爭者多只反地方貪腐而迴避體制問題。他們把中央想像成有道德感的明君，而抗爭則是想以道德「孝感動天」，期望能感動中央出手對付地方的奸邪。如此抗爭越頻繁，中央政權的認受性卻只會越來越高。[92]事實上黨國體制的認受性也未有動搖過，而習近平於2012年上任後即高調推行反貪腐運動，實際上就是扮演傳統明君的角色，如此再加上「中華民族偉大復興」的強國夢，黨國體制在可見的未來似乎仍將屹立不倒。

美國平民思想家賀佛爾（Eric Hoffer）曾指出，戰後亞洲之所以動盪不安，既不是因為共產主義的滲透，也不是源於殖民主義的壓制。問題的癥結，在於亞洲人渴慕威榮。他們之所以躁動不安，不是因社會不公而義憤填膺，而是在憤恨自己在強敵前的軟弱無能。於是獲得力量，就比實踐公義更為重要。[93]**從五四前的轉型時代，到後六四的經濟起飛時代，中國追求的都是帝國的威榮。**中國的政治領袖和知識階層都把自己看作臥薪嚐膽的越王勾踐，一方面強調現狀如何屈辱，另一方面又期待他日報仇雪恨

91　錢理群 2012。

92　Hung, Ho-fung (2011). *Protest with Chinese Characteristics: Demonstrations, Riots, and Petitions in the Mid-Qing Dynasty*. New York: Columbia University Press.

93　Hoffer, Eric (1963). *The Ordeal of Change*. New York: Harper and Row.

的榮光。[94]五四前的新文化運動以及六四前的自由風潮，不過乃帝國復興運動中曇花一現的小插曲。**當中國國力於後六四時代暴增，帝國夢壓倒自由夢就是難以逆轉的歷史趨勢。只要這個帝國崛起的歷史過程還未終結，東亞大陸就不可能有自由化的空間。**

總結：為了自由，這個帝國必須分裂

五四和六四的自由夢之所以無疾而終，是因為政客和知識人皆動機不純。他們渴求的是一個強大的帝國，希望能以國家的力量滿足種族主義的虛榮心。中國人心底渴望富強，只有少數人能像劉曉波那樣有著自由高貴的靈魂。他們或會為追趕世界潮流，或是為壯大國家而主張民主與自由，但大部分人著緊的，卻不是個人的獨立自尊。如此只要他們遇到挫折，或是遇到難以說服的民眾，或是遭遇船堅炮利的外侮，就會傾向精英領導的集權主義，並置自由理念於不顧。

華夷尊卑的意識於東亞大陸根深蒂固，是以當來自遠方的西方人帶著先進科技挑戰清帝國的霸權，清國人之認知就不再協調。及後東亞體系的小國日本憑藉源自西方的技術，把天朝大國打得落花流水，東亞大陸也不得不向陌生的西方求現代化之學問。而在學習的過程中，清國知識人陷入既自卑又自大之情結。在初接觸西方學問時，他們總愛說他邦種種新奇事「我國古已有之」；在學習的過程中，又覺得不管如何努力還是會遭西方人白眼，因而深感屈辱。

但習過西學的知識人面對國人，又會鄙夷國人對外界的無知，自詡為接觸過世界潮流的先知先覺者；面對政權，一方面以懷才不遇的心態埋怨保守的當權者未能知人善任，一方面又期望能扶助明君謀帝國復興之大業。這就有如管禮雅筆下對西方愛恨交纏，於國內又無法一展所長的俄羅

94 Cohen, Paul A. (2009). *Speaking to History: The Story of King Goujian in Twentieth-Century China.* Berkeley: University of California Press.

斯知識精英：管氏認爲俄國精英自卑仇外、懷才不遇的怨恨，乃主導其國族建構之集體情緒。最終俄國以先鋒黨奪權的模式完成其國族建構，並以集權主義肅清社會中潛藏的外國奸細，以侵害個體的方式集合全國之力，與或眞或假的外敵周旋。[95]而中國的國族主義，也是如此走上極權主義之路。

中國國族主義的目標，不外乎是要「師夷之長技以制夷」，想要藉現代國族主義的動員力，趕走圖謀不軌的外人、恢復帝國的榮光。中國的愛國主義、國族主義，歸根究底是要在清帝國原有領土的基礎上向外擴張的帝國主義。除此以外，富強的中國也要改變既有國際秩序，要「以我爲主」地建立以中國爲天下之中的新世界帝國體系。中國國族主義常自詡爲反帝解放運動，但他們只是反對別國的帝國主義，心底卻想要以自己的帝國主義取而代之。到1990年代，中國乘著全球化浪潮，就要把百年來的帝國夢逐漸化爲眞實。美國土耳其裔中國研究大師德里克（Arif Dirlik）認爲：

> 在1989和1992年之間……黨的領導人決定解決帶來六四事件的這些矛盾，他們將社會主義和資本主義間的鴻溝消除……新千年的中國，成功利用全球資本提供的機會，得以在「中國崛起」的脈絡中成長……世界第二的經濟力量很快就學到世界第一的帝國政策，美其名是「中國特性」，實際上乃是將早期帝國朝貢體制迴光返照，和半個世紀試圖挑戰資本主義世界體系的革命遺產混在一起。[96]

這種戀慕帝國榮光的國族主義，使中國在本質上欠缺讓自由民主植根

95　Greenfeld 1993.

96　Dirlik, Arif (2014). "June Fourth at 25: Forget Tiananmen, you don't want to hurt the Chinese People's feelings—and miss out on the business of the New 'New China'," *International Journal of China Studies,* 5(2):295-330.

的土壤。爲此我們可參考同樣以多元一體民族論立國的戰前日本。[97]日本於20世紀初，民眾透過一連串的抗爭要求民主參政，他們一方面爭取於本島推行普選、自由化改革和分配正義，另一方面又支持海外的帝國擴張。他們相信本島的改革與帝國擴張可以相輔相成，美國日本史學者安德魯‧戈登（Andrew Gordon）稱之爲「帝國民主」。最終憲政會首相加藤英明於1925年與在野黨達成協議，眾議院遂於5月5日通過《普通選舉法》，讓本島25歲以上男性皆獲得選舉權。

但隨之而來的所謂「大正民主」卻異常短暫。1920年代末的階級衝突和經濟不景氣令民情出現變化，到1931年軍方繞過民選政府於滿洲發動九一八事變，令日本踏入戰時狀態。除卻少數忠貞的日本共產黨員，大部分曾擁護自由民主的日本政客和知識人都決定「相忍爲國」，大批自由派和左翼知識人爲帝國夢而紛紛轉向，支持由官僚和軍人聯合專政的例外狀態。轉向的政客則透過選舉政治替官軍共治的體系帶來認受性，到1940年更加入名爲大政翼贊會的準法西斯組織。[98]

對帝國邊陲的民眾來說，帝國民主的承諾更猶如畫餅充飢。雖然多元一體民族論主張對帝國境內全體臣民一視同仁，但當局及本島人對邊陲民眾始終充滿成見。殖民地當局常以民心尚未融合爲由不斷拖延，並於當地推行意欲消除既有文化的同化政策，在實踐上則變成在文化上的種族滅絕。東京要到1945年敗戰前夕，才宣佈讓臺灣及韓半島的民眾取得完全的政治權利，不過爲時已晚。[99]只要帝國夢猶在，民主就不可能持久、更不可能令帝國邊陲的民眾受惠。

即使中國能展開民主化過程，帝國民主也無法確保東亞的自由與和

97　Oguma 2002.

98　Gordon, Andrew (1992). *Labor and Imperial Democracy in Prewar Japan*. Berkeley: University of California Press.

99　小熊英二（2013），《「日本人」的國境界：從沖繩、愛奴、台灣、朝鮮的殖民地統治到回歸運動》（中卷、下卷），嘉義縣：國立嘉義大學臺灣文化研究中心；Caprio, Mark E. (2009). *Japanese Assimilation Policies in Colonial Korea, 1910-1945*. Seattle: University of Washington Press; 陳培豐 2006。

平。就如加州大學洛杉磯分校的歷史社會學家米高曼（Michael Mann）指出，民主化初期往往會伴隨族群矛盾的白熱化：新興民主國家的政客及民眾皆對民主政治缺乏概念，是以其政治陣營間的區隔多建基於族群身分，而不是較抽象的政策偏好。政客因而會偏好以族群認同區分敵我，甚至靠煽動仇恨爭取選票。這些矛盾要待民主政治日趨成熟、自由價值日益普及、公民社會日漸壯大後，才有望於一代人的時間內逐漸化解。

　　然而，在一些族裔國族主義傳統較強的國家，主流族群主導的政權取得民意認受後，就會想按主流族群的偏好改造國家。他們或會要求少數族群融入主流，或是將少數族群當作二等公民，不論如何都可能引致意欲「淨化」國家的多數人暴政。倘若這些國家民主化的底氣不足，很可能就會採用種族清洗的「最終解決方案」，令脆弱的民主迅即衰變爲法西斯體制。尤有甚者，煽動族群矛盾的政客亦可能會主張收復故土，以行動串連鄰國的同族，使國內的族群問題激化爲國際的邊境衝突。[100]

　　而中國國族主義正正就是一種主張收復故土的族裔國族主義。中國國族主義者會要求清帝國故域內的所有民眾，皆要融入並效忠於所謂的中華民族：在實踐上這是要求少數族群採用漢族本位的主流文化。而中國的國族建構，基本上亦是收復故土的歷史過程：中國於1949年以「和平解放」之名侵吞新疆，在1959年消滅實際管治西藏的噶廈。到1997和1999年，則從英國及葡萄牙奪取香港和澳門，並持續削弱其自治權。此後中國以虛構的九段線爲理由入侵南中國海，又以文攻武嚇的手段想要染指實際獨立的臺灣。就如這篇文章一直強調，中國並未接受過自由價值，也未曾有過眞正的公民社會。一直關注少數族群問題的中國異見人士王力雄斷言，中國若然民主化，其前景將極不樂觀。而最有可能出現的情況，是民主崩壞，並淪爲群眾暴力的普羅帝國主義：

---

100 Mann, Michael (2004). *The Dark Side of Democracy: Explaining Ethnic Cleansing.* Cambridge: Cambridge University Press.

如果現在的中國政府打臺灣，會被認為是專制對民主的進攻，民主
國家會為此保護臺灣。但若中國實施了代議民主，在極端民族主義
的鼓動下，選民以符合程序的多數投票贊成打臺灣，包括打西藏、
打新疆，不是沒有可能的，那時國際社會該如何判斷和對待？我把
代議民主稱做「數量民主」。[101]

　　**東亞大陸何以和自由絕緣？最主要的原因，是因為大陸的政客、知識
人和民眾都眷戀著帝國的榮光。他們把帝國的面子看得比個人的尊嚴更為
重要，想無所不用其極地取得在外族面前吐氣揚眉的力量。**這樣的國家即
使有機會民主化，也只會淪為仇外的群眾暴政，甚至會演變成向外擴張的
法西斯霸權。事實上如今的主流民意，亦支持共產黨黨國以威權政治集中
力量富國強兵。國際社會面對中國之強權，也是不斷犯錯。當年西方把東
亞納入西發里亞體系時，不顧體系的內在邏輯而把清帝國當成壟斷整個東
亞大陸的法人，之後又讓中華民國及中華人民共和國先後繼承此法人身
分。批評西方帝國主義的進步知識人，則無視東亞大陸帝國曾稱霸東亞之
歷史事實，單純地把中國視為帝國主義的受害者。如此皆助長了中國的氣
燄，讓他們能披上國族自決的偽裝，行帝國主義之實。

　　東亞若要維持長久的和平，自由民主若要在東亞植根，就必須修正昔
日便宜行事的歷史錯誤，裂解在大陸上的帝國體系，建設由民主小國構成
的東亞列國秩序。建設民主中國之口號雖然漂亮，實情極不可取；若然愛
民主、為自由，則當建設民主東突厥斯坦、建設民主西藏、建設民主廣
東、建設民主湖南，諸如此類。東亞新秩序的建構，當由臺灣和香港開
始，因為兩者一個是實際獨立的國家、另一個尚且還是相對獨立的自治
體。讓臺灣成為有實有名的臺灣共和國，並鞏固臺灣國族主義的國族建
構；讓香港本土思潮從本土情懷提升為國族情懷，先挽回日漸消逝的自
治，再將自治提升為實際的獨立。就以臺港為抵抗中國帝國擴張的前哨，

101《BBC》中文網，2015年2月10日。

讓臺港示範何爲沒有帝國的東亞體系，最終要令東亞大陸的帝國分裂，令民眾丟棄帝國稱霸的顛倒夢想，並在東亞大陸各地創立多個獨立自主的自由國家。就如旅德中國異見詩人廖亦武於2012年獲得德國書業和平獎後的謝辭所云：

> 爲了孩子不再死於無辜，這個帝國必須分裂。
>
> 爲了母親不再無辜地失去孩子，這個帝國必須分裂。
>
> 爲了中國各地的人們不再流離失所，淪爲世界各地的累贅，這個帝國必須分裂。
>
> 爲了葉落歸根，爲了將來有人守護祖宗的墓園，這個帝國必須分裂。
>
> 爲了全人類的和平和安寧，這個帝國必須分裂。

第四章

我有我風格
沒有前綴後綴的香港史

　　在某些主流論述中，香港就是一個沒有歷史的地方。英國人於1841年1月26日在香港開埠後，在對倫敦的報告中直指香港島爲荒蕪的岩礁（Barren Rock）。此說法在西方人撰寫的香港史反覆出現[1]：言下之意，就是說若非英國人的緣故，香港根本稱不上是一個值得書寫的地方。香港的歷史，就只有170餘年：在此以前香港只是一堆不起眼的小漁村，並無任何值得稱頌之處。若非英國人的緣故，這個地方就不會成爲東亞首屈一指的國際大都會。東方之珠之所以能璀璨生輝，是因爲來自英國的官員帶來典章制度，是因爲英國商人努於拓荒，是因爲英國的教育家和傳教士之文明開化。華人[2]雖然佔香港人口的大多數，但他們卻是不值一哂的一群：是因爲英國人無中生有，香港才會存在。華人是在香港開埠後，才遷移過來享受文明之果實。亦因如此，英國對香港的統治是無庸置疑的，對其住民也只有恩典，沒有虧欠。

1　例：Eitel, Ernst J. (1895). *Europe in China: The History of Hongkong from the Beginning to the Year 1882*. London: Luzac & Co.; Endacott, G.B. (1973). *A History of Hong Kong*. Hong Kong: Oxford University Press; Frank Welsh (1997). *A History of Hong Kong*. New York: HaperCollins.

2　「華人」一語，乃西方殖民者對任何源自東亞大陸之人群的稱謂。這個詞語的最大問題，在於忽略東亞大陸各地之語言、文化、信仰和風俗均大異其趣，難以稱得上是同質的單一族群：這顯然是西方人爲行政上之方便，以東方主義思維套上的標籤。不過顧慮香港之殖民地地位，並爲行文方便，本文姑且稱香港之主流族群爲香港華人。參：阿里夫·德里克（Arif Dirlik）著，馮奕達譯（2018），《殖民之後？臺灣困境、「中國」霸權與全球化》，臺北：衛城出版。

與此相對的另一種史觀，則認為香港有著悠久的歷史，然而那不是香港人的歷史，而是香港做為中國一部分的歷史。[3]根據論者的大一統觀念，東亞的歷史就是中國的歷史，雖然東亞大陸在歷史上曾出現過不同的文化、族群和政權，但這塊土地命中注定就要成為一個統一的國度，其住民也注定要結合而形成所謂的「中華民族」。東亞大陸演化為中國，乃偉大、光明、正確的大勢所趨：大歷史不會萎縮，香港不管與中土政權有過多少離離合合，怎樣說都是中華民族在香港的發展史。在這種史觀中，在英國對香港之管治乃不懷好意的侵略，香港華人是處於水深火熱的二等公民，亦因如此香港人一直都懷抱著濃烈的愛國情懷；而香港的歷史意義，並不是香港人在本土的任何成就，而是曾支援過辛亥革命，曾協助中國對日抗戰，以至共產黨以「解放祖國」為目標的非法活動。[4]香港人就是中國人，香港史就是中國史，是以香港人沒有自己的面貌，也沒有自身的歷史軌跡。

這兩種史觀雖然針鋒相對，但本質上都是帝國史觀。在這兩伙人的歷史論述中，香港人都是缺席的：他們不是在搭英國人的便車，就是在背後默默支持中國的國族建構。在他們的筆觸中，香港人乃是殘缺鄙劣的一群：他們或是未能合乎西方現代文明的標準，或是未能像真正的中國人那樣流露正確的愛國情懷。[5]在英中兩種帝國史觀中，香港是待收復的化外之地，香港人是待馴服的野蠻蕃民，唯有以香港為舞臺的英國人或中國人才可能是歷史的英雄。這兩種史觀都建基於對香港的否定，不論其歷史書寫之考據功力如何，因著其前設都充斥著威權操作的虛情假意，都不可能是真正的「香港史」：那只可能是「反香港史」，甚至是「偽香港史」。何為真正的香港史？真正的香港史，必然是讓香港人發聲的歷史書寫；其

3　例：劉存寬（1998），《香港史論叢》，香港：齡記出版；葉靈鳳（2011），《香港的失落》，香港：中華書局；劉智鵬（2011），《香港達德學院：中國知識份子的追求與命運》，香港：中華書局；丁新豹（2012），《香江有幸埋忠骨：長眠香港每辛亥革命有關的人物》，香港：三聯書店；劉蜀永（2016），《簡明香港史》，香港：三聯書店。

4　王宏志（2000），《歷史的沉重：從香港看中國大陸香港史論述》，香港：牛津大學出版社。

5　參：盧瑋鑾編（1983），《香港的憂鬱：文人筆下的香港（1925-1941）》，香港：華風書局。

立論必須建基於眞心眞意，而眞誠（まこと）則遠比考據和書寫的技巧重要：誠實之子考證不力，也不過是力有不逮；說謊之靈考據嚴謹，也只能曲學阿世。我們可以如此放膽宣告：惟獨香港人的香港史，方可能是眞實的香港史。

異於中土的嶺南文明

　　帝國史觀最大的盲點，在於誤以爲1841年之前的香港乃處於眞空狀態。香港在此之前雖然仍未是制度上的實體，但於開埠後定居香港的社群，已一直於香港的鄰近水域活動。英國人之所以選擇在香港開埠，絕非因爲這是一片荒蕪的無主之地，而是爲了經常於這片水域與英國人交易的社群。自19世紀初，英國人爲繞過廣州體系的限制，就與香港一帶的海洋族群合作，將違禁品走私往東亞大陸：這時候海洋族群的地下經濟網絡已運作了一段時日。[6]起初英國人和海洋族群在內伶仃島[7]附近交收違禁品（下頁圖一），後來爲逃避清帝國當局之巡檢，將交易地點遷往離新安縣治較遠的維多利亞港。林則徐於1839年先後從廣州和澳門[8]驅逐英國商人，他們就改到維多利亞港的船隻上避難[9]：英國商人顯然已與當地民眾有一定的互信。亦因如此，活躍於走私貿易的威廉‧渣甸在1830年代就主張以武力取得香港。在英清戰爭期間，渣甸以國會議員的身分積極幹旋[10]，最終使英國放棄奪取舟山的計畫，正式把香港島納爲其屬土。[11]

6　村上衛（2008），〈閩粵沿海民的活動與清朝：以鴉片戰爭前的鴉片貿易爲中心〉，《中國海洋發展史論文集》第十輯，臺北：中央研究院。

7　內伶仃島現爲中國深圳市轄地，位處香港龍鼓灘發電廠以西約8.5公里。在天朗氣清的日子，從香港國際機場客運大樓向西北眺望，即能望見此島。

8　當時澳門爲葡萄牙之租借地。清帝國容許葡裔澳門人自治，但對華人居民保留治權，並於澳門設有衙門。

9　Greenberg, Michael (1969). *British Trade and the Opening of China 1800-42*. Cambridge: Cambridge University Press.

10　Crisswell, Colin N. (1981). *The Taipans: Hong Kong's Merchant Princes*. Hong Kong: Oxford University Press.

11　英國在英法聯軍戰爭後，於1860年取得界限街以南的九龍半島。其後又於1898年與清帝國達成

【圖1】內伶仃島沿岸之走私貿易。
圖：William John Huggins, *The Opium Ships at Lintin, China, 1824.*

　　居於香港一帶水域，並經常與英國人交易的海洋族群，對清帝國自然
也談不上有任何家國情懷。在英清戰爭期間，海洋族群非但未有任何國仇
家恨，反倒爲英國軍人輸送糧水。在英清戰爭期間，清帝國官員認爲香港
一帶的民眾「所爲勇者，大抵沿岸遊手之人，奸民盜賊之無賴。爲我用則
用之以攻夷，爲夷用那則導之以擊我」。[12]時任廣東按察使王庭蘭指出：
「蓋少穆（按：林則徐）查辦煙案以來，禁興販、杜走私，雷厲風行，未
免操弓過急。故兵怨之、差怨之、吏怨之。當積重之餘，以爲絕我衣食之
原也。故於逆夷蠢動之時，群相附和。此輩頑民，既不畏王法，安顧國
本？」[13]在19世紀末以前，東亞大陸的民眾並未有清晰的國族觀念，大都

協議，租借九龍半島北部、新界及鄰近水域的離島。
12　佐佐木正哉編（1964），《鴉片戰爭の研究・資料篇》，東京：近代中國研究委員會，頁275。
13　佐佐木正哉編1964，頁288。

只認同自己的原鄉和家族。他們對清帝國的順從，乃出於秩序情結和權力宰制，而非出於身爲大清一分子之自覺。知識階層認同帝國，亦主要是出於儒家的忠君思想，而非共同體的理念。香港水域的海洋族群與知識階層關係疏離，亦一直受到帝國體制的歧視，如是者他們比陸地居民更不願順從清帝國。當英國人在香港開埠時，海洋族群就能在帝國之間的裂縫找到發展空間。[14]他們並不是崇洋媚外：與之相反，他們與英國人的衝突從未間斷過。[15]只是英國人之來臨，改變香港一帶既有地緣形勢，而這種新形勢亦對海洋族群及其他嶺南民眾有利而已。

　　一直以來，嶺南地區之歷史發展路徑皆有異於嶺北的東亞大陸。嶺南地區由珠江流域的廣州[16]和紅河流域的交州組成，其侗傣語族原住民於公元前11世紀步進青銅時代，並建立有異於嶺北的銅鼓文化。雖然秦帝國於前214年侵吞嶺南，但嶺北諸帝國直到10世紀前未能控制這片地域。在秦帝國瀕臨崩潰之際，駐嶺南將領趙佗於前204年自立爲王。南越國以獨立國家的姿態存續93年，直到於前112年遭漢帝國侵吞。但此後漢帝國並未能實踐對嶺南的全面控制：帝國的管治能力，只能隨交通幹道投射至都市的近郊。帝國必須借助部落領袖的協助，方能於其餘廣闊的地域施行間接管治，而地方勢力興兵反抗之事亦時有發生。

　　於184年爆發的黃巾之亂，使漢帝國陷入群雄割據的局面。此後直到6世紀末，東亞大陸都未能建立穩定的大一統帝國，進一步削弱嶺北諸政權對嶺南的控制。在這種形勢下，原住民精英趁權力眞空拓展勢力，而南遷漢人望族亦透過與原住民通婚本土化。他們把零散的部族整合爲地方政權，甚至開始把割據政權整合爲獨立王國。[17]如此在這三個半世紀，嶺南地區至少發生過23次大型叛亂：爭取獨立的地方勢力固然會起事，連負責

14　蔡榮芳（2001），《香港人之香港史，1841-1945》，香港：牛津大學出版社。

15　Tsai, Jung-fang (1993). *Hong Kong in Chinese History: Community and Social Unrest in the British Colony, 1842-1913*. New York: Columbia University Press.

16　廣州首府爲白雲山南邊的番禺。後來「廣州」成爲番禺城之俗稱，到1921年正式設立廣州市。

17　Churchman, Catherine (2016). *The People Between the Rivers: The Rise and Fall of a Bronze Drum Culture, 200-750 CE*. Lanham, MD: Rowman & Littlefield.

鎮壓的將領亦會藉天險擁兵自重。[18]這種獨立建國的宏願，在紅河流域幾近成功：本土化的南遷漢人於541年在紅河三角洲起兵，其勢力之後由其部下李佛子繼承，在602年隋帝國南侵前一直維持獨立國家之格局。[19]

　　隋帝國和唐帝國雖重新確立中央政權對嶺南的控制，但其統治仍未稱得上是牢固。起初朝廷委任原住民領袖當地方官，以圖將地方勢力吸納進其行政體系，提供誘因讓各原住民部族互相監察：但部分實力較強的地方豪強卻未有因此而順從。比於以廣東西部的馮氏在馮盎領導下，將勢力擴張至海南島和桂林，又拒絕到長安拜謁皇帝。太宗皇帝李世民認為馮氏意欲謀反，先後於628及631年向其發佈敕文，並一度考慮興兵南征。後來在魏徵斡旋下，馮盎派兒子馮智戴到長安當人質，換取朝廷默許其自行其是，雙方才言歸於好。[20]馮氏的地方自治一直延續到697年：當年武則天任命李千里為嶺南討擊使，馮君衡在帶領族人反抗時戰死沙場；其子馮元一被俘後則遭閹割，後來更名為高力士，為玄宗皇帝李隆基的權臣。[21]為進一步促進中央集權，高宗皇帝李治於676年推行南選政策，不再讓嶺南原住民自動世襲官職。在新制度下，朝廷每隔幾年即委任郎官御史為選補使，負責到嶺南在原住民中挑選適任人才。不過在實際運作上，雀屏中選的大多仍為原住民望族的子弟：只是如今朝廷掌握著地方官任命的否決權。[22]

　　而南選制度能運作之前提，是中央必須有能有效鎮壓地方叛亂之能力：如此無法獲得官職的望族就無法以武力翻盤。但在755至763年的安史之亂後，唐帝國元氣大傷，如此東亞大陸才統一了174年，就再次陷入地方勢力群雄競逐的年代。在8世紀末至9世紀，嶺南地區時有叛變。對紅河流域的望族來說，珠江流域諸族之起事猶如阻隔唐帝國介入的屏障[23]，使

---

18 黎明釗、林淑娟（2013），《漢越和集：漢唐嶺南文化與生活》，香港：三聯書店。

19 Taylor, Keith Weller (1991). *The Birth of Vietnam*. Berkeley: University of California Press.

20 賀喜（2008），〈土酋歸附的傳說與華南宗族社會的創造：以高州冼夫人信仰為中心的考察〉，《歷史人類學學刊》，第6卷，第1、2期，頁23-66。

21 《舊唐書》卷184；《高力士墓誌銘》；《高力士神道碑》。

22 曾華滿（1973），《唐代嶺南發展的核心性》，香港：香港中文大學。

23 Churchman 2016.

他們能重啓將部族整合爲地方政權的進程，甚至能於8世紀末在馮興帶領下實現短暫的獨立。地方望族曲承裕於905年自封爲靜海軍節度使，並獲唐帝國追認，使交州成爲實際上的自治體。自吳權於938年在白藤江擊潰南漢國的軍隊後，位處紅河流域的交州就走上和嶺南其他地方不同的歷史路徑，並演化成今日的越南。[24]

　　雖然在交州以外的嶺南地區未能走上獨立之路，但此地仍然保留著和嶺北有異的風土習俗。直到公元10世紀，嶺南還未被整合到東亞大陸諸帝國的核心之中：也就是說嶺南文明有異於中原文明，而嶺南原住民於帝國眼中就成了化外之民。他們沒有自己的國家，而嶺北政權在嶺南，亦不過是非本土的外來政權。就如廣州中山大學歷史學家劉志偉教授所言：

> 在比較遠古的時代，那時候還沒有國家，廣州自然也不存在是否中國一部分的問題，中原地區的古代國家的早期，廣州也沒有納入國家的版圖。我們比較清楚知道廣州成爲中國的中央王朝的一部分，是從秦始皇時期開始的。但即使在秦漢時期，廣州在帝國裡還是一個很邊緣的地區。我們從地名就可以看出來。現在叫「廣州」這個地方一直到20世紀初的名稱都是「番禺」，這個「番」字，非廣東人大多會念做fan，廣東人則念「pan」。我相信是本地人刻意不念作「fan」的。在秦漢時期出土的文物上，這個字寫作「蕃」，做爲地名，當時是寫作「蕃禺」的，意思就是蕃人居住的地方。[25]

嶺南之海陸諸族群與香港

　　宋帝國於10世紀末一統東亞大陸，這個帝國文化璀璨、經濟發達，但

24　Taylor 1991. 此時孟高棉語族的京族人，亦自東南亞北部遷往紅河流域的低地，成爲當地主流族群。而侗傣語族的原住民則多遷往紅河流域周邊的山區。

25　劉志偉（2018），〈廣州三重奏：認識中國「南方」的一個視角〉，許紀霖、劉擎編，《知識份子論叢，第15輯：西方政治正確的反思》，南京：江蘇人民出版社。

在軍事上卻比過往大陸諸帝國都要虛弱。它無力抗衡在北方的內亞諸帝國，甚至於12世紀初喪失對中原之統治權，使帝國之重心南移。它不能再把嶺南視爲無關痛癢的化外之地，而必須以更進取的方式開拓這廣闊的疆域，如此嶺南於之後幾個世紀就進入急速發展的時代。而嶺南之開拓，又可分爲海洋和陸地這兩大部分。

嶺南一直以來都是東亞海洋貿易的重要樞紐。自3世紀起，由於造船和航海技術日益精進，使船隻能遠離海岸航行。源自印度洋的船隻在穿過馬六甲海峽，並於東南亞海港停泊補給後，就可以直接穿越南中國海到達東亞，而嶺南的番禺就會是他們遇到的第一個港口。他們可以在補給後沿海岸線航行至東亞北部和東北亞諸國，其貨物亦可以通過珠江水系運送到東亞內陸：或是經過於桂林附近的靈渠，或是經北江到梅關古道聘挑夫走大約8公里的路，兩種方法都能通往長江水系，然後再經大運河通往黃河水系。來自南亞和西亞的穆斯林商人自7世紀即群居於蕃坊，使番禺成爲具有濃厚國際色彩的大都會。[26]而朝廷亦於番禺設置廣州市舶司，專責徵收關稅和規範貿易之事宜。由於宋帝國未能有效控制通往內亞的通道，海洋貿易就成爲帝國與南亞、西亞以至西方貿易之主要渠道。[27]東亞水域的海洋貿易促進市場貨幣經濟之發展，使嶺南和宋帝國其他地方達成跨地域的經濟分工。嶺南住民亦因利之所在，親自參與和東南亞的貿易，甚至開始到東南亞諸國旅居。[28]而由於商業稅成爲帝國的重要收入來源，朝廷亦對此大趨勢樂觀其成。

在陸地方面，宋帝國亦積極地以水利工程開拓珠江流域的農地。他們先是於河岸修築堤圍，使低窪地區能變成免遭洪水威脅的良田。除此以外，當局還開始填海造陸的過程。此時珠江三角洲仍是一片淺海，但若然

26　Faure, David (2007). *Emperor and Ancestor: State and Lineage in South China*. Stanford: Stanford University Press.

27　Lo, Jung-pang (2012). *China as a Sea Power 1127-1368: A Preliminary Survey of the Maritime Expansion and Naval Exploits of the Chinese People During the Southern Song and Yuan Periods*. Hong Kong: Hong Kong University Press.

28　王賡武著，張亦善譯（2002），《南洋華人簡史》，臺北：水牛文化。

【圖2】穆斯林商人於7世紀創辦的廣州懷聖寺。

能夠改變水流，來自珠江各支流的泥沙就能堆積成新地。當局於1087年修築東江堤，並於翌年於近海處修建鹹潮堤，使原爲沼澤的海邊變成可耕作的土地。到12世紀，九江一帶的居民開始修築桑園圍：他們善用新墾地的地勢修築魚塘，並在堤圍上種植鞏固堤圍的桑樹。如此當地居民除了養魚，還能養蠶取絲：蠶蟲將桑葉化爲能當魚糧的蠶糞，而魚糞積於塘底所形成的塘泥則可當成肥料。[29]養殖魚和蠶絲皆爲經濟作物，顯示嶺南住民能適應和融入新興的市場貨幣經濟。陸上的土地開發，亦因此與海洋貿易相輔相成。

　　隨著市場貨幣經濟日趨成熟，土地開發帶來的利錢亦日益豐厚，促使

29　吳建新（1987），〈珠江三角洲沙田若干考察〉，《農業考古》，1987年第1期。

佔嶺南人口多數的原住民反思其身分認同。在此之前，嶺南一直處於漢越
和集之局面：來自嶺北的漢人移民多聚居在嶺南北部或都市近郊，而居於
其他地方的原住民則保留固有風俗。由於漢人的稅負較重，原住民一直缺
乏漢化之誘因。但在11世紀開展的水利工程過程卻扭轉這個形勢：填海造
陸能帶來豐厚的回報，但只有漢人才有權擁有土地。除此以外，亦只有漢
人的子弟方有資格參與科舉考試：在激烈的圈地競賽中，各部族不時會為
爭奪地權而訴諸武力；是以各部族都希望子弟能參加科舉，如此就能藉官
蔭迴避紛爭。[30]原住民首先逐漸放棄自身的語言，並嘗試改用嶺北通行的
中古漢語。然而他們在學習過程中，卻把侗傣語言的發音、詞彙和文法融
入中古漢語之中：這種因母語干擾而形成的克里奧爾語，此後就發展成粵
語等漢語族語言。[31]

　　朱元璋於14世紀中驅逐征服東亞大陸近一個世紀的蒙古人，其創立的

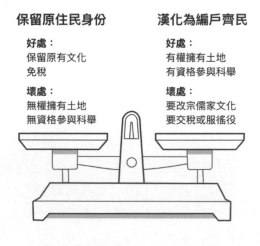

【圖3】嶺南原住民身分認同之取捨。

30　Faure 2007.

31　李心釋、呂軍偉（2010），〈漢語南方方言中的古越語底層研究〉，《廣西大學學報：哲學社會科
　　學版》，32卷1期。

明帝國以保守的方式詮釋儒家禮教，並以道德教化爲監控臣民的意識形態。在復古的名義下，明帝國推行「重本抑末」的抑商政策，意圖抑壓市場貨幣經濟的發展。朝廷沿用蒙古人留下的匠籍制度，規定軍人及若干行業必須世代相傳，藉此確保軍人及工匠之數目。嶺南各部族爲應付新制度的要求，便開始整合爲較大的宗族：這樣各支族就能分工合作，有的專責軍役力役、有的專責拓展土地，便各支族能分擔帝國規定的責任，分享土地開發的成果。他們很快就察覺到宗族建構帶來的額外好處：畢竟填海造陸需要動用大量人力物力，爭奪土地的械鬥亦同樣耗費人力。宗族越大，就有更多的資源教育更多的子弟，中舉的機會亦自然與應考人數成正比。而在整合過程中，亦使弱小的部族能有機會攀附大族，一方面能有效地掩飾自己的原住民根源，另一方面則可借用大族的聲望以至是官蔭。[32]

　　這樣嶺南的原住民部落就紛紛杜撰譜牒，一方面將結盟的諸部族描述爲同一位祖先的後人，另一方面則謊報這位祖先的身世：他必須是南遷漢人，身世可能顯赫，他大多是在宋帝國年間就定居嶺南，但同時他的遷移卻神奇地合乎明帝國的遷籍法規。[33]而這些由部族聯盟演變成的宗族，則會按朱熹《家禮》的規定興建宗祠，再透過祭祀祖先的各種禮儀將部落聯盟整合成家族模式的社群。[34]自香港中文大學退休的歷史學家葉漢明曾如此評論這時代的風氣：

> 大部分族譜的内容都有不少疑點或自相矛盾之處，可推想其編造時的難處。多年來爬梳過大量廣東族譜的譚棣華就舉出不少例子。如順德大良的《南門羅氏族譜》和《北門羅氏族譜》都説其祖先爲「雄州珠璣巷人」，南宋時爲避難而遷至大良。但二族從無往來痕跡，其後人亦覺奇怪。故二者或有一爲非，或二者皆非，而珠璣巷

32　Faure 2007.

33　劉志偉（2013），〈傳説、附會與歷史眞實：珠江三角洲族譜中宗族歷史的敍事結構及其意義〉，饒偉新編，《民間歷史文獻論叢（第一輯）：族譜研究》，北京：社會科學文獻出版社。

34　Faure 2007.

故事多爲杜撰。至於上文述及的冼族，已證實爲嶺南土著，但族譜中仍説來自南雄，也附會於珠璣巷傳説。研究番禺《沙灣何氏族譜》的劉志偉也指出，何族一方面要附會珠璣巷傳説，以認同明清之際珠江三角洲的新興大族，另一方面，又要強調始遷祖與宋代名臣交厚，比珠璣巷逃難者高貴，致令祖先系譜矛盾百出，成了一筆糊塗賬。此外，庶民在編譜時攀附達官之家甚至皇室的例子也很普遍。沙灣何氏就將宋朝名人拉入系譜之中而編出「三鳳流芳」的故事，以顯其簪纓世胄的高貴血統。[35]

　　當各宗族爲拓展勢力而於譜牒中虛張聲勢時，嶺南知識人亦努力洗白自身之歷史。他們自詡爲南遷漢人的後代，並與未及漢化的族群劃清界線：縱使他們在血緣上顯然有異於嶺北漢人。[36]活躍於17世紀中的屈大均，就指「今粵人大抵皆中國種。自秦漢以來，日滋月盛，不失中州清淑之氣。其有鬋髮紋身越人，即今之猺（按：瑤族）、獞（按：壯族）、平鬃、狼、黎、岐、蜑諸族是也」。[37]但嶺南和嶺北，終究有著難以消弭的文化差異：嶺南的知識人，因而一直憂慮嶺北漢人可基於這種差異，揭發他們並非根正苗紅的漢人。這就如粵諺所云：「崩口人忌崩口碗。」後來嶺南知識人將這種邏輯顛倒過來：他們主張嶺北漢人的文化已因內亞民族入侵而改變，唯獨嶺南的漢人能保存華夏古風。透過這種「華夷變態」的論述，嶺南人將原先的自卑情結扭轉爲自豪感。就如陳澧於19世紀所言：「至廣中人聲音之所以善者，蓋千餘年來中原之人徙居廣中，今上廣音實隋唐時中原之音，故以隋唐韻書切語核之，而密合如此也。」[38]嶺南原住民就這樣透過宗族建構，以及自吹自擂的自我言説，演化爲居主流地位的

35　葉漢明（2000），〈明代中後期嶺南的地方社會與家族文化〉，《歷史研究》，2000年第3期。

36　徐傑舜、李輝（2014），《嶺南民族源流史》，昆明：雲南人民出版社。廣府人在母系基本上以原住民血統爲主，其父系血統則較多漢族成分：這很可能是因爲南遷漢人做爲少數優勢族群，能透過一夫多妻制將父系基因迅速傳播。

37　《廣東新語》卷七，〈眞粵人條〉。

38　《東塾集》卷一，〈廣州音説〉。

廣府族群。

　　客家族群同為嶺南的陸上族群，卻於17世紀才遷移到珠江流域。他們多聚居於貧瘠的山地，偶爾會取用廣府人棄置的土地。[39]在站穩陣腳後，他們或是嘗試種植果樹等經濟作物，或是採石開礦，或是讓男性族人到珠江三角洲的都會當泥水工或苦力。[40]客家族群發祥於廣東、福建和江西交界的山區，乃畬族原住民和南遷漢人混合而成。廣府族群多鄙視其種族出身，雙方又不時為爭奪資源而上演全武行，故目之稱其為「客獠」。客家族群面對廣府人的歧視，就將其自抬身價的伎倆照辦煮碗重演一次：他們杜撰族譜，並稱整個族群都是逃避內亞民族入侵的中原漢人。[41]他們同樣投入於嶺南的圈地競賽：只是廣府人多填海造陸，客家人多開拓山地。

　　但在這場圈地競賽的遊戲中，卻必然會有輸家：他們有的是未及漢化的原住民，有些則是在宗族建構中被大族遺棄的小族。他們在大宗族主導的填海造陸區無法容身，有的退居山野而成為瑤人；有的則決定舟居水上，以捕魚、運輸為業，成為嶺南的海洋族群，並被貶稱為蜑民。這些失敗者都被廣府族群視為非我族類，淪為社會最底層的邊緣族群。

　　明帝國在立國初年，為收緊對社會控制而以朝貢之名壟斷一切涉外貿易，並命令民間「寸板不許下海」。[42]然而，縱使朝廷對商業和海外貿易諸多掣肘，卻未能壓抑民間對海外物產的需求。明帝國初年的緊縮政策，使東亞大陸於幾代人的時間就從戰亂恢復過來，但穩定的環境卻使市場貨幣經濟重新活躍起來：朱元璋否定市場經濟的政策，卻弔詭地為其後的市

39　清帝國為切斷東寧王國的補給線，曾於1661年實施為期8年的遷海令，迫令沿海民眾內遷30至50華里（約12至20公里）。客家族群於復界後大規模遷徙往嶺南沿海，於未有廣府宗族取回的土地上定居。

40　而他們的妻子，則多留在原鄉，或是下田耕作，甚或是到礦場打石。客家女性不會纏足，並以刻苦耐勞著稱。

41　Leong, Sow-theng (1997). *Migration and Ethnicity in Chinese History: Hakkas, Pengmin, and Their Neighbors*. Stanford: Stanford University Press.

42　曹永和（2000），〈試論明太祖的海洋交通政策〉，《中國海洋史論集》，臺北：聯經出版。朱元璋之所以下令實施海禁，除了重農抑商的保守經濟倫理觀，亦因為在帝國創立前，張士誠和方國珍等競爭對手皆是以海洋貿易起家。亦因如此，明帝國透過壟斷貿易的方式，杜絕這些對手東山再起的機會。

場經濟奠下基礎。[43]隨著朝廷執行海禁的力度隨時間減弱，海上走私貿易就於15世紀活躍起來。生於水道四通八達的嶺南，原住民大多熟習水性：亦因如此，受宗族欺壓的蜑人才會決定乘桴浮於海。爲了幫補生計，蜑民往往會從事各種地下活動，或是從事走私貿易，甚或挺而走險打家劫舍。在15至17世紀，明帝國走私貿易主要由浙江和閩南的海商主導，而部分蜑人則加入其武裝商隊：這些商隊之成員來自五湖四海，大部分都是東亞大陸沿海的民眾，亦有來自東南亞、葡萄牙以及日本的成員。朝廷對商隊中的日本浪人印象至爲深刻，故稱之爲「倭寇」。[44]雖然蜑人於這段時期擔當較次要的角色，但第一批與葡萄牙人交易的明國人，就是於珠江口舟居的蜑人。[45]

　　清帝國於17世紀征服東亞大陸，然後在1683年吞併在臺灣的東寧王國：東寧王國由武裝商隊出身的鄭氏家族統治，表面上爲明帝國於海外播遷的流亡政權，實質上自1662年起即是以臺灣爲中心的獨立王國。[46]在解決其最主要的海上威脅後，清帝國即放寬對海洋貿易的限制，甚至鼓勵國人出海謀生：愛新覺羅皇室以人參貿易起家，故比明帝國的君主瞭解商業在帝國經濟的重要角色。[47]清帝國對貿易最大的限制，是規定西方商人必須到指定港口與特定商人交易：這部分是爲了阻止基督教的傳播，但更重要的是那本爲西方商人偏好的交易方式。海洋貿易既已成爲合法之常態，海洋族群的地下經濟活動也暫時平息。而經珠江口到黃埔泊岸的西方商船，則爲蜑人帶來前所未有的謀生機會：或是爲商船船員提供生活所需，或是幫助船長駛過充滿暗流石礁的珠江航道，或是於潮漲時划艇拉動帆船

43　Brook, Timothy (1999). *The Confusions of Pleasure: Commerce and Culture in Ming China.* Berkeley: University of California Press.

44　Antony, Robert (2003). *Like Froth Floating on the Sea: The World of Pirates and Seafarers in Late Imperial South China.* Berkeley: Institute for East Asian Studies.

45　鄭永常（2004），《來自海洋的挑戰：明代海貿政策演變研究》，臺北：稻鄉出版社。

46　Hang, Xing (2016). *Conflict and Commerce in Maritime East Asia: The Zheng Family and the Shaping of the Modern World, c.1620-1720.* Cambridge: Cambridge University Press.

47　Zhao, Gang (2013). *The Qing Opening to the Ocean: Chinese Maritime Policies, 1684-1757.* Honolulu: University of Hawaii Press.

逆流而上，甚或爲華洋商賈提供聲色犬馬的服務。[48]

　　清帝國此後雖不斷在北亞和中亞開啓戰端，但東亞大陸在17世紀末到18世紀還是一片昇平，以至人口不斷倍增：在開國初年東亞大陸人口約一億左右，到19世紀初就增至近四億。多年的太平，反倒使清帝國墜入馬爾薩斯陷阱：土地即使過度開發，仍未足以養活新增之人口，但隨之而來的水土流失卻引起大自然之反撲，水災和旱災都日益頻繁。[49]合法的海洋交易，其成果多由儒商合一[50]的知識階層壟斷，協助貿易的蜑人之收入卻僅足糊口。由於生活逼人，部分蜑人就於漁業淡季搶劫往來之船隻。這些偶一而爲之的犯罪事件，到18世紀末就演變爲集團式的小伙搶劫。清帝國與越南之間的三不管地帶，就成爲海盜的基地。[51]

　　越南於8世紀末陷入內戰：西山阮氏發動農民起義，南討廣南阮氏的割據政權、北伐挾黎朝國王以令諸侯的鄭主，幾乎統一整個越南。然而廣南阮氏兵敗遇害時，阮福映卻倖免於難，還先後得到法國和暹羅的奧援。爲了清除阮福映的威脅，西山阮氏在邊界招募蜑族海盜，並將他們整備爲西山朝的水師。這支水師除了曾與阮福映連場激戰，還在廣東沿海截劫商船，幫補西山朝日益空虛的庫房。然而，西山阮氏卻兄弟失和，使其實力大爲削弱。最終阮福映成功敗部復活，並於1802年消滅西山阮氏，成立一統越南的阮朝。投靠西山阮氏的蜑族海盜，自此被迫流離失所：但此時他們已經演變成幾支有組織且身經百戰的海軍，甚至比清帝國之水師還要精良。[52]

　　鄭一於此時積極招攬四散的西山舊部，並於1805年與各支武裝船隊締結聯盟，以科層制度管理船隊之運作。兩年後，鄭一於風暴中遇溺，其遺

48　Van Dyke, Paul A. (2005). *The Canton Trade: Life and Enterprise on the China Coast, 1700-1845.* Hong Kong: Hong Kong University Press.

49　Rowe, William T. (2009). *China's Last Empire: The Great Qing.* Cambridge, MA: Harvard University Press.

50　余英時（1987），《中國近世宗教倫理與商人精神》，臺北：聯經出版。

51　Murray, Dian (1987). *Pirates of the South China Coast: 1790-1810.* Stanford: Stanford University Press.

52　Dutton, George (2006). *The Tây Son Uprising: Society and Rebellion in Eighteenth-Century Vietnam.* Honolulu: University of Hawaii Press.

嬭石香姑接任聯盟首領，並讓鄭一之義子張保掌管規模最大的紅旗軍。集團要求各船隊嚴格遵守紀律：各船隊不得擅自行動，所有搶奪得來的錢財均須歸公，而任何成員只要輕薄被俘婦女就必須處死。海盜集團趁清帝國疏忽海防，大舉於嶺南水道拓展勢力。他們偶會搶劫來往船隻和沿岸村落，使嶺南各地聞風喪膽：但這並非其主要財源所在。船隻和村落只須向集團繳交稅款，即可得到武裝船隊的「保護」：此後他們若遭船隊誤襲，集團將嚴懲肇事者，並向受害方做出補償。[53]對於沿岸貧民來說，紀律嚴明的海盜，也許比苛索賄款的官兵更顯得公正。在嶺南文獻的描述中，海盜既凶殘又俠義、生性詭詐欲非大奸大惡，是複雜矛盾之勢力。[54]不論如何，這些武裝船隊一度於清帝國的海疆建立國中之國，而香港一帶水域則為其主要根據地。

【圖4】鯉魚門天后廟。相傳此廟由18世紀中活躍於香港水域的海盜鄭連昌籌建。

---

53 Murray 1987.
54 蕭國健、卜永堅（2007），〈張保仔：文獻與掌故──代前言〉，《田野與文獻》，第46期，頁1-5。

　　清帝國水師意欲消滅海盜，卻屢戰屢敗；後來改採堅壁清野戰術，意圖切斷海盜的補給線，海盜卻反倒於1809年洗劫珠江三角洲。年末水師趁海盜集團出現內部矛盾，出擊圍攻駐紮在東涌灣[55]的石香姑。在此之前，水師先後向英國及葡萄牙借兵，最終葡萄牙自澳門抽調戰艦助戰。起初形勢對清葡聯軍有利，但石香姑和趕來聲援的張保卻能力保不失，並趁風向轉變成功解圍逃脫。清帝國水師實力不足，但海盜集團亦於此役元氣大傷，雙方自此展開和談的過程。最終清帝國以優厚的條件接受石香姑和張保的投降：朝廷委任張保爲帝國水師的千總，負責清剿其餘拒絕歸降的海盜，並准許他保留一支5,000人的親兵和80艘船的船隊。張保隨後與石香姑成親，二人育有一子。[56]

　　清帝國暫時解決海疆的治安隱患，但其海防之弱不禁風，英國人都看在眼裡。而在海盜集團活躍期間，嶺南沿岸湧現一批爲海盜而設的「賊澳」，或是爲武裝船隊提供軍火糧水，或是替海盜維修船隻，或是幫忙變賣搶劫得來的物資。而在嶺南各地以至澳門，皆設有徵收保護費的「稅局」。這種地下貿易金融網絡，並不會隨海盜接受招安而於一夕之間消失。這時候清帝國的西方貿易體制因官僚主義變得僵化：當時英國對茶葉需求因1784年通過的折抵法案（Commutation Act）暴增，專賣茶葉的英國東印度公司白銀存量不足，就鼓勵在印度的英國商人到清帝國販售印度物產，再將賺得的白銀交予在廣東的分行換取匯票。這些港腳商人（Country Trader）先是販售印度棉，但銷情欠佳，隨後他們就改爲向清帝國傾銷違禁品[57]：此時海盜遺下的地下經濟網絡就大派用場。[58]香港做爲這個網絡的樞紐，自此就進入英國人的視野。

　　走向海洋的，並不只有鋌而走險的海盜。隨著嶺南人口於18世紀倍增，越來越多貧窮的陸上貧民因土地不足而變成海洋族群。在當時的廣東

55　現爲香港國際機場旁的東涌新市鎮。

56　Murray 1987.

57　陳國棟（2013），〈1780-1800，中西貿易的關鍵年代〉，《東亞海域一千年》，臺北：遠流出版。

58　村上衛 2008。

和福建，有大約三分之一人口需出海謀生[59]：他們除了最初那一批蜑民，還包括於18世紀以後才投奔怒海的陸上人。這些新海洋族群，可以是廣府族群、客家族群，或是源自福建和潮汕的閩南族群。他們除了航海和捕魚，亦會遠渡重洋尋覓機遇：他們先是南渡東南亞諸國，在香港開埠後，就經港澳到美洲和澳洲擔任契約勞工。起初他們期望在賺取報酬後衣錦還鄉，但有些人還是在他邦定居下來，於世界各地建立海外華人社區。是以嶺南與海外，特別是東南亞的連繫，比起嶺北還要緊密。就如劉志偉所言：

> 主要沿著西江流域分布的「粵語」人群，在比較早的歷史時期，就已經通過珠江口同南海海域連接起來；主要分布在南嶺山脈南部和東部的講今天稱爲「客家話」的人群，在明清以後，其活動空間也一直向南海海域伸展。在19世紀到20世紀，中南半島、馬來群島，生活著大量講閩南語、粵語、客家話的人口，很多港口和城市以致鄉村地區，都是這些人群活躍的地方。一個廣東人或者閩南人，在這一個區域行走，家鄉感比走出南嶺山脈以北更強。如果在東南亞地區畫出一個方言群分布圖，馬上就呈現出來一個超越了國家的環南中國海的區域格局出來。[60]

精英本土主義之萌芽

香港開埠後，與英國人合作的海洋族群，獲香港政府批出土地，獲利後成爲了香港首批華人精英。香港成爲一個處清帝國之旁，卻在清帝國以外的領域。東亞大陸帝國那套靠科舉往上向社會流動的做法並不適用於香港。原先被排拒於科舉以外的海洋族群，卻能靠營商而得到社會地位，有些則接受西方教育，畢業後擔當洋行的買辦。他們取得香港的名利，又會

59　Antony 2002.

60　劉志偉 2018。

到清帝國捐官，回港後再以華民代表自居，從而得到政治上的影響力。於是海洋族群便巧妙地利用清帝國與英國之間的角力，將香港建設成東亞海洋族群的第一個大都會。[61]

可是海洋族群缺乏社會組織的傳統，他們的社會連帶多建基於利益交換的恩庇侍從關係（Patron-Clientelism）：這些連帶源自對恩庇者之個人效忠，亦沒有群體價值支撐。比如在不同海盜船隊之間，常有跳船變節之事；海盜集團成立後才4年，就因郭婆帶和張保之間的私人恩怨，使清水師能透過向個別海盜招安，使整個儼如國中之國的集團於一年內土崩瓦解。[62]海洋族群講求人際裙帶關係的作風帶來貪污腐化，使香港開埠初期陷入難以管治且吏治敗壞之局面。[63]

香港的管治之所以能夠於19世紀末漸入佳境，其中一個因素乃外來文化之傳入。一方面自英清戰爭以來，西方文化逐漸傳入清帝國，東亞大陸亦出現一批接納西方宗教和文化的社群。他們因文化衝突被故鄉排擠，就選擇移民往英國管治下的香港。另一方面清帝國這段時期政局動盪，驅使不少商人及難民遷居香港，在這片在大陸以外、處大陸之旁的領域尋找自由和幸福。

英清戰爭前夕，基督教宣教士已於澳門開辦西式學堂，希望能替教會培育一批華人宣教士。廣府族群多希望子弟能參加科舉，對西方教育缺乏興趣。但海洋族群一直被陸上族群排擠，因而與科舉無緣，西方教育就為他們提供前所未見的機遇。英清戰爭後，西方於清帝國的活動日趨頻繁，西方教育才於廣府族群變得普遍。西方教育培育了一群處於東西方之間的買辦階層。他們熟悉西方的文化及禮儀，能夠與西方人打交道，使他們畢業後多受聘於洋行，擔任協助西方人老闆與華人員工和客戶溝通的中介

61　Carroll, John M. (2007). *Edge of Empires: Chinese Elites and British Colonials in Hong Kong.* Hong Kong: Hong Kong University Press.

62　Murray 1987.

63　Munn, Christopher (2008). *Anglo-China: Chinese People and British Rule in Hong Kong, 1841-1880.* Hong Kong: Hong Kong University Press.

人。買辦們引入了西方的科技及管理技術，令他們能在被迫向世界開放的東亞大陸創一番事業。[64]在政治上，買辦階層則善用其處於東西方之間的特性，在清帝國現代化的嘗試中擔當重要的角色，有部分甚至成爲洋務派官員重要的幕僚。[65]他們亦憑著與西方人的關係，得以避過腐敗官僚的敲詐，從而能較順利在清帝國商場大展拳腳。

居港的買辦階層由於懂得用英語溝通，因而得到香港政府青睞，納入其行政吸納政治的體制中較高的位置，比如太平紳士及立法局等。[66]他們面對清帝國官僚時，會強調他們的西方連繫；面對香港政府時，則會強調他們的華人身分，以華民代表的姿態於行政吸納政治的體系中力爭上游。這樣他們就能夠在英清兩個帝國的夾縫中，爲自己謀求最大的福祉。不少西化華人就在這種時代背景中，成爲第一批視香港爲家的華人。[67]

清帝國於1851年爆發太平天國戰爭，歷時14年的戰事蹂躪了清帝國最繁盛的地區，釀成人類歷史上最血腥的武裝衝突。創立太平天國的第一批領袖多爲客家人，因而挑起廣府人與客家人之間的族群矛盾，隨後的械鬥使嶺南烽煙四起。[68]不少從事東亞沿岸貿易的廣府及潮汕商人因而紛紛到香港避難。這些商人在清帝國本來就有結社的傳統。他們成立行會、商會，透過成立自治組織訂立行規、調解同業紛爭，甚至會籌款管理所屬社區的民生福利事宜。[69]在1868年，香港的南北行商人組成了南北行公所，除了負責協調業內各種事宜，還著力解決華人社區的種種問題。公所自行籌辦了一支現代消防隊，而一些商會則聘請保安維持社區治安，顯著改善

64 Smith, Carl T. (2005). *Chinese Christians: Elites, Middlemen, and the Church in Hong Kong*. Hong Kong: Hong Kong University Press.

65 胡波（2009），〈買辦與社會轉型——以香山買辦爲例〉，香港中文大學中國文化研究所文物館、香港中文大學歷史系編，《買辦與現代中國》，香港：三聯書店。

66 Chan, Wai-kwan (1991). *The Making of Hong Kong Society: Three Studies of Class Formation in Early Hong Kong*. Oxford: Clarendon Press.

67 Carroll 2007.

68 劉平（2003），《被遺忘的戰爭：咸豐同治年間廣東土客大械鬥研究，1854-1867》，北京：商務印書館。

69 喬素玲（2008），〈晚清以來廣東商業團體研究〉，邱海雄、陳健民編，《行業組織與社會資本——廣東的歷史與現狀》，北京：商務印書館。

困擾香港的治安問題。最終政府於1866年合併各治安隊，設立商人供款、政府管理的團防局。東華醫院於1870年成立，並獲得政府的土地和撥款。這座中醫醫院之經常性開支出自商人之捐款，並由選舉產生的董事局所管理。其職能亦很快超越醫療的範疇，成為華人社區的自治機關、華民議事之公會堂，以及香港政府與普羅民眾之間的溝通橋樑。

　　新來港的清帝國商人很快便學會遊走帝國邊緣的本領。他們在清帝國捐官，並鼓勵子弟參加科舉考取功名。在面對香港政府時，則身穿官服，自詡為帝國及民眾的代表：香港民眾亦常誤將他們視為朝廷命官。然而當他們在清帝國遭到不公對待，其香港身分又會成為其救命草。在1886年2月，東華醫院主席到廣州公幹時，遭到廣東司庫威嚇。事關早前東華替廣東水災籌款賑災後，尚有三萬兩餘款。官府認為東華總理們已被朝廷視為縉紳，應當識趣地上繳餘款，支援當局的水利工程。英國駐華大使向清帝國總理衙門投訴，指東華醫院為英屬香港的慈善組織，廣東司庫之舉有侵犯英國在港主權之虞。最終兩廣總督張之洞責成廣東司庫莫要再犯，風波方告平息。[70]

　　香港的精英處於帝國間的夾縫，其身分認同亦遊走於香港與清帝國之間。何啟的政治生涯正好反映這種時而自相矛盾的身分認同。何啟乃何福堂牧師之子，曾負笈英倫修讀醫學及法律，乃典型的西化華人。他踏足政壇後，先後擔任潔淨局及立法局的議員，期間成為香港華裔商人的代言人。他反對政府增加福利開支，亦反對改善罪犯的待遇。這固然反映他的階級偏見，但他亦表示擔心香港的福利會吸引清帝國的遊民到香港白吃白住，對植根香港的納稅人不公平。在何啟眼中，定居香港的華人精英已經是有別於東亞大陸其他人的命運共同體，有權優先享用香港政府的服務。來自清帝國的移民，則是這座城市的他者，是本土利益的潛在掠奪者。除此以外，何啟亦與華人精英爭取建立華人永久墳場。當時華人普遍堅持落

70　Sinn, Elizabeth (1989). *Power and Charity: A Chinese Merchant Elite in Colonial Hong Kong*. Hong Kong: Hong Kong University Press.

葉歸根，大多會將靈柩運返家鄉安葬。建立永久墳場的訴求，反映當時已經有一批華人精英視香港為自己的家鄉。[71]

　　縱使何啟視香港為家，但始終對清帝國未能忘懷。他曾經撰寫多本評論清帝國時政的著作，包括批評曾國藩之子曾紀澤的《曾論書後》，及回應甲午敗戰的《新政論議》。在1896或1897年，他一度前往上海，很可能是要在洋務派官員底下謀求一官半職。[72]他希望清帝國能夠成功現代化，走上富強之路，卻矛盾地同時支持英國擴展其在華勢力。他認為清帝國有強大的保守勢力堅拒現代化的世界潮流，而英國的帝國主義有足夠力量打開清帝國的門戶，引進英式的立憲政治。

　　何啟這種對仁慈帝國主義流於天真的幻想，卻側面反映其身分認同。他自覺是生於英國殖民地、接受西方現代化文明薰陶的東亞大陸人，因為見識過天下大勢，所以比其他人更懂得東亞大陸應該怎樣繼續走。而且我們必須質問：何啟關心清帝國的前途、期望東亞大陸能富國強兵，但他真是一個中國民族主義者嗎？我們若細心觀察何啟對曾紀澤的批評，就會發現他其實是以第三者的角度評論清帝國：

> 讓那些想振興他們自身、以及其民族之震旦人，請先找出他們國家衰敗之原因，然後對症下藥。不要過於倚靠你們的陸軍、忙著擴充你們的海軍、或依賴你們的新炮台和新槍炮。[73]

　　英國國會議員貝思福上將（Lord Charles Beresford）於1899年，以英國總商會（Associated Chambers of Commerce）代表人身分訪問香港和清帝國。包括何啟在內的8位香港華人向其呈上一封信函。這信函也許能說明以何啟為首的西化華人之身分認同：

71　Carroll 2007.

72　Choa, G. H. (2000). *The Life and Times of Sir Kai Ho Kai*. Hong Kong: Chinese University Press.

73　*The China Mail*, 26th August 1900.

透過妥善組織，對身爲華人後代的英國臣民（British Subjects of Chinese Parentage）多加鼓勵，可使他們助大英商業一臂之力：他們於震旦處於有利位置，即使面對敵人的競爭及下流手段，仍能屹立不倒。我們謙卑地建議派遣英國的華裔臣民（Britain's Chinese Subjects）到震旦內陸，發掘各種潛在商機、刺探商業情報，並積極聯繫各地商會。若果以周詳的計畫，指派他們於商貿圈子尋找機會──甚至能按需要闖進內陸或任何特定地方，這些聰明的商人將能創造奇蹟，維持大英的商業優勢……基於身爲華人後代的英國臣民的支持和善意，在廢除釐金以及其他令人生厭的海關管制後，英國貨品能憑優質物流供應震旦市場。英國整體的商業利益能得以在震旦帝國發展，以至整個震旦都能成爲英國的勢力範圍。大英做爲自由貿易者的民族，可視爲「門戶開放」的同義詞。[74]

　　我們不得不追問：爲什麼何啓等西化華人會迷信英國之善意，甚至不惜犧牲清帝國之經濟自主？爲何他們不只是消極配合，而是向英國政要主動遊說？若說他們爲私利「通番賣國」，那麼爲何他們又會如此關懷清帝國的改革，甚至親自參與其改革運動？比較合理的解釋是：何啓並非眞正的中國國族主義者，亦未有打算全盤接受英國的一切。香港才是何啓心目中的祖國：他是這座英屬城邦的英籍華人。他議論清帝國時政，並不因爲他是中國人，而是因爲他希望清帝國展開現代化後，能使香港人分享到最大的利益。香港華人一方面不能全面認同東亞大陸政權，另一方面又要憑著其文化傳承與大陸打交道，這樣香港華人精英便產生一種既不屬於大陸，亦不屬於英國的獨特本土身分認同。何啓與同期的華人精英自視爲東亞大陸人，卻不是界限街以北的那種東亞大陸人：他們都是走在現代化潮流尖端上的東亞大陸人。[75]

74　摘引自：Law, Wing-sang (2009). *Collaborative Colonial Power: The Making of the Hong Kong Chinese.* Hong Kong: Hong Kong University Press. 筆者自行翻譯。

75　Carroll 2007, Law 2009.

【圖5】 視香港為家邦的何啟。

粵港自治：第三種中國想像

在1894年爆發的日清戰爭，清帝國引以為傲的北洋水師全軍覆沒，而陸軍亦節節敗退。清帝國只得求和，於 1895 年所簽訂的《馬關條約》放棄對朝鮮的宗主權，並向日本奉上臺灣和澎湖這兩片屬土。這樣的戰果於清帝國激起議論：倘若連漢字文化圈邊陲的島國也打不贏，也就意味著千年來東亞大陸的帝國體系亦將告終結。

但事情並不隨《馬關條約》的簽訂而終結。列強憂慮衰落中的清帝國會遭其中一方併吞，紛紛在帝國內劃出猶如半殖民地的勢力範圍。這一連串事件，使清帝國的知識階層激起救亡意識：他們不得不面對自18世紀末就困擾帝國的結構性問題。首先，知識階層希望能擴大政治參與，並將這

跟加強國家公權力及合法性的目標協調起來，亦希望以政治競爭促進公共利益。而在國家財政需求與地方社會發展之間做出平衡，亦是知識階層的重要考慮。[76]知識人放眼世界，得知國族主義成為西方國家和日本發展之動力，目睹世界各殖民地備受欺壓的慘況：他們覺得東亞大陸要有自己的國族主義，方能避免淪為列強的殖民地。[77]不同知識分子對何為東亞大陸之根本矛盾，有著不同的判斷，是以不同版本的中國國族主義自1890年代起激烈競爭。不同派別對中國政治體系之構成、政治競爭的制度以及中央地方關係之看法南轅北轍，各派之間互不相讓、文攻武鬥。

　　立憲派和革命派雖然都是中國國族主義者，但兩黨均有成員傾向地方分離主義。部分原因是他們在建構國族論述時，或會提出較尊重地方自主的中央地方關係論。革命派的章炳麟主張恢復類似唐代的藩鎮制度：他認為只有來自地方的本土士兵，方會為當地賣力戰鬥，是以惟有下放兵權能夠促進國防。立憲派領袖康有為則借用顧炎武和黃宗羲的觀點，主張恢復封建制度、反對中央集權，並讓地方士紳扮演諸侯之角色：這除了是出於復古情懷，還是因為康有為覺得地方士紳可轉化為現代的公民社會。[78]康有為的學生歐榘甲依據同樣的邏輯，於1902年出版《新廣東》，有力地指出廣東之文化、歷史和地理，皆有異於清帝國各省：

> 然廣東地勢有獨立性質，異於他省者。一則北部諸省，或共黃河之流域；中部諸省，或共揚子江之流域；而廣東則特受珠江之流域。二則各省或為水陸交通之勢、或為背山面海之形，其間風氣皆可以相通。而廣東則背橫長嶺萬餘里焉，與中原聲氣邈絕，其語言風俗，往往不同。三則外國文明輸入中國者，以廣東為始，東西兩洋

76　Kuhn, Philip A. (2002). *Origins of the Modern Chinese State.* Stanford: Stanford University Press.

77　Karl, Rebecca E. (2002). *Staging the World: Chinese Nationalism at the Turn of the Twentieth Century.* Durham, NC: Duke University Press.

78　Duara, Prasenjit (1995). *Rescuing History from the Nation: Questioning Narratives of Modern China.* Chicago: Chicago University Press.

輪舶所必經，海外萬島皆其種族所流寓，即謂之廣東殖民地，亦非過也。四則廣東港口紛岐，與海外交通之便利，萬物皆可運入，無能留阻。不獨南部諸省所獨，則北、中兩部諸省亦所不能。此地勢之別於各省也。

既然廣東在各方面，都有異於嶺北的東亞大陸，那麼廣東人就是自成一格的國族、廣東也理當脫離帝國獨立建國：

廣東者，廣東人之廣東也！非他人之廣東也！廣東爲廣東人之廣東，非他人之廣東，是廣東人者，爲廣東之地主矣。廣東人實爲廣東地主，則廣東之政權、財權、兵權、教育權、警察權、鐵路礦山權、土地所有權、森林權、海權，莫不宜自操而自理之。[79]

香港在19世紀末、20世紀初，演變成各種中國國族主義運動的角力場。當清帝國於甲午戰爭後出現國族思潮，追尋自由和幸福的香港人視此爲機遇，有的支持立憲、有的支持革命，並慫恿香港政府參與其中。[80]但他們之所以關懷中國，是因爲他們希望推動由下而上的變革，主導粵港兩地的公共事務，促進嶺南粵語區的自主自治。

20世紀初，革命派發起多次武裝起義，惟屢戰屢敗。他們於1911年4月黃花崗一役喪失精銳、虛耗經費，使革命運動陷入低潮。[81]但清帝國卻出乎意料地於年末曲終人散。清廷帝國於5月推出鐵路國有化政策，收回粵漢鐵路與川漢鐵路的路權，使投資鐵路事業的地方士紳深感不滿。四川紳商於8月發起保路運動，當局未能平定風潮，故於9月底從湖北調動軍隊鎮壓。這樣又令湖北防務空虛，革命派便打算趁機動員潛伏在軍隊中的同

79　歐榘甲（1981），〈新廣東〉，張玉法編，《晚清革命文學》，臺北：經世書局。

80　Chung, Stephanie Po-yin (1998). *Chinese Business Groups in Hong Kong and Political Change in South China, 1900-25.* London, Macmillan.

81　Bergere, Marie-Claire (2000). *Sun Yat-sen* (Trans. Janet Lloyd). Stanford: Stanford University Press.

志起義。革命派成員於10月9日調製炸藥時，不慎引起爆炸，軍隊中的革命派因事情敗露而提早行動，並於10日晚間攻克位於武昌的湖廣總督府。武昌起義的成功，於清帝國掀起連鎖反應，各省的地方精英均趁勢雄踞一方獨立。清廷於一個月內，即只剩下華北半壁江山。

　　革命浪潮很快便席捲廣東。10月25日，駐廣州滿人將領鳳山遇襲，被炸至粉身碎骨。其部下水師提督李準於11月3日到香港，轉投革命派陣營。兩廣總督張鳴岐於9日逃至沙面英租界，並於次日經英國駐廣州領事協助流亡香港，而廣東則於中午宣佈獨立。[82]廣東之所以能於短時間內倒向革命，地方意識乃是最重要之因素。清帝國的鐵路國有化政策，提醒廣東士紳「皇權不下縣」的時代，早已隨清末改革成為過去：他們若不追求自主，其財產就會受中央集權的國家體制威脅。廣東人之所以願意支持南京的臨時政府，為的是脫離帝國的宰制，繼而走自己的路：

　　　　今日獨立後之廣東，非復昔時專制下之廣東矣。雖然，亦思吾粵之
　　　　獲成獨立之業者，果何自來乎。將謂及時而動，為天時之所助我者
　　　　乎。將謂無為而成，為地勢之所助我者乎。夫自然力之偉大，信能
　　　　與我以平和之機會，而不能與我以獨立之精神。獨立之精神，民族
　　　　之根性也……今我廣東形式之獨立，雖在江河流域之後；而我廣東
　　　　精神之獨立，遠在江河流域之先。故能宗旨早定，組織復完，以從
　　　　容濟事。所謂先天下之憂而憂，後天下之樂而樂，正我廣東今日之
　　　　謂也。其獨享和平幸福，不亦宜乎。故吾樂我今日之地方幸福，而
　　　　愈不得不思我民族獨立精神而不已矣。

　　革命的形勢，使廣東人開始把自己想像成獨立的國族。他們想起嶺南別樹一格的歷史，想起嶺南已遭東亞大陸帝國宰制逾二千年。前所未有的共和革命，於廣東人來說乃千載難逢的契機：共和制度扭轉了以帝國為中

82　蔡榮芳 2001。

心的遊戲規則，那麼廣東人也許可以掌握自己的命運，重拾那丟失了逾
二千年的獨立自主：

> 粵東自嬴秦開郡、尉佗建國以來，隸漢索久矣。其地岑蔚而深秀，
> 其人卓犖而明慧，顧以蜷伏專制政治之下，氣鬱而不舒，雖有喁喁望
> 治之心，無人為呼振而提倡之，則莫邪干將，埋藏塵匣，竟與廢鐵
> 同棄矣……彼所謂廣東人無獨立之性質者，曾幾何時，言猶在耳，
> 而今乃翻然改圖，欣然相與也，是決不足恃也。穎叔曰：「其然，
> 是亦在吾粵人耳。」[83]

於革命後擔任廣東民團總長的劉永福，其用語則更為露骨：

> 夫吾粵，東接閩、西連桂、北枕五嶺、南濱大洋，風俗言語嗜好與
> 中原異，固天然獨立國也。秦之趙陀，隋之馮盎、鄧文進，元之
> 何真，接乘變亂時代，崛起一方，安輯人民，鞏衛疆圉。今兵力
> 雄厚，獨立之局告成矣……廣東省，廣東人之廣東，斯言聞之熟
> 矣。[84]

　　當武昌起義的消息傳到香港，他們亦因著嶺南獨立之願景，紛紛上街
一吐多年來的冤屈氣。他們剪去代表滿人壓制的辮子，甚至以暴力強逼他
人剪辮。當革命軍攻陷北京的謠言於11月6日流傳，香港民眾陷入瘋狂，
於街上通宵達旦地燒了兩天炮竹。當時新成立的廣州政府，實際上為雄踞
廣東的自治政權，但財政上可謂從零開始。為此香港人都傾力襄助，以楊
西巖為首的四邑商人發起募捐運動，海員則在蘇兆徵領導下捐出薪金，而
與同盟會關係密切的機械工人亦發起籌款運動。連對革命素有保留的華商

83　廣東省政協文史資料研究委員會編（1981），〈興漢紀念廣東獨立全案：廣東獨立記〉，《廣州辛
　　亥革命史料》，廣州：廣東人民出版社。

84　羅香林編（1936），《劉永福歷史草》，南京：正中書局。

階層亦未能免俗，華商公會與東華醫院均爲湖北內戰難民募捐。

　　辛亥革命帶來的風潮，終究未能持久，香港人對革命的企盼很快就煙消雲散。辛亥革命後，四邑派商人於廣東得勢，獲得廣州革命黨政府的利益輸送：比如李煜堂的金山莊在革命前瀕臨倒閉，但到 1920 年代卻躍升爲香港「保險大王」，顯然李曾從革命派政府撈了不少油水。[85]革命派奪得廣州政權後，亦沉迷內鬥，比如胡漢民就與部下陳炯明一直不和，部分地區的內鬥更演變爲政治迫害。而動員起來的民兵，又多流氓和幫會成員，他們在部隊遣散後多靠開賭、經營淫業和販賣鴉片爲生，使治安大壞。廣東越革命越混亂，令原本對革命有期待的香港民眾一百八十度改變。[86]香港政府亦扶植像何東、劉鑄伯等保守華商與四邑派抗衡。不少華商見四邑派與廣州革命黨政府官商勾結，深感不滿而加入此反革命黨的行列。這派人士當中有好幾位中西混血兒，遂以香港開埠前所屬的新安縣[87]爲名，自稱爲寶安派，另組華人總商會，並支援袁世凱的北京政府與廣州革命黨政府對抗。

　　但1916年袁世凱稱帝失敗而鬱鬱而終後，中國四分五裂。不少地方人士對袁世凱罔顧地方利益的中央集權政策歷歷在目，一些有識之士因而提倡聯省自治：各省首先承諾互不干涉，各自實行憲政，並專注省內建設。當各省成爲穩定共和政體後，再以平等身分進行對談締結聯邦。聯省自治運動的最大困難，是有太多並非眞誠愛護本土的軍閥、政客混水摸魚。他們處於弱勢時，會借省自治之名劃地稱王，到後來站穩陣腳，又會蠢蠢欲動，變成信奉大一統主義的侵略者。[88]

　　陳炯明是聯省自治運動中少有的理想主義者，眞心相信能夠透過自治促進地方政治經濟建設。護法政府成立初期，陳獲派駐到閩南漳州成立閩南護法區。陳炯明大力推動現代教育、破除民間迷信陋習、興辦地方實

85　Chung 1998.
86　蔡榮芳 2001。
87　於1914年改稱寶安縣，以避免與河南省新安縣混淆。
88　李達嘉（1986），《民國初年的聯省自治運動》，臺北：弘文館。

【圖6】廣東偉人陳炯明。

【圖7】孫文為鞏固其獨裁權力，於晚年聯俄投共，並與廣東的社會賢達反目成仇。

業、推動市政建設，使他贏得民眾讚譽，部分左翼人士評之為「共產時代當亦不過如此」。孫文得滇桂軍閥支持重返廣州任大元帥，卻無力獨攬大權。為此陳炯明於1918年組織粵軍反攻廣州，以助孫文一臂之力。

　　此後，陳於11月出任廣東省長，開始在廣東推動民主改革，第一步是推行縣長及縣議員民選。陳於1921 年 4 月 21 日頒佈相關法令，8 月 1 日舉行選舉，最終選出 85 位縣長於 11 月上任。除此以外，陳炯明亦推動修訂省憲，6 月委任省憲委員，並在 12 月 19 日交由省議會通過草案，準備

全民表決。該草案規條保障廣東人民權。政府按例不得無故拘禁人民，被捕者必須於 24 小時內獲知被捕理由，其親友亦有權向法院申訴。廣東人依例享有言論自由，財產權、物業權亦得保障。在民生方面，陳炯明委任孫文之子孫科爲首任廣州市長，原本廣州道路多爲只有 3 米闊的窄路，市政府成立後半年，就修築了 9 英里 70 至 100 尺闊的現代化馬路。此外，陳炯明亦設立省立師範學校培訓師資，並著手籌設廣東大學。[89]

不過，自此廣東政治呈現孫陳相爭之局。陳炯明原定計畫訂立省憲後，進一步推行省長民選，期望能將廣東建設爲模範省，讓各省按廣東模式推行憲政，事成後舉行聯省會議推選聯省政府，議定中央地方權限。但孫文卻不認同陳炯明的治省方略：孫文事實上仍幻想自己能成爲全國的領袖，然後就會推行中央集權制度，實行大一統國家至上主義。[90]雖然他之後參加聯省會議，但他的盤算是先取得國家領導的虛銜，然後像昔日騎劫輔仁文社和同盟會那樣，騎劫聯省政府，使自己成爲統領全國的獨裁者。[91]孫文強調革命成功後，中國內部要強調紀律與服從，國民有義務向領袖效忠以對抗西方帝國主義。這種列寧式觀點著重國民服從命令，視民權爲次要，甚至反對自由。[92]之後孫文將其政見歸納爲三民主義，論及民權時他如是說：

> 所以外國人說中國人是一片散沙，我們是承認的。但是說中國人不懂自由、政治思想薄弱，我們便不能承認。中國人爲什麼是一片散沙呢？由於什麼東西弄成一片散沙呢？就是因爲各人的自由太多。由於中國人自由太多，所以中國要革命……我們是因爲自由太多，沒有團體，沒有抵抗力，成一片散沙。因爲是一片散沙，所以受外

---

89 段雲章、倪俊明（2010），〈陳炯明與粵閩地方建設〉，陳明銶、饒美蛟編，《嶺南近代史論：廣東與粵港關係 1900-1938》，香港：商務印書館。

90 李達嘉（1986），《民國初年的聯省自治運動》，臺北：弘文館。

91 Bergere 2000.

92 沙培德（Peter Zarrow）（2012），〈民權思想與先鋒主義：民國時期孫中山的政治主張〉，《中央研究院近代史研究所集刊》，第78期。

> 國帝國主義的侵略，受列強經濟商戰的壓逼，我們現在便不能抵
> 抗。要將來能夠抵抗外國的壓逼，就要打破各人的自由，結成很堅
> 固的團體，像把水和士敏土（按：水泥）參加到散沙裡頭，結成一
> 塊堅固石頭一樣。[93]

　　陳炯明主張親商政策，提出要將發展廣東列為優先事項，以「粵人治
粵、聯省自治」為政策方針，贏得寶安派的支持。但孫文及其國民黨黨羽
卻執意北伐，並得到四邑派的支持。國民黨左派的廖仲愷，則推出一連串
不受商人歡迎的政策。最終陳孫二人於1921年6月決裂，陳炯明向總統府
鳴炮示警，孫文先乘軍艦敗走上海，再靠滇桂軍閥之力反攻。翌年1月陳
敗走惠州，孫文在廣州站穩陣腳，四邑派就藉官方關係參與房地產炒賣，
獲利頗豐。

　　可是四邑派的勝利卻是短暫的。此時孫文失去對歐美國家的耐性，開
始全面倒向蘇聯。到1923年10月，廣州政府已由第三國際鮑羅廷、國民黨
左派廖仲愷及蔣介石共同把持，政策全面左傾。他們發動農民及工人參與
武裝群眾運動，批判包括寶安派及四邑派在內的粵港商人。國民黨的傳媒
則全力展開對商人的批鬥，指責寶安派為反革命買辦資產階級。孫文則
訓斥以四邑派為主的華僑商人，指他們離棄革命，並詆毀廣東為赤化之
地。[94]為了得到蘇聯共產黨的奧援，孫文不念恩情，對四邑派商人棄之如
敝履。隨著當局不斷發動針對商人的群眾暴力，他們在廣州成立商團，而
各縣市商人武裝成立防禦聯盟，為武裝自衛做好準備。[95]商團代表曾在香
港政府及匯豐銀行協助下，嘗試祕密購置軍火，卻於1924年8月被當局截
獲。商團為取回軍火，於在廣州發起罷市、並以武力抗爭，一度使孫文避
走韶關。但得到蘇聯軍援黃埔軍校師生，卻於10月進攻在廣州西關的商團

93　孫文（1988），《三民主義》，臺北：中央文物供應社。
94　Chung 1998.
95　邱捷（2009），〈民初廣東的商人團體與社會動亂：以粵省商團為例〉，李培德編，《近代中國的
　　商會網絡及社會功能》，香港：香港大學出版社。

根據地，並大肆燒殺搶掠。大批粵商於風波中痛失家園，事後還要面對政治迫害。[96]

於這場為時13年的政治鬥爭中，寶安派與四邑派兩敗俱傷：他們追求廣東自治的美夢，已遭掌握現代軍事技術的大一統主義者徹底粉碎。他們只得逃亡到與廣東一水之隔的香港：自此他們只有眼前路，沒有身後身，嶺南自立之路於廣東完全斷絕，如今只有香港才算是他們的家邦。如今兩派都共處獅子山下，就只得一笑泯恩仇，在香港這個家邦中同舟共濟。寶安派與四邑派之領袖化敵為友，不時相約聚舊，被坊間戲稱為九老團。[97]

隨後國民黨又與新成立的共產黨合作，將廣東建設為先鋒黨國族運動的前進基地，圖謀以武力統一中國。1925年5月30日，上海一群工人發起罷工抗議日資僱主虐待員工，卻在公共租界與英國巡捕爆發衝突，多名工人被捕。聲援的工人遊行至老闆捕房與巡捕爆發肢體衝突，捕頭下令開火，釀成13死40傷。共產黨看準機會，於香港發起反帝國主義運動，並於6月初按鄧中夏的建議發動罷工。此時已加入中共的海員工會領袖蘇兆徵與林偉民組織中共香港黨團，聯絡各工會領袖，然後以中華全國總工會的名義召開聯席會議，表決展開大罷工。中共與全總於廣州、深圳、江門、石岐等地設立招待站，並在廣州設有宿舍和飯堂，準備接待罷工工人。[98]國共兩黨合作無間，準備透過群眾運動為即將展開的北伐壯大聲勢，並藉機向在香港的英國人示警。

退居香港的粵港商人於年前才被廣州政府鬥得焦頭爛額，好不容易才能於香港休養生息。如今廣州政府又支援粵港大罷工，彷彿要這群精英再無立足之地。而在香港土生土長的華人精英，則認定事件為廣州政府對香港的侵略，時任立法局非官守議員的混血兒羅旭龢認為，「實際上廣州正在和我們開戰，只是他們未有動用了槍炮和毒氣而已」。是以當香港政府

---

96 Chung 1998.

97 黎晉偉（1948），《香港百年史》，香港：南中編譯出版社。

98 李達嘉（2012），〈敵人或盟友：省港罷工的商人因素與政黨策略〉，《中央研究院近代史研究所集刊》，第78期。

徵召他們與罷工工人抗衡時，他們並不只是消極的配合，而是盡心盡力積極參與。香港華人精英在同仇敵愾抵抗外侮的過程中，建立起效忠本土的身分認同，並向香港政府證明了他們對殖民地體系的忠誠。

粵港大罷工初期，香港流失大批勞動力，令百業蕭條，社會人心浮動、治安不靖。何啓生前的友人及合伙人曹善允臨危受命，義務擔任臨時工務處長，善用華商階層的結社網絡，透過各大商會及街坊組織動員未參與罷工的市民。這些組織成立多支自衛團，維持社會秩序，防止工人糾察搗亂，或以恐嚇手段威逼他人罷工。除此以外，他們亦四處尋找義工及希望復工的工人，填補因罷工而出缺的崗位。部分勇敢的華人精英，則與陳炯明舊部梁永燊將軍合作，成立特務組織工業維持會，一方面暗中調查罷工領袖，另一方面則用武力對付罷工工人。部分未有參與罷工的基層華人，則自告奮勇加入輔助警察及皇家香港軍團，同時自行組織義務消防隊。

響應罷工的香港工人，有部分則是因工會糾察的暴力而參加，有的是為香港本土的勞工權益抗爭。此時國民黨與共產黨於廣州雖於反帝國主義的旗幟下表面團結，暗中卻各懷鬼胎。香港工人厭倦廣州國共兩黨的鬥爭，就設法返回香港復工：畢竟他們只想在香港尋覓自由和幸福，而不是要參與中國腥風血雨的鬥爭。義工及復工者逐漸填補罷工造成的空缺，7月8日電車復駛，而各行各業商業活動隨即漸次回復。自7月22日起，求職市場甚至出現供過於求的現象，到24日先施、永安和大新百貨亦回復罷工前的營業時間。部分商人亦透過聘請女性勞工解燃眉之急，比如當時的酒樓於罷工開始後聘請女知客，意外地締造香港酒樓業的新傳統。娛樂事業在7月過後，亦回復昔日風光。經各方努力，香港大部分經濟活動到7月逐漸恢復。雖市況未如昔日繁華，至少香港經濟能持續運作下去。華人精英的本土保衛戰，至此先勝一仗。

香港華人精英亦發起輿論戰，爭取普羅大眾支持，以抗衡罷工領袖們的論述。他們運用其社會組織動員香港中學生派發傳單、張貼街招，宣傳反對罷工的訊息。學海書樓的清帝國遺民則獲得政府資助，讓他們制定學

校教材，以傳統文化抗衡自五四起的新思潮。華人精英於罷工期間創辦
《工商日報》，則成爲反對罷工的輿論平台。罷工結束後，該報繼續擔當
公共領域的角色，讓華人精英討論政治及社會事務。[99]

　　1925年11月，漢學家出身的金文泰接任港督，決定與廣州政府談判，
周壽臣和羅旭龢擔任香港代表，負責北上與廣州政府及工人代表談判。談
判雖然破裂，華人精英卻仍然鍥而不捨地聯絡蔣介石和汪兆銘，使氣氛比
之前大爲改善。1926年3月，廣州發生企圖劫持蔣介石的中山艦事件，蔣
聯同國民黨右派乘勢發動政變，使汪兆銘等國民黨左派及共產黨失勢。粵
港大罷工因此失去其幕後支持者。廣州政府於6月展開北伐，決定修補與
香港的關係，並於9月18日單方面宣佈於雙十節結束罷工。香港罷工工人
的國族主義熱情遭廣州政府出賣，亦未能爭取到任何本土勞工權益：逃往
中國的工人領袖，其後因蔣介石清黨而遭遇白色恐怖，下場悲慘。[100]

　　華人精英在粵港大罷工期間積極抵抗廣州政府的干預，令香港政府意
識到他們對殖民地體系的忠誠。罷工期間負責與廣州方面談判的周壽臣在
1926年獲委任爲行政局議員，勞苦功高的曹善允亦於1929年成爲立法局議
員。自此香港本土華人精英成爲了香港政府主要管治伙伴。而華人精英合
作對抗廣州政府的經歷，使他們產生命運共同體的想像。在中國國族主義
代表著政治正確的年代，華人精英會辯稱他們是要以更務實的方式愛國：
他們心目中已經視香港爲自己的家邦、爲自己首要的效忠對象。他們爲了
香港，可以與所謂的「祖國」對著幹，與英國人的香港政府合作無間，精
英本土意識自此成形。[101]

普羅本土主義的誕生

　　有異於定居香港的華人精英，起初普羅階層都只視香港爲暫居之地，

99　Carroll 2007.
100　蔡榮芳 2001。
101　Carroll 2007.

寄望在賺夠一定積蓄後返回在東亞大陸的故鄉。不過隨著香港工業發展，臨時的外判工種逐漸為長期僱用的工作所取代，決定長居香港的工人亦越來越多。他們不再只視香港為旅居之地，不再認為香港社會的種種問題與己無關，漸漸學會為此時此刻的社會議題勇敢抗爭。在1920年的機器工人罷工和1922年的海員大罷工，勞工階層為本土的權益團結一致，而兩次工潮的論述均與中國國族主義無關。[102]受激進中國國族主義思潮煽動的粵港大罷工，其主事者亦要打出本土權益的旗號，才能吸引到香港華人勞工的支持。工團委員會以香港各工會名義向香港政府提出的訴求，亦是以香港本土的權益為主：

1. 華人應有集會、結社、言論、出版、罷工之絕對自由權。《中國新聞報》應立即恢復，被捕記者應立即釋放，並賠償其損失。

2. 香港居民，不論中籍西籍，應受同一法律之待遇。務須立時取消對華人驅逐出境條例、笞刑、私刑等法律及行為。

3. 華工佔香港全人口之五分之四以上。香港定例局（按：立法局）應准華工有選舉代表參與之權。其定例局之選舉法，應本普通選舉精神，以人數為比例。

4. 應制定勞動法，規定八小時工作制、最低限度工資、廢除包工制、女工童工生活之改善、勞動保險之強制執行等制定

5. 政府公佈 7 月 1 日之新屋租例，應立時取消，並從 7 月 1 日起減租 25%。

6. 華人應有居住自由之權，其山頂應准華人居住，以消民族不平等之污點。[103]

戰前華人勞工階層的本土意識之所以未能成熟，原因在於他們仍然留

102 Chan 1991.

103 摘引自：蔡榮芳 2001。

有退路，仍然抱有衣錦還鄉的迷思。即或如此，觀乎他們爲本土議題而進行的一連串抗爭，他們已經習慣香港特有的生活方式：即使他們未能對故鄉忘懷，亦至少會視香港爲第二家鄉。這與眞正的普羅本土意識，其實只有一步之遙。

1949年中國赤化後，港中邊界逐漸變得封閉。共產黨政權按照其社會主義理想，從上而下改造中國社會，以共產黨的科層架構取代了昔日的士紳及宗族體系。而昔日維繫社會的傳統文化及民間，都遭新政權否定。香港普羅華人的家鄉，亦因社會改造工程而變質，不再是那令他們朝思暮想的家鄉。除卻少數國共兩黨的死忠支持者，香港人的所謂「中國認同」，主要是關懷原鄉的鄉土意識，以及自覺與西方有異的文化意識，與黨國一體的共產中國風馬牛不相及。他們回鄉的路斷了，自此只剩下唯一的選擇：成爲百分百的香港人。

戰後嬰兒潮世代的香港人，自小就成長在一個與中國相對隔絕的領域，既不像上一代那般有衣錦還鄉的選項，對中國並沒有第一手的認知。他們對中國的認知，主要來自南渡避秦的中華民國遺民：這群南來文人視赤化的中國，已非眞正的「中國」，而香港卻在英國保護下成爲承傳中華文化的最後堡壘。他們寄望中華文化能在香港靈根自植，在墮落的「新中國」外重建華夏文明。[104]這種熱愛所謂「文化中國」，卻否定現實中國大中華文化主義，歸根究底是一種套套邏輯：因爲港中有別，所以香港人有承傳文化中國的道德責任；但正因爲香港人對文化中國有所堅持，香港與已等同於共產黨國的中國之鴻溝卻越來越闊。這種意圖透過建構「另類中華」（Alternative Chineseness）達成自主的糾結情懷，就弔詭地成爲香港本土認同之基礎。

到1960年代，嬰兒潮一代開始長大成人，無可避免就會思考身分認同的問題。1966年因天星小輪加價而誘發的九龍暴動，正好標誌著青年本土

---

104 周愛靈（2010），《花果飄零：冷戰時期殖民地的新亞書院》，香港：商務印書館；羅永生（2012），〈六、七〇年代香港的回歸論述〉，《人間思想》，第1期，頁191-209。

運動的開始。他們對香港的殖民地體系感到不滿，不再願意成為被殖民的
二等公民。青年團體在1960、70年代之交的中文運動中積極發聲，本土文
化的身分政治成為香港社會運動的主要議題。部分大學生目睹中共國力日
漸強大，便投入親共中國國族主義運動，主張唯有中共能使中國現代化成
功。但另一些大學生的焦點，卻放在本土的社會公義問題，認為羅湖橋以
北之事比較次要：他們同樣以觀點批判殖民統治，卻堅持反殖必須由本土
開始。於全香港的層次，這群學生參與了反貪污、捉葛柏的運動：此運動
催成廉政公署之創立，使香港政府逐漸由壓在港人頭上的殖民者，演化
為替市民服務的公僕。[105]而在地區的層次，他們則走到各基層社區服務社
會，並組織基層市民為種種社會問題發起抗爭。這些遍地開花的本土抗爭
促進香港人的自主意識，並於1980年代演進為民主運動。[106]

　　對於未有參與社會運動的普羅民眾來說，1967年的暴動乃催生其本土
意識的轉捩點。當時親共派受文化大革命之風潮鼓舞，就企圖以恐怖襲擊
顛覆香港政府：他們寄望於香港造成社會動盪後，中國就會揮軍南下侵奪
香港。在那年腥風血雨的夏天，香港街頭遍佈土製炸彈，播音員林彬因被
指反共而被暴徒活活燒死，甚至連在街邊嬉戲的幼童亦慘遭殺害。[107]香港
人雖然不滿殖民統治，但更無法容忍中共及其在港黨羽之暴行。就如《星
島日報》之主編鄭郁郎所云：

> 人民對港英並無好感，但是在目前形勢下，不支持港英，支持誰？
> 這有如坐上汽車，一定要支持司機，港英是司機，港人只好支持
> 他。[108]

---

105 Lam, Wai Man (2004). *Understanding the Political Culture of Hong Kong: The Paradox of Activism and Depoliticization*. Armonk, NY: M.E. Sharpe.

106 So, Alvin Y. (1999). *Hong Kong's Embattled Democracy: A Societal Analysis*. Baltimore: Johns Hopkins University Press.

107 張家偉（2012），《六七暴動：香港戰後歷史的分水嶺》，香港：香港大學出版社。

108 鄭郁郎（1967），《在香港看香港》，香港：懷樓書店。

　　而反共文人的文章，亦於暴動期間洛陽紙貴。值得留意的是，這些文人雖然或許是認同國民黨的中華民國遺民，但其行文卻刻意隱藏其與中國的關連，並基於香港本位的觀點支持其反共立場。比如曾於親國民黨媒體工作多年的陳子雋，在其《萬人傑語錄》如此陳述他何以反共：

> 　　許多讀者來信，問我為什麼以前並未見你寫過隻字反共文章……中共陷人民於水深火熱之中，慚愧得很，我並未加以隻字批評，這有如大部分香港市民一樣，這大陸的事，並不過分關心。可是，左派的投機分子……在這裡搞鬥爭……置四百萬市民的生活於不顧……我也是在這情況下無法壓制自己的情緒……我不是左派誣衊的什麼「美特」、「蔣特」。我在香港從事新聞工作三十年，和「美帝」既無聯繫，未受到美鈔津貼，也和「蔣記」毫無交情，未到過臺灣一遊，一個臺灣官都不認識，更談不到受他們收買。我過著小資產階級的生活，完全是自己努力……有賴於香港的安定和自由發展的機會。[109]

　　《萬人傑語錄》出版才兩個月，就兩度再版。我們無法否定陳子雋可能是暗中替國民黨服務，但他的文集之所以能夠熱賣，則卻代表民眾喜歡其超越國共矛盾的表面形象，以及認同其香港本位的論述。[110]面對中國共產主義者的侵略，不少香港人重新思索其身分問題，重新確定自己是有異於其他中國人的特殊族群。親歷暴動的歷史學家冼玉儀如此憶述：

> 　　在暴動前，那些在香港出生成長的人雖然會覺得與中國有距離，但仍然沒有人提「香港人」這稱呼。「我是誰」這類的問題，並未真正為人提出。但六七暴動時，這問題卻成了當頭棒喝，很多人被逼

---

109 萬人傑（1967），〈我的立場〉，《萬人傑語錄》，香港：宇宙出版社。
110 李祖喬（2019），〈文革化下的香港知識分子與大眾刊物：六七暴動中的《萬人傑語錄》〉，《Hong Kong Studies》，2期1冊。

要選擇到底是香港人還是中國人，或者是共產主義下的中國人。所以，在六七年，由只是在「香港居住的人」轉變成香港人這個變化是很突出的。[111]

而在 1950 和 1960 年代，香港急速現代化，又令香港大眾經歷著與中國迥異的共同經驗，亦建立起隨現代化進程而來的共同生活習慣。香港人的生活方式與生命歷程，既有異於受共產極權統治的中國，亦與被中華民國遷佔的臺灣不盡相同。到1960年代末，「公民身分」、「社會」和「歸屬感」均成為大眾常提及的關鍵詞，這意味著香港的普羅大眾，已開始將自己視為獨特的命運共同體。[112]與此同時，香港政府亦於1972年改革人口登記制度，規定於香港連續住滿 7 年的居民方可享永久居留權，並有權享有公共房屋等社會福利，為香港人的身分認同帶來法理基礎。[113]

自成一國的香港於此時出現本土導向之潮流文化，粵語流行曲與港產粵語片大受歡迎，甚至成為東南亞潮流文化之主要輸出地。這些文化產品又多從普羅大眾的日常生活和文化想像中取材，並反過來塑造香港人深層次的本土身分意識。[114]雖然香港有不少影視出品以中國為題材，卻都未有涉及現實中國。這些出品又可分為三類。第一類是古裝片：這些影像有的是以歷史為題材，但更多是在描述虛擬的武俠世界。第二類出品，則描述民國初年的：故事中的鄉愁，乃寄託於一個不復存在的國度，與當下的政治中國無關。另外有一些出品，則論及於虛構時空的中國，實質上可稱為時裝版的武俠故事。

比如於1970年代蜚聲國際的李小龍電影，雖然有著「中國人不是東亞病夫」這類充滿中國國族主義情緒的符號，但這些情感宣洩卻非現實中國

111 冼玉儀（1995），〈六十年代：歷史概覽〉，田邁修（Matthew Turner）、顏淑芬編，《香港六十年代：身份，文化認同與設計》，香港：香港藝術中心。

112 Turner, Matthew (1995). "60's /90's: Dissolving the People," in Matthew Turner and Irene Ngan (eds.), *Hong Kong Sixties: Designing Identity*. Hong Kong: Hong Kong Arts Centre.

113 鄭宏泰、黃紹倫（2004），《香港身份證透視》，香港：三聯書店。

114 吳俊雄（1998），〈尋找香港本土意識〉，《明報月刊》，1998年3月號。

爲對象。《唐山大兄》與《猛龍過江》的背景均設定在海外華人社群。
《龍爭虎鬥》則設定在一個虛擬而國際化的中華武術世界：值得玩味的
是，李小龍的角色於片中與英國特務合作無間，也許說明編劇對香港殖民
地政府的態度。《死亡遊戲》原本亦設定於虛擬武術世界，藉此表達李小
龍的武術哲學，然而由於李小龍於拍攝期間忽然離世，編導就將劇情改設
成現代香港。唯有《精武門》的劇情是以中國爲背景：然而陳眞向日本人
復仇的故事，卻發生在中日戰爭前夕的上海租界，可說是殖民地華人而非
一般中國人的故事。這些電影指涉的「中國人」，並非政治中國的國民，
而是相對於日本人和西方人的華人：其意識形態，充其量只能算是大中華
文化主義。美國政治人類學家史國特（James C. Scott）認爲詮釋文本，必
須顧及權力的扭曲效應，不應不假思索就假設文本的字面意思反映論者的
眞實思維：是我們必須於政治正確的言辭下，尋找其背後的隱蔽文本。[115]
香港政府顧慮到脆弱的地緣政治平衡，在抗衡中國之同時又不欲刺激中
國，甚至會以「影響與鄰近地區關係」爲理由查禁過於激烈的反中抗共言
論[116]；而活躍於文化界和教育界的南來文人則心懷故國，無法容忍任何分
裂「國土」的觀點。如此這求自立自主的香港人，就只能帶著「另類中
華」的面具爭取本土的權益，以抗拒「政治中國」的「文化中國」認同曖
昧地界定自身的獨特身分。

　　到1970、80年代之交，香港人在政治上、文化上，都已確立有異於中
國的本土身分。[117]只可惜此時早已變得陌生的中國，卻決意要於1997年取
得香港。中國於1982年公佈「十六字解決」，主張「收回主權，制度不
變，港人治港，維持安定」，清楚表明其對香港前途問題之立場，令香港
人無法再假裝一切將會如常。[118]當時大部分香港市民都希望英國能延續在

115 Scott, James C. (1990). *Domination and the Arts of Resistance: Hidden Transcripts*. New Haven: Yale University Press.

116 李淑敏（2019），《冷戰光影：地緣政治下的香港電影審查史》，臺北：季風帶書店。

117 Matthews, Gordon, Eric Kit-wai Ma and Tai-lok Lui (2007). *Hong Kong, China: Learning to Belong to a Nation*. London: Routledge.

118 Roberti, Mark (1996). *The Fall of Hong Kong: China's Triumph and Britain's Betrayal*. New York:

香港的管治，根據革新會1982年的一項民意調查，超過八成受訪者希望英國能繼續管治香港，只有4%受訪者希望將香港主權移交予中國。[119]對於香港人於前途談判中缺席，香港人感到甚爲無奈。香港才剛在世界舞臺嶄露頭角，其前途就任由英中兩國宰割。對於中國在未經諮詢下自任爲港人代表之野蠻措舉，香港人更是大惑不解。

　　然而社運人士卻選擇相信中共讓香港民主自治的承諾：他們認爲殖民地體系背負著原罪、而「另類中華」的面具戴久了也摘不下來，便在社區組織及傳媒宣揚民主回歸的願景。我們不應過分誇大這群社運人士的作用，但他們卻能一度把民情略爲逆轉：1983年的一項調查中，只有四成受訪者堅持維持現狀，亦有24%的受訪者支持將香港主權交予中國。[120]這樣英國再難以在關乎香港前途的談判中打民意牌，而社會亦缺乏意志去發起爭取維持現狀的運動。北京政權厚顏無恥地自封爲香港華人之代表，並指英中談判是主權國家之間的對話，與香港人無關。英國以經濟牌打動中國之算盤亦打不響：中國始終對昔日的帝國風華念念不忘，可以爲了顏面而置經濟利益於不顧。[121]

　　英國方面受到的壓力越來越大，到1984年還是不得不向中國屈服。萬事既已成定局，英方亦只能盡力爭取讓香港人在中國統治下，儘可能透過自治保衛其利益和生活方式。鄧小平下令要在十一國慶前達成協議，否則就會獨自決定香港之前途。英方無法於《聯合聲明》中寫明行政長官由選舉產生，只能曖昧地訂明以「選舉或協商」產生。雖然聲明中指定行政機關要向立法機關負責，但卻未有釐定何謂問責。縱然立法機關按規定將會由選舉產生，但協議沒有指定那必須是普及而平等之選舉。柴契爾夫人於12月8日造訪北京，於次日在人民大會堂會見鄧小平後，於下午5時與國務

Wiley.

119 Cheng, Joseph S. (1984). "The Future of Hong Kong: Surveys of the Hong Kong People's Attitudes," *The Australian Journal of Chinese Affairs*, 12:113-142.

120 So 1999.

121 Scott, Ian (1989). *Political Change and the Crisis of Legitimacy in Hong Kong*. Honolulu: University of Hawaii Press.

院總理趙紫陽正式簽署實際上為港中併合條約的《聯合聲明》。[122]

　　在《聯合聲明》簽訂前，香港政府發表政制發展綠皮書，當中建議立法局引入功能組別間接選舉，亦不排除引入直選的可能。支持民主發展的社運人士之後發起爭取1988年直選立法局議席的運動。這群社運人士於1986年成立民主政制促進聯會，並於同年11月2日於高山劇場的集會中整合為民主派。[123]可是中國卻認為香港政府的政制改革，乃企圖架空中國主權之陰謀。原先立場親英的精英階層，既想討好未來的宗主國、又想在中國的經濟改革中分一杯羹，並顧慮民主政制會損害其政治特權，便與中國組成反民主的不神聖同盟。1987年香港政府重啟政制改革諮詢，中國動員駐港企業及親共工會的成員提交反民主的意見，而商界則發動抹黑民主政制的宣傳，片面地將民主描述為社會動盪之源。香港政府面對來自中國的壓力，就在諮詢過程中要詐，一方面將支持八八直選的22萬聯署歸類為單一意見，另一方面以誘導性的民調蓄意減低八八直選的支持度。事件令香港政府陷入認受性危機，使之淪為民眾眼中的跛腳鴨。[124]

　　中國亦操控了《基本法》的起草過程。負責起草《基本法》的委員會中，中國代表佔三分之二，香港代表只佔三分之一。香港代表則以保守親共的商人及工商專業人員為主，當中只有司徒華及李柱銘兩名民主派。在草委之下則另設《基本法》諮詢委員會，此委員會並無實權，但中國還是盡力排除當中的反對聲音：在勞工界委員的推選過程中，親共工會工聯會的譚耀宗向民主派的基督教工業委員會（後發展為職工會聯盟）施壓，要求工委會的劉千石退出競逐。二十餘間獨立工會憤而杯葛是次遴選，令親共派盡攬勞工界諮委席位。[125]香港的主權尚未移交、英國的管治仍未完結，中國殖民主義就已高調介入香港政治，斷然否定1997年後香港人的民

---

122 Roberti 1996.

123 So 1999.

124 Scott 1989.

125 So 1999; 潘文瀚、黃靜文、陳曙峰、陳敬慈、蒙兆達（2012），《團結不折彎：香港獨立工運尋索40年》，香港：進一步多媒體。

主權利。

就在香港民主運動陷入低谷之際，屬於開明派的中國前總理胡耀邦於1989年4月病逝。北京的大學生自發悼念後留守天安門廣場，要求中國實行民主改革。北京學生的抗爭，感動了情緒低落的香港人，使他們重燃對自由的渴望，數以百萬計的民眾走上街頭，以遊行集會支持民運。同病相憐的感覺，使香港人深信自己亦爲參與學運之一員，並寄望中國的自由化和民主化能扭轉香港民主運動近年之頹勢。這種港中兩地同仇敵愾的共鳴，原爲渴求自由的感動，但曾受大中華文化主義薰陶的香港人，卻將這種戀慕自由的激情註釋爲「愛國」。這樣香港人就將一場爲普世自由價值吶喊的運動，描述爲一場「愛國民主運動」。

可惜事與願違，趙紫陽等開明派於權力鬥爭中失敗，鄧小平大權在握，決定鐵腕鎭壓。6月3日晚中國解放軍在北京開始血腥鎭壓，到4日凌晨血洗天安門廣場，香港市民徹夜觀看新聞直播。[126]那一夜，香港成了亞細亞的孤兒。他們還有8年就會被英國遺棄，淪爲那慘無人道的屠夫政權之藩屬。

六四血案後，民主回歸論早已破產，民眾抗拒中共政權。他們已不能夠指望中國會自行民主化，只望能守住香港，令香港的自由不會爲中國所毀。他們的香港身分認同再次得到穩固，期待能夠民主抗共：即是透過本土的民主化，抵抗中國對香港的侵略。因應六四慘案後人心虛怯，中國不得已讓步，容許1991年直選18個立法局議席。提出民主抗共論的民主派，則組織香港民主同盟，也就是民主黨的前身，並在1991年直選大獲全勝。在那幾年不論是以本土爲先的政治行動，還是非營利組織在各社區的擴展，民主派均取得一定成果。1992年彭定康就任港督後，對中國改採強硬政策，並用盡《基本法》的灰色地帶推行民主化改革，民主派亦趁勢得以壯大。在1990年代，香港的身分政治日趨成熟，香港市民越來越強調他們獨特的香港身分，希望能透過民主化，保障本土權益免受中國干預。[127]

---

126 So 1999; Tsang, Steve (1997). *Hong Kong: An Appointment with China.* London: I.B. Tauris.

　　但香港的民主派卻陷入了一種自相矛盾的境地。他們一方面受因民眾本土身分認同之壯大：民眾相信民主派敢於與中國對抗，因此才投票讓他們守護本土。可是，民主派卻心懷倖存者的罪疚感：縱然他們的政治根基都在香港，卻始終堅持要參與建設民主中國。他們既要強調港中有別、堅持港人治港，認為中國應該專管國防和外交事務，並將餘下所有事務讓香港人以民主方式自行處理；但他們又自命為自由進步的另類中華，覺得自己有責任以文明開化黑暗的東亞大陸。[128]在1990年代，本土意識與北進想像並駕齊驅[129]，但香港人卻未有看到兩者之間有著無法泯滅的矛盾。

從另類中華到獨立國族的演進

　　1997年主權移交後，中國對港政策在最初尚且保持低調和克制，使香港人最擔心的場面暫時未有出現。中國經濟持續起飛，令受亞太金融風暴影響的香港自慚形愧，使香港人對港中經濟融合存有幻想。縱使特區政府的民望一直未如理想，但香港人起初未有遷怒於中共政權：胡錦濤和溫家寶於2002年上台後，他們曾擺出革新的姿態，令香港人對實際上只是新瓶舊酒的「胡溫新政」抱有期望。北京成功申辦2008年奧運，亦促進了香港人對中國的認同。倘若我們觀察由香港大學民意調查計畫的香港人身分調查，於1997年下半年至2008年上半年之間自認是純粹香港人或廣義香港人的受訪者比率持續下降，而自認是廣義中國人的受訪者比率，則由不足四成升至逾半。在2003至2008年，香港人的中國認同趕上甚至超越其香港認同。如果2008年是歷史的終結，那我們或會說香港認同最終會由中國認同所取代：只是歷史還未終結。

　　香港在主權移交後，即接連遇上禽流感、亞太金融風暴及非典型肺炎

---

127 So 1999.

128 Tsang 1997.

129 孔誥烽（1997），〈初探北進殖民主義．從梁鳳儀現象看香港夾縫論〉，陳清僑編，《文化想像與意識形態：當代香港文化政治論評》，香港：牛津大學出版社。

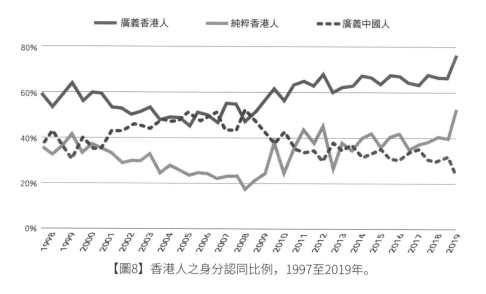

【圖8】香港人之身分認同比例，1997至2019年。

疫潮等危機。特區政府的表現差強人意，使其陷入認受性危機。可是董建華的特區政府卻無視民怨，企圖於2003年強推關乎國家安全的23條立法。輿論普遍質疑該法案將損害香港人既有言論及結社自由。民眾積極在網絡動員，鼓勵香港人於2003年7月1日上街遊行，要求特區政府撤回23條立法，宣示對當局管治失誤的不滿，甚至進而要求行政長官董建華下台。最終有50萬人參與七一遊行，聲勢僅次於八九民運期間的百萬人大遊行。親商親建制的自由黨見群情洶湧，便收回對23條立法的支持，最終令特區政府擱置立法程序。此時針對23條立法的民間抗爭，亦轉化為爭取行政長官及立法會全面普選的民主運動。[130]

　　2003年民間網絡政治動員的成功，促成香港人政治主體性的覺醒。他們覺得香港群眾有能力改變香港社會的現狀，亦覺得香港政治該當由香港人作主。這種當家作主的意識令香港人思考關乎本土身分認同的問題。2004年至2006年市區重建局收回喜帖印坊林立的利東街重建，2006年土木

130 Chan, Kin-man (2005). "Civil Society and the Democracy Movement in Hong Kong: Mass Mobilization with Limited Organizational Capacity," *Korean Observer,* 36(1):167-183.

工程拓展處清拆中環天星碼頭及其鐘樓，2007年皇后碼頭又被拆卸，一連串事件令年輕抗爭者珍惜本土歷史身分的記憶。他們投入了本土運動，以非暴力不合作的抗爭爭取保育本土社區文化。[131]特區政府在2009年，更推動建設廣深港高速鐵路。該計畫所費不菲，造價逾650億港元，並且需要清拆菜園村以建設側線及救援站。此時抗爭者關注的重點，亦由守護記憶擴展至港中融合對本土社區生活的侵蝕。[132]

　　為應付2003年後復興的民主運動，中國一方面透過「解釋」《基本法》確立其否決政制改革的威權，另一方面則打經濟牌以籠絡人心，推出了讓中國遊客不隨團自由行的政策，以及促進港中貿易的《內地與香港關於建立更緊密經貿關係的安排》（CEPA）。這些政策無疑令香港經濟重獲活力，可是亦造成港中之間不對稱的融合：這種模式的港中經濟互動令香港極其依賴中國的資金，擠壓本土經濟發展的空間，令香港產業單一化。[133]而這些經濟活動的收益，大多落入大財團及地產商之手，一般市民特別是年輕人獲益不多。[134]而大批自由行旅客到港，既令遊客區、購物區及公共交通超出負荷。部分中國遊客缺乏公德，且抱著有錢便是娘的恩主心態，令港中文化差異偶爾演化為種種文化衝突。[135]部分中國孕婦更利用《基本法》的漏洞，藉自由行到香港產子，這樣他們那些與香港毫無瓜葛的子女便能取得香港居留權，能得享香港的公共資源和社會福利。廣東當局於2011年公佈《環珠江口宜居灣區‧建設重點行動計劃》，將香港與廣東各地一併規劃，意圖將香港與廣東城市融合為中國的「大灣區」。[136]中國對香港單方面規劃，令不少香港人擔憂會糢糊港中邊界，繼而損害一國兩制，使香港無法保持獨特。這一切都令關懷本土的香港人意識到香港正

---

131 朱凱迪（2007），〈由保衛天星到皇后碼頭的運動論述（回顧及前瞻）〉，《香港獨立媒體》，2007年1月31日；陳景輝（2007），〈維多利亞港‧利東街‧天星碼頭〉，《明報》，2007年2月15日。

132 陳景輝（2009），〈坐高鐵迎接新一輪地換山移？──從融合說起〉，《明報》，2009年12月2日。

133 曾澍基（2012），〈光暗時空：從歷史看香港本土自主〉，《明報》，2012年2月5日。

134 呂大樂（2013），〈這麼近，那麼遠：機會結構之轉變與期望的落差〉，《明報》，2013年9月30日。

135 張春續（2014），〈大陸人的「恩主心態」從何來〉，《騰訊評論》，2014年2月19日。

136〈規劃快車殺到埋身：簡評《環珠江口宜居灣區‧建設重點行動計劃》〉，《香港獨立媒體》，2011年1月30日。（http://www.inmediahk.net/node/1009496/）

受到中國的全方位侵略，港中矛盾因而逐漸成爲民怨的主要來源之一。

此時中國亦調整對香港之政策，圖謀收緊對香港之管制。時任中央政府駐港聯絡辦公室研究員的強世功，毫不掩飾地將中國想像爲復辟的中華帝國，視北京爲帝國之中心，並視香港爲邊陲之藩屬。他認爲香港若要納入中國的帝國體系，就要使香港人效忠北京的「朝廷」。由於中國是帝國，香港是藩屬，香港人若要「愛國」，就必須愛北京政權：只有國族國家之人民，才可以透過愛人民、愛土地、愛文化而愛國，但中國卻是一個喬裝成國族國家的帝國。有大中華情結的民主派，以爲愛土地、愛文化、愛人民就是愛中國：但在北京政權眼中，這就如明月照溝渠。香港身爲藩屬，若要愛身爲帝國的中國，愛的必然就是「朝廷」：

> 所以，在愛國問題上，他們經常會說，他們愛的是祖國的河山和歷史文化，而不是包含國家主權在內的政治實體。這樣的愛國是我們在港英殖民地下的愛國標準，而不是香港回歸之後的愛國標準……這意味著香港回歸後，在中央對香港擁有的主權從主權權利變成主權行使的過程中，必然要將「一國」從一個歷史文化的建構變成法律主權的建構，這恰恰是基本法重要意義所在。

亦因如此，強世功認爲北京政權要更積極的介入香港政治，壯大香港的親共勢力。當親共派排擠掉對抗拒中國的香港人，才能夠放心推行受制於帝國體系的僞民主制度：

> 其一就是積極發展壯大愛國愛港力量，充分發揮統一戰線的政治功能，用政治手段來彌補法律手段的不足，使得中央對香港的主權行使轉化爲香港愛國者對香港的治理；其二就是要循序漸進地推進民主發展，用時間來彌補政治認同的不足，使得香港市民的政治認同隨時間推移如代際更替而不斷加強。[137]

　　強世功在中聯辦的同事曹二寶，更於共產黨中央黨校的刊物撰文，主張北京政權要在香港設立特區政府以外的第二支管治隊伍，以加強對香港的殖民主義宰制。他露白地指出香港之高度自治，實際上是高度設限的假自治：

> 自治不能沒有限度，既有限度就不能完全。完全自治就是兩個中國，而不是一個中國……在管治力量上就必然是兩支隊伍。其中有一支體現一國原則、行使中央管治香港的憲制權力但不干預特區自治範圍事務的管治隊伍，這就是中央、內地從事香港工作的幹部隊伍。[138]

　　北京於 2008 年 8 月舉行奧林匹克運動會，奧運聖火於5月2日在香港進行火炬接力，令香港大中華情緒高漲，大批亢奮的民眾揮舞五星紅旗在旁圍觀，但這卻也是中國國族主義最後一次的高潮。四川汶川於12日發生八級大地震，造成 69,277 人死，374,643 人傷。災區大批學校倒塌，這些豆腐渣工程提醒香港中國貪污橫行，與達成廉潔管治的香港不可同日而語。中國的乳製品亦於同年被揭發含有三聚氰胺（Melamine），飲用毒奶的兒童罹患腎結石。部分涉事奶品商，卻因與官方關係良好而獲得包庇。黃琦撰文批評汶川的豆腐渣工程，並幫助蒙難學生家長向政府討回公道，卻於6月被關押、並以所謂的「非法持有國家機密文件罪」判監3年。自發調查豆腐渣工程的譚作人，則於2009年3月被捕，因「煽動顛覆國家政權罪」判監5年。同年11月，組織結石寶寶家長向政府及奶商索償的趙連海被捕，在被判監兩年半後獲准保外就醫，之後一直被軟禁。這顯示香港人之前對所謂「胡溫新政」的期望，不過是一場春夢。

　　選舉委員會於2012年3月25日推選行政長官。1,200名選委中，有 689

---

137 強世功（2008），《中國香港：文化與政治的視野》，香港：牛津大學出版社。
138 曹二寶（2008），〈一國兩制條件下香港的管治力量〉，《學習時報》，2008年1月28日。

人支持梁振英，使其成爲繼董建華和曾蔭權以後，當上行政長官的第三人。梁振英於2012年上半年的支持率爲47.1%，反對率爲41.5%，支持淨值僅爲5.6%。這意味著梁振英上任後不會有蜜月期。梁振英政權之媚共作風，令香港人擔心港人治港將淪爲共產黨治港。港中經濟不對稱融合，而中國官員在港日趨高調，強世功與曹二寶之見解似乎已正式成爲中國殖民統治香港之方針。年輕一代因而產生抗中保港的意識。

年輕一代的香港人對中國的殖民統治甚爲抗拒，開始渴望脫離中國獨立。在2012年的一項調查中，有42.7%的年輕受訪者支持香港在北京政權允許下獨立，僅比反對獨立年輕受訪者少2.24%。而在受過大專教育的年輕受訪者中，則有45.76%支持獨立、比反對獨立的多2.54%。[139]之後香港中文大學新聞與傳播學院傳播與民意調查中心於2016年7月中就2047年前途問題進行的調查，亦有類似的發現。該調查顯示有17.4%的受訪者支持香港於2047年後獨立，而在15至24歲群組中支持率接近四成、而且比反對的比率高。而受訪者學歷越高，則越傾向支持港獨。[140]

港大民調自2008年末，一直顯示香港人之香港認同越來越強，而其中國認同則如日落西山，這明顯不是少數激進派所能造成的。在共產黨治港日益猖獗的形勢下，香港人特別是年輕一代均有保港抗中之意識。一種以公民身分界定香港的公民國族主義逐漸成形。在這種國族主義觀點下，只要願意爲香港本土獨特身分及公共利益而付出者，不論其階級血緣，都是香港的公民，都是香港國族的成員。2012年的夏天，這種公民國族意識激發新一波的本土運動。

特區政府於2011年中明目張膽地提出要在中小學設德育及國民教育科，並於次年5月公佈課程指引。該指引並不強調以批判思考理性地認識中國，只一味要求學生不經大腦地表達對中國之愛慕。中學生組織學民思潮對此表示不滿，並要求與新任教育局局長吳克儉對話。此時傳媒揭發由

139 陳智傑、王慧麟（2013），〈香港人的國家認同態度〉，《香港本土論述2012：官商勾結》，臺北：漫遊者出版。
140《端傳媒》，2016年7月25日。

親共學者薛鳳旋領導的浸會大學當代研究所在教育局資助下，編撰《中國模式：國情專題教學手冊》。該手冊片面地介紹中國之正面發展，並毫不羞愧將北京政權形容爲所謂的「進步、無私與團結的執政集團」。民憤亦因而全面爆發。在8月初的民調，有61%受訪者表示國教科應被擱置。學民思潮等抗爭者於8月底開始在政府總部外的公民廣場集會。到9月1日，林朗彥、黃莉莉與凱撒絕食56小時，隨後由大學生、家長及學者接力。9月初公民廣場連夜均有萬人集會，到7日不少香港人穿上黑衣抗議，該晚有逾12萬人包圍政府總部。最終梁振英只得於8日黃昏決定讓步，將國教科之開設與否交由學校決定，並承諾於任期5年內不會再推動國教科獨立成科。抗爭結束後，政府於10月8日按德育及國民教育科委員會之建議，擱置激起爭議的課程指引。[141]

在梁振英政權之配合下，中國大有要收緊對香港控制之勢，亦開始有消息指2017年的行政長官普選，候選人要先爲北京政權篩選。溫和派覺得溫和談判路線再無出路，便考慮採用更進取之抗爭手法。在2013年，法律學者戴耀廷教授與朱耀明牧師，及曾於2010年步入中聯辦談判的陳健民教授發起佔領中環運動。他們建議以審議民主方式制訂政改方案，若北京政權不就此方式正面回應，則佔路抗爭。不過，這做法被激進派批評爲書生論政，而三子亦久未發起社運，與前線抗爭早已脫節。不論如何，他們發起三次商討日後，提出了三個政改方案，讓市民於2014年6月底透過港大民調協辦的民間公投選擇。最終有78萬位市民參與投票，而眞普選聯盟的方案則得到最多支持。該方案建議行政長官候選人可用三種方式產生：候選人獲得1%選民提名，或是得到政黨或提名委員會的提名，即可獲提委會確認其候選資格。

但北京政權無意向香港人退讓，反倒對香港採取強硬政策。中國「國務院」於6月10日發表《一國兩制白皮書》，斥責香港人對一國兩制和《基本法》缺乏「正確」認識。「人大常委會」於8月31日公佈2017年行

---

141 學民思潮（2013），《鐵屋吶喊》，香港：明窗出版社。

政長官的產生辦法。他們決定1,200人提委會沿用小圈子模式產生，每屆
選舉只限有2至3位候選人，每位候選人均要得到超過一半提委會提名方可
參選。這意味著民主派根本沒有可能參選，而所謂「普選」亦不過是沒有
選擇的假選舉。提名委員會的篩選，是要將選擇權置於由媚共及親商人士
主導之提委會，令普選淪為確認少數精英抉擇的集體儀式。

　　專上學生聯會於9月22日發起大專罷課，次日於中文大學「大學廣
場」的集會有逾萬人出席。26日學民思潮發起中學生罷課，該晚召集人黃
之鋒號召群眾奪回被政府以圍欄封閉的公民廣場。防暴隊清場後，黃之鋒
等74人於次日被捕。市民於27日晚到金鐘政府總部外集會抗議，大批市民
通宵留守，一直對佔街抗爭猶豫不決的戴耀廷教授亦被逼於凌晨宣佈開始
佔領行動。但此時佔領中環團隊已失去抗爭行動的主導權，大批市民自發
地加入抗爭，並在金鐘夏慤道佔路留守。警方於28日對抗爭者施以暴力，

【圖9】雨傘革命抗爭者於中環干諾道中設置的路障。

向佔路民眾濫發87枚催淚彈，並大批施放胡椒噴霧。手無寸鐵的和平抗爭者只能用雨傘遮擋警方的各種武器，市民負隅頑抗的畫面於國際傳媒廣傳，令這次抗爭被譽為「雨傘革命」。金鐘的事件，鼓舞民眾使抗爭於各社區遍地開花，最終於旺角及銅鑼灣都出現持久的佔路運動。

但佔路抗爭逐漸演化為陣地持久戰，令整場運動迷失方向。部分激進抗爭者亦開始指責學聯和學民思潮等主導抗爭的「大台」過於溫和，未有進一步將行動升級。經過一輪討價還價後，學聯5位代表與政務司司長林鄭月娥等5位官員於10月21日在傳媒直播下對話。雖然學聯爭取到民眾之諒解，但整場對話不過是雙方自說自話。這時候抗爭已呈膠著狀態，抗爭民眾亦感到疲憊。到11月30日學聯與學民思潮盡最後努力，動員民眾將行動升級，以圖包圍封鎖政府總部。但他們早前未有一鼓作氣，如今已令民氣再而衰、三而竭，再也召集不到足夠的抗爭者對抗準備充足的警方。早前潮聯小巴向法庭申請到旺角佔領區的禁制令，冠忠巴士則申請金鐘佔領區之禁制令。警方趁民氣轉弱，便以協助執行禁制令的名義清場。警方於11日在金鐘清場，拘捕逾200位抗爭者，到15日清除餘下的銅鑼灣佔領區，維時79日的雨傘革命最後黯然落幕。[142]

不過，這樣失敗的革命卻是香港公民國族主義抗爭的第一擊。這場革命喚醒年青抗爭者的政治主體性，雖然他們是失敗了，但畢竟已感受到團結的力量。而香港年輕一代之非中國化，已是不可逆轉之潮流。在雨傘革命發生的2014年末，18至29歲的受訪者之中，認同自己是廣義中國人的只有17.5%，認同自己是純粹香港人的則佔大多數，有59.8%。雖然雨傘革命最終無功而還，卻使一群懷抱反中本土意識的年輕人動員起來，他們雖失意於抗爭，卻期望能借助革命激起的民氣踏足政壇。

---

142 Ng, Jason Y. (2016). *Umbrellas in Bloom: Hong Kong's Occupy Movement Uncovered*. Hong Kong: Blacksmith Books.

後雨傘無力症候群

可是主流民主派對這投本土風潮卻相當後知後覺：老一輩民主派大都囿於大中華文化主義的情意結，對香港獨立的訴求有著條件反射的抗拒，而他們亦因顧忌保守的中間選民而變得鄉愿。懷抱左翼理想的社運人士，則視獨立訴求爲不可取的排外民粹：他們未有意認到邊界分明的國族國家，乃社會民主必要的前提。[143]這種誤解使心懷本土的年輕人對民主派和社運界大感失望，使他們意欲打破一切舊制度另起爐灶。在2014至2015年，大專學界掀起退出專上學生聯會的風潮：部分大學生認爲學聯於雨傘革命期間領導不力，而且受困於大中華情結，因而主張讓各院校學生會各自爬山。香港大學[144]、理工大學[145]、浸會大學[146]和城市大學[147]的學生會先

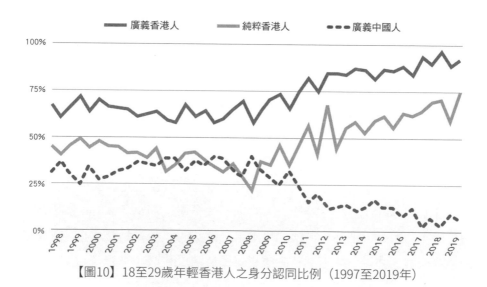

【圖10】18至29歲年輕香港人之身分認同比例（1997至2019年）

---

143 Judt, Tony (2011). *A Grand Illusion?: An Essay on Europe*. New York: New York University Press.
144《蘋果日報》，2015年2月14日。
145 理工大學學生會評議會，2015年3月13日通告。
146《蘋果日報》，2015年4月23日。
147 香港城市大學編輯委員會，2015年9月26日通告。

後透過公投退出學聯，原先有8所大學學生會參與的學聯，一下子就失去一半成員。年輕人亦指責在野派的政壇前輩尸位素餐，認為他們從政只是為求隨議席而來高薪厚祿，甚至覺得他們早已和中共暗通曲款。

　　但年輕本土派與前人徹底割裂的做法，卻有礙社會運動之經驗傳承；而新興的本土政團，則是經驗幼嫩而良莠不齊。一些機會主義者發現本土思潮之力量、亦得知這股新潮流一直被主流民主派和社運界忽視，就趁機混水摸魚：他們以本土的代言人自居、用庸俗的本土口號掩蓋其真實的圖謀，透過挑撥矛盾的方式擴闊其影響力。是以香港政壇踏進2010年代，就盡是光怪陸離之事：逢民進黨必反的評論員黃毓民因著與民主派的恩怨，忽然高舉「本土、民主、反共」口號，以本土運動的教主自居[148]；執迷於大中華文化道統的民俗學者陳云根，則以曖昧而意味不明的術語，既主張「城邦自治」，又聲稱要與中共談判交易、最終卻以溫吞的「永續《基本法》」為競選口號[149]；因蠅頭小利或愛出風頭而妄稱本土之名的，更是族繁不及備載。這些亂局使主流民主派和社運界振振有辭地否定本土：他們不知道這些亂象，起因在於其對本土思潮之不作為。他們為年輕人不公道的指責憤憤不平，斤斤計較地與其本土抗爭保持距離，甚至橫加指責。他們忘記了大人有大量，是大人的責任：雖然民主派和社運界與年輕人同樣都被建制欺壓，但他們的資源和話語權終究還是比年輕人多。無責任的大人加上無底線的機會主義者，使在野陣營的內部矛盾一發不可收拾。

　　不論如何，年輕世代還是於雨傘革命後，組織以本土訴求以至香港獨立為綱領的政團，為2016年的立法會選舉而努力。亦有一群於雨傘革命才開始投身社會運動的抗爭者，在革命失敗後決心返回社區「深耕細作」。在2015年的區議會選舉，這類新參選的「傘兵」有逾50位，而最終傘兵及本土派亦頗有斬獲。本土派政團青年新政攻堅親中派的地盤：其中鄺葆賢和游蕙禎到黃埔挑戰親中地方政團「西九新動力」，最終游蕙禎以304票

148 黃毓民（2014），《本土、民主、反共：黃毓民政論集》，香港：普羅政治學苑。
149 參〈告別虛擬都會主義〉。

僅負於梁美芬，而鄺葆賢卻以39票之差奪得黃埔西的議席，可謂本土派零的突破。

同年湯家驊因其取態與民主派越走越遠，於6月22日宣佈退出公民黨，並在10月1日辭任立法會議員。其新界東選區之補選，則定於次年2月28日。報名參加補選的除了公民黨的楊岳橋，以及親中派政團民主建港協進聯盟的周浩鼎，還有本土民主前線的香港大學哲學系學生梁天琦。競選期剛好遇上2月中的農曆新年，傳統上流動熟食小販會於年初一至年初三在旺區聚集，向路人販賣膳食，而相關部門傳統上亦會尊重民間風俗予以包容。但在2015年的農曆新年起，當局卻以公共衛生之名禁止小販聚集。劉小麗於年夜晚與被稱為「腸粉大王」的腸粉師傅推著木頭車到桂林街賣炒魷魚，迅即被食物環境衛生署的職員拘捕，並被控以無牌擺賣等三宗控罪。[150]當局高調針對新年夜市的舉動，激起了香港人的憤怒。

本土民主前線於翌日2月8日大年初一中午，號召支持者當晚到旺角砵蘭街，支持每年都會於該處擺賣的熟食小販。到晚上9時40分，食環署職員在砵蘭街與小販爆發衝突，警察於11時30分左右到場增援，並驅趕在場買熟食的路人。到大年初二凌晨，梁天琦運用候選人的競選權力，即時於旺角舉行競選遊行，藉此召集支持者到現場增援。[151]本民前的黃台仰與警民關係科的警官談判，但警方未有退讓、黃台仰亦無法平伏洶湧的群情，使談判於凌晨1時半左右破裂。雙方隨即有肢體碰撞，騷動亦從砵蘭街向外擴散。[152]到凌晨2時3分，一位警員向天開槍示警後，手指繼續掛上扳機瞄準群眾。此警員魯莽的挑釁行為，使形勢火上加油，一些較為激動的群眾開始四處放火，並拆下路磚擲向警察。[153]梁天琦到凌晨3時遭警方拘捕，而警方亦派特別戰術小隊到現場增援。此後群眾就處於下風。到7時54分，本土民主前線於社交網站呼籲群眾從速撤退，這場駐港外國記者戲

---

150 香港《蘋果日報》，2016年2月9日。
151《端傳媒》，2016年2月10日。
152《立場新聞》，2016年2月29日。
153《端傳媒》，2016年2月10日。

稱爲「魚蛋革命」（Fishball Revolution）衝突才逐漸平息。[154]

　　民主派擔心事件會觸及保守的中間選民，使周浩鼎能漁人得利。不過補選結果卻令人鬆一口氣：楊岳橋取得37.2%選票，以萬餘票之差擊敗周浩鼎。梁天琦於魚蛋革命後聲名大噪，以新人之姿取得15.4%選票：這結果代表本土派已取得一定程度的支持，倘若梁能參與9月的立法會選舉的話，就能按比例代表制穩奪一席。[155]

　　2016年立法會選舉的提名期於7月16日開始，但政府卻於前兩天要求參選者先簽署確認書，表明認同香港屬中國不可分離部分，並承認中國政府對香港的管轄權。[156]這項規定，明顯要針對梁天琦等本土派參選人。民主派認爲規定荒謬，與大部分本土派參選人一起拒簽，此後選舉事務處亦確認了大部分候選人的參選資格。然而，負責新界東選區的選舉主任何麗嫦於7月22日發信予梁天琦，要求梁澄清是否主張和推動香港獨立。梁天琦只得無奈補簽確認書，但何麗嫦到8月2日卻仍判定其提名無效。[157]2016年的立法會選舉尙未投票，就出人意表地淪爲預先政治審查參選人的「伊朗式選舉」。[158]

　　在梁天琦授意下，青年新政的梁頌恆代其競選新界東的議席：最終他與於九龍西的黨友游蕙禎均能成功當選。然而他們於10月2日，卻選擇以英語宣誓就職，梁頌恆一邊展開「Hong Kong is not China」的標語、一邊將「China」讀成「支那」，而游蕙禎則將「People's Republic of China」唸成「People's refucking of 支那」。立法會祕書陳維安隨即宣佈其宣誓無效。也許梁游二人認爲這是本土派首次進入議會的歷史時刻，就想趁機會宣示立場。在此以前，亦曾有在野派藉宣誓就職的機會宣示立場，而當日

154《端傳媒》，2016年2月10日。

155《立場新聞》，2016年2月29日。

156《立場新聞》，2016年7月14日。

157 除了梁天琦外，香港民族黨的陳浩天、國民香港的中出羊子、正義行動的陳國強以及保守黨的賴綺雯均先段遭取消資格。香港民主進步黨的楊繼昌亦聲稱遭取消資格，但他是因爲未完成登記程序而未能參選，與其政治立場無關。

158《立場新聞》，2016年8月2日。

姚松炎、劉小麗、香港眾志的羅冠聰和社會民主連線的「長毛」梁國雄亦有藉宣誓表達對政府之不滿。梁游因此會相信這是低成本的抗爭方式。[159]

但隨後的事態發展，卻超出二人之預計。建制派大為震怒，嚴厲斥責二人「辱華」。律政司司長袁國強見獵心喜，甚至不惜違反三權分立的憲制慣例，以行政權力向高等法院提交司法覆核，藉此阻止兩位民選立法會議員就職。[160]最終中國人大常委會於11月7日透過詮釋《基本法》104條，禁止未能通過宣誓的議員再次宣誓。[161]一些親中媚共的團體則於「釋法」後迫不及待入稟法院，要順勢挑戰其他在野派議員的就任資格。[162]上訴庭於11月30日駁回梁游二人的上訴後，袁國強於12月2日再次申請司法覆核，進一步挑戰姚松炎、劉小麗、羅冠聰和梁國雄的議員資格。四人最終亦因敗訴而被逐出議會。[163]在隨後2018年的補選中，劉小麗[164]和香港眾志的周庭[165]皆因曾經主張「民主自決」被禁止參選。

令人憂慮的是，九龍西選區於2018年的兩次補選中，都是由親中派獲勝。本土派與自決派如今與選舉無緣，但其支持者顯而未有將全部選票轉交予姚松炎和李卓人。一些本土派人士提出「焦土論」，認為如今本土派既然無法參選，選舉政治對他們就失去意義：他們不願支持曾經抗拒本土的民主派人士。固有民主派的社運界的最大問題，是缺乏本土自決的意識，且對大中華文化有太多虛浮的情意結：如此他們遇到鳥籠的民主、設限的自決，卻為「階段性勝利」的迷思而忍辱委曲。本土派可以擺脫這種迷思，理當可以成為更好的民主派、更好的社運人士，甚至是更好的左翼。但他們卻因屢被忽視而憤慨不平，繼而將大部分精力用來批判既有在野派之不濟。除卻圍繞本土思潮的論爭，民主派內部亦充斥著各種路線之

159〈香港新議員「辱華」宣誓引發論戰〉，《BBC》中文網，2016年10月14日。

160《立場新聞》，2016年10月18日。

161《立場新聞》，2016年11月7日。

162《立場新聞》，2016年11月10日。

163〈香港立法會宣誓風波：高院裁定非建制四議員喪失議席〉，《BBC》中文網，2017年7月14日。

164〈劉小麗被裁定參選立法會九龍西補選提名無效〉，《香港電台》即時新聞，2018年10月12日。

165〈曾有望成香港史上最年輕議員，香港眾志周庭因主張「民主自決」失參選資格〉，《BBC》中文網，2018年1月27日。

爭，使其未能團結一致。李卓人和馮檢基至2018年末補選前一直未能協調，最終馮力排眾議堅持參選：如此即使是主流民主派的支持者，亦因種種內部鬥爭而失去投票意欲。

　　於2010年代冒起的香港國族意識，固然是團結民眾的重要力量，但就如托洛斯基在《俄國革命史》所言：「若沒有一個起領導作用的組織，群眾的能量就會像沒有導入活塞箱的蒸汽一般消散。但是推動事情前進的，畢竟不是活塞或箱子，而是蒸汽。」[166]香港在野陣營的前輩因種種偏見和情意結，未有正視香港國族意識是促進社會進步的必要力量，反倒讓中國有機會能盜用這股「蒸汽」借力打力。中國近年積極利用互聯網搜集大數據，使他們能比在野陣營後知後覺的領袖們更早洞悉其內部矛盾，以至是陣營內部各人之喜好和取態。中國潛伏於各派系圈子的內應，則以投其所好的方式激起派系矛盾[167]：他們使主流派相信本土派都是內鬼，使本土派以為溫和派都已向中國投誠。「恐怕薅稗子，連麥子也拔出來。」在野陣營因著對被滲透的恐懼，爭相把路線不同的派系打為中共的同路人，卻不知如此粗糙地割蓆，正好掉進中國銳實力的圈套，從而使在野陣營不斷分化。中國網軍不斷利用網絡演算法的漏洞推波助瀾，在互聯網上放大在野陣營的內部爭議，使各派系之間結下難以磨滅的私怨。而民眾見到在野陣營各領袖吵個不停，就對政治事務深感煩厭，使爭取民主自立的運動丟失群眾基礎。

　　比私怨更重要的，則是香港人前所未有的無力感：雨傘革命一無所獲，他們還可以退守社區、可以預備選舉；取消了資格，還可以變陣再選；但此後就是無盡的DQ[168]。部分香港人則將希望寄託在建制內的溫和派：財政司司長曾俊華於2016年12月辭職，並以溫和建制的姿態參與翌年

---

166 Trotsky, Leon (2008). *History of the Russian Revolution* (Trans. Max Eastman). Chicago: Haymarket Books. 在此感謝林怡廷之建言語。

167 〈沈伯洋談中國資訊戰威脅，籲正視已進入「戰爭狀態」〉，《上報》，2019年3月19日；〈網軍買粉專？沈伯洋揭中國從俄學來的73招〉，《新頭殼》，2019年4月6日。

168 英語 Disqualified 之簡稱。

的行政長官推選。他以「相信一個人，不如相信每一個人」爲口號，矢言要修補撕裂、團結香港，並成功爭取到部分民主派的諒解：但北京顯然無意採納其溫和路線，而北京屬意的林鄭月娥最終亦獲777位選舉委員支持而順利就職。[169]

在中國強勢主導下，政府以行政手段剝奪民眾僅有的選舉權，甚至開始以司法手段對付政敵，原先還值得信賴的司法制度和選舉制度，霎眼間都變成民眾之敵。香港人要面對的，是一場毫無勝算的戰役：對內，盡是無日無之路線之爭，老一輩始終未肯放下對本土思潮不公允的偏見，而新生代則完全對在野派的前輩失去耐性；對外，中國的威權卻日益壯大，既無意退讓、更無法敵擋。[170]

中國在習近平治下日趨高壓、對香港的干預亦日益高調。民眾在這種政治低氣壓中喘不過氣來，一度失去集合力量對抗強權的信心。香港人心中依舊抗拒帝國的壓迫，卻有好幾年無法找到反帝的著力點：如此他們暫且逃避政事、寄情山水。[171]但即或如此，他們還是未有忘記自己的獨特身分：在2018年底，有近三分之二香港人覺得自己是廣義香港人，有近四成人認爲自己是純粹香港人。而在年輕人當中，更只有不足一成認爲自己是廣義中國人。只要香港人能確認本土主體的身分，仍意識到自己還是香港人，因著對社群的委身而自我完善、重拾信任，也許我們仍能相信：憑一口氣、點一盞燈，念念不忘、必有迴響，有燈就有人。

在絕望中重新得力

在立法會宣誓風波後民心渙散，民主運動和社會運動均裹足不前。特

169〈從「我要眞普選」到「我要曾俊華」：「薯粉」諗緊乜？〉，《立場新聞》，2017年2月3日。

170〈香港選舉：立法會補選陳凱欣獲勝，民主派的撕裂，年輕人的困局〉，《BBC》中文網，2018年11月26日。

171〈由自信可改變未來到無力感彌漫，一班香港人的2014至2018〉，《立場新聞》，2018年5月17日；〈當一同關心時事的朋友，現在話題變成結婚生仔……〉，《立場新聞》，2018年5月22日。

區政府視之爲天賜良機，便以司法程序清算雨傘革命和魚蛋革命的參與者。當局對魚蛋革命參與者尤其嚴厲，有33位抗爭者被控暴動罪：根據《公安條例》，暴動罪最高刑罰爲監禁10年。過往的抗爭運動，抗爭者多被控非法集結罪，最高刑期爲5年，而裁判法院亦多不會將案件轉往高等法院，這意味實際刑期往往不會多於一年。[172]檢控當局顯然故意改控較重的罪名，案件最終亦須轉往高等法院裁決。

　　高等法院法官彭寶琴拒絕採納政治訴求爲求情因素，堅稱法律下只有守法和違法的黑白二分，於2018年6月11日判處承認襲警罪的梁天琦一項暴動罪成，判處6年監禁。同案的盧建民一項暴動罪成，則被判7年監禁，刑期是眾人之中最重。[173]容偉業襲警罪及兩項暴動罪成，惟因其輕度智障並患有自閉症，獲押後至2019年5月9日宣判。可是當日黃崇厚法官卻未有採納精神科報告，堅持容偉業不適合接受感化，判其即時入獄3年。[174]部分魚蛋革命參與者則決定流亡海外：比如李倩怡流亡臺灣，卻因臺灣未有接收難民的機制，如今只得在民權組織幫助下隱居。[175]而與梁天琦組成本土民主前線的黃台仰和李東昇，則逃往德國，並於2019年獲得政治庇護。[176]

　　在林鄭月娥當選翌日，警方即約見佔領中環運動的戴耀廷教授、陳健民教授、朱耀明牧師和邵家臻，雨傘革命期間的專上學生聯會常委張秀賢和鍾耀華、民主黨的李永達、公民黨的陳淑莊和社會民主連線的黃浩銘，並以「公眾妨擾」爲由起訴九人。[177]經過歷時近兩年的司法程序，西九龍裁判法院陳仲衡法官於2019年4月9日裁定九人罪成，等待24日宣判刑期。[178]最終戴耀廷和陳健民均被判囚十六個月，邵家臻和黃浩銘被判囚八

172《香港01》，2017年3月27日。
173《立場新聞》，2018年6月11日。
174《立場新聞》，2019年5月9日。
175《立場新聞》，2017年6月9日。
176 New York Times, 21st May 2019.
177《立場新聞》，2017年3月27日。
178《明報》，2019年4月10日。

個月，張秀賢被判處200小時社會服務令，其餘被告則緩刑2年。[179]

　　黃之鋒、羅冠聰和周永康於2014年9月26日發起重奪公民廣場，最終觸發雨傘革命，自然亦是被針對之對象。三人被控非法集結[180]，卻遇上比較仁慈的法官：他因感化報告正面，故讓周永康緩刑一年，而黃之鋒和羅冠聰則分別被判80和120小時社會服務令。[181]然而時任律政司司長袁國強卻肯定缺乏仁愛：他執掌的律政司以刑期過輕為由，先後向原審法官及上訴庭申請刑期覆核。[182]在2017年8月17日，上訴庭法官楊振權、潘兆初和彭偉昌一致批准律政司之覆核，裁定三人均須即時入獄，並判處六至八個月的刑期。當局為求使政敵入獄，可謂無所不用其極。[183]幸而終審法院於兩個月後准許三人保釋上訴[184]，並於翌年裁定上訴得直。[185]

　　然而，黃之鋒本人的牢獄之災尚未結束。在雨傘革命落幕前，黃於旺角佔領區清場時身處現場聲援抗爭者，因而被當局控以藐視法庭罪。黃之鋒承認控罪，並於2018年1月17日被判入獄三個月。[186]由於事發時黃只有18歲，他決定保釋並就刑期上訴，但在2019年5月16日潘兆初法官裁定黃須即時入獄兩個月。[187]在扣減假期後，黃之鋒最終於6月17日刑滿出獄。[188]

　　在野派連番受挫，抗爭民眾亦士氣低落，使中國及林鄭月娥的特區政府得意滿滿。他們以為已經成功瓦解香港的公民社會，躊躇滿志地要進一步推動港中融合。[189]部分親共派甚至開始帶風向，聲稱北京政權將透過釋

179《立場新聞》，2019年4月24日。

180《立場新聞》，2015年8月27日。

181《明報》，2016年8月16日。

182《立場新聞》，2016年9月21日；《明報》，2016年10月13日。

183《立場新聞》，2017年8月17日。

184《立場新聞》，2017年11月7日。

185《立場新聞》，2018年2月6日。

186《立場新聞》，2018年1月17日。

187《立場新聞》，2019年5月16日。

188《立場新聞》，2019年6月17日。

189 Noack, Rick and Shibani Mahtani (2019). "Hong Kong chief executive Carrie Lam's puzzling apology: Did Beijing blink? And, if so, why?" , *The Washington Post*, 19th June 2019.

法，繞過香港正當立法程序強推23條立法。[190]他們不知道這種傲慢，將會重新喚起香港人的自主意識，使他們陷入另一次認受危機。

這次歷史的轉捩點，卻在一件非關政治的命案。在2018年2月，陳同佳偕女友潘曉穎同遊臺灣，卻發現她疑似懷了第三者的孩子，遂獨自返回香港。臺灣警方其後於新北市竹圍發現潘曉穎的屍體，他們懷疑行兇者為陳同佳，卻無法要求香港當局引渡兇嫌。[191]事關香港的《逃犯條例》，明文規定不適用於「中華人民共和國及任何部分」。[192]訂立法案的英屬香港殖民地政府，和特區政府同樣基於一個中國原則，並不承認臺灣事實上乃獨立於中國的主權國家。臺灣既被視為中國的一部分，香港也沒法將疑犯引渡往臺灣。親中派議員伺機而動，民建聯的李慧琼和周浩鼎在2019年2月12日陪同潘曉穎的家人召開記者會，以堵塞漏洞之名要求修訂《逃犯條例》。特區政府一反常態，於翌日即公佈會就相關修訂展開諮詢，而諮詢期則只有20日。[193]這種快刀斬亂麻之做法，難免令人感到事有蹊蹺。

政府於諮詢期完結後提出的草案，則證實眾人之憂慮。草案剔除「中華人民共和國或其任何部分除外」的字眼，卻也將中國與法治國家等量齊觀。在草案通過後，只要表面證供成立，即使案情仍存在合理疑點，香港仍然必須引渡被中國通緝的疑犯。法院亦無權提出反證反對引渡。[194]但原有條例之所以做出相關規定，是因為在1992年立法時，殖民地政府「只與司法制度、刑罰制度、人權狀況達標的政府建立引渡關係」。[195]在主權移交前夕擔任英國外相的聶偉敬（Malcolm Rifkind）亦於《南華早報》撰文，指出原有條例之所以將中國排除在外，是要為香港的法治設置防火牆[196]：畢竟在立法時，中國才剛發生六四慘案、而實然獨立的臺灣亦未乃

190《香港01》，2019年4月8日。

191 香港《蘋果日報》，2018年3月13日。

192 香港法例第503章。

193《立場新聞》，2019年2月13日。

194 梁啓智（2019），〈通識導賞：《逃犯條例》帶來的隱患〉，《明報》，2019年4月14日。

195《立場新聞》，2019年5月3日。

196 Rifkind, Malcolm (2019). "There is no 'loophole' in Hong Kong's current extradition law. Rather, it provides a necessary firewall to protect the legal system," *South China Morning Post*, 4th June 2019.

全走出黨國體制的陰影。

　　到了2019年，中國的法治水平和人權狀況依舊了無寸進。即使草案的附表一並未將政治罪列為可引渡罪行，但中國政權過往卻曾動用刑事罪名打壓異己。雖然政府於3月底因商界壓力而將9項經濟罪行從附表一剔除[197]，但中國過往亦曾以刑事檢控處理商務及錢債糾紛；而在中國的國家資本主義體系，政府與企業的關係往往糾纏不清，如此其司法體系也是難稱得上是中立的仲裁者。[198]歸根究底，中國並無司法獨立的概念，而習近平在掌權後更再三強調黨國凌駕一切。習於2018年8月對中央全面依法治國委員會演講，就主張「要從中國國情和實際出發，走適合自己的法治道路，決不能照搬別國模式和做法，決不能走西方『憲政』、『三權鼎立』、『司法獨立』的路子」。[199]香港之所以能成為商貿與金融中心，是因為香港之司法管轄權與中國完全區隔。因為香港位處中國之旁，卻能隔絕中國之執法機關，港資及外資企業才會放心在香港的總部管理其中國業務，而逃避政治風險的中國企業才會放心到香港融資。政府之修訂案若然通過，香港賴以維生的前提就會蕩然無存。即使不是異見人士，在中國有業務商賈同樣也會人人自危。縱使未曾踏進中國半步，香港人只要用過中國的網絡服務，都有可能於境外干犯中國刑法。[200]在野派固然擔心新例侵害人權，但向來保守的香港商界亦對草案頗有微言。親商界的自由黨憂心草案通過後，就會訂立追溯期，甚至認為商界「緊張過23條」。[201]香港美國商會對草案大有保留[202]，而多國駐港領事亦於5月27日的立法會午宴，向議員表示不能理解政府急於修例的做法，部分領事亦擔心修例將損害法庭之保障能力。[203]

197 *New York Times*, 3rd April 2019.
198〈逃犯條例：香港各行各業表憂慮 揭示對中國政府的不信任〉，《BBC》中文網，2019年6月10日。
199 習近平（2019），〈加強黨對全面依法治國的領導〉，《求是》，2019年第4期。
200 梁啓智 2019。
201《香港01》，2019年3月4日；*New York Times*, 12th June 2019.
202《立場新聞》，2019年5月30日。
203《立場新聞》，2019年5月27日。

　　然而自信滿滿的政府卻力排眾議，堅持在4月3日將草案送往立法會首讀[204]，並於4月12日成立法案委員會。[205]法案委員會於4月17日首次開會，根據《議事規則》規定，民主黨的涂謹申因資歷最高，須主持會議直到委員會選出主席為止。在野派於會中拉布，透過提出章程問題拖延遴選委員會主席。如是者在17日和30日的兩次會議後，法案委員會仍未能選出主席。[206]為此40位建制派議員聯署，提出召開內務委員會特別會議，藉發指引讓建制派議員石禮謙主持會議。這個指引最終因36人支持、24人反對而獲通過。[207]

　　然而在野派議員卻認為內務委員會的指引並無約束力，他們指出《議事規則》76（11）條明言「除本議事規則另有規定外，任何法案委員會及其轄下小組委員會的行事方式及程序，由該委員會自行決定」，因此堅持讓涂謹申繼續主持法案委員會。[208]在5月6日的法案委員會會議前，石禮謙宣佈取消會議，但是涂謹申及在野派議員卻如常開會。法案委員會鬧雙胞，立法會祕書處未有嚴守中立。他們決定跟從石禮謙的指示，不單未有按常規列席會議，甚至還眨稱當日會議為非正式的議員集會。[209]之後涂謹申與石禮謙皆宣佈於5月11日召開下一次會議。在會議前一日，在野派議員留守會議廳，翌日涂謹申於上午8時半即宣佈開始會議。石禮謙及一眾建制派議員於上午9時趕到，想要阻止在野派的會議，結果爆發香港議會史上首次肢體衝突。[210]衝突引致多人受傷，新民主同盟的范國威疑被推跌而失去知覺，被送往瑪麗醫院急救。幸而他於留院觀察後，證實並無大礙。[211]5月14日的會議亦繼續鬧雙胞，不過這次石禮謙決定宣佈休會，未

204《香港01》，2019年4月3日。
205 Legco. Paper CB(2)1272/18-19
206《立場新聞》，2019年4月17日、4月30日。
207《香港01》，2019年5月4日。
208 Legco. Paper CB(2)1363/18-19(01)
209《立場新聞》，2019年5月6日。
210《立場新聞》，2019年5月11日。
211 香港《蘋果日報》，2019年5月13日。

【圖11】立法會於2019年5月11日爆發肢體衝突。

有再挑起事端。[212]

　　保安局局長李家超於5月20日致函立法會內務委員會，要求於6月12日恢復《逃犯條例》草案的二讀。[213]內務委員會於四日後通過取消法案委員會，直接展開二讀。[214]建制派議員欲以小修小補蒙混過關，於5月30日聯署提出要將引渡的刑期門檻從3年增至7年、而提出引渡的則必須為中央層級的司法機構。李家超於傍晚即火速答允請求，並宣佈將刑事恐嚇及部分性罪行剔出附件一的可引渡罪行名單。他指出未來可於引渡協定中加入保障公平審訊人權的條款，卻未能提出能保證中國遵守協定的機制。[215]這些修訂皆未能針對民眾的主要憂慮：中國的法治水平遠遠不及香港，縱使後者只是侷限重重的殖民地法治，但中國司法卻連基本的合約精神亦付之闕如。而7年的刑期門檻亦非充分的保障：比如中國刑法規定散佈謠言可判

212《立場新聞》，2019年5月14日。
213《香港01》，2019年5月14日。
214《立場新聞》，2019年5月24日。
215《香港01》，2019年5月30日。

囚7年，那麼曾在中國網站月旦時事的香港人仍有可能被轉交中國。[216]政府一直以潘曉穎案為修訂條例之理由，但特區政府又一直拒絕承認臺灣為獨立主權國家。倘若當局堅持只與中央層級的司法機關達成引渡協議，那又如何能在一個中國原則的前提下，將陳同佳引渡往臺灣受審？

政府及建制派始終以傲慢的態度面對質疑。林鄭月娥指出唯有修例，方能為潘曉穎的家人彰顯公義。[217]但香港大律師公會早已指出，只須仿效針對性侵案件的既有做法，將香港刑事法庭的管轄範圍伸延至境外，當局即可調查和審訊潘曉穎案。[218]然而，李家超卻指責法律界誤解方案。[219]新民黨的葉劉淑儀則嘲諷主婦們之所以反對草案，是因為她們擔心丈夫在中國金屋藏嬌，使他們會因重婚罪而被引渡。[220]

《逃犯條例》草案威脅著香港賴以維持的基礎，主事官員卻對民眾之憂慮視若無睹，如此再度激起香港人的憂患意識。如今香港人不論立場派別，也不得不重新振作，為家邦之存亡背水一戰。在6月9日，約103萬民眾響應民間人權陣線的呼籲上街抗爭，乃自1989年以來香港規模最大的遊行。[221]但政府此時依然一意孤行，甚至於深夜透過新聞稿宣佈將如期二讀。[222]翌日立法會主席梁君彥宣佈將於12日恢復二讀，期間只會預備61小時討論，預計20日即可表決。[223]一切就仿如遊行從未發生。尤有甚者，當部分抗爭者決定留守政府總部外，警方即動用催淚煙和胡椒噴霧對付群眾，並派出俗稱「速龍」的特別戰術小隊以盾牌和警棍擊打民眾，最終在10日凌晨將358名抗爭者重重包圍，並拘捕19人。[224]政權之麻木不仁，進一步激起眾人的怒火。市面看似恢復平靜，但網絡都在討論如何發起堵路

216《端傳媒》，2015年10月29日。

217 香港《蘋果日報》，2019年3月19日。

218《明報》，2019年3月5日。

219《立場新聞》，2019年6月6日。

220《明報》，2019年6月3日。

221《立場新聞》，2019年6月9日。

222 香港特別行政區政府新聞公報，2019年6月9日，23:07。

223《立場新聞》，2019年6月10日。

224《明報》，2019年6月10日。

抗爭，以至罷工、罷市和罷課。社會氣氛若如山雨欲來。

　　部分民眾於11日起以「野餐」為名，再次聚集在政府總部一帶。而基督徒阻隔警方及其他抗爭者，徹夜為香港祈禱，並不斷向警員頌唱《唱哈利路亞獻上主》。[225]到12日早上8點，抗爭者於聖詩聲中在政府總部外重新聚集，並開始在夏慤道與龍和道佔路抗爭。[226]警察執意鎮壓，向民眾連續發射150枚催淚彈、20個布袋彈，以及無計其數的橡膠子彈。[227]警察對付抗爭者的手法異常兇殘：有示威者頭部中彈，臥地不斷吐血；有通識科老師遭射中眼部，血如泉湧[228]；有第三期肺癌的抗爭者中槍倒地，警方卻千方百計要以暴動罪檢控。[229]即使部分抗爭者已於中信大廈外被圍困，警方仍向其發射不必要的催淚彈。[230]新聞工作者亦遭警察暴力對待，比如香港電台的外判司機遭催淚彈擊中頭部，使其心臟一度停頓。[231]警方甚至以各種手段騷擾受傷的抗爭者，他們利用公立醫院資訊系統的漏洞到急診室大肆搜捕[232]，甚至傳有警員截停救護車強行押走傷者。[233]

　　由於形勢丕變，立法會須取消該周餘下之會議，令二讀無法如期進行。警察暴力對待抗爭者以至記者的畫面登上各國報章之頭條，而此時中國正為與美國的貿易糾紛弄得焦頭爛額。美國國務卿蓬佩奧表示，總統川普將會在大阪舉行G20高峰會時，向習近平質詢《引渡條例》修訂之事宜。[234]而這次「反送中」的抗爭比雨傘革命靈活機動，他們達成使二讀停擺的目標，就決定暫時撤守，一方面是為求避免擾民，另一方面則暫時將精力放在社區宣傳。他們於深夜清理路上的垃圾後就結束佔路抗爭，只與

---

225 "'Sing Hallelujah to the Lord' an unlikely anthem of Hong Kong protests," Reuters, 18th June 2019, 6:52 pm.

226《立場新聞》，2019年6月12日。

227 香港《蘋果日報》，2019年6月14日。

228《立場新聞》，2019年6月12日。

229 香港《蘋果日報》，2019年6月15日。

230《立場新聞》，2019年6月18日。

231《香港電台》即時新聞，2019年6月12日，19:21

232 陳沛然（2019）。〈我們必需盡快堵塞洩露病人資料漏洞〉，《醫生爸爸愛足球》，2019年6月20日。

233 香港《蘋果日報》，2019年6月19日。

234 *South China Morning Post*, 20th June 2019.

徹夜祈禱的基督徒一起留守在政府總部外。民間人權陣線則宣佈將於16日再次發起遊行。[235]

在遊行前一日，林鄭月娥召開記者會，宣佈暫緩草案之二讀。然而她卻不肯提及具法定意義的「撤回」二字，被記者問及則支吾以對，輿論因而多認為這不過是緩兵之計。[236]就如民建聯的蔣麗芸議員於政論節目上表示，「稍遲少少，不是叫停止工作……稍遲一兩個月，盡量去解釋清楚……很多人未了解清楚逃犯條例」，只要待民怨消散，就可以重新展開草案之二讀。[237]而林鄭於記者會上的氣燄，非但未能釋疑，反倒令日怒火中燒。當晚梁凌杰穿上寫有「林鄭殺港，黑警冷血」的黃色雨衣，並展示「全面撤回送中，我們不是暴動，釋放學生傷者，林鄭下台，Help Hong Kong」的標語，爬上金鐘太古廣場高處決意死諫。民主黨的鄺俊宇議員趕赴現場，遊說梁返回安全位置，消防員亦抵達現場營救。然而梁仍於晚上9時墜下身亡，目睹一切的鄺俊宇大哭不止，而香港人從新聞得知後亦悲憤莫名。[238]翌日有二百萬身穿黑衣的民眾走上街頭，並於梁凌杰捨生的現場獻花致意，而這亦是香港史上規模最大的一次示威遊行。[239]

林鄭月娥於當晚透過新聞稿致歉[240]，並於18日召開記者會再次道歉，卻始終不肯明言撤回草案。抗爭者遂要求政府於20日下午5時前，完全撤回草案、不再指12日的抗爭為暴動、釋放被捕人士並撤銷檢控、以及追究警方濫權之作為。[241]然而政府並未於限期前做出回應。包括各大學學生會在內的抗爭者於21日再次堵路抗爭，並包圍警察總部及各政府部門。政府總部因抗爭暫停運作，而警察總部的警察及員工亦因而一度無法換班。[242]

---

235 香港《蘋果日報》，2019年6月13日。
236《立場新聞》，2019年6月15日。
237《時事全方位》，now新聞台，2019年6月21日。
238《香港01》，2019年6月15日。
239《立場新聞》，2019年6月16日。
240 香港特別行政區政府新聞公報，2019年6月16日，20:29
241《立場新聞》，2019年6月18日。
242《立場新聞》，2019年6月21日。

【圖12】抗爭者於2019年6月17日在行政長官辦公室外聚集，要求林鄭月娥現身對話。

抗爭者到24日再包圍稅務大樓，令稅務局須提早下班。[243]翌日抗爭者重返現場，卻未有再展開圍堵，而是向於稅務大樓的員工致歉，並向路人解釋他們何以挺身而出。[244]抗爭者似乎已於勇武抗暴與和平理性之間，找到合適的平衡點。在野派各陣營從雨傘革命學到教訓，主張「兄弟爬山、各自努力」，並以「不流血、不受傷、不被捕、不分化、不篤灰（按：不告密）、不割蓆」為抗爭行動綱領。

民間人權陣線則宣佈將於26日在愛丁堡廣場舉行集會，藉此在G20高峰會期間向世界展現香港人追求自由的意志[245]，到當晚則有逾萬名民眾參與集會。部分抗爭者會後再次圍堵警察總部，但這次在人數及組織皆不如21日的行動，而他們於日出前就被警方驅趕至修頓球場圍捕，有份發起這

243《立場新聞》，2019年6月24日。
244《立場新聞》，2019年6月25日。
245《立場新聞》，2019年6月21日。

次行動的楊逸朗則被控襲警。然而抗爭者未有因此洩氣，在27日早上抗爭者即移師中環律政中心外繼續示威，要求律政司司長鄭若驊釋放被捕抗爭者，並承諾不做檢控。鄭卻不願現身交代，當晚她本來答允在加拿大領事舉辦的活動中擔任嘉賓，卻為避開留守抗爭者而臨時爽約。待抗爭者於晚間逐漸離去後，鄭司長於晚上11時左右才悻然離場。[246]而在28日及29日晚，都有抗爭者聚集在中國佔領軍總部外的海旁，抗議議會在建制派主導下粗疏地將公共休憩用地劃歸軍用。[247]令人傷感的是，在29日和30日盧曉欣和鄔幸恩先後步梁凌杰的後塵，以生命控訴政權的不仁不義。[248]

　　在7月1日主權移交22週年那天凌晨，悲憤的抗爭者重新於金鐘聚集，並於中午起衝擊立法會。民間人權陣線於當日下午舉行的七一大遊行則有55萬人參與，部分民眾遊行後即前往立法會外聲援，使立法會發出有史以來首次紅色警戒。抗爭者於晚上9時半闖進立法會會議廳，矢言要以臺灣太陽花學運為榜樣，並發表《香港人抗爭宣言》。抗爭者於宣言中提出五大訴求：正式撤回逃犯修例修訂案、收回將抗爭視為暴動之定性、撤銷對抗爭者之控罪、徹底追究警隊濫權情況，以及全面實行普選。[249]前香港大學《學苑》總編輯、華盛頓大學政治系博士生梁繼平在台上宣讀聲明時，特意除下面罩表露身分，並呼籲民眾加入佔領立法會的行動：

> 所以現在我們整個運動是不能割蓆。我們要贏，就一起繼續贏下去。要輸，我們就要輸十年。我們整個公民社會，我們整個公民社會是會有十年永不翻身。我們的學生會被捕，我們的領袖會被捕。所以這次我們要贏就一定要一起贏……我取下口罩是想讓大家知道，其實我們香港人真是沒有東西可以再輸了。我們香港人真是不可以再輸了。當我們再輸，是十年。你們想想看，十年。我們的公

246《立場新聞》，2019年6月27日。
247《立場新聞》，2019年6月29日。
248《立場新聞》，2019年6月29、30日。
249《立場新聞》，2019年7月1日。

民社會就會一沉百踩。[250]

當局於2日凌晨派防暴警察反攻，而抗爭者則有秩序地和平撤退。[251]為了捍衛應得的自由、幸福和尊嚴，眾志成城的香港人未肯輕易言敗。

而抗爭者亦未忘要爭取國際支持。約1,500位抗爭者於26日早上走遍19國領事館，呼籲各國就香港問題於高峰會期間向中國施壓。[252]而在之前那天，網民於6小時內即籌到逾300萬港元，並於27日大阪G20峰會舉行那天，於《紐約時報》、《華盛頓郵報》、《金融時報》、《南德意志報》、《朝日新聞》、《韓國日報》等歐美日韓主要報章刊登聲援抗爭的廣告。[253]雖然中國斷言不會在高峰會討論香港問題，但此時已展開近一個月的抗爭，已清晰地向世人展現 Hong Kong is not China。與此同時，中國銳實力的海外擴張，亦已經引起各國之警覺。當中又以身為東道主的日本首相安倍晉三最為直白。他在27日會見習近平時，重申在一國兩制之下，自由與開放對於香港繁榮發展至為重要。隨行的日本官員表示，安倍關切《逃犯條例》修訂是否已經實際廢除。[254]雖然高峰會各參與國難免會先關注自身的議題，但安倍之發言仍可視為良好的開始。而旅居海外的港僑，亦有舉辦多場遊行聲援香港的抗爭。[255]香港的反送中抗爭亦串連起日本的公民社會，使後者跳脫昔日不是親中就是右翼的迷思，開始改以邊陲抵抗大國的框架思索東亞社會運動之前路。[256]

截稿之際[257]，尚未知抗爭之終局將會如何。林鄭月娥顯然只是採取緩兵之計：她雖然口頭上道歉，卻在會見警察協會時讚揚警方專業和克

---

250 梁繼平發言之全文，參：《香港01》，2019年7月5日。

251《立場新聞》，2019年7月2日。

252《立場新聞》，2019年6月26日。

253《立場新聞》，2019年6月26日。

254《每日新聞》即時新聞，2019年6月27日，23:20。

255 香港《壹週刊》，2019年6月8日。

256 許仁碩（2019）。〈日本撐香港：反送中與大國威權下的「社運結盟」，《轉角國際》，2019年6月28日。

257 本人在參與遊行後回家，並於2019年7月2日凌晨交稿。

制[258]；她於會見人大和政協代表時，亦表示不會答應不起訴抗爭者、不會成立獨立委員會調查警方濫權，並強調自己不會下臺。[259]親共派議員何君堯則以群眾鬥群眾的方式，於30日召集逾萬位親共分子到政府總部外集會支持警方，又招來譚詠麟、鍾鎮濤、陳欣健等過氣藝人到場致辭煽動民粹。梁家輝貴為影帝，卻未懂愛惜羽毛，竟也到場附和不肖藝人之盲動。這群親中媚共之輩口口聲聲維護法紀，舉止卻盡是粗鄙不文。他們見到反送中抗爭者和新聞工作者，就恃勢凌人地動手動腳，甚至連路過的民主派議員林卓廷亦遭暴徒圍毆。[260]抗爭者於7月1日衝擊和佔領立法會後，政府及建制派嚴辭指責，完全沒有與民眾妥協之打算。[261]香港此刻正要走上歷史的十字路口。

　　然而2019年6月香港人的集體抗命，顯然進一步鞏固其命運共同體之意識。根據香港大學民意研究計畫在6月17至20日的調查，有過半數受訪者認為自己是純粹香港人，認為自己是廣義香港人的有76.4%，只有不足四分之一受訪者認為自己是廣義中國人。而在未足30歲的受訪者中，有四分之三認為自己是純粹香港人、有92.5%認為自己是廣義香港人，認為自己是廣義中國人的只有6.9%。香港就這樣在《唱哈利路亞獻上主》的歌聲中，彰顯著至善至美的榮耀，勉力走上國族建構的義路。縱然沒有任何人能應許天色常藍、花香常漫：也許當局將趁G20峰會的風聲過後，就會對抗爭者進行大清算。但香港人既已懂得渴求獨立自尊的滋味，也許就能基於對家邦的熱愛和真誠，咬緊牙關走向那應許之地。

258《立場新聞》，2019年6月27日。
259《經濟日報》，2019年6月28日。
260《立場新聞》，2019年6月30日。
261《立場新聞》，2019年7月1日。

第五章

告別虛擬都會主義
重拾香港國族之主體

　　在2012年的某場婚宴，多年沒見的中學同學聚著一堂，閒話家常。說著說著，就議論起社會時事。此時一位微胖的同學，忽然以格外感性的聲調提問，說：「大家覺不覺得香港其實是一塊福地？」那一年他剛當上某位高官的政治顧問，在最近幾年他事業有成，可稱得上是全香港首屈一指的政治公關。本人明白他想要盡忠職守，但大家都是廿多年的老同學，也無須如此造作吧？

　　「香港是福地」雖是老掉牙之說法，卻還算是合乎事實。戰後香港雖受英國殖民，卻能獲得良好管治。與東亞各國相比，香港社會氣氛相對寬鬆自由。在1980年代之前，觀乎整個東亞，也只有香港和日本能稱得上是自由國家。在經濟層面，香港更歷經連續十年的經濟奇蹟。香港的人均國民生產總值，在1960年為429美元，之後倍增至1970年的960美元、1980年的5,700美元，到1990年則達13,486美元。香港的經濟發展僅次於日本，因此能與東亞的臺灣和大韓民國以及東南亞的新加坡同列為「亞洲四小龍」（下頁圖1）。

　　民眾之生活，於戰後幾十年亦隨之改善。香港於1990年之人類發展指數為0.781，屬高等水平，略低於日本，遠高於北方的強鄰（下頁圖2）。此乃戰後45年來不斷改善之成果。香港的平均預期壽命從1961年的68歲，增至1976年的73歲，到1991年則為78歲（下二頁圖3）。於1961年，超過

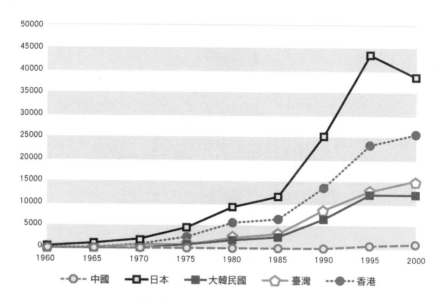

【圖1】 東亞五國之人均國民生產總值

資料來源： 臺灣相關數據取自中華民國統計資訊網（http://www.stat.gov.tw/），其
餘數據取自世界銀行公開資訊網站（http://data.worldbank.org/）。

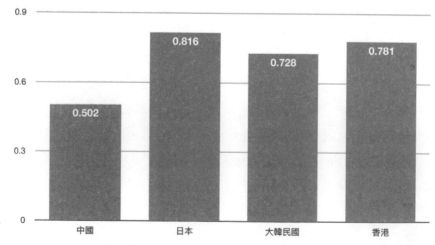

【圖2】 東亞四國之人類發展指數（1990年）

資料來源： 聯合國發展計畫（http://hdr.undp.org/）。由於臺灣既非聯合國成員，
亦非聯合國成員之屬土，故聯合國發展計畫未有臺灣之數據。據臺灣經
濟部統計處之推算，臺灣於1992年的人類發展指數為0.837。

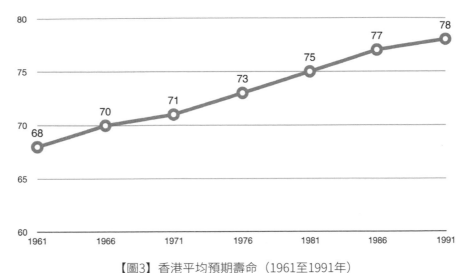

【圖3】香港平均預期壽命（1961至1991年）
資料來源：世界銀行數據（http://data.worldbank.org/）。

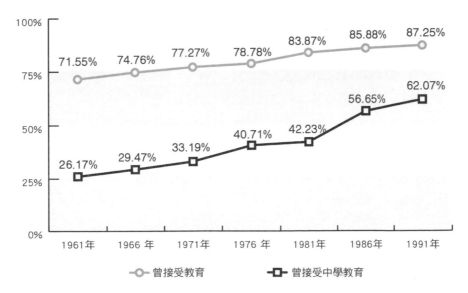

【圖4】香港教育普及程度（1961至1991年）
資料來源：香港統計年報之數據。

七成香港人曾接受過制式教育，並持續增加至1991年之87.25%。中學教育之普及化則更爲矚目：在1961年，只有略多於四分之一香港人曾接受中學教育，這比率於1976年增至40.71%，到1991年則爲62.07%（上頁圖4）。雖然香港一直受殖民統治，但香港人於戰後能於相對寬鬆的環境下持續改善生活。若與東亞各國比較，也許只有日本人能活得比香港人幸福。

毫無代價唱最幸福的歌

在陳可辛監製、陳德森執導的《十月圍城》中，有一句這樣的對白：「欲求文明之幸福，不得不經文明的痛苦，這痛苦就是革命。」戰後香港人卻未經文明之痛苦，就盡享文明之幸福果實。**香港之善治，不是源自民眾之抗爭，而是戰後特殊地緣政治之產物**。自英國人於1841年在香港開埠後，香港即處於帝國間的狹縫。嶺南文明於過往二千餘年都受東亞大陸帝國侵蝕，如今大英帝國在香港打開一度缺口，讓嶺南文明能擺脫中土的枷鎖自由發展。香港處大陸之外、位大陸之旁，亦因此成爲大陸帝國異見者之避難所。到了20世紀，逃避中國國族建構的民眾，或是與黨國競爭落敗的政壇輸家，紛紛以香港爲避秦之桃花源。[1]中國於1949年赤化，嶺南文明、民國遺民以及國共皆反的第三勢力[2]皆不得不遷往香港安身立命。而香港亦因冷戰之緣故，與北鄰的共產中國區隔起來。

由於新界的租約將於1997年到期，英國方面於戰後爲延續治權籌謀，港督楊慕琦曾計畫透過民主化換取香港人對大英帝國之忠誠。但隨著東亞大陸情勢丕變，相關建議就遭繼任的葛量洪在工商精英的遊說下束之高閣。[3]而中國軍力於赤化後急速擴張，並透過一連串的政治運動鞏固黨

1　Carroll, John M.(2007). *Edge of Empires: Chinese Elites and British Colonials in Hong Kong*. Hong Kong: Hong Kong University Press.

2　余英時（2018），《余英時回憶錄》，臺北：允晨文化，頁124-149。

3　Tsang, Steve (1988). *Democracy Shelved: Great Britain, China, and Attempts at Constitutional Reform in Hong Kong, 1945-1952*. Oxford: Oxford University Press.

國對社會各角落之控制。**如此香港政府的施政，既要顧慮北方強鄰之反應，又要提防鄰國煽動香港人之反英情緒**。然而，中國於出兵入侵韓半島後，就遭西方國家經濟制裁。是以中國只能按「充分利用、長期打算」的方針，暫且容忍英國管治香港，並以香港爲換取外匯的窗口。在這種特殊地緣政治氛圍，英中兩大帝國在1997年前達成某種脆弱的權力制衡。英國殖民地政權一方面擋住中國對香港的介入，另一方面亦因中國因素而投鼠忌器。《英皇制誥》雖賦與港督不受制衡的權力，但殖民地政府在大部分時間都會自我約束，在施政上盡可能顧及民情。[4]而限制人身及言論自由的條例，則多備而不用，主要用來針對國共兩黨等外來勢力。雖然侵害人權之事偶爾發生，但畢竟於黨國體制下的全面社會控制，或是軍人政權的暴力政治不可同日而語。除此以外，大英帝國亦有主張因地制宜的政治傳統。如此香港的殖民地官員不時爲香港之社會利益，而與宗主國的政府抗衡。[5]

　　香港引以爲傲的公營房屋政策，正正就是因帝國角力而催生之德政。由於大英帝國一直將香港定位爲轉口貿易的自由港，殖民地政府因而奉行低度干預的小政府政策，與政府合作的商界精英亦反對將稅金用來擴充公共服務。戰後東亞大陸局勢持續動盪，大批渡來人出國定居香港，因住屋不足而於市區邊緣搭建寮屋棲身。由於寮屋區居住環境惡劣，且不時遭受祝融之災，國共兩黨執迷於故土收復主義的駐港人員就趁機以濟貧之名組織民眾。1948年1月，警方意圖驅逐九龍寨城的寮屋居民展開清拆，卻與民眾肢體衝突。民眾指寨城本應是中國在香港的飛地，並一直就收地糾紛向國民黨政府申訴。而廣州民眾在國民黨默許下，遊行到沙面，並向英國領事館及英資商行縱火。最終政府只得放手，讓居民自行管理城寨這三不

4　Tsang, Steve (2004). *A Modern History of Hong Kong*. Hong Kong: Hong Kong University Press.

5　Goodstadt, Leo F. (2005). *Uneasy Partners: The Conflict Between Public Interest and Private Profit in Hong Kong*. Hong Kong: Hong Kong University Press; Tsang, Steve (2007). *Governing Hong Kong: Administrative Officers from the Nineteenth Century to the Handover to China, 1862-1997*. Hong Kong: Hong Kong University Press.

管地帶。1951年11月東頭村大火，此時中國已經赤化，並忙於入侵韓半島支援金日成政權。然而中共仍在廣州組織慰問團，並於翌年3月1日出發，只是列車到達粉嶺站，警方就不准訪問團繼續前行。親共人士組織民眾到尖沙咀總站迎接慰問團，民眾苦等半天就鼓噪起來，襲擊警員及西方人，並縱火搶掠。

殖民地政府深知房屋問題若未有解決，就會打開讓中國各方勢力介入香港事務的缺口。當香港庫房於1948年脫離倫敦財政部獨立後，主事官員就籌備興建公營房屋。但行政立法兩局的商界代表諸多阻撓，新履任的港督葛量洪亦傾向同情商人。但隨後寮屋區火災頻生，令國共兩黨勢力伺機招攬民眾，政府不得不以更進取的方式解決房屋問題。1953至1954年在石硤尾、大坑東和李鄭屋連續爆發三場大火，政府因而抵住商界壓力，展開大規模興建徙置大廈之政策。[6]此後政府除興建安置寮屋居民的徙置大廈，亦設立讓基層民眾租住的廉租屋。在8年後的1962年，香港有近八分之一人口住在徙置大廈或廉租屋，到1970年代這比率就一直維持在四成左右（下頁圖5）。而公營房屋單位數目，在1962年為8萬餘，到1976年則倍增至36萬。在1978年，政府更推出居者有其屋計畫，讓新興下層中產階級能以較低價格購置樓房。在1991年，就已建成12萬餘的居屋單位（下頁圖6）。

到1970年代，殖民地政府意識到英中兩國將要為香港於1997年後的主權問題談判。亦因如此，他們意識到必須以改革爭取民眾之認同。於1971年履新的港督麥理浩向外相何謨（Alec Douglas-Home）表示：

> ……本政府必須得到市民的贊同而施政，而同時它是沒有得到選舉制度協助而管治。假如我們要維持民眾的認同和支持，不單要滿足他們之合理訴求，亦要使他們覺得訴求之所以能達成，是因為政府

6　Smart, Alan (2006). *The Shek Kip Mei Myth: Squatters, Fires and Colonial Rule in Hong Kong, 1950-1963*. Hong Kong: Hong Kong University Press.

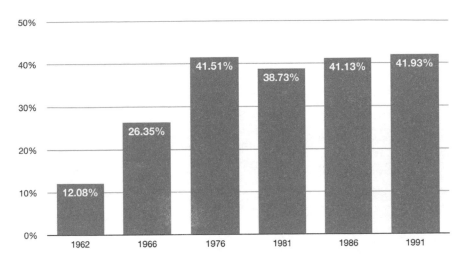

【圖5】公營房屋租客佔人口比例（1962至1991年）
資料來源：香港統計年報。

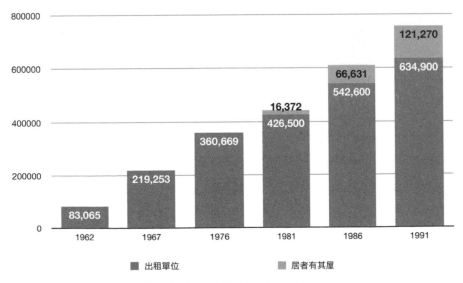

【圖6】公營房屋單位數目（1962至1991年）
資料來源：香港統計年報、香港房屋委員會年報。

真誠地（以急民所急爲）目標。[7]

而改革的另一個目標，是要將香港變成一隻生金蛋的鵝，使中國出於經濟實利維持香港獨特地位。爲此殖民地政府須要：

> ……盡辦法把香港建設成有國際地位，具備優質教育、科技與文化，設有優良工商財經設備的模範城市；如此中國能從中得益，又顧慮到實質利益與自身國內條件，就會不願收回香港。這樣可爭取更多時間讓中國形勢演變，甚至令中國政府考慮日後在其主權下繼續香港之特殊地位，如此可某程度保障民眾之生活方式、以及英國和其他國家在這殖民地之利益。[8]

殖民地政府於1970年代起，在財政司夏鼎基主導下採用「積極不干預」的經濟政策。所謂「不干預」，是指政府沿用昔日自由港政策，既不干涉企業間的自由競爭，亦不會由上而下地規劃香港的產業發展。然而，政府卻會積極地以政策支援企業間的自由競爭，以秩序維持者的角色防治市場失效之問題，並彌補因溢出效應而造成的社會成本。[9]1970年代之香港基建，可說是政府積極政策之體現。英國於1898年租借新界，其動機主要爲防衛需要，而非要擴展香港腹地，故一直按間接統治之原則將九龍山脈以北的新界與市區分開管治。[10]戰後初期設於荃灣的工業市鎮，建於接近九龍的填海地，但到1970年代，政府以換地權益書收回新界地主之土地[11]，先是大規模擴建荃灣新市鎮、然後於九廣鐵路沿線以及西北的屯門、元朗興建多個新市鎮。這些市鎮均設有工業用地，在大埔亦建成可容

---

7   FCO 40/439: Murray MacLehose to the Rt. Hon. Sir Alec Douglas-Home, KT, MP, 1 January 1973.

8   FCO/547: Hong Kong Objective, 1974.

9   *Hong Kong 1977: Report for the year 1976*, p. 11.

10   Hayes, James (2006). *The Great Difference: Hong Kong's New Territories and Its People, 1898-2004*. Hong Kong: Hong Kong University Press.

11   Poon, Alice (2011). *Land and the Ruling Class in Hong Kong*. Richmond, BC: A. Poon.

納大型廠房的工業村。葵涌貨櫃碼頭於1972年啓用，隨後一直擴建，到1980年代一度成爲世界最繁忙的港口。同期興建的地鐵，則將行政中樞所在的中環，與荃灣和觀塘這兩大工業區連在一起。而九廣鐵路亦雙軌化、電氣化、捷運化，並成爲連接新界東各新市鎮的大動脈。

　　殖民地政府爲改革擴充公務員體系之規模，並設立更多公共服務部門。[12]雖然政府始終堅持量入爲出的保守財政，但還是大幅增加用在公共服務的開支。香港之社會服務一直靠志願團體募費經營，其中一個做法是給予基督教傳教組織土地及財務優惠，鼓勵傳教士透過社會服務傳揚福音。[13]政府於1973年發表《香港社會福利未來發展計劃白皮書》，計畫以公帑給予志願團體補助金，並設置社會福利諮詢委員會促進各志願團體與政府間的協調，如此變相擴大公營社會服務之規模。政府之社會福利開支自此幾何式增長，在1971年相關開支爲3,563萬港元，到1976年增至逾3億，到1986年再增至近23億（下頁圖7）。除此以外，政府亦提出「十年建屋計畫」，一方面改善公營房屋之設備及環境配套，另一方面則期望能於1982年前爲180萬人提供優質公營房屋單位：縱使最終政府要到1987年才達至150萬人之指標。除此以外，政府亦發表《教育改革綠皮書》，並於1978年落實涵蓋小學及初中的九年免費義務教育。與此同時，政府亦擴大公營醫療服務之規模，並於1974年決定讓香港中文大學開設香港第二座醫學院。這些社會政策有效減低香港人之生活成本，間接地資助香港工業發展。由於生活指數不高，企業可以有壓低工資增長的空間，這一方面促進勞動密集之工業發展，另一方面則令中小企業更易維持。縱然政府未有立法保障勞工權益，但民眾生活也能夠隨公共服務擴展得以改善，如此在某程度上預防勞資糾紛。[14]

12　Scott, Ian (1989). *Political Change and the Crisis of Legitimacy in Hong Kong*. Honolulu: University of Hawaii Press.

13　Leung, Beatrice and Shun-hing Chan (2003). *Changing Church and State Relations in Hong Kong, 1950-2000*. Hong Kong: Hong Kong University Press.

14　Castells, M., L. Goh and R.Y.-W. Kwok (1990). *The Shek Kip Mei Syndrome: Economic Development and Public Housing in Hong Kong and Singapore*. London: Pion.

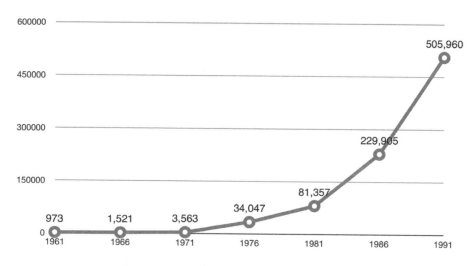

【圖7】香港社會福利開支（1961至1991年）
資料來源：香港統計年報，香港社會福利署年報。

　　除此以外，殖民地政府於1970年代亦嘗試在不改變政治制度的前提下，儘可能拉近政府與民眾的距離。香港政府以往主張官民互不干涉的政策，一方面將參政權侷限在有緣加入諮詢組織的社會賢達，另一方面則以低度干預的政策避免干涉民眾之生活。政府自覺身為外來政權，擔心過於積極的政策會有漠視民俗之虞，寧可轉折地暗助民間志願團體提供公共服務。但這種老派作風顯然與急速發展的戰後香港脫節：此時政府已不得不以公權力回應種種社會問題。1966年反對天星小輪加價的社會抗爭及隨之而來的騷動，無疑是對政府之一頭棒喝：這次事件的起因，並非源自國共兩黨等外來介入，而是憤恨社會不公的本土青年之自發行動。政府在1968年起於各地區設立民政處，讓民政主任收集轄區民眾之意見，並嘗試與其他政府部門協調解決民生問題，而各社區亦會在民政處協調下成立互助委員會，讓民選代表在民政主任引導下管理社區事務。如此則令官民之間的接觸點伸延到個別大樓內，並將各社區的意見領袖納為配合施政的伙伴。[15]

15　King, Ambrose Yeo-chi (1975). "Administrative Absorption of Politics in Hong Kong: Emphasis on the

也許更重要的，是殖民地政府於1970年代成功根治官員貪污之問題。基層官吏對民眾態度欠佳，又有苛索賄賂之陋規。政府於1966年騷動後的檢討，亦清楚指出此乃民怨最主要來源。[16]隨後政府於警察部成立反貪部，並於1970年代初達到一定成效。然而警察部一直為貪污重災區，亦發生過涉貪英籍警司棄保潛逃之醜聞，使民眾無法相信政府肅貪倡廉之決心。港督麥理浩於1973年10月高調宣佈成立直隸港督的廉政公署，並委任一直主張嚴打貪污的姬達為廉政專員。此後廉政公署以警隊內集團式貪污為首要打擊對象，解決民眾最憤恨的濫用警權謀利陋習。廉政公署亦仿效民政處的做法，在各社區設立社區關係處，還特意將辦事處設在民居或商鋪附近，消弭「生不入官門」之傳統觀念。除此以外，社區關係處的宣傳組則向民眾宣傳反貪訊息，並在傳媒播放廣告，鼓勵民眾到辦事處或打電話舉報貪污。[17]舉報貪官，不只是民眾的權利，亦被視為其責任。這種宣傳可引伸至兩重含意：民眾有監督官員之權責，而官員則當是為民眾服務之公僕。如此可說是民權意識之啟蒙。

殖民地政府將1970年代的管治作風稱之為「諮詢式民主」。那實情與真正的民主沾不上邊，只是政府會用盡各種諮詢機制主動地偵察民意，並趁民怨未發酵即以政策補救。如此社會改革的主導權就能由政府一手掌握，而日趨頻密的社會運動則多於政府設定的議題框架下抗爭。雖然香港戰後社會運動日益活躍，民間亦有爭取民主之訴求，但大部分的抗爭都涉及各種零散的權益，抗爭者亦顧忌國共兩黨等外來勢力而擺出非政治化的姿態。[18]如此社會抗爭一直都未能串連，未能發展成1980年代那種爭取政制改革的全民運動。抗爭者不滿政府施政，卻反倒因抗爭而與政府建立某種共生關係：由於政府能主動回應民意，民眾逐漸覺得抗爭會有成效，而

Grass Roots Level," *Asian Survey,* 15(5):422-439; Scott 1989.

16　HKRS 742-15-22: The Government in Hong Kong: Basic Policies and Methods.

17　葉健民（2014），《靜默革命：香港廉政百年共業》，香港：中華書局。

18　Lam, Wai Man (2004). *Understanding the Political Culture of Hong Kong: The Paradox of Activism and Depoliticization.* Armonk, NY: M.E. Sharpe.

政府亦會聆聽其聲音。他們會繼續向政府申訴陳情，但這亦意味民眾已潛意識地將殖民地政府視為自己的政府。社會抗爭的焦點，亦傾向放在既有政策該如何改善和實踐，也即是已默認政府管治之合法性。[19]

缺乏主體性的香港認同

在大一統黨國主義於1928年後席捲東亞大陸後，香港成為世上少數能讓嶺南文明自由發揮的地方。共產黨於1949年成立中華人民共和國後，香港與中國之間實行邊界管制，而兩地社會發展亦有雲泥之別。港中兩地之政治分野，使兩地民眾各自得享不同的公共財，從而有著南轅北轍的生命歷程。這樣就使香港民眾自覺為與中國有異的命運共同體。[20]親共派於1967年受中國文化大革命的氛圍鼓舞，以恐怖主義手段策動意欲顛覆殖民地政府的暴亂，更令香港人抗拒北方的強權。[21]隨著香港經濟起飛，社會環境又比以往大幅改善，再加上潮流文化之興起，使香港人對自己的獨特身分更引以為傲。香港既然不是中國，民眾就無須隨國共兩黨起舞。香港人雖多來自東亞大陸的渡來人，但他們移民香港，就是要逃避國共兩黨透過黨國體制進行的大一統國族建構。在英國的庇護下擺脫中華人民共和國及中華民國，在兩個中國以外選擇第三條道路，乃香港之主流民意。[22]香港人想像世界中的社會，就是深圳河以南的三十里華麗江山，而不會是其他地方。

這種本土意識與香港國族主義只有一步之遙，唯獨欠缺國族建構所必須的主體性：**也就是說，在1970年代香港只算是自在的國族（nation in itself），還未是自為的國族（nation for itself）**。殖民地政府「諮詢式民

19　呂大樂（2012），《那似曾相識的七十年代》，香港：中華書局。

20　鄭宏泰、黃紹倫（2004），《香港身份證透視》，香港：三聯書店。

21　冼玉儀（1995），〈六十年代：歷史概覽〉，田邁修（Matthew Turner）、顏淑芬編，《香港六十年代：身份，文化認同與設計》，香港：香港藝術中心。

22　呂大樂 2012。

主」的統治手法，令不少香港人誤以爲只須仰賴當權者的善意，就得享善治、抱緊自由：他們不知道殖民地政府之權力是因脆弱的地緣政治格局才受到制衡，亦不瞭解唯獨公民參與和民主制度方能達成可持續的權力制衡。即使是積極參與社會運動之香港人，亦會視政府聆聽民意爲理所當然，迷信以對話代替對抗，亦即是後來被嘲爲「和理非非」[23]的溫吞作風。他們不知道香港政府正承受來自倫敦和中國的雙重壓力，如此縱使社運人士高舉和諧旗幟施壓乏力，殖民地政府也不得不放下身段聆聽民意。實情這種相信政府善意，又抗拒以進取手法施壓的和諧抗爭法，顯而是不可持續的。

而「積極不干預」的話術，則使香港人將戰後香港之成就，都視之爲個人努力的成果，認爲政治與成就毫無關係。即使他們後來多偏好民主政制，卻不願投入各種爭取民主化的政治抗爭。他們的本土身分意識，因此比較貼近勝利球迷的思維。事實上，當香港前景於1980年代至1997年之間變得不明朗之際，以數十萬計的中產民眾遠走他鄉，移民的人比參與民主運動的民眾多很多。[24]至於基層民眾，或是受不公政策影響的貧民，卻因經濟起飛而深信自己將有出頭天，同樣會相信去政治化的個人拼搏論。[25]香港有難之時，選擇移民者眾，代表他們缺乏對香港人群體之委身。那麼這些人決定出賣香港，或是以事大主義改變自己忠誠的對象，亦是可以預期的。

由於一切的美好都不是民眾爭取過來的，民眾因此還未有「自己香港自己救」的主體性。他們多視香港人的身分爲一堆曖昧的混雜，比如稱香港爲華洋雜處之地，或是強調香港人是中國「阿燦」有別的「另類中華」（Alternative Chinese）。香港作家西西於1979年出版《我城》，把香港人

---

23 即「和平、理性、非暴力、非粗口（不說髒話）」之簡稱。

24 Lui, Tai-lok (2003). "Rearguard Politics: Hong Kong's Middle Class," *The Developing Economies*, XLI-2:161-183.

25 呂大樂、王志錚（2003），《香港中產階級處境觀察》，香港：三聯書店。

描述爲沒有國籍，「原來是一個只有城籍的人」。[26]香港人傾向消極地說明「香港人不是什麼」，卻未能正面主張「香港是什麼」，在論及香港獨特文化之時，又傾向自我矮化，將本土文化貶視爲東拼西湊而不能登大雅之堂。比如大學講師劉紹麟曾撰文指出香港身分只有消極主張的問題，可是筆鋒一轉，卻批評本土意識缺乏文化內涵：

> 香港不是法國餐館，而是港式茶餐廳，法國餐館源自其深厚文化傳統，不賣法國大餐以外的食品，港式茶餐廳的特色就是什麼也賣，香港的特色，就是沒有什麼特色。[27]

這講法的潛臺詞，就是要否認香港人是獨特文化群體，繼而輕蔑地否定香港成爲獨立國族的資格。劉君於文中強調「深厚文化傳統」，卻對歷史一無所知，不知世上各個偉大文明都經歷過「什麼也賣」的階段。從某角度看，法國菜是山寨版的意大利菜，意大利菜又模仿近東和中東的地中海菜，之餘此類。羅馬人抄襲伊特拉斯坎，伊特拉斯坎抄襲希臘，希臘人又抄襲腓尼基和埃及，但全都是偉大而獨特的文明。人類學大師巴特（Fredrik Barth）早指出族群的分界，並不由群體的文化特徵決定，而是取決於群體如何詮釋其共同文化。而詮釋本身，則是社會政治因素之產物。[28]因爲某族群的文化特徵與鄰族相近，就生硬地否定其獨特身分，正好犯上近代人類學的破門禁忌，只會被人類學家及民俗學家輪流打臉。眞正的人類學、民俗學研究，必須掌握社會權力之運作，抽絲剝繭地於同中求異，從而找出族群深層次的獨特性格。用在香港的情況，就當以溫情與敬意正視香港之獨特，再以整理國故的功夫歸納香港文化之特性，然後才思索如何將族群之精神發揚光大。自我矮化又潑人冷水，不過是自甘爲奴

26 西西（1979），《我城》，香港：素葉。

27 劉紹麟（2015），〈「非大陸」：本土意識的局限〉，《明報》，2015年3月14日。

28 Barth, Fredrik (1969). "Introduction" in Fredrik Barth ed., *Ethnic Groups and Boundaries: The Social Organization of Culture Difference*. Boston: Little, Brown and Company, pp. 9-38.

的人以青年導師的姿態推行奴化教育吧。

　　香港人自覺有異於東亞大陸，深知兩地民眾在生命歷程上會遭遇兩種不同的共同命運。然而，他們既不願為香港公民抗爭盡一分力，又會將自己的文化生活矮化為東西交匯的大雜燴。這樣他們也就不願為自己的社會界定邊界，也不敢將所屬的社會群體定義為政治實體。他們只曖昧地頌讚「我城」，將香港想像成海容百川的國際大都會，把自己幻想成傲遊四海的無根草。他們以消費的心態，購買世界各國的物產，享用林林總總的國際文化。他們沒想過如何以獨一無二的香港文化貢獻整個世界，亦不知道若非地緣政治的保護，他們只會因帝國獨大而化多元為一元。若不是有堅實的文化政治共同體，那就會失去與外國交流的基礎，亦無法抗衡強勢帝國對多元文化的侵蝕。

　　香港人對政治缺乏委身，未能將命運共同體蛻化為主張平等普羅主權的香港國族。亦因如此，他們往往搞不清楚國族、種族、語族以至國家、政府的分別。若遇到有人不懷好意地混淆這些概念的意思，那香港人很容易就會自我否定，並隨著帝國的謊言起舞。

　　阻礙香港從「自在的國族」進化成「自為的國族」的，乃兩種弄虛作假的迷思。妨礙香港確立主體之兩座大山，一座是虛擬的自由進步觀，另一座則為虛假的中華情結。這兩種虛擬的價值觀，使香港人的本土意識未能進化成具政治承擔的主體，亦令他們無法適應主權移交後中國獨大的新地緣政治秩序。

（一）虛擬自由進步觀

　　殖民地政府於戰後的自我克制，再加上「諮詢式民主」聆聽民意的姿態，使香港人誤以為香港已是貨真價實的自由社會。而政府一直都依法施政，亦尊重合約精神，香港人與之和連基本合約精神亦欠奉的強鄰相比，就誤以為香港已有真正的法治，以及可靠的官僚體系。根據香港中文大學亞太研究所於2015年的民意調查，最多人同意法治和公正廉潔是香港核心價值，而追求社會安定、自由等則跟隨其後。有一半左右受訪者非常同意

法治和公正廉潔是核心價值，有逾三分之一受訪者非常同意自由是核心價值，有約三分之一受訪者非常同意追求社會安定是核心價值（下頁圖8）。若問受訪者何爲最重要的香港核心價值，有23%選法治、有21%選自由，有15%選擇公正廉潔，有11%選民主（下頁圖9）。[29]總而言之，香港人之自我觀感，是認爲香港是法治和自由的地方，對公正廉潔的官僚抱有信心。

　　然而香港人引以爲傲的法治，終究只是殖民地法治。發起佔領中環運動的法學副教授戴耀廷曾提出「法治四層次」論，最低層次是有法可依，然後是有法必依，繼而以法限權，最高層次爲以法達義。[30]而香港的水平，則只及有法必依的水平。殖民地政府自我約束，是因爲地緣制衡之結果，而不是法治的彰顯。香港未能實踐以法限權，也就代表香港人的自由，只是出於政府在大部分時間之不作爲，並無堅實的制度保障。港督在制度上擁有無上的緊急權力，而殖民地政府因此可以公共秩序之名隨意拘禁民眾，甚至將非英籍居民驅逐出境。被視爲間諜或顛覆者的疑犯，會被押往原爲工程兵會所的域多利道扣押中心[31]，並遭由英國軍情五處指揮的警察政治部探員刑訊逼供。殖民地政府在1967年親共派暴亂時，積極運用此等緊急權力高壓鎮暴。[32]雖然政府的做法獲得抗拒中國干擾社會安寧的民眾支持，但這種做法仍是侵害民權且有違人道。[33]

　　殖民地政府於1967年亦制定《公安條例》，限制民眾結社和集會之權利。民眾集會前必須得到警方同意，並必須侷限在警方規定的範圍內，否則將被視爲非法集會。而集會的定義亦異常嚴厲：任何三人或以上的聚會，只須被視爲擾亂秩序即屬非法。殖民地制度著重社會安寧，並給予官

---

29 〈中大香港亞太研究所民調：香港核心價值多元多樣〉，香港中文大學香港亞太研究所新聞稿，2015年10月29日。

30 戴耀廷（2010），《法治心：超越法律條文與制度的價值》，香港：香港教育圖書公司。

31 現爲芝加哥大學布斯商學院亞洲分校校址。

32 Yep, Ray (2012). "'Cultural Revolution in Hong Kong': Emergency Powers, Administration of Justice and the Turbulent Year of 1967," *Modern Asian Studies,* 46(4):1007-1032.

33 葉健民（2017），〈1967年我們曾經站在政權暴力的一邊〉，《明報》，2017年3月24日。

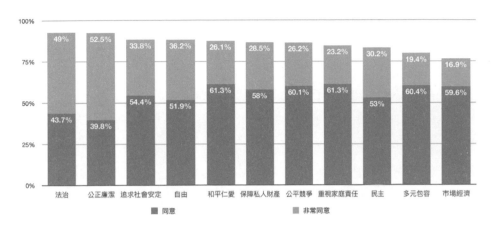

【圖8】2015年「香港人眼中的香港核心價值」民調結果

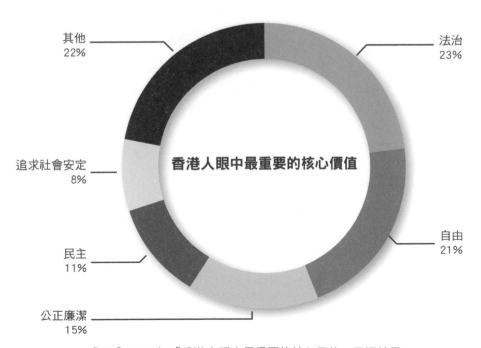

【圖9】2015年「香港人眼中最重要的核心價值」民調結果

僚乾坤獨斷的行政權力，甚至可以凌駕包括選舉權及被選舉權在內的民權。政府要到1991年才制訂《香港人權法案條例》，在此之時並無法律保障民眾的人身自由。[34]如此香港雖然遠比日本以外的東亞國家自由，仍是發生了一些侵害人權的慘案。在1967年3月23日，曾參與反天星小輪加價運動的盧麒於寓所離奇死亡。警方於現場發現遺書，斷定他上吊輕生。然而，盧麒的屍體被發現時雙腳著地，腳背亦有血跡。有論者認為盧因為曾掀起騷動，被警方視為滋事分子而不斷騷擾，最終將他虐打致死。自殺的證據，乃警方為掩飾真相而捏造。死因裁判法庭經三日聆訊，還是接納警方的結論。[35]到1980年1月，蘇格蘭籍警官麥樂倫（John MacLennan）倒斃宿舍，胸部連中五槍，警方卻像盧麒案那樣斷定麥自殺身亡。當時麥樂倫因同性戀關係，被控以粗獷性行為罪。輿論認為麥因警方恐同而遭針對，甚至陰謀論地認為他是因得知政府高層的性醜聞而遭害。高等法院按察司楊鐵樑在134日公開聆訊後，仍稱麥樂倫死於自殺，亦未有批評警方之做法。[36]這些案件顯示殖民地法治之侷限，在關鍵時刻，政權之穩定始終凌駕人權之上。

「諮詢式民主」要達成善治，前提是當權者必須自覺地約束自身之權力，在大部分時間將無上的法定權力備而不用。英國人深知自己乃外來者，而英中角力的特殊地緣政治亦迫使殖民地政府不得不自我克制。即或如此，當殖民地政府斷定有人要顛覆其統治，就會毫不留情動用備用權力果斷鎮壓。在主權移交後，香港地緣形勢不同以往，已變成中國獨大之局面。中國乃信奉故土收復主義的黨國，他們並不認為自己是香港的外來

34　Wong, Max W. L. (2017). *Re-Ordering Hong Kong: Decolonisation and the Hong Kong Bill of Rights Ordinance*. London: Wildy, Simmonds and Hill.

35　黃碧雲（2018），《盧麒之死》，香港：天地圖書。此書是把檔案及報章上之句子剪輯而成的「非虛構小說」。作者認為她「只能如此」描述盧麒之事蹟，也許這是因為她認為案情太複雜，以致任何的歸納和推論都會扭曲真相。

36　Collett, Nigel (2018). *A Death in Hong Kong: The MacLennan Case of 1980 and the Suppression of a Scandal*. Hong Kong: City University of Hong Kong Press; Yang, T. L. (1981). *A Summary of the Report of the Commission of Inquiry into Inspector MacLennan's Case, 1981*. Hong Kong: Hong Kong Government Printer.

者，而有權必用則是黨國體制的固有作風。特區政府之高層，人選源自北京之上意，而高層官僚亦以奉承上意爲己任，也樂於以有權必用的方式服務中國的國家利益。原先爲收集民意而設的諮詢架構，則已是贈與政治盟友的酬庸，淪爲排拒民眾代表的權貴俱樂部。特區政府不會像殖民地時期後期那樣，向民眾擺出一副願意聆聽的姿態，反倒親疏有別地將在野派都視爲抗拒黨國的「隱性港獨」。如此主權移交後的特區政府就在中國授意下，盡用殖民地法規下的備用權力鞏固中國的專制殖民統治。而今特區政府以行政權凌駕立法權，以警權壓制集會自由，甚至用官僚程序剝奪在野派參政權，其法源無一不是英國統治期間留下的法規。

　　但「諮詢式民主」的體驗卻使香港人未能有效抗爭。如前文所述，香港民眾將英國主權下之善治視爲理所當然，因而對政治參與缺乏委身。而投身社會運動的，則假設政府願意聆聽民意，往往在政府設定的議題框架下以溫和的方式陳情。雖然香港人自1980年代因前途問題的緣故逐漸告別政治冷感，而民主運動亦演進爲聲勢日益浩大的全民運動，但抗爭者潛意識裡仍有向官大人陳情申冤的心態。是以香港的社會抗爭往往淪爲形式主義的情緒宣洩，既不能以激烈的方式施壓，亦欠缺持之以恆的後續行動。[37]除此以外，抗爭者往往將殖民地的自由和法治，當成貨眞價實的事物。他們的論述，常會主張捍衛既有的自由，並堅信引以爲傲的法治令香港有險可守。他們不知道殖民地法治是不完全的法治，不知過往那不完全的自由，只是建立在浮沙之上。昔日面對英國殖民者的溫和抗爭，在黨國霸權前卻毫無用處。文化研究學者羅永生稱之爲「虛擬自由主義」。[38]

　　2003年因特區政府強推《國家安全法》，最終令逾50萬民眾自發上街抗爭，並出乎意料地促使政府擱置立法。此後香港抗爭出現三個新關鍵詞：公民社會、直接行動、本土意識。2003年的大規模抗爭，並非固有社運組織動員的成果，而是民眾自行於個人關係網絡及互聯網動員出來。這

37　劉細良（2004），《卡拉OK政治論》，香港：CUP。

38　羅永生（2003），〈公民社會與虛擬自由主義的解體：兼論公民共和的後殖主體性〉，《思想香港》，創刊號。

次抗爭達成擱置惡法的效果，使未有政治參與經驗的民眾忽然發現自己的力量，自覺爲促成社會變革的公民。「公民社會」一詞遂成爲那幾年的流行語。[39]2005年香港舉行世界貿易組織第六次部長會議，抗議農產品貿易規定的韓國農民以具舞臺感染力的方式激烈抗爭，使香港年輕社運人士大開眼界。[40]而民眾集體抗爭的共同經歷，使他們意識到自己同屬共同分享歷史的想像共同體。天星碼頭、皇后碼頭和利東街的遷拆工程，激起年輕抗爭者以激烈直接行動抗爭。這些抗爭一方面有著傳統左翼社運的色彩：他們反對政府經濟掛帥的政策，抗議資本家囤地致富的壟斷和剝削。但另一方面他們亦強調香港獨特的本土身分，這種身分既有別於中國國族主義的大一統身分，也是有別於精英價值的庶民文化。爲了對抗資本壟斷，爲了保存香港民間的集體回憶，他們必須抗議政府的都市更新計畫，保護承載集體回憶的地標，以及延續承傳庶民文化的老街區。[41]這三個關鍵詞都衝著虛擬自由主義而來。他們不單反對唯中國馬首是瞻的特區政治建制，亦抗拒既有社會運動陳情申訴的抗爭模式，嫌棄民主派太溫吞保守。他們強調以民間自發力量發動激烈抗爭，並確立以香港爲獨特家邦的本土意識。

但2000年代的新興抗爭對虛擬自由主義的批判，卻未竟全功。香港人於2000年代在抗爭上無疑比以往更爲進取主動，但主張直接行動的年輕抗爭者，卻與其他主張溫和議會路線的在野派爆發路線之爭。在2010年5位進取派議員一同辭職，將隨後的補選當成關乎政制改革的變相公投，溫和派卻對補選冷處理，並派員往中聯辦談判。此等路線之爭埋下互不信任的種子，亦使機會主義者趁內部矛盾煽動民粹，由此引起的黨爭使各方派系無法平心反思在野派之未來動向。[42]除此以外，香港本土意識雖自2000

---

39 陳健民（2011），〈香港的公民社會與民主發展〉，《二十一世紀》，128期，頁23-31。

40 全球聯陣（2006），《那年十二月，我們抗議世貿》，香港：進一步多媒體。

41 葉蔭聰（2010），《爲當下懷舊：文化保育的前世今生》，香港：中文大學出版社。

42 黃毓民（2010），《人民最大：五區公投實錄》，香港：明報出版社；Ma, Ngok (2011). "Hong Kong's Democrats Divide," *Journal of Democracy,* 22(1):54-67.

年代末持續升溫，但當本土自治的訴求碰上民主理論無可避免的邊界問題[43]，在野派即無法達成共識。在2009至2010年，政府欲撥款650億港元興建廣深港高速鐵路，其高昂造價及收地爭議掀起反高鐵運動。在抗爭的後續討論中，卻抖出港中邊界日益模糊化的問題。隨高速鐵路而來的，乃中國對香港武斷的單方面規劃，而特區政府則不顧民意迎合宗主國的上意。[44]在2003年反《國家安全法》抗爭後，中國以CEPA及開放中國遊客自由行等經濟優惠政策籠絡人心，卻促成港中經濟的不對稱融合。[45]重新確立港中邊界，從而保障香港之自主權，本應為最理性的選項。曾高舉「本土意識」的社運人士卻因「世界無疆界」的左翼迷思，陷入集體失語的境地。旅港中國遊客多抱有「恩主心態」[46]，亦有為數不少的中國人以旅遊名義到港搜購民生物資牟利。隨之而來的族群衝突使部分香港民眾以直接行動與中國遊客抗衡，甚至遷怒於近年抵港的中國移民。如此左翼社運人士更振振有辭地貶斥強調港中區隔的訴求，不分青紅皂白地將之貼上「極端排外右翼民粹」的標籤。[47]他們不知道這種自以為有見識的傲慢，只會造就自我實現的預言：正正就是因為既有社運人士對中國的越界侵蝕集體失語，機會主義者才可能有生存的空間，把受到忽視的民憤轉化為真正的右翼民粹。

香港方圓三十里，與中國隔著長度約30公里的邊界，邊境南方還長期設有約一公里寬的禁區。在這自成一國的小江山住了逾七百萬住民，當中有六成民眾於香港土生土長。[48]他們大部分都視香港為家，有三分之二民

43　Whelan, Frederick G. (1983). "Prologue: Democratic Theory and the Boundary Problem," *Nomos*, 25:13-47.

44　〈規劃快車殺到埋身：簡評《環珠江口宜居灣區・建設重點行動計劃》〉，《香港獨立媒體》，2011年1月30日。（http://www.inmediahk.net/node/1009496/）

45　曾澍基（2012），〈光暗時空：從歷史看香港本土自主〉，《明報》，2012年2月5日；曾澍基（2014），〈香港如何應對內地經濟大發展〉，《灼見名家》，2014年9月15日。

46　張春續（2014），〈大陸人的「恩主心態」從何來〉，《騰訊評論》，2014年2月19日。

47　例：葉蔭聰、易汶健（2014），〈本土右翼與經濟右翼：由香港網絡上一宗爭議說起〉，《思想》，26期，頁153-168。

48　2016年中期人口統計。（http://www.bycensus2016.gov.hk/tc/index.html）

眾認爲自己是廣義香港人，到近年亦有逾四成民眾認爲自己是沒有修飾詞的香港人。[49]他們對社會、對政治的想像，都聚焦在這住著七百萬同伴的家邦。除此以外，香港還是少數能讓嶺南文明免遭黨國的帝國神學荼毒而自由發展的地方之一。香港有土地，有人口，甚至也有局部的主權，亦承傳著與別不同的文明。雖然香港人受虛擬自由主義所困，民眾大體上仍是想基於世俗化的現代價值，在家邦實踐還政於民、身分平等的自治。根據歷史社會學家管禮雅（Liah Greenfeld）的定義，香港人對自由民主的訴求、對中國干預的抗拒，這些強調主權在民的主張，正好就是香港國族主義的表現。[50]當中國千方百計要蠶蝕香港的自主，鬆動港中之間的區隔，那麼新一代抗爭者要爭取香港獨立，乃自然、正當、合理的結果。香港本應自成一國，如今卻遭強鄰壓境。爭取自由民主的社運人士若要活在眞實中，就不得不爭取香港獨立、國族自決。

　　但曾於2000年代高舉本土意識的社運人士卻選擇活在偏見下，對新興的港獨運動沒有一句好說話。曾批評上一代抗爭者囿於虛擬自由主義的羅永生，於主張港獨的梁天琦遭選舉主任以行政手段壓制其被選舉權後，卻有失公道地幸災樂禍起來，指責「民粹主義盛行、港獨等激進主張氾濫，正好反映公民社會被侵蝕、獨立運作的種種社會制度日漸崩壞」。[51]文化人梁文道曾參與爭取保育天星碼頭和皇后碼頭的「本土行動」抗爭，到2010年代卻不斷辱罵港獨思潮。他質疑：「比起老無所依的現實慘況，富豪廉價租借官地，香港獨立是個更值得大家集中全部精力去完成的一件大事嗎？」爭取港獨的年輕人，在梁君眼中「只是成事不足、敗事有餘，給出藉口去讓香港一切珍貴的價值逐步淪喪」。[52]如此他「認爲傳統的泛民主派完全沒有必要再去討論怎麼樣和本土派溝通的問題」[53]，因爲他眼中

49　香港大學民意研究計畫「市民的身份認同感」民意調查。

50　Greenfeld, Liah (1993). *Nationalism: Five Roads to Modernity*. Cambridge, MA: Harvard University Press.

51　安徒（2016），〈威權壓境，何求獨立？〉，《明報》，2016年8月7日。

52　梁文道（2017），〈十年內，香港上網要翻牆？〉，香港《蘋果日報》，2017年9月17日。

53　梁文道（2018），〈鐵票〉，香港《蘋果日報》，2018年12月2日。

的港獨支持者「沒有政治藍圖、沒有策略方案、沒有組織、沒有代表，所謂本土派在最現實的政治意義上講，其實是一股不存在的勢力」。[54]梁文道以爲港獨思潮只是因民主運動受挫而滋生的躁動情緒，並不是值得探究的現象。梁君以學富五車著稱，在面對新興國族主義運動之挑戰，卻竟以高傲的姿態掩飾其一無所知。

何以梁文道這種曾參與2000年代抗爭的社運界友好，對港獨思潮卻是如斯的嚴苛？在2018年6月的一場研討會中，他指出：「雖然我目前在北京居住，但很認同香港……雖然我在臺灣成長……臺灣人將本土的愛……對身分的擁抱，我每次看到，都感受到香港的可愛、香港的珍貴，因爲香港從來不需要我去愛它……香港沒規定身爲香港人要怎樣怎樣，這個地方，我形容它是『身分不排隊的地方』……現今的香港，我相信越來越多人說你要愛香港，愛得要跪在地上親吻土地，才表示愛香港；又或者一定要愛中國。這幾年香港的政治上，種種愛的語言，坦白說令我骨痺。」[55]簡要而言，梁文道認同自己是香港人，卻不願委身於自己的家邦。他就是位風流的浪子情人，喜愛女伴的浪漫奔放。但當女伴懷孕，他卻不知責任心爲何物，毫無廉恥地宣稱自己是沒有腳的小鳥：愛是快樂，不是佔有，就讓他懷著對她的熱愛，飄流到地球的另一邊吧。

也就是說，2000年代新興社會運動所高舉的本土，仍是一種消極的身分建構。他們抗拒中國黨國主義，視香港爲逃避愛國主義宣傳的避難所，卻也抗拒任何積極的身分建構。他們只願虛浮地將香港定義爲包容多元之地，卻不願意正視香港有異於世界其他地方的特質，甚至會把描述香港獨特性格的論述貼上「本質主義」的標籤。他們亦不願意承認及界定我者與他者的區別，認爲任何界別區分都是排外甚至仇外，卻沒有想到任由外來強勢文化不受限制地侵蝕本土固有文化，最終會造成種族滅絕。亦因如此，他們把戰後香港那種特定時空的過渡狀態，追捧爲「後國族主義」的

54 梁文道（2018），〈泛民主派該反省什麼？〉，香港《蘋果日報》，2018年12月9日。
55 梁文道（2018），〈身份不排隊的香港〉，《灼見名家》，2018年6月24日。

典範，像梁文道蔑視臺灣那樣把「國族主義」當髒字用。當後來者知道香港的地緣政治環境已從英中制衡變成中國獨大，得知缺乏政治主體性就無法對抗北方的帝國，就因此提出香港獨立的主張。曾支持2000年代社會運動的評論人，卻反倒將這種覺醒視爲倒退，斷章取義地用尼采的話主張「那些與怪物奮戰的人、要注意別讓自己也變成怪物」。[56]

然而自由社會的維持，並不能只靠消極的包容。根據波普爾提出的包容悖論，一個對任何事物皆完全包容的社會，並不可能是穩定持久的開放社會。自由若要維繫下去，社會不得不排斥抗拒自由價值的人。[57]也就是說，自由社會只能選擇性地容納他者，亦必須擁有制裁以至驅逐他者的機制，如此方能保護社會遭社群內外的反自由勢力侵蝕。而支撐著這種自衛機制的，則是一個擁有共同價值、肩負共同命運的社群，這種社群必須有「自己國家自己救」的覺悟，把自由當作整個群體的公共財去守護。政治學家畢南（Robert Putnam）認爲社群參與促成互惠和信任，這些都是維繫宜居社會必須的社會資本。**若然一個社會缺乏對群體的委身和認同，其成員樂於侷限在「帝力於我何有哉」的消極自由，最終只會造成自由民主的崩壞。**[58]有明確邊界的共同體，乃自由不可或缺的根基。一個有明確邊界、有既定成員，並主張屬民以平等身分全權治理社會所有公共事務的共同體，選擇高度自治也好，選擇獨立建國也好，在定義上就是一個公民國族。[59]

事實上那些反對港獨的社運人士對此未必一無所知。梁文道在支援2000年代的社會抗爭時，就提出過於近年被自己無視的眞知灼見。他指出「原住民的神話式本土主義和大國霸權式的民族主義的確有類近的構造；可是做爲一套論述，它們的目的或者計畫卻是完全不同的……如果一個身

---

56 例：駱穎佳（2016），《邊緣上的香港：國族論述中的（後）殖民想像》，香港：印象文字。

57 Popper, Karl (1945). *The Open Society and its Enemies, Volume 1: The Spell of Plato*. London: Routledge.

58 Putnam, Robert D. (2000). *Bowling Alone: The Collapse and Revival of American Community*. New York: Simon & Schuster.

59 Greenfeld 1993.

居廟堂的學者這時跑去提醒他們不要犯了『本質主義的錯誤』，隨時得保持『身分邊界的開放』，就算不是無情，至少也是無聊吧……任何批評都應該歷史地、辯證地落實在具體的時空之中，同時要舉出通向錯誤終局的具體步驟以為警示；否則一個社區眼看就要淪亡消逝了，你卻勸告他們將來不能排斥新移民、不要抗拒外來事物，這豈不是很沒意義的一件事嗎？」[60]他警告若無視權力運作上的不對等，不分青紅皂白把弱者的共同體意識斥為「右翼排外」，那不過是以進步的詞彙替霸權背書，只能算是「虛擬進步主義」。他指出：「齊澤克調侃一些『激進知識分子』的『犬儒』，哈伯馬斯（儘管有失公正地）斥責法國後結構主義者是一幫『新保守派』，理由就是那種只從邏輯上消解一切的推理，看起來很激進，價值上其實很虛無，輕則無利亦無害、重則成為當權者的幫兇。」[61]知識與見地，不一定與日俱增。因著執念，因著私怨，因著愛慕虛榮和講究享受的人性弱點，失憶、退化、墜落其實更為常見。曾於2000年代以本土意識和直接行動批判「虛擬自由主義」的一群，到2010年代都因種種原因墮入「虛擬進步主義」的窠臼。

　　所謂「世界無疆界」，本來就不是亙古不變的真理。這種理想雖看似崇高，在實踐上卻會和自由民主相沖。[62]我們不能忽略這句話產生的背景：這本來是對曾殖民他國之強國的喊話。強國既曾因帝國主義擴張受惠於對殖民地的剝削，就必須肩負修補傷痕的歷史責任，不應關上國門自顧自己。但香港從來都是受各種帝國霸權壓制的受害者，並無承擔這種責任的義務。而現時對香港自由與多元的最大威脅，正正就是北方的大一統帝國霸權。倘若我們真心渴望維繫香港的自由開放，就不得不以香港國族主義抵禦中國帝國主義的進擊，把港中邊界劃得清清楚楚。「虛擬進步主義」的錯謬，是將戰後香港不可持續的特殊狀態當作典範，把受困的小家邦想像成西方的泱泱大國。但也許更重要的，是此論嚴重低估中國帝國主

60　梁文道（2007），〈本土一定是保守的嗎？〉，《香港獨立媒體》，2007年9月29日。

61　梁文道 2007。

62　Whelan 1983.

義的狼子野心，甚至無視中國一直都是帝國主義霸權的歷史事實。這種錯判又牽涉香港人另一種集體迷思：以假當眞的虛擬中華情結。

（二）以假亂眞的中華情結

自東亞大陸移民香港的渡來人，雖然與原居地有著藕斷絲連的關係，這種原鄉認同終究不是中國國族認同。廣義的五四運動在香港沒有引起很大的波瀾[63]，也就是說香港並無參與中國國族建構關鍵過程，與由國共黨國從上而下建構的大一統國族沾不上邊。而渡來人之原鄉，大多位處嶺南，亦樂於活在容讓嶺南文明自由發展的家邦。英國人對嶺南人存有戒心，比較喜歡和公共租界上海人打交道，其論述亦誇大上海裔渡來人在經濟上的貢獻。[64]但香港終究是嶺南文明獨一的自由都市，在中國以外，處中國之旁，自成一國。

然而香港是位處中國之旁的自由都市，接受黨國國族觀的文人在中國因政治動盪受難，很自然就會將此地當作避難所。第一波文人南渡潮出現在中日戰爭期間，這批文人對香港及嶺南文明都沒有好感，只視香港爲暫時旅居之地。他們基於中原本位的心態，將嶺南文明視爲南蠻異俗，比如來自上海的導演易文（楊彥岐）就認爲：「從上海到香港的人都會有兩種感覺，一是地太小、二是人太笨……連豬肉也不會吃，祇會吃叉燒。」但南來文人最看不過眼的，是香港人未有服膺於中國的國族觀念，缺乏符合中國標準的愛國情操。比如親共旅港中國作家樓適夷就覺得「習慣了祖國血肉和炮火的艱難的旅途，偶然看一看香港，或者也不壞；然而一到注定了要留下來，想著必須和這班消磨著、糜爛著的人們生活在一起，人便會憂鬱起來」。[65]

63　陳學然（2014），《五四在香港：殖民情境，民族主義及本土意識》，香港：中華書局。作者本人對香港獨立的思潮懷有惡感。他顯然不理解自己的研究，已證實香港並未參與中國國族建構的關鍵事件，也就是說香港不可能是中國。此書有著優秀的考據、垃圾的結論。

64　Goodstadt 2005.

65　盧瑋鑾編（1983），《香港的憂鬱：文人筆下的香港（1925-1941）》，香港：華風書局。

　　但對香港影響更爲深遠的，卻是逃避共產中國的第二批南來文人。他們大都是新傳統主義者：他們一方面反對新文化運動對東亞大陸傳統文化的全盤否定，另一方面又主張透過現代學術考據重新發現儒學的精神，並從中尋找推動中國現代化的思想資源。除此以外，他們亦擁護黨國建構的大一統國族，以歷史和文化的藉口鼓吹當代中國當承繼東亞大陸眾帝國的故土，以驚人的胃口主張「東夷、南蠻、百越、西羌、北狄，與中夏爲同一源流，中夏系統中也有他們血統的重要部分」。[66]事實上在北伐之後，蔣介石政權於1920年代末起即借用儒家思想爲黨國威權背書。[67]國民政府於1934年開始推行新生活運動，以儒家的修身觀要求民眾其於禮義廉恥，服從領袖的指示改變壞習慣，從上而下地改變國民性格，把中國改造成富強的現代國家。[68]

　　被泛稱爲「新儒家」[69]的新傳統主義者未必會因此擁護國民黨，卻肯定對共產黨沒有好感。他們認爲「共產黨的本質就是個魔。共產黨的魔道，就是借用平等性的觀念來作惡、來殺人」。[70]明確支持國民黨的，更覺得「中山先生的三民主義，是近代中國新生唯一的啓示，此刻在中國蔓延猖獗的共產主義，最多將是一個有骨骼有血肉的行屍」。[71]中國赤化後，主張新傳統主義的知識人大舉南渡避秦，並多從事教育工作。殖民地政府亦留意到其反共立場，並認爲新傳統主義有助維持社會穩定，能抗衡中共對教育的滲透。教育當局固然不容許南來文人於課堂灌輸國民黨教條：事實上也不主張在教室做反共宣傳，或是任何涉及政治的內容。不過

66　羅香林（2010），《中國民族史》，香港：中華書局。

67　畢仰高（Lucien Bianco）著，何啓仁、陳三井譯（2017），《中國革命的起源1915-1949》，臺北：聯經出版。

68　Dirlik, Arif (1975). "The Ideological Foundations of the New Life Movement: A Study in Counterrevolution," *The Journal of Asian Studies,* 34(4):945-980.

69　劉述先（2002）。〈現代新儒學研究之省察〉，《中國文哲研究集刊》，20期，頁367-382。狹義的新儒家，則指源於熊十力，並由唐君毅、牟宗三、徐復觀發揚之思想流派。廣義「新儒家」與狹義新儒家在學術觀點上頗有分歧。參余英時（1991），〈錢穆與新儒家〉，《猶記風吹水上鱗：錢穆與現代中國學術》，臺北：三民書局，頁31-101。

70　牟宗三（2003），《牟宗三先生全集：時代與感受續篇》，臺北：聯經出版，頁482-483。

71　錢穆（1954），《中國思想史》，臺北：中華文化出版事業委員會。

南來文人對政治也只有遙遠的興趣，就如錢穆創辦新亞書院後「把我們的學生訓練，限於學習東漢自清初這段時期……我們不鼓勵學生去學習現代時期……當前的問題太多了。如果對較前的時期沒有清晰的概念和理解，便會有如在迷宮中迷失了一樣」。[72]在南來文人與教育當局的互動下，中國歷史科的內容指向歷史中國，中國語文科則指向文化中國。也就是說，要以歷史中國、文化中國與北方文明淪喪的政治中國抗衡。最終南來文人對香港的語文及歷史教育影響深遠，而不少教師亦曾當過南渡文人之門生。如此南來文人所屬少數，其新傳統主義卻影響了好幾代香港人。[73]

　　南來文人的教導，簡要而言就是以文化中國抗衡政治中國。他們一方面主張香港人乃文化中國之一員，因為「西方的國籍法……乃依唯物論，與依地理而定之國籍。此與依你們的生命本源與歷史而定的國籍，河水不犯井水。你們還是一樣的神明華冑……地理意義的香港人，當然應該自覺到自己是歷史意義的中國人，而以之為自己生命的本質」。但與此同時，他們卻否定深圳河以北的政治中國和地理中國，認為「你們只想那山河即等於中國，以認同於此山河、為認同中國，亦仍然只是唯物的地理的觀點。文化生命的觀點，還要百尺竿頭、再進一步才是」。[74]受南來文人影響的文史教育，使香港學子建立一種對中國若即若離的糾結認同。這種文化中國觀一方面使年輕人對中國藕斷絲連：南來文人主張的不只是文化身分，更是一種道德責任。但與此同時，這套論述亦突顯文化中國與政治中國、現實中國。香港屬於「文化中國」，而中國卻背離「文化中國」，那麼按三段論推理，香港在邏輯上就不是中國。香港承傳著與別不同的嶺南文明，其住民的生命歷程又與中國人南轅北轍，更使年輕人覺得港中有別。**結果這種文化中國觀就陷入一種套套邏輯：因為港中有別，所以香港**

72　周愛靈（2010），《花果飄零：冷戰時期殖民地的新亞書院》，香港：商務印書館。

73　Kan, Flora L. F. (2007). *Hong Kong's Chinese History Curriculum from 1945: Politics and Identity*. Hong Kong: Hong Kong University Press.

74　唐君毅（2005），〈海外知識份子對當前時代之態度〉，《說中華民族之花果飄零》，臺北：三民書局，頁65-100。

人有承傳文化中國的道德責任；但正因爲香港人對文化中國有所堅持，香港與跟隨中共黨國路線的中國之間的鴻溝卻越來越闊。

自詡爲華夏南渡的正統承傳，亦爲嶺南文明固有之陋習。強勢的中土文明一直視嶺南爲蠻荒之地，而事實上嶺南族群亦主要是原住民後代。[75]在廣府族群形成時，因文化差異而遭嶺北漢人嘲爲蠻夷之後，自卑的嶺南人遂穿鑿附會，將嶺南古俗訛爲於中原早遭內亞遊牧民族破壞的華夏古風。[76]活躍於明清之交的番禺才子屈大均，於《廣東新語》就指出「今粵人大抵皆中國種。自秦漢以來，日滋月盛，不失中州清淑之氣」。同是番禺人的學者陳澧於19世紀撰寫《廣州音說》，斷言「至廣中人聲音之所以善者，蓋千餘年來中原之人徙居廣中，今之廣音實隋唐時中原之音。故以隋唐韻書切語核之，而密合如此也」。[77]廣府人尤愛踩低別人以抬高自己，爲突顯自己做爲炎黃苗裔的身分而貶斥其他族群。屈大均貶損舟居河流港灣的蛋家人「本鯨鯢之族，其性嗜殺」。而於17世紀後才遷居廣東中西部的客家族群，亦被廣府人視爲蠻夷。光緒版《四會縣志》指當地客家人「其來不知所自，雖習土音，而客家話久遠不改。初來時耕山移徙，亦類猺獞民」。[78]打腫臉充胖子既是嶺南文明之惡俗慣習，香港人受文化中國論影響後，亦樂得用新詞彙把舊謊言繼續圓下去。

受文化中國論薰陶的年輕世代不一定認同南來文人對中共之劣評，卻有好幾代人走不出這種「因爲不像中國，所以心繫中國」的窠臼。在1960年代中國於共產黨統治下，既與西方資本主義抗衡，又指責蘇聯採用修正主義並與之反目，因而成爲冷戰格局下不容忽視的第三強權。而西方於此

---

75 徐傑舜、李輝（2014），《嶺南民族源流史》，昆明：雲南人民出版社。

76 程美寶（2018），《地域文化與國家認同：晚清以來「廣東文化」觀的形成》，香港：三聯書局。

77 隨著宋帝國重心於公元12世紀南移，嶺南原住民爲求生計而學習中古漢語，卻出現「母語干擾」的狀況。他們將侗傣語系的發音、詞彙與文法，不知不覺間融入其半桶水的中古漢語中，而粵語就是從這種克里奧爾語演變而來。參：李心釋、呂軍偉（2010），〈漢語南方方言中的古越語底層研究〉，《廣西大學學報：哲學社會科學版》，32卷1期。

78 客家知識人爲回應廣府人的岐視，亦染上自抬身價的惡習：客家裔香港學者羅香林甚至「考證」出「中華民國國父」孫文，是粵東紫金的客家家族的後人。參：羅香林（1954），《國父家世源流考》，臺北：臺灣商務印書館。

時左翼運動、民權運動、反戰運動等合流，反叛文化席捲全球，這股暗流於1968年在世界各地引發激烈反體制抗爭，史稱六八運動。[79]由於距離製造美感，西方抗爭者對中國文化大革命充滿憧憬，想從毛澤東思想得到支援抗爭的思想資源。部分跟風趨潮流的香港青年，因爲承傳著老師的大中華情懷，就暫時忘記老師反共的立場：他們眼見中國日益強大，就滋生帝國復興的慾望。他們寄望中國強大，就會以天外救星的姿態解決香港的社會問題。比如陳婉瑩於1971年在《學苑》的評論認爲：「香港一定要走共產主義道路，不單是因爲我們要在國際地位上、制度上和中國謀求統一……但更爲重要的，是社會主義從根解決香港當前的問題。」她以中國做爲方法，解決的還是香港的問題。認同中國，不是因爲香港人與中國人有著共同的生命歷程，而是因爲這樣能使「香港四百萬人都能抬起頭做自己的主人……香港就能得到眞正解放」。[80]

但香港人要做自己的主人，抗拒英國殖民統治，那最自然、最合理的做法是讓香港獨立建國，而不是成爲另一個復興帝國的附庸。這反映年輕抗爭者雖然不認同老師的政治判斷，心中卻記掛著老師關於文化中國的叮嚀。在1973年《中文學生報》的一篇評論，就曾自我質疑地反問：「假若我們是中國人，自出娘胎以來就是中國人，何以如今才談論認同呢？」在1969年《學苑》另一篇評論，更不客氣地指出：「而我自己生於斯、長於斯，在香港大學唸書、用香港納稅人的錢……其實如果我們不能面對香港目前的問題，甚麼中國重建、回歸、文化重擔的口號，都只不過是自欺欺人的夢話……中國是幻影，香港才實在……」[81]《中文學生報》那篇評論的解答，則坦誠：「……大部分認同分子，是出於心靈上眞正需要的……此乃源於其對存在社會的失望、對人生感到空虛，故必要抓著一些理想做爲安身立命之所，遂把理想放在祖國的泥土上，在靈魂深處喊出了認同的

79　張鐵志（2019），《想像力的革命：1960年代的烏托邦追尋》，臺北：印刻文學。

80　〈香港與我們〉，《學苑》，1971年11月號。

81　耕耘（1969），〈我是個「香港人」〉，《學苑》，1969年11月號。

呼聲。」[82]除卻對中共的判斷，這種心態與新傳統主義者對文化中國的神祕樂觀，其異幾希。有論者甚至會認爲毛澤東思想保存中國文化傳統，認爲香港人應讀毛澤東的文章[83]，藉此尋索其文化根源。[84]

「我是香港人，也具中國魂；縱有中國魂，更是香港人」，年輕抗爭者帶著這種彆扭糾結的心態，於1971年投入保衛釣魚臺運動。事緣美國當年決定將又名釣魚臺的尖閣群島，於翌年隨琉球交予日本。海外華人留學生聲稱此地原爲中國領土而發動抗爭，香港大學生隨即響應，卻於7月7日在維多利亞公園的集會與警方爆發流血衝突。香港學生參與保釣運動，本來就出於糾結的認同，懷著複雜的動機，是以這場衝突雖令學生同仇敵愾，亦爲學生運動的路線之爭。部分學生認爲唯一的出路，是貫徹文化大革命的路線，把中國建設爲強大的革命輸出國，然後以「祖國」爲後盾解決香港的殖民地制度。[85]這群「國粹派」雖一度於路線之爭取得上風，但到1976年毛澤東逝世、四人幫倒臺，「國粹派」亦因此隨文化大革命淡出歷史舞臺。[86]

與「國粹派」抗衡的「社會派」，卻奠定隨後香港社會運動的精神面貌。他們的認同亦是糾纏在香港與中國之間，對香港的殖民地制度同樣也沒有好感。然而，他們卻沒有把雞蛋都放在中國這籃子上。他們認爲要反抗殖民制度，不能倚靠中國從上而下的干預，而是必須靠民眾由下而上推動變革。爲此他們必須走到社區服務民眾，使民眾意識到自己應有種種社會及政治權益，然後再組織民眾向政府施壓：先是爲了各種民生議題上之社會權益，然後引申至公民參與的政治權利。「社會派」的年輕人在畢業

82　〈我們對中國文化及時代問題的態度〉，《中大學生報》，1973年2月號。

83　〈毛主席論教育革命〉，《中大學生報》，1973年3月號。

84　梁淑雯（2019），〈國族身份〉，朱耀偉編，《香港關鍵詞：想像新未來》，香港：中文大學出版社，頁139-148。

85　Lam 2004.

86　歸根究底，「國粹派」之崩潰，是因爲學運人士對中國根本沒有第一手經驗。他們接觸到的中國，亦不過是中國官方安排的樣板旅程。他們以爲自己認同中國，卻顯然未能與其他的中國人組成有機的命運共同體。「國粹派」在文化大革命結束後就土崩瓦解，正好說明學生運動的中國認同只是毫無現實基礎的顛倒幻想。

後投身職場，亦多選擇社會服務、傳媒等職業，於工作崗位上繼續從事抗爭運動。[87]如前所述，這些社會運動因殖民地政府「諮詢式民主」的管治作風，反倒在某程度上成為政府的管治伙伴：社運人士越是抗爭、政府越有機會爭取民眾認受。雖然這也許並非社運人士想要的效果，但他們還是能於各社區建立據點，如此當政府於1980年代開始將政治制度局部民主化，部分社運人士就善用在社區的影響力參與選舉。其中為數不少的從政者為爭取進一步民主化而結盟為民主派。

然而1980年代初，亦是香港前途問題浮上水面之時。新興民主運動亦不得不面對香港魂與中國結之間的衝突。香港普羅民眾大都意識到港中有別，極為抗拒中國統治香港。根據香港革新會的民意調查，若要受訪者從維持現狀、成為英國託管地或交給中國三擇其一，有七成偏好維持現狀，偏好中國統治的只有4%。[88]香港觀察社的民調羅列若干香港前途的選項，並逐一問受訪者是否認同，當中有87%受訪者贊同或非常贊同維持現狀，有53%受訪者贊同或非常贊同在中國主權下維持英國治權，贊同或非常贊同中國統治的只有12%。[89]

然而香港人的心中，都住著一群南來文人老師，他們一再重複的叮嚀：不要忘記文化中國。當時的潮流文化，就像金庸的武俠小說那樣，雖與現實中國風馬牛不相及，卻以天馬行空的虛構歷史情節，誘導讀者接受空想的文化中國觀。是以香港人雖抗拒中國，卻未能以真誠坦蕩道出香港的主張。他們只敢虛弱地指望維持現狀，不敢對中國直斥其非，不敢透過獨立建國達成百分百的港人治港。唯獨《爭鳴日報》於1981年的民調指出有四成受訪者支持香港獨立，但該調查部分於街頭進行，準確度成疑。[90]在香港觀察社的民調，有31%受訪者贊同或非常贊同港獨，比贊同或非

---

87 So, Alvin Y. (1999). *Hong Kong's Embattled Democracy: A Societal Analysis*. Baltimore: Johns Hopkins University Press.

88 Reform Club of Hong Kong (1982). *Future of Hong Kong: Summary of a Telephone Survey*. Hong Kong: Survey Research Hong Kong Limited.

89 香港觀察社（1982），《觀察香港：香港觀察社言論集》，香港：百姓半月刊。

90 《爭鳴日報》，1981年6月29日。

常贊同成爲中國經濟特區的33%還要少。[91]在1981年《百姓》半月刊的調查，則有逾半受訪者支持香港成爲國際自治市。[92]香港人抗拒中國，但卻忘不了南來文人的叮嚀，只敢間接地抗拒中國之野望，而願意支持明確獨立的只有清醒而勇敢的少數。

　　而在學運界及社運界，則多被文化中國論障目。縱然有些清醒的學生力爭「500萬港人自決香港的前途」，質疑：「難道一紙契約、一點『愛國』情操，比500萬人的意願更爲尊貴嗎？」[93]然而，大部分的學運人士，以至曾參與學運的從政者都被虛假的中華情結沖昏頭腦。當柴契爾夫人在1982年秋出訪北京後路經香港，學運分子蜂湧而出，甚至舉起「侵華條約不容肯定、不忘民族苦難情」的標語。[94]與中共保持友好關係的民主派政團匯點，則於1983年1月發表《香港前途建議》，在基本信念的章節，劈頭第一句就是「香港是中國不可分割的領土的一部分，香港的主權屬於中國是無可置疑之事」。[95]民意抗拒中國，學運社運卻受中華迷思蒙蔽，最終他們就以「民主回歸」爲折衷方案。

　　學運界和社運界之所以支持中國取得香港，除了因爲虛浮的情意結，亦因爲他們認爲殖民地管治是一場悶局。他們不單嫌政治改革進展緩慢，其左翼立場亦與香港資本主義的社會氛圍格格不入。他們認爲唯有讓主權移交，方能有足夠的衝擊促成社會政治的全方位變革。他們「無意否認香港現有的政治制度較中國、臺灣開放」，只是不能接受「諮詢式民主」「永遠只是形式的諮詢，而無實質的權力」。因此他們期望能通過主權移交造成權力眞空，那樣「假如市民能夠起來關心和參與政治，效果將會比過去政治平穩發展時期大得多」。[96]他們亦期望中國的改革，能與香港

91　香港觀察社 1982。

92　《百姓》，1981年10月1日。

93　關永祥、洪逸生（1983），〈香港五百萬人自決前途〉，《學苑》，1983年9月號，頁3。

94　蔡子強、黃昕然、蔡耀昌、莊耀洸編（1998），《同途殊歸：前途談判以來的香港學運》，香港：香港人文科學出版社。

95　《大公報》，1983年1月10日。

96　陶飛（1982），〈打破維持現狀的神話〉，《中大學生報》，108期，頁54。

相輔相成。他們認為香港有局部民主，卻實行資本主義；中國實行社會主義，卻沒有民主，是以港中聯手或能達成社會主義民主。就像曾參與民主回歸運動的羅永生反思：「『民族主義』只是一個託詞……後面是什麼？是社會主義！……我們相信這些東西叫社會主義民主、或者民主社會主義，可能會在一國兩制、港人治港下是有空間的。」[97]在1975年，曾澍基就提出：「反殖的目標應是與中國復合，反資則是溶入中國民主化運動內……香港應進行一個以廣泛群眾為基礎的大規模反資反殖運動……當香港與中國復合後，香港的運動立刻成為中國社會民主化運動的一部分。」[98]中國於1978年步向開放改革，社會上追求自由民主的新思潮風起雲湧[99]，則進一步加深學運界和社運界對港中攜手邁向進步的期盼。

然而，我們不能高估學運界、社運界和民主派的中華情結。他們聲稱愛中國，又支持中國奪取香港。但他們的愛是有條件的，他們的支持，按中國國族主義的標準也稱不上真誠。他們「肯定香港應回歸中國」，卻加上「香港人應可以參與決定」的但書，甚至認為「如果因為經濟、政制、人民生活水準、香港人意識提升等問題，對本港市民造成任何威脅或前途不明朗，我們便會反對在該情況下回歸中國」。[100]在致中國國務院總理趙紫陽的信函中，香港大學學生會要求「堅持港人民主治港的原則，而中國不干涉香港內部事務，將來香港地方政府及其最高行政首長應由市民普選產生」。若是「心懷祖國」，何以不主張共享身為中國人的榮耀，卻要以民主自治抗拒中國直接統治？這個石蕊測試，說明大部分主張「民主回歸」的，都未能百分百認同中國。若然真心相信港中能攜手改革，「高度自治」的區隔則可謂多餘。

這種又要「回歸」，又抗拒干涉的糾結，說穿了就是虛擬自由主義加上事大主義的迷思。何為事大主義？那就是：「贈貢國則是為了免於強大

97　馬嶽（2012），《香港80年代民主運動口述歷史》，香港：香港城市大學出版社
98　曾澍基（1975），〈香港往何處去？〉，《學苑》，1975年12月號，頁2-3。
99　參〈不容自由的百年帝國夢〉。
100　香港專上學生聯會（1983），《周年大會文件集1983》，頁68。

之國的侵伐，自知形勢上敵不過對方，因而就算內心眞意並不相符，也依
然遵守約章、贈送貢物，換得應享的權利：即爲獨立自主之權利。」[101]簡
而言之，「民主回歸」論者欲求文明之幸福，卻不肯背起國族自決的十字
架，又受所謂「文化中國」的情意結困惑，寄望中國會因「同文同種」的
緣故而比英國殖民者更仁慈。他們甘於接納帝國恩賜的自治權，並期望那
會是「你負責、我作主」的雙贏方案。然而，站在香港本位的立場看，這
無疑是自我欺騙；站在中國的立場，這就是叛服不常的敲詐。提倡「民主
回歸」之論者忘卻伊索的蝙蝠寓言，亦沒有從「一國兩制」於西藏失敗的
慘痛歷史汲取教訓。[102]縱使他們之倡議背後有崇高的動機，但實情就如耶
穌之臨終遺言：「他們所做的，他們不曉得。」[103]

　　在1989年6月3日晚間於天安門廣場飛馳的坦克，輾碎了中國邁向自由
的最後希望。但殘酷的現實未有解開香港人的自相矛盾：他們一方面寄望
能以局部的代議政制「民主抗共」，在1997年後的議會抵抗中國侵害民權
的舉動；但另一方面他們亦因爲倖存者的罪疚感，而自覺對中國有特殊的
責任。那即是一面抗拒中國干涉，一面積極干涉中國，縱是出於善意，亦
未免自相矛盾。[104]事實上，正正就是六四慘案的發生，才使抗拒現實中國
的民眾「重新發現」其中國連繫。[105]香港人在慘案後20餘年，還是不斷將
對反人類暴行的義憤，把因渴慕自由而有的感動，都歸納爲對中國的愛國
心。他們不知道「愛國民主運動」的定位，反倒矮化了慘案受害者對自
由、對民主、對普世價值的委身。[106]要到2000年代末本土意識興起，才有
反思「既愛國，又怕國」現象的輿論出現。然而新興本土論述，雖與贊同
「民主回歸」的論者罵戰連年，但這些高舉「本土優先」的本土運動，本

101 俞吉濬（1969），《西遊見聞》，首爾：景仁文化社。

102 孔誥烽、郭慧英（2013），〈歷史視野下的「西藏問題」與「台灣問題」〉，彭麗君編，《邊城對話：
　　香港・中國・邊緣・邊界》，香港：中文大學出版社，頁35-58。

103《聖經和合本》，〈路加福音〉23:34。

104 Tsang, Steve (1997). *Hong Kong: An Appointment with China*. London: I.B. Tauris.

105 梁文道（2009），〈我們守護記憶，直到最後一人〉，《明報》，2009年6月4、5日。

106 徐承恩（2018），〈執迷大一統，何以言民主？從「帝國民主」反思「民主中國」〉，《上報》，
　　2018年5月13日；徐承恩（2018），〈追悼那無關愛國的純眞年代〉，《上報》，2018年6月14日。

身又能否擺脫虛擬中華情結的老毛病呢？

（三）似獨實統的虛擬城邦論

2009至2010年的反高鐵運動，使港中不對稱融合的問題浮上水面，反中保港的本土意識亦迅速升溫。筆名爲陳雲的民俗學家陳云根曾聲援2000年代的新興社會運動，卻對抗爭屢戰屢敗感到不耐煩。他意識到昔日曾一起抗爭的舊戰友正陷入集體失語之困局，無力回應躁動的民怨。他認爲「面對本土利益，香港本土政黨要導正民意，還是追隨民意，還是走開一邊，退出政壇，是他們必須面對的抉擇」。面對日益嚴重的港中矛盾，從政者必須「導正民粹」，以政策「保護本土利益，令中港族群得到區隔，避免爆發族群衝突」。[107]陳云根決定親身上陣，以激發憤恨的言論「導正」民粹。當他的舊戰友仍未能掌握民情轉變，陳云根卻把握機會，於2011年以毫無顧忌的筆鋒寫成《香港城邦論》。這本著作雖因文筆辛辣而備受爭議，卻是「本土派」陣營第一本系統性著述。此後他以「城邦自治」的旗幟，招募了一群忠心的支持者，成爲政壇一股令人難以忽視的新勢力。

當時隨自由行政策到香港的中國遊客多藉政策漏洞從事平行貿易，與民眾搶購民生物資。他們抱有恩主心態，衛生與禮貌皆欠佳，造成港中之間的族群矛盾。陳云根以辛辣文筆批評中國人，一方面說中了民眾之憤怒、另一方面卻被舊戰友斥爲排外民粹。他不只批評中國政權，亦批評其民眾爲道德敗壞的蠻族。他指出「經歷60年暴政，特別是文革的道德大崩壞、公義大摧折，大陸人彷如活在不見公義的地獄⋯⋯地獄鬼國、匪黨賊民⋯⋯被中共殘害幾代的大陸人，都因爲幾代人啞忍暴虐而扭曲本性，成爲中共的合謀人」。[108]後來他甚至採用網上輿論常見的歧視詞彙，稱中國人爲「蝗蟲」。他認爲「蝗蟲是道德譴責，有則改之，無則加勉」。「我

---

107 陳雲（2012），〈導正民粹，政黨新路〉，《雅虎香港新聞》，2012年1月16日。
108 陳雲（2011），《香港城邦論》，香港：天窗出版，頁45-47。

罵蠻夷，沒人理我，我借網民詞彙，罵蝗蟲，忽然萬箭射來」，則是因為他「刺中了中共的政權本質」。[109]亦因為中國道德崩壞，他認為港中權貴盲目推動「與祖國接軌」的不對稱融合，最終只會「全國一盤棋，攬住一起死」。[110]

　　陳云根的舊戰友很不能理解他高調引導民憤的作風，認定陳之「轉向」是不懷好意的背叛，甚至將《香港城邦論》視為他神經失常後的瘋言瘋語。然而世上並沒有無緣無故的恨，陳云根看似失常的舉動亦事出有因。陳之父親原為馬來西亞華人，在中國赤化後因輕信中共宣傳「回國建設」，卻被指為右派，最終因政治迫害移居香港新界的農村。[111]陳云根生於農村，對民間的傳統風俗甚為著迷，在大學畢業後教過幾年書，就到德國哥廷根大學修讀民俗學博士。他認為「兩朝政府為香港撰寫偽史」，故此要「為山村人情朋友、叔伯婆娘、游方衛士、剃頭匠人作傳，為野魚昆蟲、山精水怪、番薯芋仔寫記」。[112]香港庶民文化雖受資本主義和都市化重重夾擊，卻仍能生生不息的傳承下去，因此他「很喜歡觀賞香港市內的奇石怪木。頑強的石牆樹固然可敬，小草木在牆隙偷生，更是可親。感懷身世，都是忍辱偷生也」。[113]陳云根將民間風俗之傳承，歸功於香港在中國之外、處中國之旁之特殊地緣，「英國統治香港的150餘年歷史，令香港與中國大陸有所區隔，避開歷次革命及時局動盪，令香港保存傳統中華文化及英國帶來的典章文明」。[114]中國侵吞香港，又以不對稱融合將港中邊界模糊化，如此民間風俗除了要面對資本和都市化，還要面對北方強權的黨國文化，迎來的將會是沒頂之災。為了他珍愛的庶民風俗，陳云根就決定在非常的時候，做非常之事。

　　在2010年反高鐵運動失敗後，陳云根預期香港政治將步入終局，遂以

---

109 陳雲（2012），〈讓蝗蟲飛〉，《am730》，2012年2月7日。

110《香港城邦論》，頁38-39。

111 陳勝藍（2009），〈絕頂自由：陳雲〉，香港《壹週刊》，2009年3月19日。

112 陳雲（2006），〈內容簡介〉，《舊時風光：香港往事回味》，香港：花千樹出版社。

113 陳雲（2011），〈內容簡介〉，《旺角街頭種高粱：香港風俗拾零》，香港：花千樹出版社。

114《香港城邦論》，頁55。

《走出政府總部：做個快樂的抗爭者》和《終極評論，快樂抗爭》兩書勸勉讀者要忍耐地快樂抗爭。[115]何為快樂抗爭？「快樂抗爭的開始，可以用藝術、用詼諧諷刺來吸引民眾參與和支持，可以用藝術和諧趣來娛樂同志，大家放下怒火，平靜心神，安慰同志。但必要時，最終也要勇武行事。這是為了心靈的快樂，得大自在、大樂定。」[116]鬼神之說，則是陳云根的藝術和諧趣：對民俗學家來說，有什麼事物能比民間宗教更為有趣呢？

比如他曾聲稱昂坪的心經簡林是親共術士為幫助中國壓制香港而佈下的毒蛇陣，在2014年5月還與支持者到昂坪開壇作法[117]，釋放遭邪術壓制的大鵬金翅鳥[118]，甚至還在夢中令欺壓大鵬金翅鳥的黑龍倒戈相助。[119]到同年秋天的雨傘革命時，陳云根以民間宗教的形式動員在旺角抗爭的民眾，隨後抗爭者於街頭搭起敬奉各方神佛的祭壇，當中自然也有敬拜大鵬金翅鳥的地方。[120]香港宗教氣氛不算濃厚，抗爭者之所以願意依陳云根的鬼神之說勇敢抗爭，是覺得這是一場既好玩又能改變社會的遊戲。陳云根將怪力亂神之說與抗爭情景串連起來，使抗爭者猶如參與一場像《精靈寶可夢Go》的擴增實境（Augmented Reality）遊戲：只是皮卡丘會出現在隨機設定的位置，大鵬金翅鳥卻一定會現身於抗爭現場。如此陳云根就以令人側目的方式實踐快樂抗爭：參與者不一定相信鬼神之說，卻能歡愉地投入抗爭。他們之表現亦甚為勇武，亦不害怕與警方及親共黑道肢體衝突。

但陳云根不單要領導抗爭，他還想要把得到的支持轉為選票，期望能勝出於2016年舉行的立法會選舉。由於香港立法會選舉於地區直選採用最

---

115 陳雲（2010），《走出政府總部：做個快樂的抗爭者》，香港：花千樹出版；陳雲（2010），《終極評論，快樂抗爭》，香港：花千樹出版。

116 陳雲（2011），〈快樂抗爭，人人開心〉，《am730》，2011年6月28日。

117 陳雲（2014），〈浴火重生，鳳凰開救〉，《am730》，2014年8月4日。

118 陳雲（2014），〈觀音護法，全身而還〉，《am730》，2014年8月11日。大鵬金翅鳥即天龍八部的迦樓羅。

119 陳雲（2014），〈夢兆黑龍，前來歸附〉，《am730》，2014年8月18日。

120〈陳雲談佔旺關帝廟：「香港首次將華夏信仰置於抗爭中心」〉，《本土新聞》，2015年9月9日。

大餘額法，每位候選人只須有一小群死忠支持者就有可能取得議席。[121]亦因如此，他的主要戰略就是要透過快樂抗爭的手法，藉此招聚一群忠實支持者。除此以外，陳亦以激烈言辭批評與他交惡的舊戰友，亦把其他在野派人士都指爲「左膠」[122]，藉著與外界的罵戰建立內聚的支持者群體。

何以陳云根如此渴望從政？他認爲凡是經濟都有盛衰，「中國模式無法置身世外。中國的幾十年繁榮光景……這種詭異現象，很快就要結束」。[123]在此關鍵時刻，中國更有機會涉入邊境紛爭，然後因戰爭而內部崩裂。那麼「香港人必須要有自保意識，責成港府派遣代表與北京商議，要北京保護香港的戰時角色」。[124]若香港能與中國達成共識，在中美爆發衝突時，「則香港實現自治，未嘗不是建立政治防火牆的方法」。因爲「在中港之間樹立政治屏障，中共可以繼續利用香港的國際性而不會反咬自己」。[125]陳云根認爲中國即將面臨內外交困的局面，倘若他能當選成爲立法會議員，他就能以立法代表的身分代表香港和北京談判，重新確立香港之自治權，從而保護他所珍愛的本土庶民風俗。就此他於政綱中「提議用立法會提請人大修憲的方式，永續《基本法》，中港重新立約，確定香港自主權，一國兩制，港人治港，高度自治」。[126]

但如此我們又看到陳云根之本土論述的侷限：這種主張，和「民主回歸論」又有什麼具體上的分別？也許他是出於策略考慮，不想像梁天琦那樣被取消參選資格，才提出比較溫和的政綱。但我們若細心閱讀陳云根的論述，就可知道他並未走出虛擬自由主義和虛擬中華情結的窠臼。他對香港的看法，始終還是南來文人的新傳統主義那套：認爲東亞大陸淪喪，香港欲承傳文化中國之華夷變態觀。他認爲：「英國之紳士有浪漫

---

121 馬嶽、蔡子強（2003），《選舉制度的政治效果：港式比例代表制的經驗》，香港：城市大學出版社。

122 陳雲（2015），《左膠禍港錄：香港政治困局大解謎》，香港：花千樹出版。

123《香港城邦論》，頁205。

124《香港城邦論》，頁206。

125《香港城邦論》，頁212。

126 香港選舉事務處2016年立法會選舉資訊網（https://www.elections.gov.hk/legco2016/）

主義之風，尊敬鄉野小民，認爲是未經工業文明荼毒之高貴野人（noble savage），與中國士人之雅好鄉野一樣。中國之王朝風俗，在民國及中共統治時遭受唾棄及破壞，但在香港竟全體保存。」[127]

　　陳云根像虛擬進步主義那樣，把戰後香港那不可持續的特殊地緣當作典範。他傾向將英國殖民地政府視爲仁慈的君主，認爲英治時代的香港「前途無有著落，而在恆常的過渡狀態，得以擺脫國族意識和脫離意識形態爭論，不必辯論姓資姓社，不須訂立國語國文，可以精細處理現代化期間的治理問題」。[128]陳云根曾修改殖民地政府的香港盾徽，並以此爲香港城邦自治運動的旗幟。他指出這面旗幟「龍獅拱衛，中英合璧，香港城邦自治之旗……龍是中華傳統，象徵生機與化育，香港是中華文化的保存所與守護人。獅是英國傳統，象徵剛正與勇毅，香港是英國文化的繼承地與發揚人。香港人是龍與獅的後代，是中華文化與英國文化的混血兒」。[129]陳云根一切的努力，都是爲了珍愛的庶民文化。然而，我們在這旗幟卻只看見對中華道統的攀附，只有對過渡狀態流於浪漫主義的歌頌。庶民的奮

【圖10】香港龍獅旗

127《香港城邦論》，頁87。

128《香港城邦論》，頁108。

129《香港城邦論》，頁184-85。

鬥、掙扎、抗爭，卻在旗幟上缺席：在那裡我們看不到實踐命運自主的香港人。

陳云根稱香港爲城邦，又主張港中區隔，此等引人遐想的主張曾一度吸引抗拒中國霸權的年輕人支持。他們以爲陳云根想要推動香港獨立，然而縱使他有過一些曖昧的說法，他所指的城邦，其實不過是在交換條件後獲帝國授予特權的自治體。這些城邦「是以城市爲核心範圍的自治體，有時是主權獨立的，**但很多時候是依附於一個主權體制（通常是帝國或王族）之下，成爲其轄區或軍事保護區⋯⋯」**[130]是以城邦十居其九都不是眞正的國家。爲什麼會如此呢？陳云根認爲這是因爲「城邦腹地不足，無險可守」，是以必須要有像他那樣的人預備務實談判，因爲城邦「亟須機巧與世故之盟約政治（德文Verragspolitik），與大陸帝國維持互不侵犯、互惠互利之微妙關係，方可自我保存」。[131]在陳云根心目中，香港就像神聖羅馬帝國中的帝國自由城市（Freie und Reichsstädte），或漢薩同盟（Hanse）之同盟都市（Hansestadt），透過服務帝國或同盟而獲得自治市的特權。陳云根相信港中區隔，只須通過談判與帝國重新確立香港在一國兩制下的特權，亦即是他政綱所言的「永續《基本法》」。而種種的政治動員和勇武抗爭，亦不過是把帝國迫上談判桌的手段。

在陳云根眼中，香港的特色其實都不是自己的特色：香港只是因緣際會，能在英國相對自由寬鬆的制度下保存在中土失傳的華夏文化，爲文化中國承傳燈火而已。若然缺了華夏道統，所有在中土外圍的小文明都是不值一晒。而他亦認爲自己珍愛的民俗，其實並不是本土固有之風俗，而是倖免於北方胡人蠻俗污染的華夏古風。因此「香港沒有自身的本土文化，臺灣也沒有。臺灣不能去中國化，香港也不能，因爲兩地都沒有一個在華夏文化進入之前、事先存在的文化主體。而這個文化主體要有自己的神話傳統和宗教信仰，可以支撐得起一個社會結構，類似日本的天照大神和天

130《香港城邦論》，頁67。
131《香港城邦論》，頁79-80。

皇世系，可惜，不論是嶺南還是臺灣，原住民文化被華夏移民破壞了，成不了主體文化」。[132]

陳云根之說法，顯然是為了滿足自己對華夏古風的浪漫情懷而顛倒是非。他身為民俗學學者，應該不會不知道民俗學和人類學歷年的研究，已經能夠重組掩蓋在華夏外衣下的原住民底層文化。[133]日本「事先存在的文化主體」，亦是由賀茂眞淵和本居宣長等本土論者以學術考據加上想像力，於江戶時代「重新發現」及「重新發明」。同情地理解，陳云根是想藉東亞大陸眾古帝國的威榮，在其珍愛的民間風俗臉上貼金。他堅持華夏與夷狄、文明與野蠻之間有道無法逾越的鴻溝，而他珍愛的民俗，必須奉華夏之名站在文明那一邊。但這種做法，終究是向帝國的邏輯屈服：他只能期望帝國能恩賜特權，好讓庶民敬拜的場所不會被視為淫祠，民間的生活方式不會被視為邪俗。

也就是說，陳云根「城邦」一語雖帶來脫中獨立的遐想，其論述本質卻是化獨漸統。他相信「基於歷史與現實政治，香港不能建國，也不宜建國，用城邦意識是最佳的選擇」。而他最終的目標，亦是希望中國霸權能以另一種模式維持下去。而香港在中國護庇下的自治實驗若能成功，中國就能以同樣方式平定四方，「中華邦聯的共識成熟之後，中國（大陸）、臺灣、香港、澳門再聯合宣佈，締結中華邦聯，一國四票，佈置亞洲聯盟的局面」。[134]陳云根認為此後可以商討香港主權獨立之事，但這必須在中華邦聯的框架下實行。陳云根認為中華邦聯「可以幫助北京解決香港問題，還可以以此方式一併解決臺灣問題。既然邦聯中的各個成員可以選擇各自的治理制度，香港地區獲得更多民主也就不意味著大陸也要如此……有助於中國政府在大陸維持現狀」。[135]他認為在中華聯邦的框架下，香港能民主自治，臺灣能以一國多制的方式統一，共產黨亦能在東亞大陸維持

---

132 陳雲（2014），《香港城邦論 II：光復本土》，香港：天窗出版社。

133 例：Eberhard, Wolfram (1968). *The Local Cultures of South and East China*. Leiden: Brill.

134《香港城邦論》，頁 218。

135 陳雲（2015），〈大陸可與香港建立「華夏邦聯」〉，《紐約時報》中文網，2015 年 6 月 15 日。

黨國專制，乃一舉多得的三贏局面。然而，若東亞大陸仍由大一統帝國掌控，而且還維持黨國專政的制度，我們真能相信這頭巨獸會信守永不稱霸的承諾，會放手讓邦聯內的弱者民主自治嗎？

陳云根的政治謀略，可謂機心算盡。他一方面向渴求獨立的香港人承諾港中區隔的真自治，另一方面又以邦聯論幫助中國統一臺灣，以及解決種種分離主義的問題。然而當梁天琦這類明確提出香港獨立的政治人物出現，陳云根的佈局再精密還是會破功。香港大學學生會於2014年出版《香港民族論》，明確提倡要把香港建設爲主權獨立的國族國家。梁天琦於2016年新界東補選，以66,524票高票落選[136]：這數目若出現於採用最大餘額法的正式選舉，就篤定能當選。只是後來選舉主任認爲梁天琦不支持《基本法》而禁止他參選，他就只能請求青年新政的梁頌恆代其出征。結果梁頌恆得到37,997票當選，而陳云根卻以23,635票敗北。[137]

陳云根對敗選一直耿耿於懷。在選戰之前，他因著一些較激烈的言辭，以及與學校高層政見不合，最終被嶺南大學拒絕續約。梁頌恆擊敗陳云根當選後，因在就職儀式稱中國爲「支那」，並展示港獨標語，使其議席被褫奪。而梁頌恆在整場風波中，危機處理也極不成熟。陳云根因而對提倡香港獨立的人士心懷怨恨，認爲港獨派先是抄襲其《香港城邦論》，之後還要成事不足，因而破壞他精心設計的救港大計。他認爲「臺灣支持港獨破壞城邦自治運動，後果也看到了……這不是陷害陳雲的小問題……他們做的，是破壞香港人幸福，破壞華夏現代化的大惡業。我放過他們，老天也不會放過他們」。[138]但誰又能責怪陳云根的瘋言瘋語呢？此刻他爲了珍愛的民間風俗，早已賠上了一切。

不過陳云根那種意圖以帝國之下的封建制度確立地方自治權的論述，絕非精神失常者忽發奇想。替前現代帝國及封建制度翻案的觀點，近年在

---

136 香港選舉事務處2016年立法會新界東地方補選資訊網（https://www.elections.gov.hk/legco2016by/）。

137 香港選舉事務處2016年立法會選舉資訊網站（https://www.elections.gov.hk/legco2016/）。

138 wan.chin.75的臉書動態，2018年9月4日。

學術界蔚爲風潮。一些學者把現代社會的問題歸咎於國族主義，他們認爲國族自決未有應允解放的承諾，反倒帶來兩次世界大戰及數不清的族群滅絕慘劇。他們因此對前現代的帝國產生浪漫想像，認爲那是包容開放的黃金歲月，是以提出「超克國族」、肯定帝國的主張。就如日本政治哲學家柄谷行人所言：

> 現在不管到哪裡，小規模的國民國家都已經到了窒礙難行的狀態。世界各地過去曾經有過世界帝國的地區，接二連三地形成廣域共同體。首先開始的是歐洲共同體……所以，在世界各地，看起來彷彿過去的世界帝國正在復活。

而柄谷更期望中國的崛起，能領導「超克國族、再造帝國」的世界潮流：

> ……因爲清朝這個帝國沒有分裂，留到現在。以規模來說，中國超越各地的國家聯合體。中國所需要的，是自覺到這樣的情況。換句話說，中國應該超越國民國家的觀念，以創造積極意義下的「帝國」爲目標。[139]

這種講法與中國那些歌頌黨國的國家主義者不無相似之處。這些國家主義者渴慕東亞大陸古帝國之威榮，並認爲自儒家到毛澤東思想再到鄧小平，乃一度連綿不絕的帝國道統。[140]如此他們對內則奉黨國領導爲象徵宇宙意志的「君主」，使其實踐「凌駕個體自由意志，亦即民意之上的神聖力量，以及把個體組織起來的等級原則」。除此以外，亦要以定於一尊的意識形態「提供個體以一種精神和信仰的力量，以此制約個體之分散性，

---

139 柄谷行人著，林暉鈞譯（2015），《帝國的結構：中心、周邊、亞周邊》，臺北：心靈工坊。
140 甘陽（2007），《通三統》，北京：三聯書店。

且將個體塑造成有道德的私民與服務於國家的公民」。[141]**而對外，他們則想回復昔日以中土爲文明中心的天下體系**[142]，甚至豪言「未來時代，將會由中國人從政治上統一全人類，建立世界政府」。[143]

　　然而，**將未有國族主義之前的帝國想像成包容並蓄的烏托邦，恐怕只是帶著浪漫投射的後見之明**。以東亞爲例，大陸帝國周邊的文化以至是種族滅絕，其實極其常見。中土只要國勢稍強，就會向外擴張，「秦起長城，竟海爲關，荼毒生靈，萬里朱殷。漢擊匈奴，雖得陰山，枕骸遍野，功不補患」。[144]以文明教化「懷柔遠人」，看似和平包容，卻包藏「天下歸心」的野望。而華夷之間的差序秩序，最終達成的是「君子勞心、野人勞力」的社會壓榨。[145]

　　舊帝國之所以看起來比較寬容，是因爲以往不論在交通通訊、文官體系、戶籍制度、軍事指揮等各方面，都不利中央對地方的全盤控制。亦因如此，帝國不得不對地方實行某種間接統治，容讓地方社會在承認帝國霸權的前提下各行其是。在貿易網絡的交通要衝，富裕的地方商人會透過與帝國分享紅利，換取陳云根推崇的自治特權，甚至讓置產者以民主選舉進行管治。即使在中央集權較爲早熟的東亞大陸，仍然有「皇權不下縣」的情況，在鄉鎮層級也是倚靠地方士紳自行治理。在帝國體制下，地方只須向帝國效忠，並奉獻稅金及力役，在大部分時間多能高唱「帝力於我何有哉」。地方與帝國有著尊卑分明的身分差序，但尊貴與卑微，在大部分時間也沒有交集，可以「互爲不存在」。然而我們不要忘記，前現代帝國之所以沒有干涉地方，非不爲也，實不能也。

　　然而踏進現代，國家體制操控地方的能力早已今非昔比。在此時此刻再造的帝國，都會有對每位住民實行直接「數目字管理」之能力。比如在

141　曾亦（2016），〈回到康有爲：專題前言〉，《天府新論》，2016年6期，頁34。

142　趙汀陽（2005），《天下體系：世界制度哲學導論》，南京：江蘇教育出版社。

143　摩羅（2010），《中國站起來》，武漢：長江文藝出版社。

144　李華，〈弔古戰場文〉。

145　葛兆光（2015），〈對「天下」的想像：一個烏托邦想像背後的政治、思想與學術〉，《思想》，29期，頁1-56。

執筆之時，中國正爲實行社會信用體系積極籌謀。在這制度下，政府能以大數據技術監控國民的一舉一動，並以此爲個別國民評分。[146]信用評分欠佳的國民，將無法購買車票、船票或網上購物，無法再正常地過日常生活。而遍佈各地的人臉識別監控系統，使執法人員能在短時間內搜尋到其針對之對象。[147]事實上中國已經廣泛採用此等新技術，以針對批評政府的異見人士。[148]如此任何重建帝國的嘗試，結果只會帶來霍布斯筆下的利維坦。

事實上，現代化之進展，本來是與國族主義之誕生相輔相成：在固定的領域內，一群懷有現世關懷的平等公民實踐民主自治，就形成國族國家。[149]國族國家的邏輯，就是讓各國族於自己的疆域內民主自治、互不侵犯。所謂「國族主義之惡果」，乃源自帝國邏輯對國族的侵蝕，使威權以國族主義的僞裝行帝國擴張之實。舊帝國往往會偷換概念，將平等詮釋爲共同的血緣或文化，將民主詮釋爲集體主義的群眾動員，藉此利用國族主義的動員力維持專制政治。這種帝國加國族的半桶水合成物，乃威脅世界和平之怪胎：它們對內專制而蔑視個體，並堅持舊帝國不平等的身分制度；它們對外則以現代化的組織和技術，實踐舊帝國永無止境的擴張。[150]部分成功民主化的國族國家則未能放棄前朝遺下的海外帝國領地，使其內政外交表裡不一。兩次殘酷的世界大戰，起因乃帝國霸業的衝突：帝國主義壓倒國族主義，才是這場人道災難的病灶。超克國族、重建帝國的嘗試，既是顚倒是非，更是火上加油。

中國之國族建構，顯然就是以國族之外觀意圖承繼清帝國遺產的帝國主義運動。[151]就如白魯恂所言，中國是「一個僞裝成（國族）國家的文明

---

146 中國國務院，《社會信用體系建設規劃綱要（2014-2020年）》，國發（2014)21號。

147 "In Your Face: China's all-seeing state" , BBC News Website, 10 December 2017.

148〈人民一旦墮入「社會信用」黑名單買不到機票房子且有冤無處訴〉，《法國國際廣播電台華語網》，2018年1月7日。

149 Greenfeld, Liah (1996). "Nationalism and Modernity," *Social Research,* 63(11):3-40.

150 Greenfeld, Liah and Daniel Chirot (1994). "Nationalism and Aggression," *Theory and Society,* 23(1):79-130.

151 參〈不容自由的百年帝國夢〉。

（帝國）」。[152]如今中國乃有權必用盡的黨國，亦擁有各種現代化的組織和技術。這個帝國已走上崛起之路，其政權亦會不惜一切的要鞏固其至高無上，且無孔不入的極權。[153]倘若期望這個黨國帝國，能像弱不禁風的神聖羅馬帝國那樣向屬地授予民主自治之特權，那不啻是緣木求魚。若是等而下之，因為自卑地賤視嶺南文明為蠻夷風俗，就想以華夏古風之名淊東亞大陸古帝國之榮光，那不過是無知、幼稚、可笑的中二病矣。

結語：誠實地面對自己

香港人缺乏自主命運之主體意識，甚至對自決、港獨等主張抱有惡感。他們有的是出於對「中國機遇」的貪婪，有的出於對強鄰的恐懼。因著貪婪和恐懼而自我否定，甚至以事大主義之名打壓追求命運自決的抗爭者，那毫無置疑就是道德上的虧欠。部分在野派眼見主張自決、港獨的、頗多躁狂的機會主義者，就對命運自主之說不予置評。這種不作為，其實也是不誠實的表現。問題的關鍵是：國族自決乃自由、幸福和尊嚴不可或缺的基礎，自決和獨立，就是理直氣壯的正確主張。即使在野派與提倡者有各種怨懟，若然幼稚地讓私怨影響對公德之判斷，就毫無疑問也是道德的虧欠。「正派人物」對自決和港獨的了無作為，就是機會主義者能混水摸魚的主要因素。「港獨自決派都是機會主義者」、「港獨派都是怨毒小鬼」之判語，其實都只是自我實現的預言。即使部分提倡港獨的人士，其行事為人令人搖頭，但大人有大量，就是大人的責任。即使其他在野派與港獨派同樣都是遭建制迫逼，但主流在野派還是擁有較多的資源和話語權：是以即使再不情願，體諒和支持終究還是他們不可迴避的責任。爾等君子沒有做好應做的事，讓小人有機可乘，哪可以還有顏面指責港獨派不行君子之道呢？君子不作為，以至小人當道；因小人當道，所以君子繼續

---

152 Pye, Lucian W. (1990). "China: Erratic State, Frustrated Society," *Foreign Affairs*, 69(4).

153 關於當代中國之社會控制，參：斯坦·林根（Ringen, Stein）著，薛青詩譯（2017），《完美的獨裁：二十一世紀的中國》，臺北：左岸文化。

不作爲：這種沒完沒了的自我欺騙要持續到幾時呢？

　　即使是眞誠爲自由民主而奉獻的香港人，亦會受虛擬自由主義和虛擬中華情懷所迷惑。這兩座惡德之大山，可一併稱之爲虛擬都會主義。此等論述認爲香港只是個海容百川的大都會，其住民只有城籍而沒有國籍；這個城市或是後國族社會的典範，或是享有特殊待遇的中國屬邦，就是沒有成爲國家的資格。他們不知道昔日即使不談主體，卻能盡享文明之福，既不可持續，亦於理不合。如今中國獨大、帝國壓境，地緣形勢早已不似從前，就不能再妄想能坐享缺乏主體之善治。香港人集體想像的社會，不是東亞大陸上的秋海棠，而是深圳河以南三十里江山內的千方里地：是以任何民主自治的實踐，都必然是事實上的港獨。**「爭民主不爭港獨」的說法，既是出於虛情假意自欺欺人，也是爲民主打上折扣。**以爲畫地爲牢就可以避免觸碰中國的底線，更是膚淺的虛幻妄想：對於黨國主義者來說，香港若想要實踐黨國無法干預的眞自治，實行反映香港人意志的眞民主，就是分裂國土的叛亂陰謀。

　　香港人理當誠實地面對自己：香港不是中國、香港人不是中國人，兩地民眾有著南轅北轍的生命歷程、面對著迥異不同的共同命運。香港做爲少數能讓嶺南文明不受黨國脅迫自由發展的地方，文化土壤與中國差天共地。即使是來自嶺南以外的渡來人，也不得不坦白承認：香港若非獨特，他們何以南渡？既受惠於香港之獨特，若不肯維護此地異於鄰國之特性，那又何異於過河拆橋？在香港生活的民眾若不甘淪爲過客，因而要以公民的身分決定這座家邦的前途、因此抗拒境外的強權左右社會的發展，他們在邏輯上就是位香港國族主義者。他要爭取名實俱備的明獨，或爭取表面統一的暗獨，那是策略上的抉擇；但他若貫徹始終，就不可能反對香港獨立。因虛擬都會主義的緣故，從而自我否定、自我矮化，就是活在謊言中。若是如此行，就是違背爭取命運自主的初衷。何以香港民主運動在雨傘革命受挫後，就一直走不出令人無力的低氣壓？香港在野派沒有以香港爲祖國的國族意識，欠缺延續歷史命運共同體的大圖像，未能像臺灣那樣將民主運動與國族建構的宏大計畫互相扣

連。[154]如此香港抗爭者不能將自身經歷定位為香港國族發展的歷史進程，遇到挫折就容易一蹶不振。而虛假的中華情結，則為受挫的抗爭者提供向現實妥協的方便藉口，使他們以虛構的中國情懷掩蓋自己背棄初衷的罪惡感。

　　此等自欺欺人的虛擬都會主義，不都是出於貪婪、恐懼或執念，亦可以是出於善意。即或如此，容讓說謊的靈侵蝕心靈，即使動機如何良善，終究只會是墜落的開端。路西法在淪入魔道前，也曾是光明的天使。不少熱血志士因著虛擬自由主義的迷思，在港中不對稱融合的形勢下集體失語；而虛擬中華情結，更使一些曾為自由民主拋頭顱、灑熱血的前輩，因假大空的「民族情懷」被黨國統戰，淪為投靠威權的「中間派」而晚節不保。虛情假意，就是道德敗壞的開端。生於香港，若要活在光明磊落中，就必須不帶前設，做個頂天立地的香港人。

---

154 何明修（2018），〈比較研究作為一種策略：一些個人的淺見〉，《巷仔口社會學》，2018年12月11日。（https://twstreetcorner.org/2018/12/11/homingsho-4/）

第六章

自主就是分離
中國眼中的香港民主

　　踏入2010年代，爭取香港獨立的運動正式浮上水面。可是香港的主流民主派大都不爲所動，部分人士甚至對提倡香港獨立的社會運動抱有敵意。他們大多會附和前港督彭定康的講法，認爲「將民主及港獨混爲一談是不誠實、可恥和魯莽」。[1]他們相信香港即使沒有自己的主權國家，仍可能在中國的庇蔭下受取到眞正的民主。亦因如此，主流民主派多認爲香港獨立的主張，只會給予中國干預內政的藉口。部分人士甚至陰謀論地指斥港獨的倡議者都是中國共產黨派來的內應。他們不知道政治學大師林茲（Juan J. Linz）早已指出，威權國家的藩屬國並無民主化之可能：沒有主權，就幾乎不可能民主。[2]而更重要的是，即使香港民主派想要爭取不談獨立的民主，但宗主國亦可能會將民主自治的訴求與分離主義等同。而這其實取決於中國方面的民主觀和主權觀。

民主與愛國：中國的觀點

　　中國自1920年代末，就已是黨國不分的專制國家，一直都在強調中央

1　香港《蘋果日報》，2016年11月26日。

2　Linz, Juan J. and Alfred Stepan (1996). *Problems of Democratic Transition and Consolidation: Southern Europe, South America, and Post-Communist Europe.* Baltimore: Johns Hopkins University Press.

黨部對地方的全盤控制。國共兩黨的民主，最終其實是指黨為民作主：他
們相信中國民智未開，民眾也沒有能力為自己的權益發聲，是必須靠全能
的先鋒黨為民請命。[3]先鋒黨會以由上而下的方式對民眾灌輸意識形態，
從而集中力量去達成黨為民眾訂下的目標。黨國體制下的民主雖會鼓勵群
眾參與，但議題的設定卻始終掌握在黨幹部的手上，而黨幹部亦會指導民
眾如何「民主」地做出「正確」的決定，也就是說民眾只是參與者而非決
策人。在這場「民主集中制」的遊戲中，民眾就像參與一場由黨國領導主
持的堅振禮，在眾目睽睽下宣誓效忠由黨國所定義的國族[4]，使個別民眾
顧慮到群眾壓力而不敢做出敵對黨國的事。國民黨在取得政權後，由於蔣
介石始終無法信任民眾，對群眾動員就不若北伐期間積極。[5]然而共產黨
卻持續推行這種由黨國寫好劇本的「民主」，甚至以「新民主主義」的旗
幟吸引渴慕自由民主的知識階層支持。在中共取得政權後，黨國則是以拉
一派打一派的方式，動員民眾的力量鞏固威權。[6]

　　簡而言之，中國特色的民主，強調的是黨國體制**透過集體動員**，要求
民眾積極參與公共事務，**集合眾人的力量達成黨國訂下的政治目標**。他們
認為黨國之目標，是由民眾之集體力量達成，因此黨國專制仍稱得上是民
主的體現：但民眾在這場強調「民主集中」的「民主大戲」中，雖然人人
都可以粉墨登場，卻不得不遵照黨國預先編好的劇本演出。而黨國眼中的
民眾，並不是由自由的個體組成，而是集體意志的彰顯：而這個群體如何
組成，也是建基於黨國的定義。而地方的民主，也必須按照黨國的意志執
行，民眾必須受地方黨部指揮，地方黨部則必須聽命中央。地方黨部若有
自己的主見，就是山頭主義；地方民眾若有自行其是的意欲，就是反黨叛

3　Fitzgerald, John (1996). *Awakening China: Politics, Culture, and Class in the Nationalist Revolution*. Stanford: Stanford University Press.

4　Hill, Joshua (2019). *Voting as a Rite: A History of Elections in Modern China*. Cambridge, MA: Harvard University Press.

5　Wakeman, Frederic Jr. (1997). "A Revisionist View of the Nanjing Decade: Confucian Fascism," *The China Quarterly,* 150:395-432.

6　錢理群（2012），《毛澤東時代和後毛澤東時代（1949-2009）：另一種歷史書寫》，臺北：聯經出版。

國的分離主義。而在黨國眼中，民眾是否愛國，並不取決於其文化認同，而是視乎他們有否接受先鋒黨的領導。

但在香港前途談判期間，中共爲求爭取香港民眾支持中國取得香港，就提出比以往寬鬆的愛國定義。他們訴諸文化認同，提出香港人不須擁護共產黨，只要贊同中國對香港的主權主張，亦可算是愛國的香港同胞。鄧小平於1984年10月3日會見港澳人士觀禮團時如是說：

> 只要站在民族的立場上，維護民族的大局，不管抱什麼政治觀點，包括罵共產黨的人，都要大團結。希望香港同胞團結一致，共同努力，維護香港的繁榮和穩定，爲1997年政權順利移交做出貢獻。[7]

而爲了統戰香港的自由派，中共甚至暗示在取得香港後，將會推動「民主回歸」。國務院總理趙紫陽在回覆香港大學學生會的信函時，讚揚學生支持中國取得香港的立場，並承諾讓香港享有民主。他於覆函中表示：

> 我很讚揚同學們基於自己的責任感對祖國恢復行使香港主權、維護香港穩定繁榮所表達的眞誠意願……保障人民的民主權利，是我國政治生活的根本原則。將來香港特別行政區實行民主化的政治制度，即你們所說的「民主治港」，是理所當然的。[8]

但是中共理解的民主，顯然不是香港人所理解的民主。**中國模式的民主，著重的是以團結爲力量的集體參與，而非人人均等的決策權。**對中國來說，香港最能夠「貢獻祖國」的特點，乃是其資本主義制度。中共根據馬克思主義的教條，認爲商界乃香港社會最重要的力量，與此同時他們亦

7　鄧小平（1993），《鄧小平文選》，第三卷，北京：人民出版社。

8　〈香港大學發現趙紫陽許諾民主治港信函〉，《BBC》中文網，2014年1月9日。

希望香港商人投入資金支持中國的經濟改革。亦因如此，中國在與英國簽署聯合聲明後，就與爭取民主自治的的自由派疏遠，並與商界組成不神聖同盟，在政制改革議題上改採保守反動的立場。[9]

兩種民主觀的對壘

　　英國在香港前途問題談判接近尾聲時，就像以往撤出其他殖民地那樣，以民主化為解殖做好準備的計畫。殖民地政府於聯合聲明簽署後的1984年末推出《代議政制白皮書》，不料如此就觸碰到中共的逆鱗。中國認為英國是在搞小動作，是想要在主權移交後以另一種方式延續對香港的影響力：在中共的立場看，民主化進程必須由黨國主導，而中共中央在主權移交後必須能夠對香港全盤控制。相等於中國駐港大使的新華社香港分社社長許家屯，怒斥英國「不按本子辦事」，要將香港變成「獨立政治實體」。許氏於1990年代如此憶述：

> 這些「懼共」、「拒共」、「反共」情緒，在香港社會瀰漫著。相當多數港人開始希望英國人不要走，中共不要來。後見收回香港已成大勢，又希望英國人多留一點時間；或中國收回香港後，中共不要直接管理，仍由英人管治，或港人自治，以至「國際共管」。

> 後來，港英政府公開打出「代議政制牌」，「港人治港」又增加了「民主拒共」的內涵——以香港民意為基礎抗拒中國對港事的干預。中英開始談判以來，港人一直希望自己能參加，影響兩國談判，爭取有個好的前景。

9　Goodstadt, Leo F. (2000). "China and the Selection of Hong Kong's Post-Colonial Political Elite," *The China Quarterly*, 163.

英國在談判鬥爭中，採用的「三腳凳」、「民意牌」、「代議政制」等策略，我認為，是英國基於前述港人的情緒，並加以利用；既贏得港人的信任，打擊中國在港人中的形象，又可以增加在談判中討價還價的籌碼。中英在談判鬥爭中，「針鋒相對」，勢所必然。[10]

　　在1987年4月16日，鄧小平會見基本法起草委員會香港代表時，重申於1997年主權移交後，香港實行的不能夠是西方標準的民主，而必須是符合「中國國情」的民主。他指出：

過去我曾經講過，基本法不宜太細。香港的制度也不能完全西化，不能照搬西方的一套……我們大陸講社會主義民主，和資產階級民主的概念不同。西方的民主就是三權分立，多黨競選，等等……但是我們中國大陸不搞多黨競選，不搞三權分立、兩院制。我們實行的就是全國人民代表大會一院制，這最符合中國實際……對香港來說，普選就一定有利？我不相信……即使搞普選，也要有一個逐步的過渡，要一步一步來……

　　鄧小平更強調香港的自治，不能妨礙中央對香港的全面管治權：

不要以為香港的事情全由香港人來管，中央一點都不管，就萬事大吉了……如果中央把什麼權力都放棄了，就可能會出現一些混亂，損害香港的利益。所以，保持中央的某些權力，對香港有利無害……但是如果變成行動，要把香港變成一個在「民主」的幌子下反對大陸的基地，怎麼辦？那就非干預不行……[11]

10　許家屯（1993），《許家屯香港回憶錄》，臺北：聯經出版。
11　鄧小平 1993。

　　希望香港能進一步民主化的各界人士，於1980年代中組合成民主派，他們期望立法局能於1988年開放部分議席予全民直接選舉，並以議會全面普選爲終極目標。他們亦積極參與兩個市政局及區議會選舉，部分民主派亦以專業身分參與1985年立法局間接選舉。殖民地政府於1987年發表《代議政制發展檢討綠皮書》，民主派與反民主的共商同盟正面交鋒，一邊積極走到社區宣導民主之善，另一邊卻花大錢買廣告抹黑民主爲混亂之源頭。然而，最終頂不住壓力的卻是殖民地政府。最終政府動用誘導式民調，刻意誇大反民主的民意，使八八直選的美夢完全破碎。事件大損殖民地政府的威望，使之被民眾嘲爲惟北京馬首是瞻的「跛腳鴨」，在那幾年社會信心直插谷底，數以十萬計的香港人灰心地遷往他邦。[12]不過，即使中國多番阻撓香港的民主進程，民主派此刻仍然嘗試和中共保持友好關係，直到1989年那個暑熱的夏天。

　　在1989年春，北京學生爲悼念開明派的中共前總書記胡耀邦，紛紛前往天安門廣場。他們很快就將運動的焦點放在自由民主的追求。香港人見北京學生克服種種困難，都不惜一切追求自由夢，因而深深受到打動。在民主派人士牽頭下，逾百萬計的香港人走上街頭，全情投入地聲援北京的「愛國民主運動」。可惜中國當局早就把抗爭定性爲顛覆政權的暴亂，並於6月3日夜間出兵血腥屠城。[13]香港民主派積極幫助學運人士逃出中國，亦繼續聯絡滯留國內的異見人士。爲此中共與香港民主派全面決裂，並將他們定性爲「反中亂港」的顛覆分子。

　　六四慘案爲香港政局帶來空前的危機，香港人於6月4日凌晨哭紅雙眼，在電視屏幕上見著冷血的中國軍人殘殺手無寸鐵的民眾。更令香港人坐立不安的，是當日下令殺人的殘暴政權，在8年又26日後就會變成香港的新宗主。殖民地政府爲挽回香港人之信心，決定落實名爲「玫瑰園計畫」的大型基建工程，當中包括把機場從啓德遷到赤鱲角現址。然而，中

12　Scott, Ian (1989). *Political Change and the Crisis of Legitimacy in Hong Kong.* Honolulu: University of Hawaii Press.

13　香港記者協會編（1989），《人民不會忘記：八九民運實錄》，香港：香港記者協會。

國卻指責殖民地政府想要在主權移交前耗盡香港的財政儲備。最終經過多
場祕密談判後，英國首相約翰・梅傑於1991年11月訪問中國，與國務院總
理李鵬簽署《新機場諒解備忘錄》。梅傑是六四慘案後第一位出訪中國的
西方國家領袖，如此使他飽受輿論攻擊。而蘇聯於1991迅速崩潰，使英國
擔心萬一共產中國亦步其後塵，英國或會於歷史上留下與極權帝國勾結之
污名。梅傑於北京受辱後，決定爲光榮撤退改變固有政策。他不再信任外
交部中主張對中溫和的中國通（Old China Hands），並於1992年中派遣曾
任保守黨黨主席的親信彭定康爲最後一任港督。[14]

　　彭定康履新後，即以改革者的姿態革新殖民地政府的管治風格。他擺
脫以往殖民地總督的超然姿態，反倒像民選政治人物那樣走進社區、面對
傳媒。彭定康於任內推行公共服務改革，嘗試增加公營服務之透明度、促
成問責，制定服務承諾，亦增加了社會福利、醫療和教育的開支。此等改
革雖然爲民眾的生活帶來實質上的改善，卻招來中國方面的質疑，認爲彭
定康想以公共服務爲幌子榨乾殖民地政府的財政儲備，最終只是想令香港
「車毀人亡」。

　　但彭定康令中國最爲不滿的，是他提出要把香港政治制度盡可能民主
化。《基本法》規定於主權移交後，立法會中直接選舉的議席雖會逐步增
加，但仍有一半議席會由以專業界別及工商界爲主的「功能組別」以間接
選舉產生。《基本法》附件一和附件二規定香港政制須待2007年後方能進
一步改革，而且改革案要獲得三分之二的立法會議員同意，並獲中國人大
常委會批准方能實行。而中國方面亦認爲民主只是參與，不是決策，亦因
如此香港政治制度必須著重各階層的「均衡參與」：也就是說，被中國視
爲香港資本主義制度棟樑，又與中共關係良好的商界精英，雖然是只佔人
口少數的優勢階層，卻必須能夠在議會中佔較大的份量。彭定康卻善用
《基本法》的漏洞，擴大「功能組別」的定義，於1995年立法局選舉引入

14　Roberti, Mark (1996). *The Fall of Hong Kong: China's Triumph and Britain's Betrayal*. New York: Wiley.

九個具廣泛選民基礎的新「功能組別」，變相增加議會的直選比例。[15]

中國認爲彭定康的政治改革方案，既不合「均衡參與」的中國式「民主」原則，亦無視中國於1997年後對香港的絕對主權。港澳事務辦公室主任魯平爲此大動肝火，怒斥「彭定康方案，我們叫『三違反』，既違反聯合聲明，又違反《基本法》，又違反中英達成的協議。香港若成爲政治城市，這將是香港人最大的不幸！」他甚至表示：「彭定康先生將來在歷史上，要成爲香港的千古罪人。」[16]中國延續以往的陰謀論邏輯，認爲英國意欲於撤出香港前設下陷阱，甚麼將之與英國於19世紀的帝國主義擴張相提並論。比如中共政治局常委李瑞環，就於1993年3月質疑：

> 哪有由外國人用槍炮，佔了別國的地方，給別的國家的人講民主……民主應是那裡的民來主……你應該走，民主應該是這樣的吧，因爲你不是這兒的人。

英中兩國於1990年代初的祕密談判中，曾協議讓殖民地時期最後一屆立法局，在1997年7月1日以「直通車」的方式自動成爲香港特別行政區第一屆立法會。但如今中國因彭定康政改方案的緣故，不肯繼續承認立法局的合法性。與中共鬧翻的民主派亦以「民主反共」的姿態，於1995年的選舉在地區直選取得61.1%的選票，並因單議席單票制的放大效應取得85%的直選議席。雖然商界和親共派能在間接選舉取得優勢，民主派仍剛好能取得逾半議席。在1995年至1997年之間，民主派運用其多數優勢通過多條保障民權和勞工權益的方案，並以私人條例草案打破殖民地制度行政主導的慣例。[17]民主派議員亦以其薪金和津貼，資助林林總總的社會運動，使香港公民社會能於1990年代急速發展。中國因此懷疑英國正與「反中亂

15　Tsang, Steve (1997). *Hong Kong: An Appointment with China*. London: I.B. Tauris.

16　魯平著，錢亦蕉編（2009），《魯平口述香港回歸》，香港：三聯書店。

17　蔡子強、劉細良（1996），〈九七回歸前夕的香港行政與立法關係〉，《香港社會科學學報》，第8期。

港」的勢力暗通款曲，使香港隨主權移交成爲顛覆黨國的特洛伊木馬。最終中國決定撕毀先前的「直通車」協議，並以「另起爐灶」的方式建立1997年後的政治體制。

中國於1994年12月宣佈落實成立臨時立法會，並於1996年1月成立籌備工作委員會。這個委員會除了負責挑選臨立會議員，亦會制定推選委員會的成員名單：推選首屆行政長官及1998年立法會部分議員。這個委員會的成員皆由北京委任，亦因此以商界人士及親共派爲主，並以「自己選自己」的方式於1996年12月選出臨立會。而除了民主民生協進會的馮檢基、廖成利、羅祥國和莫應帆之外，其他議員不是商界人士就是親共派，這等同變相於主權移交日褫奪大部分民主派的議員資格。臨立會成立後，即決議推翻立法局於1995年選舉後做出的決議：當中最惹人爭議的，是恢復舊版《公安條例》的決議，使警察能以任何理由反對民眾的自由集會。除此以外，臨時立法會亦廢除多條保障勞工權益的新法案。

彭定康意圖通過《基本法》的灰色地帶推動民主進程的努力，最終也不敵1997年7月1日的大限。在那大雨滂沱的黑夜，隨著米字旗徐徐落下、五星紅旗冉冉升起，中國也宣告於這場兩種民主的戰爭中獲得勝利。在主權交接儀式的會場，原爲非法組織的臨時立法會水鬼升城隍，其議員在衣香鬢影下宣誓就任香港特別行政區立法會議員。失去議員資格的民主派議員，則到立法局大樓的陽台上向民眾發表演說，矢志要於未來重返議會。[18]

2004年的愛國論爭

雖然民主派於1998年的選舉過後成功重返議會，卻再也無法回到早幾年的風光。特區政府於主權移交後，於直選選區引入比例代表制，這一方

18　So, Alvin Y. (1999). *Hong Kong's Embattled Democracy: A Societal Analysis.* Baltimore: Johns Hopkins University Press.

面使民主派無法再像早幾年那樣取得滑坡式的勝利，另一方面這種有利小黨的選舉制度亦爲民主派的分裂帶來誘因：民主派本來就是一個鬆散聯盟，除了自由民主的價值外，其成員在社會、經濟、民生議題上各有立場，甚至對民主發展的步伐亦未有一致的看法。是以在主權移交後，在最大的民主派政黨民主黨內出現浪接浪的退黨潮。[19]而《基本法》亦限制立法會制訂私人條例草案的權力，使立法會失去眞正的提案權，而只剩下質詢權和否決權。[20]在新的選舉制度下，親建制勢力已篤定能佔據議會的多數議席，民主派能扮演的角色亦越來越有限。

除此以外，親共政團亦憑藉來自商界及中國的資源，協助保守的街坊組織舉辦廉價的康樂活動，從而在各社區中拓展勢力。他們一方面透過街坊的人際網絡進行選舉動員，另一方面又以保守民眾的耳語散播反自由、愛黨國的政治訊息。親共派與民主派在支持度的差距持續收窄，在區議會選舉的層面甚至早已迎頭趕上。[21]隨著中國在經濟改革取得成果，部分經濟掛帥的民眾就忘掉昔日的抗共情緒，甚至會爲了商機而投中共所好。到了2000年代，雖然特區政府因種種施政失當而滋生民怨[22]，民主派卻未有因此扭轉衰微的趨勢。

然而，英中兩國在1990年代初祕密談判時的其中一項協議，卻爲2000年代初的政治風雲埋下伏筆。當時英國因應香港人於六四慘案後的信心危機，便對中國進行遊說，希望中國能夠容許香港在主權移交前實行有限度的政治改革。中國答允容許殖民地政府於1991年在立法局引入18個直選產生的議席，但條件是要在《基本法》中增設23條，以授權特區政府以本地

19 馬嶽、蔡子強（2003），《選舉制度的政治效果：港式比例代表制的經驗》，香港：城市大學出版社。

20 蔡子強、劉細良 1996。

21 Wan, Kwok Fai (2003). "Beijing's United Front Policy toward Hong Kong: An Application of Merilee Grindle's Model," M.Phil thesis, University of Hong Kong; Kwong, Hoi Ying (2004). "Party-group Relations in Hong Kong: Comparing the DAB and the DP," M.Phil thesis, Division of Social Science, Hong Kong University of Science and Technology.

22 Lo, Shiu-hing Sonny (2001). *Governing Hong Kong: Legitimacy, Communication and Political Decay.* New York: Nova Science Publishers.

立法的方式維護中國的國家安全。[23]

2002年，特區政府提出要根據《基本法》23條訂立《國家安全條例》。民眾及民主派皆擔心此法將侵害人身自由，但政府方面卻一意孤行。香港於2003年春遭遇非典型肺炎疫潮，政府卻因防疫措施失當而令疫情一度失控。隨著香港被世界衛生組織列爲疫區，市況亦因此變得蕭條，民眾因對疫症和經濟衰退的雙重恐懼而人心惶惶。香港到春夏之交才控制住疫情，但已有近三百人因非典型肺炎病故，亦有8位醫護人員於疫潮染病殉職。然而，當民眾好不容易才等到喘息的機會，政府卻表示將如常把《國家安全條例》交予立法會表決，並預期會於立法年度結束前三讀通過。民眾對政府於疫潮期間的表現失當記憶猶新，又聯想起主權移交後特區政府差強人意的執政表現，如此就促成民憤大爆發。在2003年7月1日主權移交6週年紀念日，逾50萬民眾穿上黑衣遊行往政府總部抗議，擠滿香港島北部的抗爭人潮使朝野大爲震驚。親商界的自由黨見眾怒難犯，亦見商界內部有意見擔心《國家安全條例》影響市場資訊流通，就撤回對法案的支持，使立法過程無限期擱置。

2003年七一大遊行出乎意料的結局，使原先對民主發展灰心喪志的香港人得以充權。這次抗爭充分表現民眾自發動員的力量，他們於抗爭過程中產生命運自主的意識，就想要以普及而平等的參政權實踐「港人治港」的承諾。他們因此期望能再下一城，以「還政於民」爲口號爭取行政長官及立法會全面普選。原先反對23條立法的新興公民團體，則紛紛改組爲爭取「雙普選」的壓力團體，部分人士還要爲參政做好熱身準備。[24]原先以憲政原則反對23條立法的法律界人士，則指《基本法》附件一和附件二容許香港政府啓動政制改革程序，在法案通過後予人大常委會備案就好。民主派及親共派法律學者，此後一直爲香港有否啓動政改之權力而激辯，其內容倒令人想起隨日本憲法學家美濃部達吉的「天皇機關說」而來的論

23　Roberti 1996.

24　Chan, Kin-man (2005). "Civil Society and the Democracy Movement in Hong Kong: Mass Mobilization with Limited Organizational Capacity," *Korea Observer*, 36(1).

爭[25]：香港法律界根據普通法的憲制邏輯，認為《基本法》是限制中國政府在港權力的憲章，而香港的議會亦因此享有啓動民主改革的剩餘權力。親共派卻根據黨國至上的邏輯，堅持中國是以超然姿態透過《基本法》向香港授權，因此只有人大常委會才有資格詮釋《基本法》條文中的空白地帶。[26]

對中國國族主義者來說，要「還政於民」，就是對中共這個先鋒黨的否定，是阻撓先鋒黨復興中國。若說先鋒黨的人大常委會只有備案權，更是對黨國的大不敬。就如前基本法起草委員夏勇所言：

> 正是因為中國政府恢復對香港行使主權，中華民族才得以洗百年恥辱，港人才可能眞正享有人權和基本自由。港人治港的實質是中國人治港；高度自治的前提，是中國人當家作主。[27]

而同樣曾經擔任草委的中國憲政學者許崇德，則根據鄧小平的言論斥責民主訴求只是假議題。他主張所謂的「港人治港」，是指由擁護中國的香港人管治香港。普選對「愛國者治港」，只會是種障礙：

> 當時……草委會內有個別香港委員帶動著社會上的一些政治勢力，打著「民主」的旗號，吵著要《基本法》香港的行政長官……立法會的全部議員都立即由直接選舉產生……小平同志一下子就識破了其中的眞實用心。他毫不含糊地指出：「對香港來說，普選就一定有利？我不相信……我們說，這些管理香港事務的人應該是愛祖

---

25 按照天皇機關說的觀點，日本天皇之所以擁有至高無上的權力，是出於《大日本帝國憲法》第一、三、四條的規定。天皇的權力是憲法授與的，而天皇一職則為憲制框架下的機關，因此天皇的權力必須受憲政慣例的限制。反對天皇機關說的國體論者，則認為天皇超越任何憲政框架，擁有絕對的權力，而《大日本帝國憲法》則是天皇對日本臣民的恩賜。在20世紀初，天皇機關說為日本民主憲政的發展提供理論基礎。然而日本於1930年代走向軍國主義，天皇機關說就被當局指為異端邪說。美濃部達吉被迫辭去貴族院議員的職位，其著作則被當局禁止發行。

26 〈中央以「剩餘權力」收回啓動權〉，香港《蘋果日報》，2004年4月5日。

27 夏勇，〈「一國」是「兩制」的前提和基礎〉，《新華社》，2004年2月22日。

國、愛香港的香港人，普選就一定能選出這樣的人來嗎？」[28]

　　湯華更進一步闡明，香港人反對《國家安全條例》立法，是不「愛國」的表現。他甚至更進一步，反對「愛國不愛黨」的「港式愛國」，主張愛中國就要接受中共這個先鋒黨的領導：

> 如有的人繼續參與甚至領導旨在否定憲法、反對中國共產黨的領導、顛覆中央政府的政治組織。他們打著追求民主的幌子，散佈所謂「反對中共不等於不愛國」的謬論……在香港《基本法》第23條問題上，某些人也充分地暴露出他們敵視國家的真實面目。立法維護國家的安全和統一，是香港做為國家的一個特別行政區應盡的責任……他們一直從事危害國家安全的行為，因而極力地阻撓《基本法》第23條的立法工作……他們攻擊第23條立法為「惡法」，鼓吹「戰勝23條」，還妄稱要逼使第23條「永不立法」等……我們要認清他們的險惡用心，絕不能讓這種人竊取特區的管治權。[29]

　　對信奉先鋒黨的中國國族主義者來說，香港沒有民主不是問題。反之，香港民主運動的興起，反映香港人不夠「愛國」，是「人心未回歸」之過。香港人不信任中國國族主義的先鋒黨，是因為「外國勢力」從中作梗，再加上所謂的「崇洋媚外者」的煽動。追求不受中共干預的真民主，就是所謂的「挾洋自重」，要將香港發展為獨立政治實體。前新華社香港分社社長周南如是說：

> 事隔六年，有人，其中包括曾極力反對香港回歸中國和激烈反對《基本法》的人，重新揀起英國人打出的「還政於民」的旗號，在

28　許崇德，〈普選能否選出愛國愛港人仕？〉，《新華社》，2004年2月29日。

29　湯華，〈切實保證以愛國者為主體的港人來治理香港〉，《新華社》，2004年2月24日。

群眾中進行煽動，製造混亂。人們不禁要問：是不是從英國殖民主
義者手中交還給國家，並由中央授權特區實行「高度自治」都不算
「還政於民」，只有把香港的政權交給那些「街頭政治家」來掌
管，才算「還政於民」呢？[30]

到2004年2月底，官方媒體《中國日報》刊登社論，替過去的愛國論
爭定了調：

> 用這個標準來衡量，香港確有一些掌握著某種政治權力的人不符合
> 「港人治港」的條件。他們當初爲歷史大勢所趨，確曾表示擁護香
> 港回歸，但並不情願在「一國」下生活，因而在回歸後不斷與特區
> 政府和中央政府角力，反對立法維護國家安全，組織或參與反對中
> 央政府的活動，乞求外國政府干預香港事務，公開支援臺灣前途自
> 決。如此所作所爲，令廣大港人擔憂，令中央政府不安。[31]

「愛國不愛黨」的「港式愛國」，在純粹講求邏輯的世界上或許是可
行，但卻明顯脫離中國的現實。自北伐以來，國共兩黨的中國國族主義，
都是黨國不分的先鋒黨理論。國族主義的內容是由先鋒黨制定的，而國民
的愛國責任就是服從先鋒黨的指示。中共建政後，對中國社會進行大規模
改造，共產黨的組織於社會結構無孔不入，而先鋒黨國族主義早已深入幾
代人的骨髓。隨著中國日漸富強，中國人的自豪感更令他們接受中共這個
先鋒黨的合法性，縱然他們偶爾對中共個別政策感到不滿。唯有在南海之
濱那片相對自由的土地，才有可能將黨國分家，以純樸的情感愛中國。但
現實上，他們愛的中國，並不是在東亞大陸統治著13億人的那個中國。

是以，當香港人要求自由、要求民主，不欲中共干預香港內政，在中

---

30 〈穩定是香港繁榮的基礎〉，《紫荊》，2004年2月號。
31 *China Daily Hong Kong Edition*, 20th February 2014.

國國族主義者的觀點看，那是對先鋒黨的不信任。**真正的自由民主，就是堅持主權在民的原則；而根據主權在民的原則，惟有得到香港人認同的國家，方有資格擔任香港的宗主國：也就是說宗主國的資格，當由真正擁有主權的香港民眾授予。**這樣的觀點，當然無法與主張黨國壟斷權力的中國政治邏輯調和。亦因如此，任何爭取民主自由的香港人，不管他有怎樣的文化認同和歷史認同，根據中國的邏輯也只可能是不愛國的「港獨分子」。

在2004年4月6日，人大常委會召開發佈會，公開解釋《基本法》附件一和附件二，透過此等詮釋肯定中央政府對香港政制改革的決定權。2007、2008年雙普選的訴求遭到否定。2003年以來的民主運動，遭遇了滑鐵盧。

帝國崛起下的愛國政治

在21世紀第一個十年，中國經濟持續高速增長，經濟規模上幾可與美國鼎足而立。北京奧運與上海世界博覽會等盛事，令中國愛國民眾持續亢奮。而美國同期又因金融海嘯，國勢一度大不如前。如今中國人不只渴求富強，更期望能超越美國，成為世界上最強大的國家。歐美民主國家經濟低迷，令中國國族主義者堅信先鋒黨模式的優越性。

此時中國國族主義者產生浪漫主義想像：他們相信在共產黨治下，中國將能繼承昔日東亞大陸帝國的榮光。他們渴求建立以中國為中心的新天朝體系，並將目光放在香港。「中聯辦」研究員強世功在2008年撰寫《中國香港》一書，就將一國兩制描述為鄧小平復興帝國的鴻圖大計。[32]雖然強世功對一國兩制的詮釋甚具爭議性，其推論亦為人詬病[33]，然而那卻能反映中國國族主義鷹派的想法。

32　強世功（2008），《中國香港：文化與政治的視野》，香港：牛津大學出版社。
33　陳冠中（2012），《中國天朝主義與香港》，香港：牛津大學出版社。

強世功認為，中國於中共治下的國家建構，彰顯了儒家政治倫理的差序格局原則，而一國兩制則是這種政治儒理的體現。香港就如天朝體系下的藩屬國，香港人獲中共這位「天子」的保護和接濟，而反過來就有責任服從中央的主權權威：

> 這種中心與邊緣、主體與補充、多數與少數、內陸與邊疆的關係，恰恰貫穿了類似父子和兄弟的儒家差序格局原則，它也同樣是國家所遵循的政治倫理原則：邊疆服從中央的主權權威，中央承擔起邊疆安全與發展的道德責任⋯⋯

> 國家就是基於家庭這個基於情感而凝聚起來的團體⋯⋯「血濃於水」等等這些中國共產黨的話語中耳熟能詳的詞語，恰恰是將儒家的政治傳統帶入現代國家建構中。「一國兩制」在這個意義上，更是建立在儒家傳統的政治思考之上的。

強世功未有解釋何以香港人要與中國人有著類似家庭的情感連帶：也許他是種族主義地假設兩者分享著相同的血緣。總之他主張香港人是應該與中國有類似家族的情感，香港人應該愛中國，就像孩子孝順父母那樣。但強世功感嘆香港人並未有盡愛中國的本分，他將之歸咎於英國殖民者的陰謀：

> 那麼由於1989年全球政治形勢的變化，英國在美國支持下試圖扭轉原來的被動局面，採取主動攻勢，即改變中英聯合聲明的「措詞」，改變它的「語氣」，把香港理解為一個國家，通過政制改革的民主化運動，將香港變成一個獨立或半獨立的政治實體，或者在中國內部培植出反對和分裂的政治力量。彭定康正是在這種背景下推出其政改方案的⋯⋯若香港回歸後的政治體系變成立法主導，他們的代理人也就自然獲得了特區政府的管治權。

　　在強世功眼中，六四慘案後蓬勃發展的民主運動，本質上是要香港變為政治實體的港獨運動。在這場港獨運動背後，是由亟欲延續殖民地體系的英國煽動，而民主派就是英美勢力在香港的代理人。這個講法侮辱了追求民主的香港人：難道他們追求民主的心志都是假的？難道他們都只是殖民主義者的傀儡？但在強世功眼中，香港人渴求自由和民主，本質就是叛國，是「人心不回歸」的罪證：

　　　　長期的殖民教育使得香港的部分精英以臣服的心態對西方世界全盤
　　　　認同，喪失了對香港歷史進程的客觀判斷力、反思力和批判力。他
　　　　們在自由、平等和民主這些文化價值上，認同香港屬於英美世界的
　　　　一部分，而不是中國的一部分……換句話說，在文化價值和政治認
　　　　同上，不少香港精英內心其實認同英國這個「國」，或美國這個
　　　　「國」，而不是中國這個「國」。

　　凡是追尋民主的香港人，都是「港獨分子」，都是中國的叛徒。然而民主派不是很多人都有大中華情結嗎？強世功否定這些大中華情結是真正的愛國。是否認同中共這個中國國族主義的先鋒黨，是否順從於中共對香港的轄制，方是分辨香港人是否愛國的準繩：

　　　　在愛國問題上，他們經常會說，他們愛的是祖國的河山和歷史文
　　　　化，而不是包含國家主權在內的政治實體。這樣的愛國是我們在港
　　　　英殖民地下的愛國標準，而不是香港回歸之後的愛國標準……在中
　　　　央對香港擁有的主權從主權權利變成主權行使的過程中，必然要將
　　　　「一國」從一個歷史文化的建構變成法律主權的建構，這恰恰是
　　　　《基本法》的重要意義所在。

　　對中共來講，香港爭取民主的人士都是現實上的「港獨分子」，但《基本法》又有政制民主化的承諾，那麼中共就應當干涉香港的政治，令

其對香港的主權得以實踐。中共要拖慢香港的民主進程，爭取時間壯大中國國族主義在香港的力量，令親共「愛國」者能以民主手法管治香港。強世功在中聯辦的同事曹二寶亦有類似的見解，他主張中共應於香港建立一支平行的管治團隊，令香港的自治不會演化為實質的港獨：

> 自治不能沒有限度，既有限度就不能完全。完全自治就是兩個中國，而不是一個中國……在管治力量上就必然是兩支隊伍。其中有一支體現一國原則、行使中央管治香港的憲制權力但不干預特區自治範圍事務的管治隊伍，這就是中共、內地從事香港工作的幹部隊伍。[34]

「人大常委會」於 2016年11月7日再次釋法，對《基本法》104條名為詮釋實為修法，禁止未能通過宣誓的議員再次宣誓，並將其逐出議會。他們針對的，不只是涉嫌於宣誓時以「支那」一語侮辱中國的梁頌恆和游蕙禎，而是所有反對北京政權全權統治香港的在野陣營：事實上於這次風波被褫奪議員資格的，除了梁游二人，還包括自決派及社會民主派的議員。「人大常委會」副祕書長李飛於釋法後召開記者會，其間之言論雖然令人震驚，但歸根究底還是彈了十幾年的老調：

> 回歸之前，香港就存在著一股企圖顛覆中央政府、推翻中華人民共和國這樣的反動勢力和反對勢力，回歸以後香港出現這樣的情況，始終是這股反對勢力不認同「一國」，以各種所謂包裝的口號，侵蝕「一國兩制」、侵蝕《基本法》，架空人大。**你們可以好好看看，這股思潮不是現在出現的，只是過去隱性港獨不敢公開，到現在這些人也不敢公開地打出港獨的旗號，但是它有一個非常險惡的辦法就是挑動年輕人。**當然，香港回歸時這些年輕人還沒出生，他

---

34 曹二寶（2008），〈一國兩制條件下香港的管治力量〉，《學習時報》，2008 年 1 月 28 日。

怎麼能夠受那個時候的影響呢？我想這些年輕人就受到了這些人的影響，受到他們的灌輸，而且是有組織的灌輸。所以，我相信這些年輕人再過若干年以後，也能看到背後挑動他、教唆他的這部分反對勢力的真實面目，他也會受到教育的。這是就你們講講的所謂港獨問題，這是第二點。[35]

　　梁頌恆和游蕙禎二人於宣誓時挑釁中國，確實缺乏政治智慧。然而，他們二人之言行，充其量只是一個觸發點。**中國一直以來的愛國標準，都是要帝國臣民無條件接受先鋒黨的專權統治。香港人只要對北京政權的絕對權力稍有質疑，在本質上都會被視為分離主義者。**即使沒有港獨思潮、沒有宣誓爭議，2016年11月7日的劫難，亦很可能會在這幾年以不同的方式發生。以為「愛國不愛黨」就可以避免「觸動底線」，那恐怕是自欺欺人的想法。

　　早於梁游風波未發生的兩年前，中國國務院新聞辦公室早已於2014年6月10日公佈《「一國兩制」在香港特別行政區的實踐》白皮書。書中強調：

> 香港特別行政區的高度自治權不是固有的，其唯一來源是中央授權。香港特別行政區享有的高度自治權不是完全自治，也不是分權，而是中央授予的地方事務管理權。高度自治權的限度在於中央授予多少權力，香港特別行政區就享有多少權力，不存在「剩餘權力」⋯⋯「兩制」從屬和派生於「一國」，並統一於「一國」之內。「一國」之內的「兩制」並非等量齊觀，國家的主體必須實行社會主義制度，是不會改變的⋯⋯「港人治港」是有界限和標準的，這就是鄧小平所強調的必須由以愛國者為主體的港人來治理香港⋯⋯行政長官和立法會普選制度必須符合國家主權、安全和發展

35 《中國評論新聞網》，2016年11月7日。

利益，符合香港實際，兼顧社會各階層利益，體現均衡參與的原則，有利於資本主義發展，特別是要符合香港特別行政區做爲直轄於中央人民政府的地方行政區域的法律地位，符合香港《基本法》和全國人大常委會有關決定的規定，經普選產生的行政長官人選必須是愛國愛港人士。[36]

也就是說，一國先於兩制、兩制出自賞賜，若有人以兩制來反對中央、抗拒干預，他就是在搞港獨；「港人治港」的港人是擁護黨國的港人，沒份治港是因爲你對黨國的愛不夠，而「港人治港」的前提是「黨人治港」，因此還在喊「還政於民」的，就是在搞港獨；而中國模式的民主，是黨國帶領下的參與、是讓親共者更能參與的均衡參與，還在談普及而平等的決策權的，他也是港獨。經歷多年的風波，我們應該清楚中國方面已經肆無忌憚，他們已明言惟有黨國能控制的群眾動員，才是合乎中國特色的民主。真正想要爲香港帶來自由、幸福和尊嚴的公民，又豈有可能避過中國那條「不准港獨」的紅線呢？

總結

中國當局與香港特區政府近日頻頻批判港獨思潮。特區政府不顧可能帶來的法律爭議，粗暴地阻止主張港獨的人士參選。親北京人士亦不斷向傳媒放風聲，說要動用各種手段遏制港獨言論。然而冰封三尺，非一日之寒。當局對港獨的敏感反應，源於中國國族主義的結構性問題。自國民黨北伐以來，先鋒黨理論就是中國國族主義的主流，之後更爲中共推向極致。近年中共國勢日隆，更令先鋒黨專權的做法獲得認受性，令中國人歇斯底里地沉醉於身爲帝國子民的榮光。

基於這種理論，香港人追求自由民主，抗拒中共這個先鋒黨的帶領，

---

36 《「一國兩制」在香港特別行政區的實踐》白皮書。

本質上就是港獨，就要背負分裂「祖國」的所謂罪名。這樣在主權移交後，中共在國族主義的旗號下，自然就有干涉香港事務的傾向。有論者批評港獨人士為中共干預香港事務提供藉口，這種批評是站不住腳的。我們已經看到，凡是抗拒中共專權的香港人，都早被歸類為「港獨分子」。以為抱著虛假的中華情結就會被中國國族主義者視為愛國同路人，無疑只是一廂情願。

　　中國特色的民主，是黨國領導下的集體表忠和群眾動員；香港人心目中的民主，卻是公民社會主導下的民主自治。何為公民社會？公民社會就是一群公民立志服務社會、將社會視為自己的社群，然後為所屬社群的福祉，同心協力爭取公共事務的變革。香港的公民社會本身就是一個想像的共同體，這個共同體的想像，建基於世俗自由主義價值：此等價值主張香港人皆為平等平權的公民，是有權透過民主政治實踐普羅主權的公民。不管你如何稱呼，如此一個建基於世俗自由價值、主張公民平權並爭取還政於民的共同體，在定義上就是香港國族。[37]香港的公民社會註定不能與膜拜先鋒黨的中國國族主義同負一軛。而在中國國族主義者的眼中，不管香港公民社會的主張是如何的溫和，也只能是背叛中國的「港獨分子」。

　　近日的反港獨風潮，最終針對的，不是狹義的「港獨分子」，而是廣義的「港獨分子」：這包括所有抗拒中共干預香港事務，追求自由、民主、自治的香港人。不願意向中共屈膝的，沒有人可以獨善其身。而寒冬才剛剛開始。

37　Greenfeld, Liah (1993). *Nationalism: Five Roads to Modernity*. Cambridge, MA: Harvard University Press.

第七章

本土思潮與反殖共同體
國族建構和地緣政治的觀點

　　在雨傘革命之前幾年，香港掀起本土思潮，社會開始浮現爭取民主自治，以至獨立建國的呼聲，刺激到中國政府和香港建制的敏感神經。因此他們針對部分立法會之入職誓辭，指他們未有真誠效忠中國，趁機以行政和司法手段高調褫奪6位本土派、自決派和民主派議員之議席。與此同時，在野陣營中不少人對本土思潮亦甚有保留，一些在野派對本土派的恨意，亦不亞於親中建制。部分在野派認定本土論述只是排外民粹，但他們卻不知道本土情懷之高漲，乃源於中國日益猖狂的壓迫。

　　西諺有云：「異端邪說，乃名門正統未償之債項。（Heresies are the unpaid debts of the church.）」在野派普遍未有正視本土思潮，令機會主義者乘勢冒起，並以荒腔走板的炒作謀取短期政治利益，損害民眾對本土派的印象。比如《香港城邦論》作者陳云根以鼓動民憤的方式推行其本土主張：雖然其論述嚴格而言不過是曖昧地玩弄術語，以貌似本土的姿態行華夏大一統之實。陳云根及其他基要主義本土派煽動支持者攻擊其他在野派，認定他們都是無法合作的敵人，甚至聲稱不夠本土的泛民主派比親中國的建制派更糟糕。

　　基要主義在泛本土陣營內盛行，歸根究底乃主流在野派自我實現之預言：主流派因種種情意結抗拒本土思潮，使同情本土的民眾感到被遺棄。政治觸覺靈敏的機會主義者見有機可乘，就以基要主義論述動員失望的民

眾攻擊主流派。主流派因基要派的人身攻擊，更不願意正視本土思潮的挑戰。這種把嬰兒和洗澡水一起倒掉的做法，令主流在野派與本土派的關係陷入惡性循環。當本土情懷隨中國壓迫水漲船高，但本土運動卻被高調打壓以至難以翻身，本土派因被基要主義者騎劫而暴走，而在野派又對本土思潮諸多避忌，這樣越來越多反對建制的民眾覺得自己不被代表而心灰意冷，使在野派陷入無法壯大的困境。

此外，本土思潮亦挑戰了在野陣營的主流論述：一直以來的「民主回歸論」，都主張在中國統一的前提下推動香港民主化，並將本地民主政治放在中國民主化的框架下。平情而論，「民主回歸論」者之所以如此倡議，是因爲香港前途問題於1980年代初塵埃落定，他們想藉政權移交的機會奠定未來的政治架構，從而落實民主自治。於主權談判期間參與學運的羅永生如此憶述：

> ……如果當時我用「民主回歸」去反駁「維持現狀」，或繼而反駁一個「虛擬的港獨」，我是爲了什麼呢？我會覺得（按：大中華）「民族主義」只是一個託詞……「民族主義」是不是「大晒」（按：高於一切）呢？不是的，再想深一層，後面是什麼？是社會主義……因爲社會主義，或者我們相信有些東西叫社會主義民主、或者民主社會主義，可能會在一國兩制、港人治港下是有空間的……[1]

我們或會以後見之明，批評「民主回歸論」者天眞，或是論斷他們爲大中華情結罔顧香港人利益。但是可別忘記中國於1980年代剛剛走出文化大革命的陰影，在鄧小平政權180度改變提出改革開放後，那時中國的社會氣氛曾經令人充滿期盼。中國的自由夢於1989年的六四慘案後就破滅了，在野陣營固然知道港中政治分隔之重要，但他們畢竟曾熱情地關注北

1　馬嶽（2012），《香港80年代民主運動口述歷史》，香港：香港城市大學出版社。

京學運，亦因此有倖存者的罪咎感。他們覺得自己有責任推動死難學生未竟之志，以「自由地區中國人」的身分改革中國。本土派主張港中區隔，就觸動了這些朋友的情意結。

因著對民粹政治的抗拒，以及與中國藕斷絲連的矛盾心結，一些在野人士會條件反射地把本土思潮斥之爲「假議題」。本文會討論比較常見的三種批評。有論者認爲香港歷史不長，與中國又只有一河之隔，只是個住滿中國移民的城市，挪用臺灣獨立運動的經驗發起本土運動是只對歷史無知。[2]比較左傾的朋友，則認爲香港社會最大的問題，是貧富不均的分配正義問題，本土與否則是無關宏旨的。此外，亦有意見認爲民主與獨立和自決等本土主張無涉，是以應該只談爭取民主、迴避爭議。但這三種質疑，都未有考慮到當代香港在中國帝國主義宰制下的殖民處境。釐清這三種質疑的盲點，能令我們看清楚香港殖民體系之構成，而本土思潮就是不可或缺的回應。

欠缺歷史主體，只是帝國主義的遁辭

在1841年1月26日，英國軍隊於上環水坑口登陸，距執筆之際僅178年。香港人的祖先大部分是在此之後才從東亞大陸遷入，當中又有一批要到二次大戰後才移居香港。不過這代表香港沒有自身的歷史主體嗎？斷乎不是。

遷居香港的移民縱來自五湖四海，但大部分均源自嶺南沿海世界。這個世界一直處於東亞大陸帝國邊陲，英國之所以在香港開埠，也是因爲這個地方一直是「化外之民」活躍之地。英國的殖民統治，鞏固了香港有異於大陸的特性。亦因爲香港「在中國之外、處中國之旁」的特性，香港人的祖先才會移民香港。適量地吸納移民，其實並不會削弱香港主體的獨特性；與此相反，**香港是因爲有獨特的主體性，才能吸引有意告別大陸的移**

民來到定居。

（一）嶺南是被東亞大陸帝國壓迫的邊陲

把香港及嶺南視爲中國自古以來不可分割的一部分，只是中國帝國主義的說辭。秦帝國於一統中原後南侵，自公元前218年起短暫統治嶺南14年，之後南越國就在嶺南雄據自立。漢帝國於公元前112年侵略南越國後，大陸帝國才算控制住嶺南。但之後嶺南始終是未被漢化的邊陲地帶。朝廷的力量，只及廣東北部及廣州鄰近地帶，其餘大部分地方都要靠部族酋長施行間接統治。這些酋長起初世襲嶺南地方官職，後來唐帝國採用南選制度，理論上是由朝廷派人南下選拔官員，但候選人始終是在地酋長的族人。[3]直到10世紀，宋帝國才逐漸把地方管治權逐步轉移往中央派遣的官員手中。

中國帝國主義史觀亦認爲現代嶺南人都是南遷漢人後代，與其他中國人「血濃於水」，但這種族裔國族主義的觀點，卻沒有遺傳學根據。漢人南遷的規模，遠不如固有想像那麼龐大。據徐杰舜和李輝綜合既有分子人類學（Molecular Anthropology）研究，廣府人的父系血統有40%源自百越族，母系的百越血統更高達八成。而自稱華夏苗裔的客家族群，其父系基因雖以漢族血統爲主，其母系基因卻主要來自畬族。嶺南人的父系基因雖然有些漢族血統，但其母系基因始終是以原住民血統爲主。[4]

我們需要留意在昔日一夫多妻制下，優勢族群的成員能夠多娶妻妾，可以多生育，子女也有較大機會存活，那樣少數優勢族群的父系基因，就能夠於幾代人的時間不成比例地迅速傳播。相比之下由於女性生理限制了母系基因的傳播效率，**是以母系基因比父系基因更能反映嶺南社會過往的族群構成**。（而我們也要知道東亞過往只著重父系源流的文化，其實相當父權，有違當今著重性別平權的進步價值。）亦因如此，我們可以斷定北

3　曾華滿（1973），《唐代嶺南發展的核心性》，香港：香港中文大學。
4　徐傑舜、李輝（2014），《嶺南民族源流史》，昆明：雲南人民出版社。

方漢人移民從未是嶺南的主流族群，而嶺南人以及大部分香港人的祖先，也極可能「有唐山公，無唐山媽」。基因研究有其侷限，我們亦不應以血統定義誰是更「純正」香港人，但我們至少能否定「血濃於水論」的迷思：**嶺南人的祖先大部分是自行選擇漢化的原住民**，在血緣上與中原的關連並不緊密，就像臺灣的平埔族群那樣。

東亞大陸帝國的原住民要漢化，從而被朝廷視為編戶齊民，與世上其他帝國相比算是容易。漢化，就得服從儒家家庭及政治倫理，亦須交稅或服役。但除此以外，就沒有太多特別的條件。而成為編戶齊民，就可以擁有田產，男丁則可參加科舉。不過直到10世紀，嶺南都是化外之地，酋長們對田產、科舉也沒有太大興趣。嶺南原住民一直維持既有社會風俗，偶爾還會興兵反抗中央政權。這種「漢越和集」的社會狀況，一直維持到宋帝國之初年。

然而到10世紀，東亞大陸帝國的北疆一直被新興內亞帝國擠壓。金帝國於1127年攻陷開封後，宋帝國只能與金帝國以淮河為界，失去華北平原的廣闊領域。宋帝國唯有將帝國擴張的重心放在東亞大陸南部，而開發嶺南的第一步，就是修築珠江水系的河堤，藉此化沼澤為良田。當時珠江三角洲仍是一淺水海灣，海岸線貼近今日的廣州。先民將堤岸修至海中，引泥沙、種蘆葦，將滄海化為良田。[5]不過填海造陸，回報大，風險也高。新填地能否脫鹽轉為良田，沒有人能說得準。而各部族要合眾人之力，才能有資源開展動輒費時幾十年的大型工程。新填地的分界，往往難以斷定，那麼部族得設法取得官府的庇護，或是動員族人與鄰族械鬥。

面對龐大的土地利益，廣東原住民於14至15世紀起即漢化為編戶齊民。也就是說，嶺南原住民為應對經濟帝國主義的壓力，便決定以自我殖民的方式親自破壞原住民的族群認同，藉此把家族利益極大化。廣東宗族杜撰族譜，或是謊稱自己為粵北漢人移民之後，或是聲稱先人為中原的落難貴族，並主張土地是由族人首先開發。他們以族譜虛構漢人身分，藉此

5　吳建新（1987），〈珠江三角洲沙田若干考察〉，《農業考古》，1987年第1期。

取得擁有土地和參加科舉的資格。為了集中資源，鄰近部族的族譜常將他
們描述為同一宗族的支系，並以各種祭禮凝聚族人。這些宗族隨後會集中
人力物力開發田地，亦會培育資優子弟參加科舉，寄望他日朝中有人好辦
事。族譜亦會攀附鄰近有成員中舉的同姓家族，希望能藉此得到官府以至
朝廷的庇佑，促進部族於圈地競賽中的競爭力。[6]蕭鳳霞教授和劉志偉教
授綜合這段時期的歷史：

> 我們和科大衛（David Faure）在有關珠江三角洲宗族的研究中指
> 出，大多數宗族關於祖先定居歷史的記憶和敘述是令人存疑的，這
> 些宗族的祖先並不一定是來自中原的移民，他們實際上更多是本地
> 的土著。這些宗族的部分成員，在不同的歷史階段，操控著他們認
> 作國家權力的象徵，加上他們自己的創造，建立起自己在帝國秩序
> 中的「合法」身分；通過貼上了「漢人」的標記，他們與當地其他
> 原居民劃清界線。這些宗族控制了廣袤的沙田，也控制了墟市和廟
> 宇，修築祠堂，編纂族譜，炫耀自己與士大夫的聯系。這些努力提
> 升自己社會地位的人，在演示一些被認為是中國文化的正統命題和
> 身分標志的同時，也創造著一套最後為官方和地方權勢共同使用的
> 排他性語言。[7]

　　值得一提的是，縱然此刻廣府族群自詡為華夏苗裔，但仍然堅持延續
異於中原的語言和文化。他們重新詮釋東亞大陸的歷史，認為中原經過多
次帝國興亡，其文化早就遭源於內亞的「胡人」政權污染，而廣府人的祖
先當時卻帶著正統華夏文化衣冠南渡。嶺南文化之所以奇特，並不因為廣
府人是「南蠻」，而是因為嶺北人盡皆「胡化」。廣府族群認為他們比華

6　Faure, David (2007). *Emperor and Ancestor: State and Lineage in South China.* Stanford: Stanford University Press.

7　蕭鳳霞、劉志偉（2004），〈宗族、市場、盜寇與蛋民──明以後珠江三角洲的族群與社會〉，《中國社會經濟史研究》，2004年第3期。

夏更華夏、比中國還中國，是以他們在權益上當與其他漢人同等，但歸根究底他們與嶺北人始終是兩種人，只是廣府人更爲優秀而已。[8]

嶺南自14世紀以來的圈地競賽，風險大、回報高，到後期漸發展爲零和遊戲。在經濟帝國主義競爭中失敗的部族於陸地上無法容身，就只能舟居水道之上，靠捕魚、運輸爲業。而於圈地競賽中勝出的部族，則演化爲廣府族群，並成爲帝國擴張的協作者。他們自詡爲正統漢人，嘲笑舟居的失敗者爲未開化的蠻夷，並貶稱他們爲蜑家人。與此同時，來自福建、潮汕的閩南族群也經海路到嶺南水域活動。明帝國厲行海禁，包括蜑家族群和閩南族群在內的海洋族群因爲只能靠海吃海，就無視禁令。而香港水域，就成爲海洋族群從事地下經濟活動的基地。

（二）香港本爲逃避大陸帝國壓迫的無緣所

海洋族群的地下活動，包括走私貿易和海盜活動，而兩者互有關連。走私時，要靠武力阻止官兵破獲交易；而海盜要補給或是販賣贓物，也要靠走私網絡。到18世紀末、19世紀初，清帝國國力不振，而越南內戰又招募了大批從事地下活動的海洋族群，令清帝國無力控制嶺南沿海。到過香港旅遊的人或會聽過張保仔，他是活躍於嶺南沿海的海盜，曾沿珠江一直打到離廣州只有幾十公里的地方。後來他的部隊與清帝國和葡萄牙的聯軍在如今香港機場一帶的水域打了場大戰，雖能全身而退，最後還是決定接受朝廷招安。[9]然而海洋族群的地下經濟網絡此後仍然活躍，對廣州貿易日益不滿的西方商人就找他們當走私夥伴。

英國於1784年通過折抵法案（Commutation Act）後，對清帝國茶葉的需求急劇增加，令廣州貿易日趨活躍。但清帝國的貿易政策，卻因官僚主義變得比17世紀時更僵化。與此同時，英國的貿易逆差亦因茶葉貿易惡化。東印度公司因而鼓勵稱爲港腳商人（Country Merchant）的中小型貿

8　程美寶（2018），《地域文化與國家認同：晚清以來「廣東文化」觀的形成》，香港：三聯書店。

9　Murray, Dian (1987). *Pirates of the South China Coast: 1790-1810*. Stanford: Stanford University Press.

易商到清帝國銷售印度物產，他們起初在清帝國賣印度棉，但到1820年代
品質更佳的南京棉增產，印度棉就滯銷。結果最後只剩鴉片能賣，而那
時候清帝國社會趨向崩壞，對成癮物品的需求越來越大。[10]但鴉片是違禁
品，只能走私入境，嶺南沿海族群的地下網絡此刻就派上用場。[11]他們起
初在香港西北對外的內伶仃島交易，但此地與新安縣縣治南頭鎮較近，當
官府加強掃蕩時，他們就改到維多利亞港交易。後來林則徐銷煙，驅逐英
國商人，這些商人也是到維多利亞港避難，他們與當地海洋族群顯然已建
立起信任。[12]鴉片戰爭期間，官府的奏摺不時投訴廣東沿海充斥著與「英
夷」合作的「漢奸」：海洋族群被岸上漢人及「新漢人」歧視，官府往往
偏幫岸上人，那時又未有國族國家觀念，海洋族群又怎會認為「大家都是
中國人」呢？[13][14]英國人後來決定捨舟山而取香港，是因為渣甸等曾與海
洋族群合作的走私商人積極遊說的結果。[15]

　　嶺南海洋族群曾與英國走私商合作無間，鴉片戰爭時亦為英軍帶路並
運送糧水。這樣香港開埠後，殖民地政府便給予他們豐厚的物質回報，並
視他們為協助管治的夥伴。誠然，這些海洋族群新貴在殖民地架構中，地
位遠遠不及西方人，只能擔當比較次要的角色。但他們在清帝國之中一直
都是沒有任何政治權利的賤民，如今卻能名利雙收，那是他們從前未能想
像的。[16]殖民地初期管治按現今標準而言算是高壓，政府及西方人亦充斥
著種族歧視的心態，令華洋衝突無日無之。但這種高壓政治，仍然比清帝
國末期的管治狀況理想。英國將香港定位為自由港而非掠奪殖民地，其法

10　陳國棟（2013），《東亞海域一千年》，臺北：遠流出版。

11　村上衛（2008），〈閩粵沿海民的活動與清朝：以鴉片戰爭前的鴉片貿易為中心〉，《中國海洋發展史論文集》，第十輯，臺北：中央研究院。

12　Greenberg, Michael (1969). *British Trade and the Opening of China 1800-42*. Cambridge: Cambridge University Press.

13　蔡榮芳（2001），《香港人之香港史，1841-1945》，香港：牛津大學出版社。

14　香港蜑家族群在韓戰期間，卻因從事走私貿易而被中共統戰，可謂歷史的諷刺。

15　Crisswell, Colin N. (1981). *The Taipans: Hong Kong's Merchant Princes*. Hong Kong: Oxford University Press.

16　Carroll, John M.(2007). *Edge of Empires: Chinese Elites and British Colonials in Hong Kong*. Hong Kong: Hong Kong University Press.

律比清帝國略爲人道,雖然只能算是殘缺的殖民地法治,但政府大體上仍能尊重合約精神。香港稅制較少灰色地帶,官吏無法像在清帝國那樣對商賈威迫壓榨。

英國管治香港固然是出於自利的盤算,但在客觀效果上,卻在東亞大陸帝國的南端打開一個缺口。如此歷來備受欺壓的嶺南海洋族群,就能夠避開大陸帝國主義的欺壓,在香港找到一展身手的舞台。香港在英國統治下就像日本中世紀的無緣所:當時渴望擺脫封建領主宰制的日本人會逃到寺廟前方的土地,藉寺廟勢力阻嚇討稅的吏員,從而脫離與領主的「因緣」。這些擺脫領主管轄的平民,就在寺廟前買賣營生,並自行管理社區事務,是爲日本商業經濟和公民社會的濫觴。[17]

海洋族群在香港發跡,爲之後抵港的移民起了示範作用。1850年代清帝國爆發太平天國戰爭,這場人類歷史中最血腥的衝突使大批廣府、閩南(含潮汕)商人移民香港。此外亦有大批客家人、四邑人經香港移民海外,之後不少回流歸僑亦決定在香港定居。清帝國於太平天國滅亡後嘗試推動現代化改革,結果卻不甚理想,令一些嚮往現代化文明的清國人以香港爲家。此後在香港大展拳腳的,不只是起初的海洋族群,還有更多來自世界各地的新住民,當中又以嶺南諸族爲主。除了部分南洋華人社群,以及與香港一海之隔的澳門,就只有香港是不受大陸帝國管轄的嶺南族群社會。

歷史學家杜贊奇(Prasenjit Duara)曾指出,東亞大陸於19世紀末、20世紀初對國族建構的觀點百花齊放,而當今世人對「中國」的定義,在20世紀中之前仍未稱得上是共識。[18]香港位處清帝國之旁,民間亦對東亞大陸前途有各種南轅北轍的想像。由於香港比東亞其他地方相對自由,保

---

17 網野善彥(1978),《無緣・公界・樂:日本中世の自由と平和》,東京:平凡社。

18 Duara, Prasenjit (1995). *Rescuing History from the Nation: Questioning Narratives of Modern China.* Chicago: Chicago University Press. (簡體版:杜贊奇(Prasenjit Duara)著,王憲明、高繼美、李海燕、李點譯(2008),《從民族國家拯救歷史:民族主義話語與中國現代史研究》,南京:江蘇人民出版社。不過此譯本跟原文有一定差距,建議閱讀原文。)

皇派也好，革命派也好，主張「粵人治粵、聯省自治」的也好，在香港也能有生存空間。[19]但自辛亥革命後，中華民國的國族論述因為知識階層對「亡國亡種」的恐懼，以及眷戀帝國威榮的虛榮心，而逐漸被國共兩黨那種強調大一統、主張黨國一體的霸權論述壟斷。[20]自此嶺南諸族必須遷往中國旁邊的香港，方能繼續提倡主張多元地方自治的嶺南本位論述。**港中兩地在國族建構的根本性問題上，有著兩種互不相讓的答案，而兩地民眾將會發展為兩個性格迥異的國族，亦是可以預期的。**

帝國主義色彩濃烈的中國國族建構於1927年塵埃落定，先是有類法西斯的國民黨黨國，到1949年又赤化為共產黨的極權黨國。香港在中國之外、處中國之旁，本身未受黨國主義荼毒，就成為邊民、移民、賤民逃避中國國族建構的避風港。香港是移民城市，但先民移民，正正就是要以雙腳向中國說不，並肯定香港那種嶺南本位的社會氣氛。當地方文化於中國被黨國主義以極權手段剷平、而澳門亦因葡萄牙殖民地政府的弱勢而被親共團體操控，源於百越的嶺南文化在東亞就只剩香港為最後的堡壘。

中國於1949年赤化後，港中之間實施邊境管制，之後能偷渡香港的，大都有告別中國、擁抱文明的決心。而身在香港的華人，則只有眼前路、沒有身後身，亦只能決志告別原鄉、根植香港。自此港中兩地民眾的生命歷程越走越遠：在深圳河以北，是剷平差異的大一統，以及黨國無微不至的壓制；而在河的南邊，卻有嶺南傳承、現代制度，以及相對自由多元的社會氣氛。在邊境管制下成長的一代，踏入壯年時正值1970年代，他們察覺港中有別，自覺為獨特的命運共同體。香港潮流文化由這代人於此時開創，而這種本土認同在政治層面，則催生爭取民主自治的社會運動。雖然

---

19 Chan Lau, Kit Ching (1990). *China, Britain and Hong Kong, 1895-1945*. Hong Kong: Chinese University Press.

20 陳學然（2014），《五四在香港：殖民情境、民族主義及本土意識》，香港：中華書局。陳學然於書中指出香港人在五四運動時的經驗，明顯有異於同期的中國人。如此就正正說明香港人沒有經歷過中國國族建構的關鍵過程，香港發展為有異於中國的新興國族，乃正常不過的發展。但陳學然卻選擇對自己的研究發現視而不見，還撰文抨擊香港獨立的主張（見註2）。如此以偏見凌駕證據，有欠誠實。陳氏貴為香港城市大學中文及歷史學系副系主任，學養卻只有這種水平，側面反映香港學術界對本土思潮不理性的歧視。

這些民主派普遍仍有文化中國情懷，隨後中共亦常舞起愛國旗幟進行統戰，但這一代抗爭者的初心，始終在本土的民權和民生。[21]

英治香港雖然是殖民地，卻弔詭地能夠海容百川、百花齊放。但這種包容絕非自然而有的：香港這些年的自由與多元，是建基於英中兩大帝國於地緣政治上的制衡，這種制衡令香港社會能相對自主自立。如此嶺南邊陲文明，才能以主角的身分大放異彩，並以此基礎吸收東亞內外各類文明的精華，令香港能發展爲多元的現代社會。一定程度的自主獨立，乃多元開放社會不可或缺的基礎。如之後分析，當前的地緣格局，是中國獨大；香港不力爭獨立，就只會大陸化、黨國化，自由多元也無從說起。就如杜克大學文學教授周蕾所言：

> 要穿梭周旋於中英這兩個侵略者之間，努力尋找自我的空間……香港必須建立自主性與獨立社會的觀念，來維持本身的繁榮發展。[22]

2014年的雨傘革命，近年的本土抗爭，也是這種確立自主的嘗試。香港近幾十年連綿不絕的社會抗爭，代表香港人正逐漸從自在的國族（Nation in itself）演化成自爲的國族（Nation for itself）：他們不再甘於倚賴地緣局勢，讓別人決定自己的幸福；他們是要自行以公民的力量，決定自己香港自己救，立志要創造自己的未來。香港的歷史主體，乃建基於香港人對自由、幸福與尊嚴的追求；而近幾十年社會抗爭的集體經歷，亦開始把香港人凝聚爲敵擋帝國的反殖共同體。香港的獨特主體縱使仍然幼嫩，但若要堅持反殖立場，那我們就只能盡力守護，爭取時間讓它茁壯成長。若是要以淺薄爲罪名，否定香港一直以來皆有異於中國的獨特性格，那就是否定香港人爲反殖而做的努力，替中國帝國主義爲虎作倀。

21　So, Alvin Y. (1999). *Hong Kong's Embattled Democracy: A Societal Analysis*. Baltimore: Johns Hopkins University Press.

22　周蕾（1995），《寫在家國以外》，香港：牛津大學出版社。

從雙帝國制衡到單帝國獨霸：地緣政治與階級分析

　　一些比較進步的朋友，則認為本土論述只能提倡務虛的身分政治。他們認為貧富之間的分配正義，才是值得關注的議題。也許是受到馬克思主義的影響，這些進步朋友覺得本土身分認同只是虛假意識，是政客為迴避階級問題而拋出的紅鯡魚。比如近年在中國發展得頗為順利的香港文人梁文道，對近年的本土思潮甚為反感，他在於香港《蘋果日報》的一篇文章如是說：

　　　　你真的認為比起老無所依的現實慘況，富豪廉價租借官地，香港獨立是個更值得大家集中全部精力去完成的一件大事嗎？[23]

　　假如我們要儘快幫助老無所依的貧民，也許最快捷、最實惠的做法，是集中精力去籌款濟貧，或到志願機構做義工，而不是去寫文章批判社會：畢竟只要親近建制，就能夠向良心不安的權貴階層募款。但稍微接觸過社會科學，都會知道單靠救濟，只會治標不治本。要解決問題，就必須從根本入手，批判製造問題的各種建制。基進，radical 也，其拉丁字根 radix，就是「根」的意思。梁氏煞有介事地提及富豪廉價租借官地，說明他認為分配正義問題的根源，乃在於官商勾結和階級政治。

　　然而，問題的根就只是階級政治嗎？帝國主義和殖民主義，不也是與階級因素盤根錯節，同樣是分配不公的根源嗎？而論及帝國主義，受大中華觀點茶毒過的進步朋友，腦袋就變得糊裡糊塗。在他們腦海中，帝國主義就必然是西方，屬於東方的中國就必然是受害者。**這想法貌似鋤強扶弱，但假定東方必然是無辜無助的弱者，骨子裡其實是看不起東方人的東方主義。**殖民史研究大師約翰·達爾文（John Darwin）指出，自15世紀末帖木兒帝國衰落，世界各地湧現多個勢均力敵的近代帝國，而它們不都

23　梁文道（2017），〈十年內，香港上網要翻牆？〉，香港《蘋果日報》，2017年9月17日。

是由西方人統治。西方人的帝國要到18世紀中，才逐漸於國際競爭取得優勢，並超越東方的同儕。[24]在此我們得要先把話說清楚：**東亞大陸帝國以及當代中國，全部都是帝國主義霸權。不認清這個事實，就無法分析出香港分配不公的問題根源。**

（一）雙帝國體制的權力制衡

在香港開埠前，居於鄰近地區的海洋族群一直都被視為賤民，同時被清帝國及新漢化的廣府族群歧視，令他們只能從事卑賤或非法的工作。不過清帝國對香港的管制卻是微弱的：官府只能鞭及縣的層級，在此以下的鎮、鄉、村，均要靠以廣府望族為主的士紳階級間接管治。在香港水域曲折多灣的海岸線，清帝國管治力量微弱[25]，這樣才會有華南海盜和走私貿易的出現。

英國人在香港開埠後，就決心把香港建設成自由港。這即是說英國容許友邦借用香港，在不損害英國利益的情況下以香港為基地。在香港大展拳腳的西方商人並不都來自英國，比如在開埠初期與怡和洋行（Jardine Matheson）和寶順洋行（Dent & Co.）並駕齊驅的旗昌洋行（Russell & Co.），就是一間美國公司。即使在軍事層面，香港雖設有英國皇家海軍基地，但亦常允許別國軍艦停泊。1874年法清戰爭時，黃埔船塢曾維修過法國軍艦，因而鬧出一場風波。到1898年美西戰爭，美國海軍亞洲分艦隊先到香港補給，再到香港東北的大鵬灣集結，之後才出發攻打菲律賓。

而清帝國亦能使用這個英國人建設的自由港投放影響力。比如在法清戰爭早期，兩廣總督張之洞就成功動員華人船塢工抵制法國海軍。[26]賴臣（Kirk Larsen）指出清帝國在兩次鴉片戰爭後，很早就學懂利用租界、治

24　Darwin, John (2009). *After Tamerlane: The Rise and Fall of Global Empires, 1400-2000*. London: Bloomsbury Press.

25　Murray 1987.

26　Sinn, Elizabeth (1989). *Power and Charity: A Chinese Merchant Elite in Colonial Hong Kong*. Hong Kong: Hong Kong University Press.

外法權和最惠國待遇的開放特性，於韓半島拓展帝國的利權。清帝國於1882年，就透過炮艦外交與朝鮮王國簽訂《中朝商民水陸貿易章程》，取得租界、治外法權和最惠國待遇。耐人尋味的是，清帝國還同時牽頭讓朝鮮與美國簽訂不平等條約，藉西方列國之力與日本抗衡。當清帝國於日清戰爭敗北後，這些條約便發揮預期的效用，讓清帝國能透過西方列強的力量，把帝國於韓半島的利權延續至日韓合併前夕。[27]從某個角度看，當香港從山高皇帝遠的化外之地變身爲英國治下的自由港，清帝國也能以同樣方式運用香港對外開放的特性以及英國人的制度建設，弔詭地增強對香港的操控。

香港身爲英國殖民地，在中國之外，卻處中國之旁。這種特殊地緣格局，令香港不得不面對來自英、清，或後來的英、中雙重帝國主義壓迫。也就是說香港政治於英治時期的發展，取決於「英國因素」和「中國因素」間的平衡。[28]而殖民地社會內，既有華洋之間的族群矛盾，亦有因後來工業發展而白熱化的勞資矛盾。假如我們要做好階級分析的話，就必須考慮到帝國主義及族群關係的變數。不同勢力的合縱連橫，是權力分配、資源流動的基礎。

在19世紀末，華洋矛盾是香港社會最主要的矛盾。那時洋人官商多抱種族主義心態，法律對華人亦不夠公平。華工偶會遭洋老闆虐待，政府偶會徵收針對華人的款項。除此以外，華人的衛生觀念較爲落後，而推行衛生政策的西醫又不諳民情，令公共衛生政策難以既合乎衛生又不擾民。此時，在東華醫院董事局的紳商，便會以華人代表的身分替基層華人請命。[29]他們有時甚至會與大陸的官府合作，就像在清法戰爭那次風波那樣。

---

27 Larsen, Kirk W. (2008). *Tradition, Treaties, and Trade: Qing Imperialism and Choson Korea, 1850-1910.* Cambridge, MA: Harvard University Press.

28 Miners, Norman (1998). *The Government and Politics of Hong Kong*, Fifth Edition. Hong Kong: Oxford University Press.

29 劉潤和（2002），《香港市議會史（1883-1999）：從潔淨局到市政局及區域市政局》，香港：香港歷史博物館。

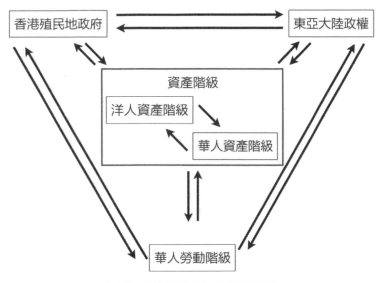

【圖1】 英治香港的社會階級關係。

　　但隨著香港社會工業化、現代化，華人內部的階級矛盾和意識形態分歧，逐漸趕上華洋矛盾。在19、20世紀之交，東亞大陸各方政治論述在香港角力、動員，過程中催生香港的勞工運動。華人資產階級則與洋人資產階級一樣，把新興華人工會視為滋事分子。在1920年代香港發生一連串的工潮，香港政府原先寄望華人精英能如過往那樣協調衝突，但東華醫院辦的緊急會議，卻淪為華人資產階級批判華人勞工的申訴大會。華人精英在政府要求下，嘗試調停洋人資產階級和華人勞工的糾紛，最終兩路華人卻惡言相向。[30]同一時期的反蓄婢運動，也是值得玩味的特別事件。[31]在這場運動中，進步華人與進步洋人聯手抗衡希望續婢的華人資產階級。最終倫敦當局罕見地介入香港內政，香港政府代表華人精英與倫敦討價還價，但最終還是於1922年末展開《管制家庭服務形式條例》立法程序，立法局

30　Chan, Wai-kwan (1991). *The Making of Hong Kong Society: Three Studies of Class Formation in Early Hong Kong*. Oxford: Clarendon Press.

31　Smith, Carl T. (1995). *A Sense of History: Studies in the Social and Urban History of Hong Kong*. Hong Kong: Hong Kong Educational Publishing.

的華人精英於翌年屈服，不情願地投下贊成票。[32]

　　香港這個雙帝國體制的內部矛盾，有時會以港中對立的方式呈現。國共合作的廣州政府於1925年藉五卅慘案後的社會氣氛，與香港勞工運動聯手發起港粵大罷工，意圖封鎖香港。華人資產階級則認為廣州當局正在侵略他們的家園，全力協助香港政府打擊工潮，最終市面到7月便能逐步恢復平常。[33]廣州政府於大罷工期間的社會動員，成為翌年北伐的助力，香港的勞工運動卻淪為棄子。香港勞工運動想趁勢推動香港本土勞工權益，但這些目標一樣都沒有達成，前赴廣州的工運領袖則沉迷於內部政治鬥爭。結果大部分勞工不欲參與政治鬥爭，於7月後陸續返港復工。罷工於1926年10月結束後，香港勞工運動五殘七缺，而在中國投靠中共的工運領袖，則在蔣介石展開清黨運動後淪為白色恐怖受害人。[34]

　　但1967年在新蒲崗香港人造花廠爆發的工潮，其發展模式卻截然不同。工潮爆發後，親共工會隨即介入並主導工潮，將之升級為反對英國統治的「反英抗暴」運動。他們發起罷工、罷市、罷課，卻未能取得任何成果，便發起炸彈恐怖襲擊。後來廣東的民兵甚至趁勢攻打位於港中邊境的沙頭角。香港政府很快就判斷出整場風暴乃香港激進親共派受文化大革命鼓舞而自作主張，北京政權則未有接收香港的計畫，故此放膽以高壓手段果斷鎮暴。但在一般香港人眼中，中共的侵略如箭在弦，或至少會按「澳門模式」把殖民地政府架空[35]，使香港陷入中國的政治掌握。[36]香港人對當時殖民地管治的歧視政策頗有微言，但他們對中共的黨國國族主義明顯更為抗拒：畢竟大部分移民香港的華人，都是為逃避國共兩黨的黨國國族建構而來。香港人的心態，就如當時《星島日報》主編鄭郁郎在《在香港

32　Ure, Gavin (2012). *Governors, Politics and the Colonial Office: Public Policy in Hong Kong, 1918-58.* Hong Kong: Hong Kong University Press.

33　Carroll 2007.

34　蔡榮芳 2001.

35　李孝智（2017），《澳門一二‧三事件：細說六〇年代的反殖鬥爭》，臺北：臺灣社會研究雜誌社。

36　張家偉（2012），《六七暴動：香港戰後歷史的分水嶺》，香港：香港大學出版社。

看香港》所言：

> 人民對港英並無好感，但是在目前形勢下，不支持港英，支持誰？
> 這有如坐上汽車，一定要支持司機，港英是司機，港人只好支持
> 他。[37]

這場1967年的暴動，令大部分華人基層與資產階級及政府站在同一陣
線，並與中國政權及在港親共派對立。這次暴動的集體記憶，令香港人潛
意識裡確認港中有別，縱然他們仍有文化中國情意結，但他們明確地要對
現實的政治中國說不。[38]

我們可以看到香港開埠後地緣政治上的雙帝國體制，帶來複雜的合縱
連橫，令香港政府在無可避免要面對各路勢力的制衡。有些親共輿論會指
責香港在野派在英治時期未有起來抗爭，要到中國接管後才表達不滿，這
種質疑明顯是缺乏歷史感的愚問。首先香港公民運動確是在1970年代後才
興起，到1990年代走上軌道。但在此之前，爭取民權的社會運動次數雖沒
後來那般頻密，但仍不算罕見。[39]而公民運動要成熟，社會環境要接受較
進取的抗爭，都需要幾代人的時間。更重要的是，香港政府當時雖未有民
主制衡，卻要面對地緣政治的制衡，最終迫使政府用盡既有渠道監察民
情，之後在民怨發酵前就早一步解決問題。

這種被稱為「諮詢式民主」的管治風格在1970年代變得爐火純青。那
當然稱不上是民主制度，而只不過是一種知民所想，並以積極進取的政策
預防民怨的治術。在六七暴動後那十幾年，政府以建屋計畫為接近一半的
香港人提供廉租房屋，逐步減少體制對華人的歧視，贊助慈善機構並開始

37 鄭郁郎（1967），《在香港看香港》，香港：懷樓書房。

38 冼玉儀（1995），〈六十年代：歷史概覽〉，田邁修（Matthew Turner）、顏淑芬編，《香港六十年代：
   身份，文化認同與設計》，香港：香港藝術中心。

39 Lam, Wai Man (2004). *Understanding the Political Culture of Hong Kong: The Paradox of Activism
   and Depoliticization*. Armonk, NY: M.E. Sharpe.

統籌社會福利的分發，推廣全民普及義務教育。政府雖聲言奉行「積極不干預」，香港因而沒有國營經濟，政府也不會指點企業運作，但政府卻有以間接手段促進產業發展：除了之前提及的廉租房屋外，政府也與中國合作輸入廉價糧水，亦鼓勵新界農民改善蔬菜自給率，如此皆能減輕企業薪資壓力。政府於新界興建新市鎮，除了爲建設廉租屋，亦是鼓勵工業發展的措施。[40]香港政府到海外則爲關稅問題積極交涉，甚至會與意欲實施保護主義的宗主國對著幹，因而被英國殖民地部官員戲稱爲「香港共和國」。[41]

雖然香港既未有民主、也未能獨立，但殖民地政府的表現卻仍追得上好些民主國家。雖然殖民地制度對香港自由和民權的保障頗爲有限，但當時臺灣仍處於戒嚴時期，韓國則仍由軍人獨裁統治。而中國、越南、蒙古、朝鮮的景況，更是等而下之。橫觀整個東亞，直到1980年代中，也只有日本能比香港更自由。這是因爲1997年新界租約大限將至，香港政府必須讓民生、經濟大幅進步，贏得民眾擁護，然後以民意爲籌碼與中國談判。[42]

到1984年，大部分香港人都心悅誠服接受香港殖民地政府的管治。他們未有選舉權，但1974年成立的廉政公署卻打擊官吏貪污濫權的流弊，甚至鼓勵民眾祕密舉報貪官，這樣民眾得以充權，並深信官員應當是爲民眾服務的公僕。過去十幾年經濟起飛，他們不單能改善生活，亦建立起成就感和自豪感。他們希望這美好的現狀得以延續下去。

（二）中國帝國獨大與依附式殖民經濟

只是中國已踏入鄧小平時代，鄧鐵了心要一雪清帝國割讓香港的「百

---

40 Schiffer, Jonathan R. (1991). "State Policy and Economic Growth: a Note on the Hong Kong Model," *International Journal of Urban and Regional Research*, 15(2).

41 Ure 2012; Goodstadt, Leo F. (2005). *Uneasy Partners: The Conflict Between Public Interest and Private Profit in Hong Kong*. Hong Kong: Hong Kong University Press.

42 呂大樂（2012），《那似曾相識的七十年代》，香港：中華書局。

年屈辱」，將香港收爲己有。香港人的民意，中國人並不在乎。他們會挪揄英國人沒有在香港推行民主，就不能打「民意牌」，但本身沒想過要以民主方式找出香港民意。中國反倒恬不知恥，宣稱自己有資格代表香港的「中國人」與英國談判！1983至84年的談判，英國一直處於下風，結果兩國於1984年12月19日簽訂《聯合聲明》，決定於1997年7月1日把香港轉交予中國。[43]

自此以後，香港從一個雙帝國體系，在爲期13年的過渡期逐漸轉化爲中國獨大的新殖民體系。香港政府意欲讓英國光榮撤退，計畫於主權移交前引入代議政治，卻被中國視之爲意圖延續在港勢力的陰謀。結果至今香港只得一套半民主的議會制度。香港政府在最後十數年，淪爲弱勢夕陽政權，有論者甚至譏之爲跛腳鴨。此時中國政權與原本親英的華人資產階級，卻因反對民主改革的緣故而結成不神聖同盟。除了香港政策外，中國當時的經濟改革亟需引入外資，而華人資產階級剛好有中國需要的資本。[44]

香港資產階級自1980年代起集體北上，藉中國經濟改革的機會拓展業務。中國政權爲香港資本提供極爲優厚的條件，主要是利用中國法制不健全的灰色地帶，縱容香港資本違法及剝削勞工的行爲。後來中國經濟發展到一定規模，中國國家資本則與香港資本合作融資，或是讓香港資本參與中國的投資項目，或是讓港商將中國公司帶到香港股票市場上市，之餘此類。一些論者因爲香港廠商對中國勞工的剝削，或是北上工作的資產階級和管理階層的囂張跋扈，就套用批判西方資本新殖民主義的論述，將這個經濟體系描述爲香港對中國的「北進殖民」。[45]這種挪用新潮理論的批判

43　Roberti, Mark (1996). *The Fall of Hong Kong: China's Triumph and Britain's Betrayal.* New York: Wiley.（中譯版：Mark Roberti 著，塗百堅、陳怡如、郭敏慧譯（1995），《出賣1997香港經驗：中國的勝利和英國的背叛》，臺北：智勝文化。惟此譯本錯漏百出、文意不通，建議讀者閱讀英文原版。）

44　Goodstadt, Leo F. (2000). "China and the Selection of Hong Kong's Post-Colonial Political Elite," *The China Quarterly*, 163.

45　Law, Wing-sang (2000). "Northbound Colonialism: A Politics of Post-PC Hong Kong," *Positions,* 8(1)：孔誥烽（1997），〈初探北進殖民主義：從梁鳳儀現象看香港夾縫論〉，陳清僑編，《文化想像與

卻是只知其一、不知其二，無視中國國家資本的運作邏輯。中國當局絕對
有能力對剝削中國勞工的香港資本家嚴正執法：事實上中國官員不時透過
消防、環境、勞工福利之類的法規向港商施壓，甚至藉此苛索賄賂。而中
國的投資項目，背後亦由國家體系全盤操控：中國當局曾拒絕審批原定由
英資怡和洋行合作的基建項目，藉此宣示對英國香港政策的不滿。隨著香
港商人在中國的業務和資產越來越多，北京政權亦越發能夠左右其存活，
使他們在政治上不能不歸順中國。[46]

**香港資本家的「北進殖民」，其實是出於中國當局授予的特權，為此
香港資產階級及管理階層必須以政治忠誠為回報。「北進殖民」是假的，
收買人心為殖民香港鋪路才是真的**。在1990年代香港資產階級紛紛歸邊，
一面協助北京對付香港殖民地政府，一面打壓香港新興的民主運動。他們
的政治捐獻，令親北京政黨財源豐厚，使其政治網絡能伸入香港每一個小
社區。與此同時他們亦與中國資本合作，大舉收購香港的媒體[47]，迫使編
採人員自我審查。[48]一些普羅大眾未知時局丕變，以為1950至1970年代那
種上向社會流動仍為常態，政治性格因而偏向保守：他們以為自己仍有機
會發跡，身為弱者卻站在權貴的政治立場，甚至以向更弱者抽刀為樂。政
黨資源和傳媒立場又日益傾斜，中國帝國主義者漸學會以煽動民粹玩弄
「選舉制度」，以「民主選舉」抗衡「民主運動」。[49]

這種恩庇侍從關係（Patron-Client Relations）令香港資本家沉迷「背
靠祖國」的尋租食利行為，美其名為「前店後廠」的港中經濟互惠分工，

意識形態：當代香港文化政治論評》，香港：牛津大學出版社。孔誥烽於1990年代曾參與左翼學
生運動，撰寫該文時正於香港中文大學修讀碩士。不久後他即前赴賓漢頓大學進修，並於2004
年在約翰‧霍普金斯大學取得博士學位，其思想亦於這段時期轉向。現時他被視為本土派的公
共知識人，曾公開表明這文章之觀點乃誤判。

46 Huang, Yasheng (1997). "The Economic and Political Integration of Hong Kong: Implications for
Government-Business Relations," in W. Cohen and L. Zhao (eds.), *Hong Kong under Chinese Rule: The
Economic and Political Implications of Reversion*. Cambridge: Cambridge University Press. Pp. 96-113.

47 Fung, Anthony Y.H. and Chin-Chuan Lee (1994). "Hong Kong's changing media ownership:
Uncertainty and dilemma", *International Communication Gazette*, 53(1-2).

48 區家麟（2017），《二十道陰影下的自由：香港新聞審查日常》，香港：中文大學出版社。

49 So 1999.

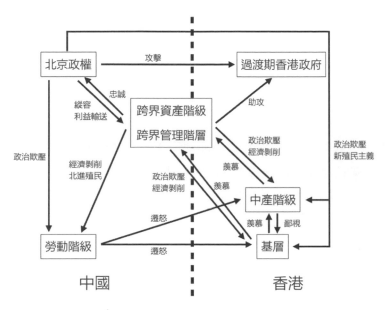

【圖2】1990年代港中兩地的社會階級關係。

從而喪失一直以來自力更生的創業精神。這種為短期暴利而淘空自家產業
的做法，令香港逐漸淪為依附中國帝國體系而無法自立的經濟體。香港資
本家必須以服從來換取在中國的生存空間，就養成揣摩上意、蕭規曹隨的
不良習慣，令香港無法跟上21世紀創新經濟的大趨勢。香港商界流行的講
法，是「high tech 揩嘢、low tech 撈嘢（按：高科技產業風險大，低科技
產業回報快）」，覺得與其冒風險創新，倒不如透過尋租行為儘快獲取回
報；他們相信「識人好過識字（按：關係比知識重要）」，與其費神掌握
技術，不如多結交中國有勢力人士。

　　部分親中人士常貶損香港，指香港人自高自大而不知自己落後，當一
河之隔的深圳已是世界硬體創新之都，香港連電子支付也未發展好。這種
講法雖然道出實情，卻未有正中問題核心：問題不是因為香港人夜郎自
大，而是因為政府的政策與資本階級的投資行為流於短視，亦從未積極推
動創新經濟的發展。而主權移交後的香港特區政府的施政方針，就只有促
成香港與中國經濟「接軌」，鼓勵中國資金、遊客到香港，用各種基建將

香港與中國連接起來，卻沒有盡力培訓香港人才，未有改革相關制度。香港商界則只對涉及「中國概念」的炒賣，或地產投資感興趣，除此以外對所有事情均抱有一動不如一靜的保守心態，更遑論長遠的技術研究開發。[50]香港政商精英既自甘墮落爲中國帝國主義的買辦，經濟之淪落、技術之退步，亦是無可避免。

　　北望中國的心態，亦令香港資產階級無法再凝聚成能夠團結的政治主體，自甘淪落爲中國政治勢力的傀儡。他們不再透過自行協商解決紛爭，反倒直接到中國找有勢力人士「告御狀」，意圖透過帝國的力量打擊競爭對手。[51]筆者曾於《精英惡鬥：香港官商霸權興衰史》[52]分析香港精英社會網絡，發現香港資產階級自1980年代即急速碎片化。在書中筆者運用

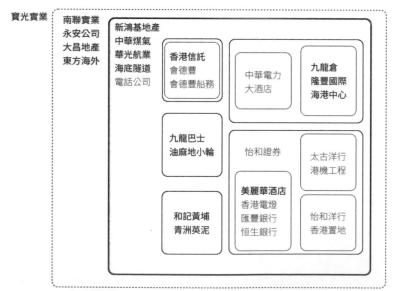

【圖3】1983年香港恒生指數成份股企業交織結構。
細體字為西方資本。此時大部分企業均處於同一個巨型 2-Graph（粗黑線框）之內。

50　曾澍基（2012），〈光暗時空：從歷史看香港本土自主〉，《明報》，2012 年 2 月 5 日。

51　Wong, Wai-kwok Benson (1997). "Can Co-optation Win Over Hong Kong People? China's United Front Work in Hong Kong since 1984," *Issues and Studies*, 33(5).

52　徐承恩、伍子豐、易汶健（2012），《精英惡鬥：香港官商霸權興衰史》，香港：東寶製作。

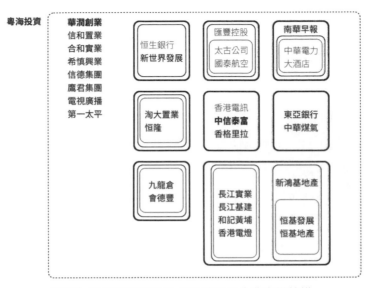

【圖4】1997年香港恒生指數成份股企業交織結構。

細體字為西方資本，粗體字為中國資本。巨型的 2-Graph 已消失，並分裂為8個中小型 2-Graph。有8個企業雖仍處於巨型 1-Graph（虛線框）之內，卻不屬於任何 2-Graph。

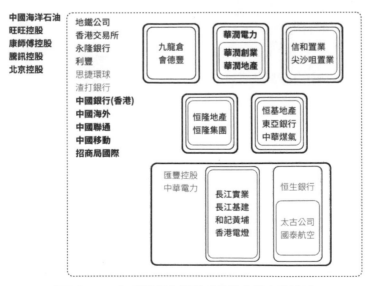

【圖5】2008年香港恒生指數成份股企業交織結構。

細體字為西方資本，粗體字為中國資本。在巨型 1-Graph 內，有6個中小型 2-Graph，而當中不屬於任何2-Graph的企業，比例上多於1997年。

N-graph 這種社會網絡分析工具，描繪出香港主要企業於1983年、1997年和2008年的董事交織（Interlocking Directorship）結構，透過比較 2-graph（外起第二重粗黑線圓圈）的結構變遷，把資產階級於這20多年的碎片化具體呈現。香港主權移交後的政治制度，是為中共商界攜手管治而規畫。如今資產階級的社會資本急速流失，那麼能夠主導香港政治的就只剩下中共在香港的地下黨。他們這樣就可以於「一國兩制」的框架打開缺口，讓北京直接介入香港內政。

而香港的普羅大眾非但不是「殖民」中國的加害者，反而是中國帝國主義及依附霸權的香港資產階級聯手欺壓的對象，是中國殖民主義的受害者。在1980年代，香港廠商見中國工資低廉，當局又故意縱容他們剝削勞工、破壞環境，就把工廠從工資較合理、法規較完善的香港遷往中國。廠商搬走工廠後，又沒有再用心提升技術，當香港技術人員把技術傳授予中國同事後，整個產業就被掏空。後來中國自家的廠商羽翼漸豐，當局就嚴格執法，把香港廠商趕走。

但在此之前，香港的勞動階層已在水深火熱之中。香港的國民生產總值於1990年代縱有提升，但得益者只是與中共勾結合謀的資產階級。在同一時期，香港製造業的工作大量流失，失業率、就業不足率及貧富差距均急速惡化。[53]中產階級的收入雖較為豐厚，但亦受裁員危機威脅，而資產階級越來越熱衷透過炒賣樓房尋租，更令中產階級要面對沉重的房貸壓力。[54]主權移交後的港中經濟融合，則只能令資產階級及少數從事工商服務的管理階層獲利，亦未能造福年輕世代。[55]缺乏節制的中國旅客自由行政策，令旅客數目超過香港承受能力，使人口本已擁擠的地區生活環境進一步惡化。其衍生的平行出口貿易，任中國遊客與香港人搶購民生物資，令民眾不勝其煩。對普羅大眾而言，「中國因素」的出現，只能使其生活

---

53 Chiu, Sammy W.S. (1996). "Social Welfare," in Mee-kau Myaw and Si-ming Li (eds.), *The Other Hong Kong Report 1996*. Hong Kong: Chinese University Press.

54 呂大樂、王志錚（2003），《香港中產階級處境觀察》，香港：三聯書店。

55 呂大樂（2013），〈這麼近，那麼遠：機會結構之轉變與期望的落差〉，《明報》，2013 年 9 月 30 日。

不再安穩，而著重恩庇侍從關係的殖民經濟體系則令上向社會流動的機會日趨渺茫。

　　面對中國帝國主義與香港資產階級的聯手欺壓，能與香港民眾一起反抗的，除了民主運動和公民社會，還弔詭地包括意圖光榮撤退的殖民地政權。在香港前途塵埃落定後，殖民地政府決定引入代議政制，卻因中國反對而裹足不前。之後香港因六四慘案而爆發信心危機，英中兩國才能達成協議，並於1991年讓立法局部分議席由普選產生。與此同時殖民地政府亦透過《香港人權法案條例》，將《公民權利和政治權利國際公約》中適用於香港的規定訂為法律，試圖藉此消除民眾對1997年後人權狀況的疑慮。[56]彭定康於1992年就任港督後，下定決心善用《基本法》的灰色地帶，增加立法局普選成分。[57]雖然彭氏的改革方案於主權移交後被廢除，卻為香港民主政治打下強心針，其親民作風亦成為香港人的民主啟蒙。除了政治改革外，彭定康任內亦引入促進民權的制度，增加社會福利開支，擴展香港大專教育。這些改革雖未能擋住中國帝國主義的侵害，而部分措施亦於主權移交後遭廢除，卻已能顯著改善香港民眾的人權、教育、醫療、公共服務水平和社會保障。

　　但殖民地政府與中國帝國主義互相制衡的雙帝國體系，到1997年7月1日就畫上句號。在此以後，就是中國帝國主義獨大的局面。**而主持香港特區政府的，除了仰賴中國的香港資產階級，就是依附權貴的高級官僚，甚至還可能有親共派以至是中共祕密黨員。這個政府的經濟政策如前所述，就是要令香港成為倚賴中國的經濟殖民地。**新政府廢除部分民權改革，對付異見者則有權必用。政府政策皆照顧親中資產階級的利益，又傾向緊縮社會服務開支，社會保障及公共服務的品質走向崩壞。無人能夠制衡中國帝國主義獨大的體制，而當局更不會讓香港人享有民主自治的權利。《基本法》列明行政長官及立法會整體最終要由普選產生，中國人大常委會卻

56　Wong, Max Wai Lun (2005). "Re-Ordering Hong Kong: Decolonisation And The Hong Kong Bill Of Rights Ordinance," Ph.D. Thesis, School of Oriental and African Studies, University of London.

57　Tsang, Steve (1997). *Hong Kong: An Appointment with China*. London: I.B. Tauris.

多次詮釋《基本法》，先是拖遲，然後又加上諸多條件。但此時再也沒有力量能與中國帝國主義制衡、能迫中國信守承諾了。

目前香港的不公平、不民主，以至各種民生經濟問題，沒有一樣不是由中國帝國主義造成。本土論述因而主張以自決、獨立等方式，使香港人能從中國帝國主義者手中奪回應得權益，脫離被殖民的困境。這固然是艱鉅的任務，但豈是無關痛癢之小事？

中國帝國主義不除，民主無望

有一些意見認爲，香港人應該專注爭取民主，不應讓本土爭議使形勢變得複雜。他們會覺得，民主訴求是高尚的，本土身分認同卻是不理性的，兩者不應混而一談。例如末代港督彭定康（Christopher Patten）卸任後，常爲香港民主發展仗義執言，卻對近年興起的本土思潮不以爲然。他於2016年11月25日訪港期間，曾如此高調評論：

> 我認爲假若把追求民主和香港獨立混爲一談，是不誠實、可恥和魯莽，這是（按：香港獨立）不會發生的，同時沖淡了對民主的支持，也爲追求全面民主的成熟社會，帶來不必要的鬧劇。兩年前香港有很多勇敢年輕人，爲民主管治建立了道德高地，我認爲如果因港獨的滑稽，失去這個高地，是一個悲劇。[58]

在28日的另一場演講，他對自決派的批評亦毫不客氣：

> 自決與獨立幾近相同，只是一個文字遊戲，假裝兩者有不同。[59]

---

58 《香港01》，2016年11月25日。
59 《明報》，2016年11月29日。

　　然而比起爭取本土派和自決派，彭定康本人更有動機去模糊民主與本土的關係。彭氏曾任保守黨主席，他不單堅持大不列顛統一，亦是主張歐洲一體化的親歐派：他本身就是現有主權國家體系的既得利益者。而從近期加泰隆尼亞的獨立風波，我們亦可看到彭氏所擁護的歐洲聯盟，本質上乃既有主權國家俱樂部，其組織運作亦偏袒大國，漠視未能獨立的小國族之本土民主權益。歐盟的「民主赤字」一直爲人詬病，但像彭定康的親歐派卻一直對此視而不見。他們把民主簡化爲選舉政治，而不知民主的深層意義乃大眾主權之實踐，未能對抵抗中國殖民主義的本土運動有正確的理解。

（一）戀慕帝國榮光的中國仇外國族主義

　　在繼續討論之前，我們得探討一下國族主義與民主主義的歷史連繫。歷史社會學家管禮雅（Liah Greenfeld）認爲15世紀末的英格蘭乃現代國族主義之搖籃。當時由於大批貴族階層於薔薇戰爭（1455-1485）中陣亡，都鐸王朝的國王只得任命平民出身的地主、商人和專業人士擔任公職，並賜與封號及爵位。這些新興貴族參與公共事務時，滋生「吾等凡人皆精英」的歸屬感。如此再加上同期宗教改革運動的思想衝擊，令這些精英意識到英格蘭人應當都是身分平等的自由人：他們的信仰當本於良心，而非出於教會的宰制；而英格蘭人只要有能力，都應該有權參與公共事務，要有擔任公職的機會。也就是說，英格蘭國族主義乃世俗主義、平等主義與大眾主權的合流。[60]這種國族主義與民主主義乃銀幣的兩面，也就是公民國族主義（Civic Nationalism）的濫觴。

　　國族主義的動員力量，令英格蘭從歐洲邊陲的島國變身爲新興強權。其他歐洲國家的統治精英和知識階層因而群起仿傚，紛紛在自己的國家提倡國族主義。然而這些國族主義和英格蘭國族主義不同，它們並非源

60　Greenfeld, Liah (1993). *Nationalism: Five Roads to Modernity*. Cambridge, MA: Harvard University Press.

自民眾本身的自我認同，而是由統治精英和知識階層根據英格蘭經驗移植過來，就像安德森所指的官方國族主義（Official Nationalism）那樣。[61] 法國知識階層迷信國家官僚體制的力量，便把國族主義視爲國家體制由上而下動員社會的手段，使其有著輕視個人權利的國家主義（Statist）色彩。德國管治階層不欲下放權力，無意改變貴族與平民之間的等級差異，便把平等主義詮釋爲民俗和血緣上的同質，鼓吹族裔國族主義（Ethnic Nationalism）。俄羅斯的知識階層在國內被沙皇的威權壓制，在國外又不被西方人認同，其國族主義論述就彌漫著仇外和怨恨的情緒，認爲對內對外的復仇就是俄羅斯國族的使命。[62]

　　香港人的本土身分認同，乃是由民眾的集體經歷自然滋生；而香港自決，以至是獨立的訴求之所以會出現，則是因爲其社會參與的經驗，使抗爭者意識到所有人都屬於同一個反殖共同體。而香港國族主義既然不是由上而下的官方國族主義，除卻少數基要主義者的怨毒情緒，其發展大體上會比較貼近主張公民自治的英格蘭模式。**香港人在帝國的邊陲爭取民主自治，就是要以民權制約中國的宗主權，並宣告主權在民而不在黨國。**民主本質就是反殖，就是要追求本土自主。我們固然要提防像昔日法、德、俄那樣，以集體主義、種族主義偷換掉大眾主權和平等主義的理念，從而走上國家主義和族裔國族主義的歪路。但這不等於要否定包括本土思潮在內的國族主義。香港人對民主自治的訴求，本質上就是堅持自由、平等、公民自治的公民國族主義。我們不能說本土與民主無關；這兩者本屬一體，主張民主、要求港人治港，就是否定帝國、主張自決的小國國族主義。爭取民主，就不應反對港獨和自決等本土政治主張，反倒要提出一套務實理性的本土論述與基要主義者抗衡，把本土思潮引導往公民國族主義的正途。

61　班納迪克‧安德森（Benedict Anderson）著，吳叡人譯（2010），《想像的共同體：民族主義的起源與散布（*Imagined Communities: Reflections on the Origin and Spread of Nationalism*）》，臺北：時報出版。

62　Greenfeld 1993.

　　就理論而言，小國族的本土思潮也可以承認大國的宗主權，並以自治政體的方式實踐住民自決，成爲「無國之國族」。[63]這當然是一條可行可欲的出路，前提是一切安排均應由小國族的民眾在不受脅迫的情況下以民主方式決定；而若然大國持續干預地方自治，小國族亦當有自決獨立的機制。但問題的關鍵，在於大國的中央政權能否以適當的策略配合。赫希德（Michael Hechter）站在「民主統派」的立場，指出若要成功在大國主權下實踐本土政治，中央政權必須避免直接管治，並讓小國族國民有民主參與中央政治的機會。[64]簡要而言，中央政權必須既自制、又開放。當今世上，又有多少大國能做到呢？

　　而當今的中國政權，明顯既不自制，亦非開放。在20世紀初，中國部分有識之士曾提倡「聯省自治」，透過地方自治促成民主統一。[65]這些主張雖一度成爲風潮，但倡議者最終卻於政治鬥爭中被主張大一統的帝國主義者擊敗，以致當今中國再沒有人會認同這樣的主張。白魯恂（Lucian Pye）曾一針見血地指出「中國是僞裝成國家的文明」[66]，也就是說中國雖然在形式上是採用國族主義的國族國家，在事實上卻是帝國的延續。組成「中華民族」的，不是平等地實踐大眾主權的國民，而是帝國的臣民。主導中國國族建構的知識精英並不熱衷於爭取普羅大眾的自由權利，更不認爲他們與販夫走卒身分平等，令自由主義從未能在中國植根。漢學大師史華慈（Benjamin I. Schwartz）指出，19、20世紀之交的中國國族主義者，縱偶會提及自由和民權，卻只會把兩者視爲促成國家富強的工具。他們眞正信奉的是社會達爾文主義，認爲種族競爭才是世道。

　　中國知識階層之所以要建構中國國族主義，是因爲他們眼見清帝國衰落、無力與西方國家競爭，擔心帝國瓦解後黃種人會遭白種人滅族。而爲

63　Guibernau, Montserrat (2013). *Nations Without States: Political Communities in a Global Age.* Cambridge: Polity Press.

64　Hechter, Michael (2000). *Containing Nationalism.* Oxford: Oxford University Press.

65　李達嘉（1986），《民國初年的聯省自治運動》，臺北：弘文館。

66　Pye, Lucian W. (1990). "China: Erratic State, Frustrated Society," *Foreign Affairs*, 69(4).

了種族的存亡，個人的自由和權益是可以被犧牲的。他們相信東亞大陸並不需要自由的國民，而是要集體團結達成富強，重振東亞大陸帝國的威榮，從而令黃種人能擊敗西方的白種人。[67]受種族競爭的觀念影響，令中國國族主義一開始就具有國家主義和官方國族主義的性格。

但中國國族主義者該如何團結群眾？清帝國及取而代之的中華民國，其疆土都是多語言、多民族、文化多樣的廣闊領域。即使只論及漢族，其成員亦是語言不通，大江南北的文化差異亦是難以調和。自10世紀以來東亞大陸帝國之所以能維持統一，靠的是科舉制度和儒家禮教。科舉制度把中央政權與地方知識階層連結[68]，而與中央官員有個人聯繫的地方精英，則以儒家倫理的教化，令民眾從著重長幼尊卑的家庭倫理開始，建立順從權威、維護專制的生活習慣。[69]但清帝國於1905年廢除了科舉制度，而五四運動前後中國知識精英又認定傳統思想乃中國落後挨打的根本原因。中國傳統文化從來就不足以界定所謂的「中華民族」，以文化中國肯定統一的政治中國，其實只是事後的自我評價。

而訴諸恐懼和怨恨，則是一條易走的邪路。西方帝國主義於19世紀在東亞擴張，西方資本日漸成為生活中難以逃避的存在，白種人的蹤影隨處可見，而他們亦因資本和武力的加持而流露沙文主義的優越感。「文明」的黃種人被「野蠻」的白種人「以夷變夏」，對於未能掌握世情變幻的群眾而言乃揮之不去的恐懼。中國國族主義者輕易就能將東亞大陸之現況，對比起華夏帝國昔日之強盛，從而喚起群眾的屈辱感。比如孫文在1924年應上海《中國晚報》邀請而作的演講，就如此描述古今之間的對比：

> 喂，我哋大家係中國人，我哋知道中國幾千年來係世界上頂富頂強

---

67 Schwartz, Benjamin I. (1964). *In Search of Wealth and Power: Yen Fu and the West*. Cambridge, MA: Harvard University Press.

68 余英時（2005），〈試說科舉在中國史上的功能與意義〉，《二十一世紀》，總43期。

69 蕭公權著，張皓、張升譯（2014），《中國鄉村：論19世紀的帝國控制（*Rural China: Imperial Control in the Nineteenth Century*）》，臺北：聯經出版。

之國家，知道唔知道呢？但係見到中國係乜野嘅情形呢？中國現在
就變成係世界上頂貧頂弱既國，中國嘅人民出海外嘅，就被外國人
欺負凌辱，看不上一個人樣。在中國內地呢，外國對於我哋嘅政府
呢，對於我哋嘅國家呢亦係睇唔起……諸君試想想，喺中國幾千年
來係世界一個文明嘅國家。幾千年前中國最強盛嘅時候時代，就所
謂千邦進貢萬國來朝，各國都要拜中國嘅上風。到今日呢，中國反
爲係退化……我哋要設法子嚟避呢個危險，咁用乜野法子嚟避得呢
個危險呢？就要大家同心協力嚟贊成革命，用革命嘅方法、用革命
嘅主義嚟救中國……諸君能讀呢個三民主義呢，就曉得用乜野方法
嚟救國啦。我哋嘅方法、呢種嘅精神，大家同心協力嚟救國呢，咁
就中國就可以反弱爲強啦！

　　當代中國之不濟，就這樣激起群眾仇外的怨恨。他們恨白種人瓜分東
亞、恨滿洲人入主中原卻管治無能、恨日本人雖同爲黃種人卻趾高氣昂、
恨美國提倡國族自決卻口惠實不至。中國國族主義者要群眾因「國恥」而
覺得丟臉，要他們戀慕帝國昔日的榮光，讓他們發著帝國終要恢復強大的
「中國夢」。他們念念不忘的，是清帝國衰落後中國的種種屈辱。爲此中
國人當學效越王勾踐，以臥薪嘗膽的心態爲未來的復仇團結一致。[70]

　　但帝國如何能復興、如何能建設一個讓臣民重拾面子的強大祖國呢？
中國國族主義者讓丟失面子的群眾意識到自己的軟弱無知，是以必須讓強
而有力的領袖領導革命，讓少數先知先覺者集中眾人之力克服難關。孫文
的那段演說，最終是叫聽眾購閱其《三民主義》，期望他們讀罷就會跟隨
中國國民黨的路線。費約翰（John Fitzgerald）指出北伐前後國共兩黨的
文宣論述，都認爲中國群眾是沉睡不醒的無知之徒。中國人若要自立，
就非要由少部分革命先行者喚醒不可。群眾的醒覺，不在爭取個人的自

70　Cohen, Paul A. (2009). *Speaking to History: The Story of King Goujian in Twentieth-Century China*. Berkeley: University of California Press.

由，而是要爲了革命的緣故執行先知先覺者定下的紀律，或是孫文的「軍政」、「訓政」，或是共產黨的「民主集中制」。讓先鋒黨集權，讓革命先行者改造群眾、改造國家，以黨國爲「中華民族」及中國的終極定義。[71]一切都是爲了黨國，沒有個人的自由與自由的觀點，當然也不會有地方社會自治的空間。

對國共兩黨而言，黨就是國。當他們以集權手法推進北伐，以列寧式紀律加上蘇聯軍備，用了兩年就以暴力吞掉整個東亞大陸。自此中國之定義由黨國獨尊，再也容不下別的國族想像。中國自此盡是黨國天下，之後國共內鬥，也只是不同先鋒黨之間的爭權奪利。像「聯省自治」那樣強調由下而上民眾自發的政治主張雖然理性包容，卻未能勝過恐懼和怨恨，更不能阻擋源自蘇聯的槍炮，最終只能被黨國污名化，繼而被中國人遺忘。

中國國族主義如此就走上俄羅斯模式的道路，也同樣踏上黨國極權主義的不歸路。這種藉煽動仇外怨恨情緒鼓吹黨國集權的國族論述，自1927年北伐後一直都是中國的主旋律。在文化大革命結束後，中國知識階層曾經歷過短暫的啓蒙時期。他們此時嚮往自由和民主、厭倦黨國與威權，並爲1989年的天安門民主運動埋下伏筆。可惜於六四慘案後，知識階層於肅殺的社會氣氛下陷入毫無建樹的論爭，使一切都打回原形。[72]中共政權於1989年後，加強對國民的愛國教育，高舉「毋忘國恥」的大旗，並著力發展經濟。隨後中國國力大幅擴張，百年來一直忍辱負重、圖謀復仇的中國夢，似已得以實踐。在帝國復興的大勢下，歌頌黨國、崇拜權能的國族認同，在中國已經是無法抵擋的主流。[73]

71　Fitzgerald, John (1996). *Awakening China: Politics, Culture, and Class in the Nationalist Revolution.* Stanford: Stanford University Press.

72　許紀霖（1998），〈啓蒙的命運——二十年來的中國思想界〉，《二十一世紀》，50期。

73　Wang, Zhang (2012). *Never Forget National Humiliation: Historical Memory in Chinese Politics and Foreign Relations.* New York: Columbia University Press; Shen, Simon (2007). *Redefining Nationalism in Modern China: Sino-American Relations and the Emergence of Chinese Public Opinion in the 21st Century.* London: Palgrave Macmillan.

（二）帝國之下，「港式愛國」只能是假議題

香港在中國之外、處中國之旁，卻從未服膺於國共兩黨的黨國論述。陳炯明提倡「粵人治粵、聯省自治」，深得香港人支持。[74]爲先鋒黨開路的新文化運動，在香港亦缺乏迴響。[75]於中日戰爭時到港避難的南來文人，常把香港人描繪成奉承西人而缺乏愛國情感的二流中國人。中國國族主義者視香港人爲走上歧途的媚洋分子，他們想像到奪得香港之日，就要對香港這些野孩子再教育。[76]滿腔怨恨的中國國族主義者，心中渴望能對香港這片桀驁不馴的化外之地施以中國特色的殖民統治，藉此爲威嚴的帝國討回面子。

中國赤化後，主事香港事務的中共官員都視香港人爲野性難馴的隱性漢奸。香港人若願意只做經濟動物，以至是向當局獻媚效忠，那中共可以藉一國兩制之名略爲包容。但若香港人抗拒黨國介入香港，要掌握民主自治的權利，那麼即使他們聲言「愛國不愛黨」，仍會是中國的敵人：既然黨就是國，那麼在帝國邊陲反對共產黨的香港人，就必然是分離主義。

香港有50萬人於2003年7月1日走上街頭，反對主權移交以來荒腔走板的施政，並反對侵害言論自由的《國家安全法》。期間民眾高呼「還政於民」，要求加速民主化進程。此時民眾雖看重本土權益、力爭民主自治，卻仍然未敢明言港中分家，只能曖昧地以「愛國不愛黨」的「港式愛國」爲港中區隔的折衷論述。香港人刻意展現對中國文化、大地、人民的樸素情感，把自己包裝爲「愛國民主派」，寄望能通過這種「愛國熱情」而令北京對香港放心，從而肯放手讓香港人以民主方式自行治理除軍事和外交以外的一切事務。身爲溫和民主派的儒者陳祖爲翌年於報章如此描述這種「有異於國、仍是愛國」的主流論述：

74　Lam 2004.

75　陳學然 2014。

76　盧瑋鑾（1983），《香港的憂鬱：文人筆下的香港（1925-1941）》，香港：華風書局。

關於這個問題，我沒有做民調研究，但在印象上覺得香港社會有兩
種對愛國的表述，跟中央的不同。一是樸素的愛國精神，即所謂愛
國就是愛中華大地、黎民百姓、歷史文化。另一種是自由民主式的
表述，將國家與人民拉近（即主權在民），將政府和政黨推遠。
兩種表達的共同點，就是沒有將愛國等於對一個執政政府的認同
或支持。[77]

問題是自北伐以來好幾代人的時間，國民黨的威權主義和共產黨的極
權主義，早已摧毀黨國以外的公共空間。如今黨國之間有如盤根錯節，任
何不以黨國語言描述的中國想像，都只能是脫離現實的空想。對大部分中
國人來說，國家就是先鋒黨的黨國。近年中國國力提升，中國民眾亦傾向
支持這個令他們重拾面子的帝國。黨國分離的愛國觀，其實只是海外華人
奢侈的懷舊情愫。不論香港人的情感如何真摯，他們所愛的那個沒有黨的
中國，其實早已消失了好幾代人的時間，甚至可以說是從未存在過。不論
香港的抗爭者如何自我定位，在中國黨國霸權的眼中，任何追求自主的訴
求都是意圖削弱國家管治的分裂圖謀。

當香港民眾成功拉倒《國家安全法》，進而要求落實行政長官和立法
會全體的雙普選。就此中國官員及學者發起「愛國論爭」，在媒體上高調
批判香港民主派主張「還政於民」是反對國家的陰謀。曾參與《基本法》
起草的中國法學教授許崇德，屢次與民主派人士正面交鋒，指出民主訴求
只是阻礙中國在香港行使主權的藉口。他引述鄧小平生前講話，質疑「對
香港來說，普選有一定有利」？[78]鄧氏認為管治香港的政治人物必須擁護
中國，必然要是「愛祖國、愛香港的香港人」，而民主選舉卻不能保證能
選出能被黨國信任的人選。前新華社香港分社（中聯辦前身）社長周南更
不客氣地把民主派描繪為「曾極力反對香港回歸中國和激烈反對《基本

77　陳祖為（2004），〈港式愛國的政治學理念〉，《明報》，2004年3月2日。
78　許崇德（2004），〈普選能否選出愛國愛港人仕？〉，《新華社》，2004年2月29日。

法》的人」，並把「還政於民」的呼聲抹黑為英國殖民主義者打出的舊旗號。[79]

中國拒絕承認主權移交後的管治危機，乃特區政府缺乏認受性所致。他們堅信是因為英國人留下的「殖民遺毒」，才會令香港「人心未回歸」。他們不再相信能夠透過本地權貴的協力間接統治香港，覺得他們既不能幹，亦不可信。中國認為必須改採內地延長主義的殖民手法，強調「一國兩制」中「一國」的一面，積極介入香港的官僚和選舉政治，使香港人的意識形態和國族認同趨近中國。曾任中聯辦研究員的強世功在《中國香港》[80]，就向這種香港人把樸素的大中華情感等同愛國的論述開火：

> 在愛國問題上，他們經常會說，他們愛的是祖國的河山和歷史文化，而不是包含國家主權在內的政治實體。這樣的愛國是我們在港英殖民地下的愛國標準，而不是香港回歸之後的愛國標準。

中國以往曾友善對待愛「文化中國」而非親共的香港人，純粹是出於統一戰線的實際需要。站在中共立場看，「中國」既然是由這個先鋒黨定義和建構，那麼抗拒黨國入侵香港的，又怎稱得上是愛國的香港人呢？如此中國「必然要將『一國』從一個歷史文化的建構變成法律主權的建構」。強氏不惜借用曾被中共全盤否定的儒家思想，模仿近年於中國大熱的「政治儒學」之口吻，以人倫關係論證香港順服中國乃天經地義：

> 這種中心與邊緣、主體與補充、多數與少數、內陸與邊疆的關係，恰恰貫穿了類似父子和兄弟的儒家差序格局原則，它也同樣是國家所遵循的政治倫理原則。

---

79 〈穩定是香港繁榮的基礎〉，《紫荊》，2004年2月號。
80 強世功（2008），《中國香港：文化與政治的視野》，香港：牛津大學出版社。

　　強世功在中聯辦的同事曹二寶，則於2008年在中共中央黨校的刊物中撰文「勸進」[81]，鼓勵當局以更集權的方式去詮釋香港的「自治」，以更直接的方式實行殖民統治。在黨國主義的角度看，「自治不能沒有限度，既有限度就不能完全。完全自治就是兩個中國，而不是一個中國」。中國國族主義既由黨國定義，那麼中國國族主義在香港的實踐，自然就是讓黨國直接參與政治，以黨國的意志與香港人自決命運的努力抗衡。曹氏明目張膽的鼓吹中央應突破「高度自治、港人治港」這舊承諾的心理關口，派遣直屬黨國的政治隊伍扶助特區政府施政，在香港直接實踐黨國的意志：

> 在管治力量上就必然是兩支隊伍。其中有一支體現一國原則，行使中央管治香港的憲制權力但不干預特區自治範圍事務的管治隊伍，這就是中共、內地從事香港工作的幹部隊伍。

　　視「還政爲民」爲分離主義，以干預香港內政、推動港中融合爲回應，就是2003年以來中國對香港的基本國策。在去年兩位本土派議員以涉嫌「辱華」字眼做宣誓所引起的風波後，中國人大常委會以「詮釋」基本法的方式，褫奪不按標準宣誓者的當選資格，甚至波及另外四位在野派議員。人大常委會副祕書長李飛在批評本土派港獨主張之餘，亦把以往的在野派都拉下水。李氏認爲香港獨立「這股思潮不是現在出現的，只是過去隱性港獨不敢公開，到現在也不敢公開地打出港獨的旗號，但是它有一個非常險惡的辦法就是挑動年輕人」。[82]有論者認爲近年的本土思潮爲中國製造藉口，讓他們把整個在野派都打爲獨派，然後以危害國家主權的名義把在野派一舉殲滅。部分人甚至用陰謀論的邏輯，指控本土派全都是中共的奸細。但倘若我們看過「愛國論爭」的言論，李飛的講法並不新穎：在香港人鼓起勇氣要求民主自治、反對中國殖民主義的時候，中國就認定在

81　曹二寶（2008），〈一國兩制條件下香港的管治力量〉，《學習時報》，2008年1月28日。
82　《中國評論新聞網》，2016年11月7日。

野派都是分離主義者。而這正正就是中國黨國國族主義的邏輯：先鋒黨是神聖而永遠正確的，要麼是服從黨的指令，要麼就是所謂「中華民族」的逆賊，再沒有第三條路可走。

由仇外先鋒黨管治的中國，又怎麼可能按赫希德的構想變得自制和開放，讓香港人以民主自治的方式建立「無國的國族」呢？中國只想要消融香港人的主體，用幾代人的時間消滅香港的獨特性格。這種殖民論述，猶如日本佔領韓半島時提倡的日鮮同源論[83]，要以「血濃於水」之名義把香港人的生活、文化、政治、經濟和認同徹底中國化，把香港淪爲與內地毫無差別的普通城市。

除非我們能改變目前中國黨國一體的帝國主義，否則要在大國主權下實踐去殖民化的本土政治，有如緣木求魚。那我們可以寄望帝國本身之民主化嗎？帝國民主化若要實現，先要等待帝國中央管治出現危機。而推動民主化之同時，又要整合舊帝國的疆土，根據東亞大陸在20世紀的歷史，這最終必會涉及中央意志對周邊民意的對立，結局就必然是反民主的極權主義。[84]若是如此，本土論述就不得不討論自決、獨立等較進取的主張，但這又會帶來爭議。[85]身爲小國的悲哀，是任何民主的實踐，都不易達成，都得仰賴時機。但我們至少仍能避免重蹈歷史的錯誤，我們可以選擇誠實地面對自己，可以透過公民國族主義把爭取民主獨立的使命一代又一代的承傳下去。

---

83 小熊英二（1995），《単一民族神話の起源──「日本人」の自画像の系譜》，東京：新曜社。

84 一直關注少數民族政策的中國異見人士王力雄，曾表達對中國民主化的憂慮：「如果現在的中國政府打臺灣，會被認爲是專制對民主的進攻，民主國家會爲此保護臺灣。但若中國實施了代議民主，在極端民族主義的鼓動下，選民以符合程序的多數投票贊成打臺灣，包括打西藏、打新疆，不是沒有可能的，那時國際社會該如何判斷與對待？我把代議民主稱做『數量民主』。」《BBC 中文網》，2015 年 2 月 10 日。

85 筆者個人認爲，香港人想要「還政於民」、實踐民主自治，就不得不掙脫這種內地延長殖民主義的宰制。那最理想的方法，就是脫離中國管治，成立獨立的香港共和國。

總結

在前文我們分析了三種視本土思潮爲假議題的論調，但這些講法，卻都經不起推敲，都是屈從於中國帝國主義的殖民論述。香港並非自古以來就是東亞大陸帝國不可分割的一部分，附近沿海地域則有一群未被完全華夏化的嶺南海上族群。當這個族群遇上來自英國的勢力，就把香港變成在中國之外、處中國之旁的獨特社會。這地方吸引一批逃避中國國族建構的邊民、賤民、遺民，又自外於中國國族建構的過程。這些不爲中國所容的人於獅子山下實踐自我，最終在英中兩個帝國的狹縫中發展爲休戚與共的反殖命運共同體。

香港一直是各方勢力的角力場。英中帝國之間、華洋社群之間、勞資階級之間，均會合縱連橫，拉一派打一派。這種社會構造卻能帶來制衡，使當權者在殖民地制度下，仍能帶來有限度的善治。但自主權移交後，中國帝國主義獨大並與資產階級結盟，普羅大眾無力制衡，民主政治、分配正義等也因而未能達成，令中國殖民統治比英國的更爲壓制。唯有抵抗中國帝國主義，實踐民主自治，分配正義等社會問題才有望能根本解決。

北伐至今90年來，中國已是黨國一體的國家，形勢早已不可逆轉。在這種情況下，任何反對黨國全盤操控的主張，即使是主張愛國民主統一，仍是會被視爲分離主義。若是如此，那不如誠實地面對自己，立志要掌握自己的命運，擺脫各種殖民主義的枷鎖。爭民主不講本土的說法，說到底也只是自欺欺人。

自主權移交以來，中國對香港的帝國主義干預日益猖狂。追求民主自治的香港人渴求獨立自主，並對中國的人事物日益排斥，乃自然不過的發展。當香港本土情緒日益高漲，而主流在野派卻因種種情意結迴避本土議題，那機會主義者就會找到生存空間。這些背景、動機均可疑的人士炒作民粹，固然可憂且恨，但異端邪說的出現，乃名門正派未付清的帳單。香港的在野派是否也應該反躬自省，莫再於本土思潮中落後時勢？

批評本土思潮是假議題的在野人士，大多關心著他們眼中的眞議題。

有的關注階級不平等，有的關注性別平權，有的關注社區規劃，有的關注
環境議題。這些都是值得真切關心的議題，我們亦不應空談本土而不問世
事。但對這些議題的關心，不都是出於對鄰舍的關愛嗎？身體力行關注這
些議題，不就是本於主權在民的理念，不是出於共同體的感召嗎？那麼又
如何能容忍帝國體制對大眾主權的挑戰、如何能接受殖民體制對共同體的
侵害呢？關心社會公義，又豈能不反殖？**很多議題都是值得全情投入的真
議題，但本土思潮建構反殖共同體的論述，則是能令所有議題都真起來的
根本性議題。**

跋
在不該的年代做應該的事

「現實政治」四個字，大概是最常遭濫用的政治學術語。就如「面對現實」這四個字，原本只是實是求是的意思，論者卻多以此要求受害者啞忍現世上之種種不合理，甚至用來鼓吹否定一切理想的唯利益論。即使是在學術界打滾的人員，亦會基於種種理由濫用「現實政治」的概念。畢生研究民主化的政治學大師林茲（Juan J. Linz）曾指出，主權國家是現代民主政體的前提。缺乏主權的屬地要獲得民主，異常困難：宗主國即使是民主國家，也不一定會向屬地放權，威權國家的屬地則肯定與民主絕緣。[1] 在威權中國鐵蹄下的香港，於民主運動受挫的民眾起來要求國族自決、爭取獨立建國，由是觀乃順理成章之發展。可是學界就是有人以「現實」之名否定這種合情合理的正義訴求。比如曾與筆者有同窗之誼的國際關係學副教授沈旭暉，就毫不留情地指出：「依然樂此不疲談獨立的人，只有兩類：無可救藥的天眞，或無可救藥的邪惡，兩者都令現實主義者避之則吉。」[2] 即使是國際知名的學者，亦會犯上這種以現實之名勸降的思維謬誤。比如史丹福大學政治學教授戴雅門（Larry Diamond），就認爲「試圖在政治上建立獨立於中國的國家是『自殺式』做法，會將香港推入被鎮

1　Linz, Juan J. and Alfred Stepan (1996). *Problems of Democratic Transition and Consolidation: Southern Europe, South America, and Post-Communist Europe.* Baltimore: Johns Hopkins University Press.

2　沈旭暉（2018），〈現實主義的國際視野：不切實際的獨立夢魘〉，《信報》，2018年4月9日。

壓的悲劇道路」。[3]

　　滿腹經綸的所謂學人以現實之名為威權說項，在歷史上倒不是頭一遭。在袁世凱執政期間，哥倫比亞大學政治學教授古德諾（Frank J. Goodnow）獲聘為中華民國憲法顧問。他認為中華民國之政治現實與民主制及議會制的理想脫節，因此主張以穩定壓倒一切，建議讓強勢總統集中行政權力，並削弱議會之角色。到1915年，他更撰寫分析君主制和共和制利弊的備忘錄，籌安會則利用古德諾的文字宣傳帝制之利，但洪憲帝制最終卻演變成一場鬧劇。[4]而日本於1910年吞併韓國時，西方有識之士多拍手叫好。[5]內布拉斯加大學公共法學教授麥希（Edwin Maxey）更認為，維持韓國主權只會「妨礙日本之事工」，而這些事工帶來的基礎建設「對韓國人之價值遠勝於維持（獨立的）門面」。[6]美國要到二戰期間吃過大日本帝國的虧，才發現這些「現實政治」掛帥的韓國觀是如何的短視。將「現實政治」註釋為「現狀即合理」，繼而要求其他人學習適應，其荒謬就如性侵者要受害人閉著眼嘗試享受。[7]

何為現實政治？

　　但現實政治之真義，又豈是投降主義的代名詞？社會學大師韋伯於《政治作為一種志業》一文之闡釋，卻告訴我們現實政治乃融合現實與理想的藝術。此文其實是他於慕尼黑大學發表的演說，當時德國剛於第一次世界大戰戰敗，對外要面臨協約國復仇式壓迫，國內對國王遜位後的政治前景亦沒有共識。慕尼黑大學的學生希望大師能指點迷津，韋伯本人亦對

3　香港《蘋果日報》，2018年8月14日。

4　Pugach, Noel (1973). "Embarrassed Monarchist: Frank J. Goodnow and Constitutional Development in China, 1913-1915," *Pacific Historical Review,* 42(4):499-517.

5　Kim, Jimin (2011). "Representing the Invisible: The American Perceptions of Colonial Korea (1910-1945)," PhD Thesis, Graduate School of Arts and Science, Columbia University.

6　Maxey, Edwin (1910). "The Reconstruction of Korea," *Political Science Quarterly*, 25(4):673-687.

7　已故香港親共派鄔維庸之名言。

德國的未來憂心忡忡。當時極左與極右勢力都以煽動民粹的方式試圖奪權，甚至組織武裝民兵與敵對政營血戰：新成立的德國共產黨於1919年1月發動斯巴達克斯起義，武裝工人糾察意圖用暴力建立共產政權。右翼民兵在臨時政府授意下組成自由軍團（Freikorps），大舉搜捕屠殺左翼人士，但取得武器的保守派卻密謀復辟君主制的政變。韋伯指責煽動民粹的政客往往聲稱其政治理念，乃建基於純潔無瑕的道德，卻沒有考慮到其政策帶來的實際果效。他於演說中提出「責任倫理」的觀念，也就是說從政者首要的道德，乃是向國民負責，並爲其政治行動的種種後果做出承擔。若然政客只知以華麗言辭推崇其政治理念，只會訴諸道德主義不顧後果強推其政策偏好，又不願坦白承認其政見會帶來潛在的副作用，那樣即使他提倡的價值再是神聖，他依然是沒有政治倫理可言。

　　然而韋伯卻不是要從政者屈服於現實而不談理想。至少他本人始終堅持信念：他渴慕自由、主張民主、心懷德意志國族，並傾向同情夾在貴族與勞動階層之間的資產、中產及專業階層。[8]韋伯的重點，並不是要從政者只顧妥協不談理念，而是要求他們數算代價、勇於承擔。他指出：「就政治家而言，有三種性質是絕對重要的：熱情、責任感、判斷力……問題是熾烈的熱情和冷靜的判斷力，怎樣才能在同一個人身上調和起來。」政治不只是一種科學，而是爲了公共的善，去認識現實、面對現實、克服現實。負責任的從政者，會承認現實的困難，會向民眾就種種限制推誠布公；但他亦會因著對美善的執著，本於對社會的熱愛，不會迴避以困難但必須的方法解決問題，並扭盡六壬與一眾公民攜手渡過難關。

　　爲政者若滿口正義仁愛，卻只說民眾愛聽的話，多番隱瞞前路或有的種種險阻，那當然是不負責任的表現。但若政客只肯停留在安全地帶，不敢向社會處方苦口良藥；或是只管叫民眾適應現實，卻不肯與他們一起想像更好的未來；那就是尸位素餐，而非盡忠職守。將「現實政治」四個字當萬能符文用，也只是將「現實」當成不可侵犯的道德教條，如此不過乃

8　Beetham, David (1985). *Max Weber and the Theory of Modern Politics*. Oxford: Polity Press.

自以爲是地以一己對「現實」的誤判，做爲拒絕承擔政治責任的藉口而已。沒有信念的從政者，對公共的善就沒有頭緒，如此他又怎可能肩負幫助民眾改變社會的重任呢？沒信念的人，從政也只是爲了他自己。韋伯直言：「一定要有某些信念。不然的話，毫無疑問地，即使是在外觀上看來最偉大的政治成就，也必然要承受一切世上受造物都無所逃的那種歸於空幻的定命。」[9]**現實政治，就是在顧全現實的前提下不負所託，盡一切可能達成政治目的。但何爲政治目的，即是公共的善，若然公共的善並不取決於價值理念，那只會是一場虛空的權力遊戲。**

韋伯說政治是志業，德語叫 Beruf，此字與其字根 Berufen，英譯都叫 Vocation。Berufen 亦可解作英語的 Calling，就是召命的意思，乃基督宗教常見用語。被上帝揀選的人，必須爲其神聖使命肩負責任，「既然蒙召，行事爲人就當與蒙召的恩相稱」。[10]爲了達成使命，他們必須數算代價，做好克服困難的準備。耶穌要求蒙召者「背著自己十字架跟從我」，並反問：「你們哪一個要蓋一座樓，不先坐下算計花費、能蓋成不能呢？」[11]他提出一個思想實驗：農莊的主人央兒子到葡萄園幫忙。哥哥先是拒絕，後來卻改變主意回到葡萄園；弟弟一口答應，卻臨時爽約。「你們想這兩個兒子，是哪一個遵行父命呢？」[12]遵從召命，就必須顧及現實的代價：唯有付諸實踐的道德才是眞道德。若只訴諸華麗的道德語言，卻無視民眾現實的重擔，那就是對召命的藝瀆。「你們律法師也有禍了！因爲你們把難擔的擔子放在人身上，自己一個指頭卻不肯動。」[13]

然而顧全現實，並不代表順從現實：面對現實，要「靈巧像蛇」；但面對上帝及其使命，方可以「馴良如鴿子」。顧全現實是蒙召者的責任，

9　Weber, Max (1946). *From Max Weber: Essays in Sociology*. Trans. and ed. by H.H. Gerth and C. Wright Mills. New York: Oxford University Press, pp. 77-128.

10　《聖經和合本》，〈以弗所書〉4:1。

11　《聖經和合本》，〈路加福音〉14:27-28。

12　《聖經和合本》，〈馬太福音〉21:28-31。

13　《聖經和合本》，〈路加福音〉11:46。

上帝卻沒有責任為此減輕使命的難度：遵從召命就如「羊進入狼群」[14]，就是因為任務異常困難，上帝才要呼召。上帝要摩西帶以色列人出埃及，基本上是不可能的任務；要約拿到世仇的帝都傳道，根本是強人所難；要亞拿尼亞探望積極迫害基督教的掃羅，可他不會知道掃羅將會變成使徒保羅。召命不單困難，加爾文派還認為那是不可抗拒的恩典。就如耶穌所云，「不是你們揀選了我，是我揀選了你們，並且分派你們去結果子」，若然有辱使命，「就像枝子在外面枯乾，人拾起來、扔在火裡燒了」。[15] 召命者，就是因著不可抗拒的責任，在不可能的邊緣尋找可行的活路，在不該的年代做應該的事。[16]

在現代世俗化社會，頒佈召命的，不再是彼岸的神明，而是此時此地的入世價值。對學者而言，他的召命就是以畢生精力求學問，以客觀理性探索真理。而對從政者來說，他的召命就是為國民的自由、幸福和尊嚴奮鬥。倘若我們相信主權在民，那麼國民就是為政者理當獻身事奉的上帝：我們不得不如此宣信。為國民爭取免於威權的自由、維民所止的幸福、國族解放的尊嚴，這些都不可能是容易的任務。從政者必須迎難而上，他不能欺哄民眾，許下天色常藍、花香常漫的虛假承諾。然而，他更不能誤把實然當應然，要民眾學習妥協：如此他只是敷衍塞責。**「現實政治」，理當是克服現實困難，並將國民當作上帝那般全心事奉。**

---

14 《聖經和合本》，〈馬太福音〉10:16。

15 《聖經和合本》，〈約翰福音〉15:6, 16。

16 在此花筆墨解釋基督宗教之召命觀，並無傳教之意。筆者雖曾於1995年在某依從清教徒傳統的教會受洗，卻已於2010年前後離教，現為不可知論者。（筆者之所以離教，是因為香港之新教教會往往以性倫理的守護者自居，卻對中國帝國主義的侵略、對社會的不平等皆視若無睹。筆者認為只要不涉強制，與事者又肯承擔責任，個人之性生活毫無公共討論的價值，甚至稱不上是有意義的倫理問題。性行為與道德沒有任何關聯，拒中抗共、濟弱扶傾才是真正要緊的道德任務。香港新教教會以性倫理警察自居，乃顛倒是非、本末倒置。）但離教不同反教：雖然筆者不再信仰新教，但至今仍然認為世俗化後的新教倫理，乃人類文明發展顛峰之作。一來對神聖事物之渴求，本來就是人性；而根據社會學大師涂爾幹分析，宗教乃社區道德價值的倒影，是以不理解宗教，就無法理解社群。根據同樣邏輯，在現代社會，國民就是上帝：留意筆者的用語是「就是」（is），不是「就如」（as if）。純以神學邏輯而論，筆者認為神道教的邏輯較合脾胃。然而筆者是香港人，不是日本人，自然也無法與天照扯上任何關係，也沒有皈依的可能。

「務要堅持，但莫強出頭」

我們在此將目光放回東亞，細看日本江戶時代的本土思潮。生於1730年的本居宣長可算是日本最重要的本土派：他正職爲松坂的町醫，於工餘研究講學，卻因此成爲一代宗師。他終其一生都要求門生保持低調，禁止他們爲學派的見解強出頭，卻可圈可點地勸勉他們：「務要堅持。」

宣長的堅持是什麼？他期望門生能誠實地面對自己，莫要忘卻日本的獨特身分。自飛鳥時代起，日本的歷史就是一段選擇遺忘的歷史。隨著大和王權於公元6世紀日趨鞏固，朝廷積極從海外輸入各種技術、制度和文化，藉此達成從部族聯盟過渡成王朝國家的社會轉型。唐帝國於7世紀中出兵侵略韓半島，與新羅聯手消滅高句麗和百濟。大批百濟王族和貴族逃往盟國日本，帶來其原有宗教及文化，並成爲日本的望族。日本先是引入源自南亞的佛教，在大化改新期間又自東亞大陸引入建基於儒家思想的律

【圖1】本居宣長像。

令制度。日本透過輸入外來文化步向文明，卻同時不斷忘記固有的身分文化，並試圖以「高尚」的外來文明馴化固有的「野蠻」風俗。在文化上，日本知識人視東亞大陸的文化爲風雅；在宗教上，則透過本地垂跡說，生硬地把本土神明披上菩薩的外衣。日本本土文化，自此不能登大雅之堂，只能在幽暗的底層被逐漸遺忘。南亞的佛教、東亞大陸的儒家成爲主流意識形態，卻未能反映潛伏在底層的日本眞性情。如此飛鳥時代以後的日本人，盡皆活在謊言中。他們表裡不一，並逐漸喪失埋在底層的眞實身分。

日本自平安時代末期起，局勢持續不安，武人割據成爲社會常態。在織豐時代中期，豐臣秀吉雖統一日本，卻想入主東亞大陸，結果在韓半島打了場沒有贏家的東亞大戰。之後要待德川家康於1599年在關原之戰打敗敵對勢力，並於3年後另立幕府，日本才能夠恢復太平。此時日本知識人從東亞大陸輸入宋明理學，並斷定昔日日本的動盪，是天皇大名未有依儒家聖賢之道推行仁政的結果。他們警告幕府若不按儒家的理念施政，日本就會回到動盪不安的局面。不過江戶幕府卻只肯片面利用儒學維穩，始終不肯獨尊儒術，使先天下之憂而憂的儒者焦灼不安。然而儒者越是警告，社會越見太平：日本自1615年消滅豐臣氏，到1853年黑船來航，中間經歷238年的太平日子。

在同一段時間，以朱熹學說爲正統意識形態的東亞大陸卻被戰火摧殘。明帝國於17世紀初被民變及清帝國內外夾擊，使其中央政權於1644年徹底崩潰。但此後明帝國的殘餘勢力仍持續與入主中土的清帝國血戰，直到1683年清帝國併吞臺灣而止。此後中土雖經歷113年太平日子，清帝國同時卻不斷對外征戰，在中亞征伐準噶爾時更干犯種族滅絕的反人類罪行。到1796年爆發白蓮教之亂，到19世紀初東亞大陸南方的海洋族群亦組織海盜集團與官府抗衡，清帝國的太平日子也告一段落。清帝國風雨飄搖，嘉慶帝與道光帝惟一能做的是扮演儒家道德聖王的角色，將民怨導往「反貪官不反皇帝」的方向。[17]但清帝國在1842年因敗戰被迫開放五口通

17　Hung, Ho-fung (2011). *Protest with Chinese Characteristics: Demonstrations, Riots, and Petitions in*

商，廣州自此失去對西方貿易的壟斷地位，使廣東大批民眾人浮於事。洪秀全此時於廣西金田村起事，創立太平天國，大批廣東遊民為謀生計亦參與其中。[18]就在黑船來航那一年，太平軍攻克南京，使清帝國陷入生死存亡的危機。

歷史的發展，與日本儒學者的論述剛好完全相反。明清鼎革時，儒學者自信地宣告「華夷變態」：他們認為東亞大陸在清帝國治下淪為蠻夷之地，因此日本已成為承傳儒家文明的新中華。但幕府並沒有依儒學者的建議而行，未有把日本進一步華化，日本卻反倒益發興旺。部分日本知識人因而反思昔日對東亞大陸文明的盲目崇拜。[19]江戶時代的日本政局穩定，經濟隨資本主義萌芽變得空前繁榮。印刷資本主義的興盛，除了催生璀璨的學術思潮和庶民文化，亦使日本列島各地原本不相干的民眾建立想像中的關連。[20]這個命運共同體既然在各方面都趕上甚至超越東亞大陸的水平，就沒有理由要延續飛鳥時代以來視大陸事物為風尚的作風。

源自東亞大陸的儒家思想主張仁義禮智，但觀乎大陸之局勢，儒家的政治實踐「千五百年之間……只是架漏牽補過了時日。其間雖或不無小康，而堯、舜、三王、周公、孔子所傳之道，未嘗一日得于天地之間也」。[21]東亞大陸的政權更替，皆以暴力強權定勝負，儒家的仁義道德往往只是對既存霸權的事後追認。政權若管治無能，則多像嘉慶帝和道光帝那樣透過合符儒家禮教的表現，以道德聖王的形象欺瞞民眾。以儒佛等外來思想貶抑本土固有民俗，是對自我身分的否定；以未能通過實證的儒家思想為道德準繩，最終只會帶來表裡不一的偽道學。對東亞大陸文化之盲目推崇，怎麼看都是有欠真誠，本居宣長指斥這種自欺欺人的思維為唐心

---

the Mid-Qing Dynasty. New York: Columbia University Press.

18 Wakeman, Frederic Jr. (1997). *Strangers at the Gate: Social Disorder in South China, 1839-1861.* Berkeley: University of California Press.

19 渡邊浩著，區建英譯（2016），《東亞的王權與思想》，上海：上海古籍出版社。

20 Berry, Mary Elizabeth (2007). *Japan in Print: Information and Nation in the Early Modern Period.* Berkeley: University of California Press.

21 《朱文公文集・卷三十六》，〈答陳同南〉。

之意（からごころ）。

宣長認為日本人必須拋棄唐心之意，以真誠（まこと）正視自己的獨特身分，重拾多年來因賤視本土文化而丟失的大和魂。回歸本源，乃所有從中世走向現代的思想革命之特徵。文藝復興及人文主義，乃建基於對希羅古典思想之再發現。馬丁路德是奧斯定會（Augustinian）的修士，他發起宗教改革之目的本非另立新教，而是要回到教父奧古斯丁[22]於4世紀末的教導。自由主義、共和主義，其起點亦是要傳承希臘和羅馬的政治傳統。宣長則以同樣的邏輯，想要回到日本未受儒佛影響的古代，故此他透過對《古事記》的考證，想將日本人與神代的神明連結起來。[23]不過宣長的論述卻有難以忽視的誤區：宣長認為佛教和儒學都是虛假的，這可以是合理的論斷；但他卻因此認為《古事記》的記載全是真有其事，並以此建構一套日本創造神學。這種做法既未能合乎現代的世俗化標準，亦有我族中心主義的毛病。除此以外，即使是《古事記》，都是由漢字寫成的。「唐心之意」早就和日本之一切密不可分。倘若不解決這些問題，最終的本土論述也不可能做到まこと的要求。

事實上宣長本人確有我族中心主義的傾向，為此他曾與同門上田秋成有過論戰，被秋成回敬一句：「也說這些大和心，胡扯亂事的櫻花。」[24]不過宣長對此還有身為學者之自覺，他的文學研究亦沒有重複他於史學研究上的錯誤。在1763年農曆5月25，當時已享負盛名的本土派學者賀茂真淵造訪松坂，宣長於晚間到真淵下榻的新上屋拜會，促膝長談、拜師學藝。然而宣長早有自己的定見，並不是一位願意虛心求教的小徒弟。師徒二人很快就因對文學的意見分歧鬧得很不愉快。真淵唯獨推崇《萬葉集》，認為那是未受唐心之意污染的早期文學作品。而平安時代以來的文學，則因以東亞大陸文風為尚而走向墮落，是以日本文學當重拾《萬葉

22　天主教譯為奧斯定。

23　Burns, Susan L. (2003). *Before the Nation: Kokugaku and the Imagining of Community in Early Modern Japan*. Durham, NC: Duke University Press.

24　上田秋成（1809），《膽大小心錄》。

集》的樸素文風。宣長偏偏喜愛平安時代以來的文學，亦喜歡創作這類風格的和歌。他曾多次因獻詩而激怒老師，有次還因關於《萬葉集》的爭論差點被逐出師門。[25]宣長應該意識到真淵的主張有嚴重的缺陷：在飛鳥時代與江戶時代之間的一千幾百年，顯然不能只視之為日本的黑暗時代。日本人在這段時間內，縱然因尊崇儒佛而不斷自我否定，卻仍舊能在這種社會氛圍下取得一定的文化成就。若然對這段時期的文學視而不見，那日本就不會是日本，如此本土身分亦無法確立。而這個時期的日本文化，亦不能歸納為「虛偽」二字。比如活躍於15世紀的禪師一休宗純，信的雖然是受儒家影響的南亞宗教，但他終其一生都抗拒教條規律之虛偽。為此他堅持不守清規，既喝酒吃肉，也經常出入風月場所，並視之為修行。有誰能說他不是真誠？誰可以指斥他受唐心之意蒙蔽呢？

那麼比較可取的進路，就是同情地理解這些受儒佛之道蒙蔽的文本，在自我否定的唐心之意的表層之下，發掘埋藏在底層的大和魂。作者的認同縱使錯亂，他的文筆或會文過飾非，但這背後仍是有著真實的情感，讓讀者能與作者感通。這種情感上的互相觸動，就是知物哀（もののあはれ）之心。[26]宣長甚為欣賞於11世紀成書的《源氏物語》，認為此物語乃知物哀之極致：

> 每當有所見所聞，心即有所動。看到、聽到那些稀罕的事物、有趣的事物、可怕的事物、悲痛的事物、可哀的事物，不只是心有所動，還想與別人交流與共享，或者說出來，都是同樣的道理。對所見所聞，感慨之、悲嘆之，就是心有所動。而心有所動，就是「知物哀」。《源氏物語》除了「知物哀」之外，別無他求。[27]

---

25 此事使筆者想起健民師。2010年五區補選期間，曾與老師賭氣幾個月。健民師量度比真淵好得多，晚生之福。

26 子安宣邦著，丁國旗譯（2017），《江戶思想史講義》，北京：三聯書店。

27 本居宣長（1763），《紫文要領》。

宣長認爲通過知物哀，便能從古人充斥唐心之意的論述背後發掘其本土精神，從而將日本文化去蕪存菁，繼而發揚光大。而這種情感上的感通，乃日本人可以成爲日本人之根本。東亞大陸帝國之大論述，乃爲帝國霸權服務的帝國神學：是以東亞大陸之文字，記載的盡是帝皇將相的所謂仁義道德，「無論何事，都作一本正經、深謀遠慮之狀，費盡心機杜撰玄虛理論，對區區小事也論其善惡好壞」。如此東亞大陸「上下人人自命聖賢，而將內心軟弱無靠的眞情實感深藏不露，以流露兒女情長之心爲恥」。[28]也就是說，只許州官講道理、不許百姓訴眞情。宣長對大陸之觀感也許流於負面，但明帝國和清帝國以理學教條有系統地對民眾實施思想控制[29]，清帝國以文字獄的壓力使知識界日趨保守[30]，亦是公認之事實。[31]爲何要將日本與充斥唐心之意的東亞大陸區隔起來？這除了是基於本土身分的自豪感，亦是要守護日本人眞情流露的私領域。唯有抵抗來自東亞大陸的帝國神學，日本人才可能有自由去活在眞實中。

宣長對自己的本土論述頗爲自信，甚至可稱得上是自負。可是他卻禁止其門生爲本土強出頭，既不許他們參與政治，也不鼓勵他們與儒者及僧人爭辯。若是遇上敬儒崇佛的主公，宣長要求他的門生服從，對神佛儒者都要保持恭敬。宣長的家中甚至設有佛壇，每天都會像他的父母那樣燒香禮佛。爲何他會如此自相矛盾呢？德川幕府雖爲日本帶來整個東亞也難得一見的太平盛世，卻會以暴力手段維繫其權威。幕府未有奉儒家爲正統意識形態，但亦會以拿來主義的方式利用各種外來思想統治列島。比如幕府以佛教爲管治平民之渠道，佛寺負責所有民眾的生養死葬，而民眾則必須登記爲佛寺的禮信徒；朱熹理學則動用來規範武士之行爲。宣長以日本

28　本居宣長（1763），《石上私淑言》。

29　蕭公權著，張皓、張升譯（2014），《中國鄉村：論19世紀的帝國控制》，臺北：聯經出版。

30　王汎森（2013），《權力的毛細管作用：清代的思想、學術與心態》，臺北：聯經出版。清帝國知識人之所以變得保守，是因爲他們認爲明清鼎革期間近乎世界末日的天災人禍，是對帝國晚期自由思潮的天譴。參Rowe, William T. (2009). *China's Last Empire: The Great Qing.* Cambridge, MA: Harvard University Press.

31　國共兩黨之社會控制，應視爲帝國社會控制史之延伸，而非歷史之斷裂。

神話爲史實，又視神代爲未受唐心之意污染的理想時代。按此推論，日本理當讓天皇以天照大神後裔的身分親政[32]，但此等說法無可避免會觸犯幕府。宣長及其門人低調行事，以學術研究間接地改變社會，在當時乃唯一可行之辦法。在1767年的明和事件中，山縣大貳因涉嫌提倡尊皇思想而被處決，而同爲異見人士的竹內敬持亦遭連坐，在流放八丈島的途中因舟車勞頓病故。對此記憶猶新的宣長，也只得將不完美的現狀視爲神明之意旨，吩咐門生莫以凡人之努力逆轉神明之安排。[33]

但宣長不以人力逆天意，又豈止出於對政權的恐懼？倘若連記載日本創世神話的《古事記》也是用漢字書寫，那麼要清除日本文化中的唐心之意，也就不是靠幾位大師的著述就能清除。東亞大陸那種華夷尊卑分明的帝國神學，早已內化成日本文化的一部分，而這正正就是唐心之意最惡劣之毒害。日本一直以來都以大陸爲汲取文明養分的獨一來源，亦因華夷觀念的影響而存有自卑心態，只要國運稍微昌隆就有意欲取而代之的衝動。[34]豐臣秀吉於1591年才剛統一列島，就想要入主中原、一統東亞。在朝鮮國王無視其「假道入唐」的要求後，秀吉於1592年出兵侵略韓半島，掀起爲時逾6年的壬辰戰爭。這場牽涉日本、朝鮮和明帝國之混戰，可謂東亞的世界大戰。[35]這場戰爭傷亡逾百萬計，日本折損以十萬計之兵力，卻一無所獲。戰事使韓半島淪爲焦土，亦擾亂東亞大陸的勢力平衡。努爾哈赤趁亂於期間統合女眞各部，爲東亞大陸及韓半島於17世紀的戰禍埋下伏筆。

華夷尊卑的思想毒素一日不除，日本一日都會重複豐臣秀吉犯過的錯

32 但天皇親政，並不代表實行絕對君主專制。當時日本人認爲天皇若行仁政，就必須請賢臣輔佐，最終幕府輔佐天皇、諸侯輔佐幕府。幕末之尊皇攘夷說，其論述主要是指幕府未有盡責「邀請」大名「輔佐」，因而辜負天皇對幕府之託付。參 Harootunian, H.D. (1970). *Toward Restoration: The Growth of Political Consciousness in Tokugawa Japan*. Berkeley: University of California Press.

33 Watanabe, Hiroshi, Trans. David Noble (2012). *A History of Japanese Political Thought, 1600-1901*. Tokyo: International House Press. Chapter 13.

34 Watanabe 2012, Chapter 15.

35 Kim Haboush, JaHyun (2016). *The Great East Asian War and the Birth of the Korean Nation*. New York: Columbia University Press.

誤。在這種情況下，即使日本人高舉「大和魂」，他們意欲建立以自己為
中心的天下帝國，其實也不過是以「大和」之名行中華之實。這樣東亞的
文化中心東移了，但日本卻只會是充斥唐心之意的新中華。雖然宣長本人
的朝鮮觀，嚴格來說還是充斥著華夷尊卑的定見[36]，他本人亦從未承認錯
誤；但他刻意與現實政治保持距離，這無疑是一種大智慧：宣長縱使自
負，但還清楚意識到本土認同之路崎嶇不平，也因此決意使自己的論述遠
離權力的誘惑。

　　可是自命為宣長繼承人的後學，卻不都承傳著這種難能可貴的智慧。
平田篤胤和大國隆正等人的本土論述都忽略宣長的忠告，以千禧年主義的
神學觀將日本神話泛政治化。於19世紀，水戶學的儒者基於儒家大義名分
的觀念，鼓吹仇視外國人的攘夷論。唐心之意未除的日本本土思潮，遂與
建基於儒學的排外風潮合流，並演變成沙文主義的國家神道。[37]這種披上
「大和」外衣的唐心之意俗論，其實不過是假借神道教的語言，把天皇追
捧為天下帝國的儒家聖王。1890年頒佈的《教育敕語》，開首「朕惟我皇
祖皇宗、肇國宏遠」，呼應著天照大神子孫萬世一系的神話傳說。但隨之
以後的都是儒家的忠君論，要求舉國臣民「克忠克孝」，先是遵從孝悌仁
愛的社會規範，「啓發智能，成就德器」，最終「義勇奉公，以扶翼天壤
無窮之皇運」。[38]如此所謂的「大和魂」，不過乃東亞大陸那套外儒內法
的帝國神學而已。

　　日本於明治維新後走向帝國主義，正正就是唐心之意招來的禍害。因
為華夷尊卑的觀念作祟，「大和」的族群自尊就伴隨著中華的天朝主義，
成為主宰大日本帝國的深層意識。日本透過向西方取經成功走上現代化之
路，就自覺已在文明上超越東亞大陸，如今大陸淪為「蠻夷」，日本才

36　子安宣邦 2017。

37　McNally, Mark (2015). *Like No Other: Exceptionalism and Nativism in Early Modern Japan*. Honolulu: University of Hawaii Press.

38　Gluck, Carol (1985). *Japan's Modern Myths: Ideology in the Late Meiji Period*. Princeton: Princeton University Press.

是「中華」，日本也自然會以「新中國」的身分，以「文明開化」之名「威服四夷」。[39]日本漢學家內藤湖南於日清戰爭後提出「文化中心移動說」，其好反映這種畸型心態：他指出華夏帝國自古以來即不斷擴張，其重心卻不斷外移，以至昔日的蠻夷之地，在後世卻成為華夏的中心。內藤言下之意，就是說清帝國既然已經衰微，那麼日本當然就是「新中華」的中心、是東亞的主宰。[40]帝國主義的魔獸以「大和」之名，用著現代國家的機器，幹著華夏帝國的勾當。帝國對內施行國家至上的威權主義，對外則以無止境的向外擴張「納四裔入中華」。以文攻武嚇取得殖民地，又為了「德化四夷」，以內地延長主義的管治方式強迫住民移風易俗。但住民意欲取得與日本人平等之地位，又嫌棄其「蠻夷」出身，未能全心全意接納其歸化。[41]唐心之意未清又能動用現代國家機器，結果造就這頭侵略成狂的利維坦，既為東亞以至世界帶來無盡的苦難，亦使「大和」之名號莫名其妙地遭受到玷污。[42]

國家神道提倡者的錯誤，錯在急功近利地乞求國家的奧援，幻想可藉政治勢力推廣自己的本土理論，而不是安分地做到文化建設的工作。在明治維新期間，他們不斷向政府要求實踐「祭政一致」的方針，好讓神職人員能擔當要職，並成立推廣「國學」的最高學府，但如此則是將主導權放在儒學出身的藩閥官僚手上。而政府亦不過視國家神道為動員民眾的工具，真正主導政府政策的，始終還是西學和儒學。官僚一直都沒有意欲讓本土論述的提倡者擔當真正重要的角色。[43]最終國家神道因帝國主義敗壞

---

39 渡邊浩 2016。

40 子安宣邦著，趙京華譯（2017），《日本現代思想批判》，上海：上海譯文出版社。

41 小熊英二（2011），《「日本人」的國境界：從沖繩、愛奴、台灣、朝鮮的殖民地統治到回歸運動》（上卷），嘉義：國立嘉義大學臺灣文化研究中心。

42 華文世界的作者不知唐心之意之危害，多誤將本土思潮視為日本走向極端之元兇。比如呂玉新就將宣長等人之本土論述視為日本走向帝國主義之遠因，但其解藥，卻竟是「承儒學文明大同」。這顯示令這位天朝學者憤慨的，並不是世界和平受損，或普世價值受侵害，而是日本竟然有人不認中國為文明中心！而日本走向帝國主義，正正就是要以現代國家機器「光復華夏」，以儒學文明批評日本帝國主義，根本是賊喊捉賊，令人發噱。參：呂玉新（2014），〈文明史鑒：日本國學影響下的極端民族主義濫觴〉，《二十一世紀》，142期。

43 McNally, Mark T. (2005). *Proving the Way: Conflict and Practice in the History of Japanese Nativism.*

自己的名聲，換來的只不過是爲他人作嫁衣裳。

　　然而流於沙文主義的國家神道，又豈是本土思潮的唯一結論？各種本土論述之間於18、19世紀之交的論爭和激盪，其層次遠非明治以來盲捧帝國主義的國家神道所能比擬。上田秋成雖曾與宣長有過激烈的論戰，但他亦認同宣長提出的私領域觀念。宣長認爲日本與東亞大陸之最重要的區別，是容讓抒發私人情感的空間不受公權力轄制；日本人必須保護這個空間，使其免遭言必天下國家的唐心之意侵蝕，如此方能與他人情感互動而「知物哀」。秋成則將私領域的觀念進一步延伸，他認爲日本人應當不受政權干擾的空間，讓眾人在不受脅迫的前提下討論公共事務：這說法令人聯想起哈伯瑪斯的公共領域論。富士谷御杖更以本土論述挑戰尊卑分明的身分制度，認爲不平等乃源於東亞大陸的帝國神學，乃唐心之意釀成之惡果。他本於對《古事記》的詮釋，主張政權之權威不應建基於壓迫民眾的暴力，反倒要以民間互動的方式制訂社群規範，再讓民眾在共識下自願服從。縱使御杖依然強調階級身分之必要，但他認爲身分尊卑不應隨出身而固定，而是應隨社會變遷不斷演變。[44]這些林林總總的本土論述，正好說明本土身分並不一定引致排外的自以爲義。認眞而誠實的本土思潮，終必會將關注點放在共同體的自由、幸福和尊嚴，繼續堅持下去就會是啓蒙的開端。

　　這正正就是宣長要求門生低調地堅持之深層次原因。透過「知物哀」的過程，穿透唐心之意之虛僞表象，就能發掘前人心底的眞實本土情懷。知道前人受困於恐懼、貪慾和虛情假意而持續自我否定，就理當有憐憫之心，雖難免會怒其不爭，但更是要哀其不幸。有了正確的認知，就要基於對本土的溫情和敬意，定誓弘揚本土之傳承、圓前人未竟之大志。爲此本土論者必須持之以恆地與本土歷史對話，辨別出種種否定自我的唐心之意，替本土文化去蕪存菁。唯有透過各本土論者之反覆辯證，方能悟出本

　　Cambridge, MA: Harvard University Asia Center.

44　Burns 2003.

土之眞義，才能修正前人之錯誤。就如某基督教聖詩所云：「你若不壓橄欖成渣，它就不能成油。」本土思潮若不經千錘百鍊，既無法彰顯本土之尊嚴，也不能以本土文化豐富普世文明。爲此必須有好幾代學人持續耕耘，並避開權力的誘惑，方能有望取得成果。

「學而優則仕」，乃東亞大陸帝國神學謀求收編知識人的論述，身爲本土論者就須有拒絕這種唐心之意的智慧。可惜當本土論述的爭辯正要推開啓蒙之門時，國家神道的提倡者卻自以爲找到終南捷徑，墜入儒官設定的議程。正因國家神道的提倡者未能領略宣長偉大而奧妙的智慧，反倒令難得重見光明的本土文化再次與唐心之意糾纏不清，使日本在探索獨特本土身分的現代化歷程上，走了整整一個世紀的冤枉路。

默默守候歷史時刻

「莫要強出頭，但務要堅持」，宣長的叮嚀看似自相矛盾而虛無縹緲，卻是務實政治的極致。宣長一面正視現實的殘酷，拒絕冒進的誘惑；另一面又鼓勵後人透過以思辨治本清源，從而導正唐心之意肆虐的社會文化。既承認現實的限制，又努力思索超越侷限之道，這正正實踐著韋伯所言的責任倫理。

香港與臺灣，都「距天堂太遠、離中國太近」，身處帝國邊陲，港臺兩國爭取獨立自主抗爭亦無可避免會受制於「他力本願」。吳介民老師近日於一篇臉書動態中，指出臺灣要面對的是「中華帝國重建」或「中國民族國家建構」的「世界史之宏觀計畫」，這個歷史過程甚至不會隨中國共產黨倒台而結束。這亦同樣是香港的困境。港臺民眾必須做好長期抗爭的心理準備，不要幻想可靠一鼓作氣的衝刺擊倒敵人。漫漫長夜的惡夢才剛剛開始，「莫要強出頭」。

吳老師亦指出：「**臺灣社會處在帝國夾縫之中，我們無法迴避的命運是，必須以極大的耐心與韌性，做好所有『主體力量』的鍛造，等待歷史時刻的來臨。**」主體力量的鍛造必須建基於社會和文化的變革，推動此等

變革不能只靠一兩場轟轟烈烈的政治抗爭，而是需要政治領域之外的文藝復興，對抗爭期望過高反倒會容易失望。若然等而下之地將希望寄託在選舉政治，以爲一次勝選就能守護微小而確實的幸福，如此更是可笑。此刻需要的，乃宣長所講的「務要堅持」。

想要與民眾攜手邁向獨立自主之路，就如浪漫的戀愛；達成獨立的歷史時刻，就如隆重的婚禮。倘若有天遇上喜歡的男孩或女孩，難道馬上抓他到教堂去，要他說句「我願意」就大告功成？不是的，邂逅過後，首先是要把他追上手。設想之後雙方情投意合，卻有位惡鄰老早就看上對方，還脅持著他的家人。此時就算和他步進教堂，他只能以哀怨的眼神含著一泡眼淚，以顫抖沙啞的聲音說句「不願意」。那麼行禮之先，就非得先把惡鄰解決掉不可。

不過，縱使一時三刻未能舉行婚禮，戀人們還是可以好好戀愛、培養感情。縱然雙方未有夫妻之身分，亦能有夫妻的感情。（白目點說：誰告訴你未結婚就不能洞房呢？）雙方交往深了，就能有默契，就能更好的洞察時機。假如連雙方家人也混熟的話，也許只須等惡鄰出差公幹，就能把握半天的空窗期閃電行禮。

抗爭者遊說民眾共同進退，一起肩負邁向獨立自主的國族建構過程，就像要由戀愛步向婚姻；而與惡鄰鬥智鬥力，克服其對婚事的阻撓，就如對抗中國因素的歷程。談戀愛的過程，就是戀人藉互相溝通消弭各種性格上的衝突，爲共同生活做好準備。而在香港的情況，香港人之所以與追求獨立自主的運動「性格不合」，是因爲香港在過往特殊的地緣形勢下，在自我設限的英國殖民者那邊習得殖民地摩登（Colonial Modernity）。這種半桶水的現代化，令香港人習慣於「借來的時間、借來的地方」得享唾手可得、卻不可持續的風光。在這種過程狀態下，香港人被各種虛擬眞實的即食主義迷惑：或是虛擬自由主義，或是虛擬進步主義，或是虛擬華夏主義。他們不知道百分百的現代化，必須建基於曠日費時的國族建構；而追求自由、民主、平等之類的現代價值，又必然要以走兩步退一步的方式耗費幾代人的精力。

　　自2014年雨傘革命無疾而終，旺角魚蛋革命之後，政權對本土陣營的打壓更是冷酷無情。香港人猶如已集氣出動元氣彈，卻眼見仇敵毛髮無損，深陷政治無力感之中。此後幾年，各種路線的抗爭者面臨士氣不足的困局，直到2019年初才因《逃犯條例》修訂案之威脅而重新振作。在這段社運低潮期，部分失落的民眾不斷尋找代罪羔羊，使在野派內部充斥怨懟之情。問題的根源，在於民眾未有意識到自己參與的是國族建構的大工程，未能數算好抗受的代價。溫和的主流派傾向陳情請願的抗爭模式，他們缺乏長期鬥爭的意志，亦對激烈的行動缺乏好感。他們以為爭取民主改革可以不談身分認同，以為死抱大中華情結就不會觸動中國的底線，卻不知此乃徒勞無功的自我否定。而比較進取的本土派，則以為可靠一次大規模的抗爭「畢全功於一役」，並將過往的失敗都歸咎於溫和派的阻撓。他們先天地抗拒深耕細作，認為那只是溫和派迴避直接行動的遁辭，卻不知累積實力需要時間，爭取支持須有技巧。香港民眾低估爭取民主所須的付出、委身和時間，如此遇上挫折就容易灰心喪志。即使是堅定的港獨派，往往未曾想過國族建構的節拍、對一下子就連貫幾代人的抗爭沒有概念，是以熱情澎湃卻欠缺耐心。只是面對強敵，即使奮勇向前，初期仍難免會屢戰屢敗：調整策略並守候敵人變弱的歷史時機，都要耗上好幾十年的光陰。付出熱誠卻得嘗惡果、又沒有宏觀的歷史視野，就會容易變得鬱躁，甚至因灰心喪志而變得冷感。

　　如今強權壓境，香港人當然要奮起勇敢抗爭。年輕抗爭者勝在有勇敢而有爆發力，但如此仍是遠遠不足。當務之急，抗爭者先要學習做個誠實香港人，為此必與以堅實的國族論述，擊倒形形色色的虛擬真實、「華頭華腦」和「唐心之意」。若抗爭之路不如理想，就要設法充實自己，或是讀書進修研究著述，或是習得一技之長，或是植根社區培養實力。要習慣國族建構的節奏，也要學會以國族建構的尺度檢討得失。

　　勇氣者，不只要衝鋒達陣的勇武，也要滴水穿石的堅毅。有了國族建構的覺悟，就要有各種分工的組織；或是以學術研究整理國故，或是在小社區服務民眾，或是以專業知識研究民生政策，或是就各種民生議題組織

民眾（或如吾友吳叡人老師所言，懷著熱愛香港的心寫幾本小說）。如韋伯所言：「政治，是一種並施熱情和判斷力，去出勁而緩慢地穿透硬木板的工作。一切歷史經驗也證明了，若非再接再厲地追求在這世界上不可能的事，可能的事也無法達成。但要做到這一點，一個人必須是一個領袖……必須是平常意義下所謂的英雄。即使這兩者都稱不上的人，也仍然必須強迫自己的心腸堅韌，使自己能泰然面對一切希望的破滅。」只有這樣，才可以於不該的時代，做好應該做的事。

　　在2018年春，筆者到關西旅遊路過松坂，就到松坂城旁的本居宣長ノ宮拜祭，還求得一支籤文。宣長於籤文中的勸勉，也許也適用於每一位為香港和臺灣的獨立自主焚膏繼晷的朋友們：

　　　　寒冬北風凜
　　　　庭園蒼松積白雪
　　　　不亦美景臨？

參考文獻

西文專書、期刊

Anderson, Benedict (1991). *Imagined Communities: Reflections on the Origin and Spread of Nationalism*. London: Verso. （臺灣版：班納迪克‧安德森 （Benedict Anderson）著，吳叡人譯（2010），《想像的共同體：民族主義的起源與散布》，臺北：時報。）

Andrade, Tonio (2017). *The Gunpowder Age: China, Military Innovation, and the Rise of the West in World History*. Princeton: Princeton University Press.

Antony, Robert (2003). *Like Froth Floating on the Sea: The World of Pirates and Seafarers in Late Imperial South China*. Berkeley: Institute for East Asian Studies.

Axelrod, Robert (1984). *The Evolution of Cooperation*. New York: Basic Books.

Baek, Seung-Wook (2005). "Does China follow 'the East Asian development model'?", *Journal of Contemporary Asia,* 35(4).

Baker, Don and Franklin Rausch (2017). *Catholics and Anti-Catholicism in Choson Korea*. Honolulu: Hawaii University Press.

Barth, Fredrik (1969). "Introduction" in Fredrik Barth ed., *Ethnic Groups and Boundaries: The Social Organization of Culture Difference*. Boston: Little, Brown and Company.

Beetham, David (1985). *Max Weber and the Theory of Modern Politics*. Oxford: Polity Press.

Berg, Linda and Mikael Hjerm (2010). "National Identity and Political Trust," *Perspectives on European Politics and Society,* 11(4).

Bergere, Marie-Claire (1998). *Sun Yat-sen* (Trans. Janet Lloyd). Stanford: Stanford University Press. （臺灣版：白吉爾（Bergere, Marie-Claire）著，溫洽溢譯

（2010），《孫逸仙》，臺北：時報。）

Berry, Mary Elizabeth (2007). *Japan in Print: Information and Nation in the Early Modern Period*. Berkeley: University of California Press.

Brook, Timothy (1999). *The Confusions of Pleasure: Commerce and Culture in Ming China*. Berkeley: University of California Press.（臺灣版：卜正民著，方駿、王秀麗、羅天佑譯（2004），《縱樂的困惑——明朝的商業與文化》，臺北：聯經。）

Burns, Susan L. (2003). *Before the Nation: Kokugaku and the Imagining of Community in Early Modern Japan*. Durham, NC: Duke University Press.

Canovan, Margaret (1998). *Nationhood and Political Theory*. Cheltenham: Edward Elgar Publishing.

Caprio, Mark E. (2009). *Japanese Assimilation Policies in Colonial Korea, 1910-1945*. Seattle: University of Washington Press.

Carroll, John M.(2007). *Edge of Empires: Chinese Elites and British Colonials in Hong Kong*. Hong Kong: Hong Kong University Press.

Castells, M., L. Goh and R.Y.-W. Kwok (1990). *The Shek Kip Mei Syndrome: Economic Development and Public Housing in Hong Kong and Singapore*. London: Pion.

Chaadaev, Peter (2012). *Philosophical Works of Peter Chaadaev* (Raymond T. McNally and R. Tempest Eds.). Dordrecht: Springer.

Chen, Jie (2013). *A Middle Class Without Democracy: Economic Growth and the Prospects for Democratization in China*. New York: Oxford University Press.

Chan Lau, Kit Ching (1990). *China, Britain and Hong Kong, 1895-1945*. Hong Kong: Chinese University Press.

Chan, Kin-man (2005). "Civil Society and the Democracy Movement in Hong Kong: Mass Mobilization with Limited Organizational Capacity," *Korea Observer*, 36(1).

Chan, Wai-kwan (1991). *The Making of Hong Kong Society: Three Studies of Class Formation in Early Hong Kong*. Oxford: Clarendon Press.

Chang, Hao (1971). *Liang Ch'i-ch'ao and Intellectual Transition in China, 1890-1907*. Cambridge, MA: Harvard University Press.（簡體版：張灝著，崔志海、葛夫平譯（2016），《梁啓超與中國思想的過渡（1890-1907）》，北京：中央編譯出版社。）

Cheng, Joseph S. (1984). "The Future of Hong Kong: Surveys of the Hong Kong People's

Attitudes," *The Australian Journal of Chinese Affairs*, 12.

Chiu, Sammy W.S. (1996). "Social Welfare," in Mee-kau Myaw and Si-ming Li (eds.), *The Other Hong Kong Report 1996*. Hong Kong: Chinese University Press.

Choa, G. H. (2000). *The Life and Times of Sir Kai Ho Kai*. Hong Kong: Chinese University Press.

Chung, Stephanie Po-yin (1998). *Chinese Business Groups in Hong Kong and Political Change in South China, 1900-25*. London, Macmillan.

Churchman, Catherine (2016). *The People Between the Rivers: The Rise and Fall of a Bronze Drum Culture, 200-750 CE*. Lanham, MD: Rowman & Littlefield.

Cohen, Paul A. (2009). *Speaking to History: The Story of King Goujian in Twentieth-Century China*. Berkeley: University of California Press.

Collett, Nigel (2018). *A Death in Hong Kong: The MacLennan Case of 1980 and the Suppression of a Scandal*. Hong Kong: City University of Hong Kong Press.

Crampton, R.J. (2005). *A Concise History of Bulgaria*. Cambridge: Cambridge University Press.

Crisswell, Colin N. (1981). *The Taipans: Hong Kong's Merchant Princes*. Hong Kong: Oxford University Press.

Curran, Eleanor (2002). "A Very Peculiar Royalist: Hobbes in the Context of his Political Contemporaries," *British Journal for the History of Philosophy,* 10(2).

Cumings, Bruce (2005). *Korea's Place in the Sun*. New York: W.W. Norton.

Cumings, Bruce (2011). *The Korean War: A History*. New York: Modern Library.（臺灣版：布魯斯・康明思（Bruce Cumings）著，林添貴譯（2013），《朝鮮戰爭：你以爲已經遺忘，其實從不曾了解的一段歷史》，臺北：左岸。）

Darwin, John (2009). *After Tamerlane: The Rise and Fall of Global Empires, 1400-2000*. London: Bloomsbury Press.（臺灣版：約翰・達爾文（John Darwin）著，黃中憲譯（2014），《帖木兒之後：1405~2000年全球帝國史》，臺北：野人。）

Darwin, John (2013). *Unfinished Empire: The Global Expansion of Britain*. London: Bloomsbury Press.（臺灣版：約翰・達爾文（John Darwin）著，黃中憲譯（2015），《未竟的帝國：英國的全球擴張》，臺北：麥田。）

de Tocqueville, Alexis (2008). *The Ancien Régime and the Revolution* (Gerald Bevan Trans.). London: Penguin Classics.（臺灣版：阿勒克西・德・托克維爾（Alexis de Tocqueville）著，李焰明譯（2015），《舊制度與大革命》，臺北：時報。）

Deazley, Ronan (2004). *On the Origin of the Right of Copy: Charting the Movement of Copyright Law in Eighteenth Century Britain (1695-1775)*. London: Hart Publishing.

Dennison, Tracy (2011). *The Institutional Framework of Russian Serfdom*. Cambridge: Cambridge University Press.

Diamond, Larry and Orville Schell (eds.) (2018). *Chinese Influence and American Interests: Promoting Constructive Vigilance*. Stanford: Hoover Institution.

Dickson, Bruce J. (2008). *Wealth into Power: The Communist Party's Embrace of China's Private Sector*. Cambridge: Cambridge University Press.

Dickson, Bruce J. (2018). *The Dictator's Dilemma: The Chinese Communist Party's Strategy for Survival*. New York: Oxford University Press.

Dikotter, Frank (1992). *The Discourse of Race in Modern China*. London: Hurst.（簡體版：馮客（Frank Dikotter）著，楊立華譯（1999），《近代中國之種族觀念》，南京：江蘇人民出版社。）

Dikotter, Frank (2010). *Mao's Great Famine: The History of China's Most Devastating Catastrophe, 1958-62*. London: Bloomsbury Publishing.（臺灣版：馮客（Frank Dikotter）著，郭文襄、盧蜀萍、陳山譯（2012），《毛澤東的大飢荒：1958-1962年的中國浩劫史》，臺北：印刻。）

Dikotter, Frank (2017). *The Cultural Revolution: A People's History, 1962-1976*. London: Bloomsbury Publishing.（臺灣版：馮客（Frank Dikötter）著，向淑容、堯嘉寧譯（2016），《文化大革命：人民的歷史1962-1976》，臺北：聯經。）

Dirlik, Arif (1975). "The Ideological Foundations of the New Life Movement: A Study in Counterrevolution," *The Journal of Asian Studies,* 34(4).

Dirlik, Arif (2014). "June Fourth at 25: Forget Tiananmen, you don't want to hurt the Chinese People's feelings—and miss out on the business of the New 'New China'," *International Journal of China Studies,* 5(2).

Dower, John W. (1999). *Embracing Defeat: Japan in the Wake of World War II*. New York: W.W. Norton.（臺灣版：約翰・道爾（John W. Dower）著，胡博譯（2017），《擁抱戰敗：第二次世界大戰後的日本》，臺北：遠足文化。）

Duara, Prasenjit (1995). *Rescuing History from the Nation: Questioning Narratives of Modern China*. Chicago: Chicago University Press.（簡體版：杜贊奇（Prasenjit Duara）著，王憲明、高繼美、李海燕、李點譯（2008），《從民族國家拯救歷史：民族主義話語與中國現代史研究》，南京：江蘇人民出版社。）

Durkheim, Émile (2008). *The Elementary Forms of Religious Life* (Carol Cosman Trans.). Oxford: Oxford University Press. （簡體版：愛彌爾·塗爾干（Emile Durkheim）著，渠敬東、汲喆譯（2011），《宗教生活的基本形式》，北京：商務印書館。）

Dutton, George (2006). *The Tây Son Uprising: Society and Rebellion in Eighteenth-Century Vietnam*. Honolulu: University of Hawaii Press.

Duus, Peter (1998). *The Abacus and the Sword: The Japanese Penetration of Korea, 1895-1910*. Berkeley: University of California Press.

Eberhard, Wolfram (1968). *The Local Cultures of South and East China*. Leiden: Brill.

Eitel, Ernst J. (1895). *Europe in China: The History of Hongkong from the Beginning to the Year 1882*. London: Luzac & Co.

Endacott, G.B. (1973). *A History of Hong Kong*. Hong Kong: Oxford University Press.

Evenden, Elizabeth (2015). "Spanish Involvment in the Restoration of catholicism during the Reign of Philip and Mary," in Vivienne Westbrook and Elizabeth Evenden eds., *Catholic Renewal and Protestant Resistance in Marian Englan*d. Farnham, Surrey: Ashgate Publishing.

Faure, David (2007). *Emperor and Ancestor: State and Lineage in South China.* Stanford: Stanford University Press. （繁體版：科大衛（David Faure）著，卜永堅譯（2017），《皇帝和祖宗：華南的國家與宗族》，香港：商務印書館。）

Fitzgerald, John (1996). *Awakening China: Politics, Culture, and Class in the Nationalist Revolution*. Stanford: Stanford University Press. （簡體版：費約翰（Jobn Fitzgerald）著，李霞等譯（2005），《喚醒中國：國民革命中的政治、文化與階級》，北京：生活·讀書·新知三聯書店。）

Follesdal, Andreas and Simon Hix (2006). "Why There is a Democratic Deficit in the EU: A Response to Majone and Moravcsik," *JCMS: Journal of Common Market Studies,* 44(3).

Fontaine, Richard and Daniel Kliman (2018). "On China's New Silk Road, Democracy Pays a Toll,", *Foreign Policy*, 16/5/2018.

Foxe, John (2011). *The Unabridged Acts and Monuments Online or TAMO*, 1570 edition. Sheffield: Humanities Research Institute of the University of Sheffield Online Publications. p.2337. (http://www.johnfoxe.org/)

Friedman, Thomas L. (1999). *The Lexus and the Olive Tree: Understanding Globalization*.

New York: Farrar, Straus and Giroux.（臺灣版：湯瑪斯・佛德曼（Thomas L. Friedman）著，蔡繼光、李振昌、霍達文譯（2000），《了解全球化》，臺北：聯經。）

Fung, Anthony Y.H. and Chin-Chuan Lee (1994). "Hong Kong's changing media ownership: Uncertainty and dilemma", *International Communication Gazette*, 53(1-2).

Gluck, Carol (1985). *Japan's Modern Myths: Ideology in the Late Meiji Period*. Princeton: Princeton University Press.

Goodstadt, Leo F. (2000). "China and the Selection of Hong Kong's Post-Colonial Political Elite," *The China Quarterly*, 163.

Goodstadt, Leo F. (2005). *Uneasy Partners: The Conflict Between Public Interest and Private Profit in Hong Kong*. Hong Kong: Hong Kong University Press.（繁體版：顧汝德（Leo F. Goodstadt）著，陳潤芝、蔡祝音譯（2011），《官商同謀——香港公義私利的矛盾》，香港：天窗。）

Gordon, Andrew (1992). *Labor and Imperial Democracy in Prewar Japan*. Berkeley: University of California Press.

Graham, Jenny (1999). *The Nation, The Law and the King: Reform Politics in England, 1789-1799*, Volume II. Lanham, MD: University Press of America.

Green, Barclay Everett (2000). "Making the Modern Critic: Print-capitalism and National Identity in Seventeenth-century England," Ph.D Thesis, University of Massachusetts Amherst.

Greenberg, Michael (1969). *British Trade and the Opening of China 1800-42*. Cambridge: Cambridge University Press.

Greenfeld, Liah (1993). *Nationalism: Five Roads to Modernity*. Cambridge, MA: Harvard University Press.（簡體版：里亞・格林菲爾德（Liah Greenfeld）著，王春華、祖國霞、魏萬磊譯（2010），《民族主義：走向現代的五條道路》，上海：三聯書店。）

Greenfeld, Liah and Daniel Chirot (1994). "Nationalism and Aggression," *Theory and Society,* 23(1).

Greenfeld, Liah (1996). "Nationalism and Modernity," *Social Research,* 63(11).

Greenfeld, Liah (2003). *The Spirit of Capitalism: Nationalism and Economic Growth*. Cambridge, MA: Harvard University Press.（簡體版：里亞・格林菲爾德（Liah Greenfeld）著，張京生、劉新義譯（2004），《資本主義精神：民族主義與經

濟增長》，上海：上海人民出版社。）

Greenfeld, Liah (2005). "The Trouble with Social Science," *Critical Review: A Journal of Politics and Society,* 17.

Guibernau, Montserrat (2013). *Nations Without States: Political Communities in a Global Age.* Cambridge: Polity Press.

Gurevich, Aron J. (1985). *Categories of Medieval Culture* (G. L. Campbell Trans.). London: Routledge and Kegan Paul.

Hamilton, James J. (2009). "Hobbes the Royalist, Hobbes the Republican," *History of Political Thought,* 30(3).

Hang, Xing (2016). *Conflict and Commerce in Maritime East Asia: The Zheng family and the Shaping of the Modern World, c.1620-1720.* Cambridge: Cambridge University Press.

Harootunian, H.D. (1970). *Toward Restoration: The Growth of Political Consciousness in Tokugawa Japan.* Berkeley: University of California Press.

Hayek, F.A. (2007). *The Road to Serfdom* (Bruce Caldwell Ed.). Chicago: University of Chicago Press. （繁體版：弗里德里希‧海耶克（Friedrich August von Hayek）著，藤維藻、朱宗風譯（2017），《通向奴役之路》，香港：商務印書館。）

Hayes, James (2006). *The Great Difference: Hong Kong's New Territories and Its People, 1898-2004.* Hong Kong: Hong Kong University Press. （繁體版：許舒（James Hayes）著，林立偉譯（2016），《新界百年史》，香港：中華書局。）

Heater, Derek (2006). *Citizenship in Britain: A History.* Edinburgh: Edinburgh University Press.

Hechter, Michael (2000). *Containing Nationalism.* Oxford: Oxford University Press.

Helbling, Marc (2009). "Nationalism and Democracy: Competing and Complementary Logics?", *Living Reviews in Democracy*, Volume 1.

Helgerson, Richard (1992). *Forms of Nationhood: The Elizabethan Writing of England.* Chicago: The University of Chicago Press.

Hill, Joshua (2019). *Voting as a Rite: A History of Elections in Modern China.* Cambridge, MA: Harvard University Press.

Hjerm, Mikael and Annette Schnabel (2012). "How much Heterogeneity can the Welfare State Endure? The Influence of Heterogeneity on Attitudes to the Welfare State," *Nations and Nationalism,* 18(2).

Hobbes, Thomas (1982). *Leviathan*. London: Penguin Classics.

Hoffer, Eric (1963). *The Ordeal of Change*. New York: Harper and Row.

Hong Kong 1977: Report for the year 1976.

Huang, Yasheng (1997). "The Economic and Political Integration of Hong Kong: Implications for Government-Business Relations," in W. Cohen and L. Zhao (eds.), *Hong Kong under Chinese Rule: The Economic and Political Implications of Reversion*. Cambridge: Cambridge University Press.

Hung, Ho-fung (2011). *Protest with Chinese Characteristics: Demonstrations, Riots, and Petitions in the Mid-Qing Dynasty*. New York: Columbia University Press.

Huntington, Samuel P. (1991). *The Third Wave: Democratization in the Late Twentieth Century*. Norman, OK: University of Oklahoma Press. （繁體版：塞繆爾‧杭廷頓（Samuel P. Huntington）著，劉軍寧譯（2014），《第三波：20世紀末的民主化浪潮》，臺北：五南。）

International Forum for Democratic Studies (2017). *Sharp Power: Rising Authoritarian Influence*. Washington DC: National Endowment for Democracy.

Johnson, Nancy E. (2019). "Literary Justice: Representing the London Treason Trials of 1794," in Michael T. Davis, Emma Macleod and Gordon Pentland (eds.), *Political Trials in an Age of Revolutions: Britain and the North Atlantic, 1793-1848*. London: Palgrave Macmillan.

Judt, Tony (2005). *Postwar: A history of Europe Since 1945*. London: Penguin Press. （臺灣版：東尼‧賈德（Tony Judt）著，黃中憲譯（2013），《戰後歐洲六十年1945~2005》，臺北：左岸。）

Judt, Tony (2011). *A Grand Illusion?: An Essay on Europe*. New York: New York University Press.

Judt, Tony (2011). *Ill Fares the Land*. London: Penguin Books. （臺灣版：東尼‧賈德（Tony Judt）著，區立遠譯（2014），《厄運之地：給崩世代的建言》，臺北：左岸。）

Kan, Flora L. F. (2007). *Hong Kong's Chinese History Curriculum from 1945: Politics and Identity*. Hong Kong: Hong Kong University Press.

Kant, Immanuel (1991). *Kant: Political Writings*. Cambridge: Cambridge University Press.

Karamzin, Nikolai M. (2005). *Karamzin's Memoir on Ancient and Modern Russia: A Translation and Analysis* (Richard Pipes Trans.). Ann Arbor, MI: University of

Michigan Press.

Karl, Rebecca E. (2002). *Staging the World: Chinese Nationalism at the Turn of the Twentieth Century*. Durham, NC: Duke University Press.（簡體版：卡爾・瑞貝卡（Karl Rebecca）著，高瑾譯（2008），《世界大舞台：十九、二十世紀之交中國的民族主義》，北京：生活・讀書・新知三聯書店。）

Keating, Michael (2009). *The Independence of Scotland: Self-Government and the Shifting Politics of Union*. Oxford: Oxford University Press.

Kim Haboush, JaHyun (2001). *The Confucian Kingship in Korea: Yongjo and the Politics of Sagacity*. New York: Columbia University Press.

Kim Haboush, JaHyun (2016). *The Great East Asian War and the Birth of the Korean Nation*. New York: Columbia University Press.

Kim, Jimin (2011). "Representing the Invisible: The American Perceptions of Colonial Korea (1910-1945)," PhD Thesis, Graduate School of Arts and Science, Columbia University.

Kim, Kyu Hyun (2008). *The Age of Visions and Arguments: Parliamentarianism and the National Public Sphere in Early Meiji Japan*. Cambridge, MA: Harvard University Press.

King, Ambrose Yeo-chi (1975). "Administrative Absorption of Politics in Hong Kong: Emphasis on the Grass Roots Level," *Asian Survey,* 15(5).

Köhn, Hans (1949). "Arndt and the Character of German Nationalism," *American Historical Review,* 54(4).

Körner, Theodor (2011). *Sämtliche Werke*. Charleston, SC: Nabu Press.

Kuhn, Philip A. (2002). *Origins of the Modern Chinese State*. Stanford: Stanford University Press.

Kwong, Hoi Ying (2004). "Party-group Relations in Hong Kong: Comparing the DAB and the DP," M.Phil thesis, Division of Social Science, Hong Kong University of Science and Technology.

Lam, Wai Man (2004). *Understanding the Political Culture of Hong Kong: The Paradox of Activism and Depoliticization*. Armonk, NY: M.E. Sharpe.

Lambert, W.G. (1965). "A New Look at the Babylonian Background of Genesis," *The Journal of Theological Studies,* 16(2).

Lander, J.R. (1980). *Government and Community: England, 1450-1509*. Cambridge, MA:

Harvard University Press.

Larsen, Kirk W. (2008). *Tradition, Treaties, and Trade: Qing Imperialism and Choson Korea, 1850-1910.* Cambridge, MA: Harvard University Press.

Law, Wing-sang (2000). "Northbound Colonialism: A Politics of Post-PC Hong Kong," *Positions,* 8(1).

Law, Wing-sang (2009). *Collaborative Colonial Power: The Making of the Hong Kong Chinese.* Hong Kong: Hong Kong University Press.（繁體版：羅永生著（2015），《勾結共謀的殖民權力》，香港：牛津大學出版社。）

Lee, Alexander and Jack Paine (Forthcoming). "British Colonialism and Democracy: Divergent Inheritances and Diminishing Legacies," *Journal of Comparative Economics.* (DOI: 10.1016/j.jce2019.02.001)

Lenin, Vladimir (2010). *Imperialism, the Highest Stage of Capitalism.* London: Penguin Classics.

Leong, Sow-theng (1997). *Migration and Ethnicity in Chinese History: Hakkas, Pengmin, and Their Neighbors.* Stanford: Stanford University Press.（簡體版：梁肇庭（Sow-Theng Leong）著，冷劍波、周云水譯（2013），《中國歷史上的移民與族群性：客家人、棚民及其鄰居》，上海：社會科學文獻出版社。）

Leung, Beatrice and Shun-hing Chan (2003). *Changing Church and State Relations in Hong Kong, 1950-2000.* Hong Kong: Hong Kong University Press.

Levin, Yuval (2013). *The Great Debate: Edmund Burke, Thomas Paine, and the Birth of Right and Left.* New York: Basic Books.（臺灣版：李文（Yuval Levin）著，王小娥、謝昉譯（2018），《大辯論：左派與右派的起源》，臺北：時報。）

Linz, Juan J. and Alfred Stepan (1996). *Problems of Democratic Transition and Consolidation: Southern Europe, South America, and Post-Communist Europe.* Baltimore: Johns Hopkins University Press.

Lo, Jung-pang (2012). *China as a Sea Power 1127-1368: A Preliminary Survey of the Maritime Expansion and Naval Exploits of the Chinese People During the Southern Song and Yuan Periods.* Hong Kong: Hong Kong University Press.

Lo, Shiu-hing Sonny (2001). *Governing Hong Kong: Legitimacy, Communication and Political Decay.* New York: Nova Science Publishers.

Locke, John (2013). *Two Treatises of Government and A Letter Concerning Toleration.* New Haven: Yale University Press.

Lui, Tai-lok (2003). "Rearguard Politics: Hong Kong's Middle Class," *The Developing Economies*, XLI-2.

Ma, Ngok (2011). "Hong Kong's Democrats Divide," *Journal of Democracy*, 22(1).

MacCulloch, Diarmaid (2005). *The Reformation: A History*. London: Penguin Books.

MacCulloch, Diarmaid (Writer) and Anna Cox (Director and Producer). (2012). A Tolerant People? (Television series episode) in Anna Cox (Producer), *How God Made the English*. London: British Broadcasting Corporation.

Mandela, Nelson (1995). *Long Walk to Freedom: The Autobiography of Nelson Mandela*. New York: Little Brown & Co.

Manela, Erez (2007). *The Wilsonian Moment: Self-Determination and the International Origins of Anticolonial Nationalism*. New York: Oxford University Press. （臺灣版：埃雷斯‧馬內拉（Erez Manela）著，吳潤璿譯（2018），《1919：中國、印度、埃及和韓國，威爾遜主義及民族自決的起點》，臺北：八旗。）

Manent, Pierre (2007). *Democracy Without Nations?: The Fate of Self-Government in Europe* (Paul Seaton Trans.). Wilmington, DE: Intercollegiate Studies Institute.

Mann, Michael (1986). *The Sources of Social Power: Volume 1, A History of Power from the Beginning to AD 1760*. Cambridge: Cambridge University Press.

Mann, Michael (2004). *The Dark Side of Democracy: Explaining Ethnic Cleansing*. Cambridge: Cambridge University Press.

Mann, Michael E. et al (2009). "Global Signatures and Dynamical Origins of the Little Ice Age and Medieval Climate Anomaly," *Science*, 326.

Matthews, Gordon, Eric Kit-wai Ma and Tai-lok Lui (2007). *Hong Kong, China: Learning to Belong to a Nation*. London: Routledge.

Maxey, Edwin (1910). "The Reconstruction of Korea," *Political Science Quarterly*, 25(4).

McCrea, Scott (2005). *The Case for Shakespeare: The End of the Authorship Question*. Westport, CT: Praegar Press.

McCrum, Robert (2017). "How 'Sherlock of the Library' Cracked the Case of Shakespeare's identity," *The Observer*, 8th January 2017.

McEachern, Claire (2007). *The Poetics of English Nationhood, 1590-1612*. Cambridge: Cambridge University Press.

McNally, Mark T. (2005). *Proving the Way: Conflict and Practice in the History of Japanese Nativism*. Cambridge, MA: Harvard University Asia Center.

McNally, Mark (2015). *Like No Other: Exceptionalism and Nativism in Early Modern Japan*. Honolulu: University of Hawaii Press.

Miller, David (1995). *On Nationality*. Oxford: Oxford University Press.

Miller, Tom (2017). *China's Asian Dream: Empire Building along the New Silk Road*. London: Zed Books.

Millward, James (2007). *Eurasian Crossroads: A History of Xinjiang*. New York: Columbia University Press.

Miners, Norman (1998). *The Government and Politics of Hong Kong*, Fifth Edition. Hong Kong: Oxford University Press.

Müller, Adam (1955). "Elements of Politics," in H.S. Reiss (ed.), *The Political Thought of the German Romantics, 1793-1815*. London: Blackwell.

Munn, Christopher (2008). *Anglo-China: Chinese People and British Rule in Hong Kong, 1841-1880*. Hong Kong: Hong Kong University Press.

Munoglu, Ertan (2011). "The Impact of Nationalism on Democratization in Central and South-Eastern Europe," *Ethnopolitics Papers,* No. 9, Exeter Centre for Ethno-Political Studies, University of Exeter.

Murray, Dian (1987). *Pirates of the South China Coast: 1790-1810*. Stanford: Stanford University Press.（簡體版：穆黛安（Dian H. Murry）著，劉平譯（2019），《華南海盜1790-1810（增訂本）》，北京：商務印書館。）

Newman, Gerald (1997). *The Rise of English Nationalism: A Cultural History, 1740-1830*. London: Palgrave Macmillan.

Ng, Jason Y. (2016). *Umbrellas in Bloom: Hong Kong's Occupy Movement Uncovered*. Hong Kong: Blacksmith Books.

Noack, Rick and Shibani Mahtani (2019). "Hong Kong chief executive Carrie Lam's puzzling apology: Did Beijing blink? And, if so, why?", *The Washington Post*, 19th June 2019.

Oguma, Eiji (2002). *A Genealogy of 'Japanese' Self-images*. Balwyn North: Trans Pacific Press.

Olson, Mancur (1965). *The Logic of Collective Action*. Cambridge, MA: Harvard University Press.

Osterhammel, Jürgen and Niels P. Petersson (2009). *Globalization: A Short History*. Princeton: Princeton University Press.

Pillsbury, Michael (2015). *The Hundred-Year Marathon: China's Secret Strategy to Replace America As the Global Superpower*. New York: Henry Holt & Co.（臺灣版：白邦瑞（Michael Pillsbury）著，林添貴譯（2015），《2049百年馬拉松：中國稱霸全球的祕密戰略》，臺北：麥田。）

Pomeroy, Sarah B., Stanley M. Burstein, Walter Donovan and Jennifer Tolbert Roberts (1999). *Ancient Greece: A Political, Social, and Cultural History*. New York: Oxford University Press.

Poon, Alice (2011). *Land and the Ruling Class in Hong Kong*. Richmond, BC: A. Poon.

Popper, Karl (1945). *The Open Society and its Enemies, Volume 1: The Spell of Plato*. London: Routledge.

Pugach, Noel (1973). "Embarrassed Monarchist: Frank J. Goodnow and Constitutional Development in China, 1913-1915," *Pacific Historical Review,* 42(4).

Putnam, Robert D. (2000). *Bowling Alone: The Collapse and Revival of American Community*. New York: Simon & Schuster.

Pye, Lucian W. (1990). "China: Erratic State, Frustrated Society," *Foreign Affairs*, 69(4).

Rawls, John (1999). *The Law of Peoples, with "The Idea of Public Reason Revisited"*. Cambridge, MA: Harvard University Press.

Ramet, Sabrina P. (2006). *The Three Yugoslavias: State-building and Legitimation, 1918-2005*. Bloomington: Indiana University Press.

Rees, John (2017). *The Leveller Revolution: Radical Political Organisation in England, 1640-1650*. London: Verso.

Reform Club of Hong Kong (1982). *Future of Hong Kong: Summary of a Telephone Survey*. Hong Kong: Survey Research Hong Kong Limited.

Rifkind, Malcolm (2019). "There is no 'loophole' in Hong Kong's current extradition law. Rather, it provides a necessary firewall to protect the legal system," *South China Morning Post*, 4th June 2019.

Roberti, Mark (1996). *The Fall of Hong Kong: China's Triumph and Britain's Betrayal*. New York: Wiley.

Robinson, Eric W. (1997). *The First Democracies: Early Popular Government outside Athens*. Stuttgart: Frank Steiner Verlag.

Rousseau, Jean-Jacques (1968). *The Social Contract* (Maurice Cranston Trans.). London: Penguin Classics.

Rowe, William T. (2009). *China's Last Empire: The Great Qing*. Cambridge, MA: Harvard University Press.（臺灣版：羅威廉（William T. Rowe）著，李仁淵、張遠譯（2016），《中國最後的帝國：大清王朝》，臺北：國立臺灣大學出版中心。）

Royle, Edward (2000). *Revolutionary Britannia? Reflections on the Threat of Revolution in Britain, 1789-1848*. Manchester: Manchester University Press.

Rule, John C. and Ben S. Trotter (2014). *A World of Paper: Louis XIV, Colbert de Torcy, and the Rise of the Information State*. Montreal: McGill-Queen's University Press.

Schiffer, Jonathan R. (1991). "State Policy and Economic Growth: a Note on the Hong Kong Model," *International Journal of Urban and Regional Research*, 15(2).

Schwartz, Benjamin I. (1964). *In Search of Wealth and Power: Yen Fu and the West*. Cambridge, MA: Harvard University Press.（簡體版：史華茲（Benjamin Schwartz）著，葉鳳美譯（2010），《尋求富強：嚴復與西方》，南京：江蘇人民出版社。）

Schwarcz, Vera. (1986). *The Chinese Enlightenment: Intellectuals and the Legacy of the May Fourth Movement of 1919*. Berkeley: University of California Press.（簡體版：舒衡哲（Vera Schwarcz）著，劉京建譯（2007），《中國啓蒙運動：知識分子與"五四"遺產》，北京：新星出版社。）

Scott, Ian (1989). *Political Change and the Crisis of Legitimacy in Hong Kong*. Honolulu: University of Hawaii Press.

Scott, James C. (1990). *Domination and the Arts of Resistance: Hidden Transcripts*. New Haven: Yale University Press.

Scurr, Ruth (2007). *Fatal Purity: Robespierre and the French Revolution*. New York: Henry Holt and Company.

Sharma, J.P. (1968). *Republics in Ancient India: c.1500 BC-500 BC*. Leiden: Brill.

Shin, Gi-Wook (2006). *Ethnic Nationalism in Korea : Genealogy, Politics, and Legacy*. Stanford: Stanford University Press.

Shen, Simon (2007). *Redefining Nationalism in Modern China: Sino-American Relations and the Emergence of Chinese Public Opinion in the 21st Century*. London: Palgrave Macmillan.（繁體版：沈旭暉著，劉永艷、爾雅譯（2015），《解構中國夢：中國民族主義與中美關係的互動（1999-2014）》，香港：香港中文大學。）

Shrank, Cathy (2006). *Writing the Nation in Reformation England, 1530-1580*. Oxford:

Oxford University Press.

Sinn, Elizabeth (1989). *Power and Charity: A Chinese Merchant Elite in Colonial Hong Kong*. Hong Kong: Hong Kong University Press.

Skinner, G.W. (1985). "Presidential Address: The Structure of Chinese History," *The Journal of Asian Studies,* 44(2).

Smart, Alan (2006). *The Shek Kip Mei Myth: Squatters, Fires and Colonial Rule in Hong Kong, 1950-1963*. Hong Kong: Hong Kong University Press.

Smith, Carl T. (1995). *A Sense of History: Studies in the Social and Urban History of Hong Kong*. Hong Kong: Hong Kong Educational Publishing.

Smith, Carl T. (2005). *Chinese Christians: Elites, Middlemen, and the Church in Hong Kong*. Hong Kong: Hong Kong University Press.

Smith, Michael Llewellyn (1998). *Ionian Vision: Greece in Asia Minor, 1919-1922*. London: Hurst.

Smith, Thomas (2013). *De Republica Anglorum: A Discourse on the Commonwealth of England*. Cambridge: Cambridge University Press.

So, Alvin Y. (1999). *Hong Kong's Embattled Democracy: A Societal Analysis*. Baltimore: Johns Hopkins University Press.

Soll, Jacob (2014). *The Reckoning: Financial Accountability and the Rise and Fall of Nations*. New York: Basic Books.（臺灣版：雅各‧索爾（Jacob Soll）著，陳儀譯（2017），《大查帳：掌握帳簿就是掌握權力，會計制度與國家興衰的故事》，臺北：時報。）

Spence, Jonathan D. (1991). *The Search for Modern China*. New York: W. W. Norton.（臺灣版：史景遷（Jonathan D. Spence）著，溫洽溢、孟令偉、 陳榮彬譯（2019），《追尋現代中國》（新修三版），臺北：時報。）

Stiglitz, Joseph E. (2002). *Globalization and Its Discontents*. New York: W.W. Norton and Company.（簡體版：約瑟夫 E.斯蒂格利茨（Joseph E.Stiglitz）著，夏業良譯（2012），《全球化及其不滿》，北京：機械工業出版社。）

Stone, Lawrence (1966). "Social Mobility in England, 1500-1700," *Past and Present,* 33.

Tackett, Nicolas (2017). *The Origins of the Chinese Nation: Song China and the Forging of an East Asian World Order*. Cambridge: Cambridge University Press.

Taylor, Keith Weller (1991). *The Birth of Vietnam*. Berkeley: University of California Press.

Tamir, Yael (1993). *Liberal Nationalism*. Princeton: Princeton University Press.

Tamir, Yael (2019). *Why Nationalism*. Princeton: Princeton University Press.

Thompson, Eric (1952). *Popular Sovereignty and the French Constituent Assembly, 1789-91*. Manchester: Manchester University Press.

Tilly, Charles (1993). *Coercion, Capital, and European States, AD 990-1992*. London: Basil Blackwell.

Tönnies, Ferdinand (2017). *Community and Society*. Eastford, CT: Martino Fine Books.

Trotsky, Leon (2008). *History of the Russian Revolution* (Trans. Max Eastman). Chicago: Haymarket Books.

Tsai, Jung-fang (1993). *Hong Kong in Chinese History: Community and Social Unrest in the British Colony, 1842-1913*. New York: Columbia University Press.

Tsang, Steve (1988). *Democracy Shelved: Great Britain, China, and Attempts at Constitutional Reform in Hong Kong, 1945-1952*. Oxford: Oxford University Press.

Tsang, Steve (1997). *Hong Kong: An Appointment with China*. London: I.B. Tauris.

Tsang, Steve (2004). *A Modern History of Hong Kong*. Hong Kong: Hong Kong University Press.

Tsang, Steve (2007). *Governing Hong Kong: Administrative Officers from the Nineteenth Century to the Handover to China, 1862-1997*. Hong Kong: Hong Kong University Press.（繁體版：曾銳生著（2007），《管治香港：政務官與良好管治的建立》，香港：香港大學出版社。）

Turner, Matthew (1995). "60's /90's: Dissolving the People," in Matthew Turner and Irene Ngan (eds.), *Hong Kong Sixties: Designing Identity*. Hong Kong: Hong Kong Arts Centre.

Ure, Gavin (2012). *Governors, Politics and the Colonial Office: Public Policy in Hong Kong, 1918-58*. Hong Kong: Hong Kong University Press.

Van Dyke, Paul A. (2005). *The Canton Trade: Life and Enterprise on the China Coast, 1700-1845*. Hong Kong: Hong Kong University Press.

Vogel, Ezra F. (2011). *Deng Xiaoping and the Transformation of China*. Cambridge, MA: Harvard University Press.（繁體版：傅高義（Ezra F. Vogel）著，馮克利譯（2012），《鄧小平時代——改變中國的人》，香港：中文大學出版社。）

Von Schlegel, Frederich (1836). *Philosophische Vorlesungen aus den Jahren 1804 bis 1806*. Bonn: E. Weber.

Vreeland, Hamilton (1917). *Hugo Grotius: The Father of the Modern Science of*

International Law. New York: Oxford University Press.

Wakeman, Frederic Jr. (1997). "A Revisionist View of the Nanjing Decade: Confucian Fascism," *The China Quarterly,* 150.

Wakeman, Frederic Jr. (1997). *Strangers at the Gate: Social Disorder in South China, 1839-1861*. Berkeley: University of California Press.（臺灣版：魏斐德（Frederic Wakeman）著，王小荷譯（2004），《大門口的陌生人》，臺北：時英。）

Walder, Andrew G. (1988). *Communist Neo-Traditionalism: Work and Authority in Chinese Industry*. Berkeley: University of California Press.

Wan, Kwok Fai (2003). "Beijing's United Front Policy toward Hong Kong: An Application of Merilee Grindle's Model," M.Phil thesis, University of Hong Kong.

Wang, Zhang (2012). *Never Forget National Humiliation: Historical Memory in Chinese Politics and Foreign Relations*. New York: Columbia University Press.

Watanabe, Hiroshi, Trans. David Noble (2012). *A History of Japanese Political Thought, 1600-1901*. Tokyo: International House Press.

Weber, Max (1946). *From Max Weber: Essays in Sociology*. Trans. and ed. by H.H. Gerth and C. Wright Mills. New York: Oxford University Press.

Welsh, Frank (1997). *A History of Hong Kong*. New York: HarperCollins.（繁體版：法蘭克·韋爾許（Frank Welsh）著，王皖強、黃亞紅譯（2016），《香港史：從鴉片戰爭到殖民終結》，香港：商務印書館。）

Wendt, Alexander (2003). "Why a World State Is Inevitable," *European Journal of International Relations,* 9(4).

Whelan, Frederick G. (1983). "Prologue: Democratic Theory and the Boundary Problem," *Nomos,* 25.

Willson, David Harris (1963). *King James VI & I*. London: Jonathan Cape Limited.

Wokler, Robert (2012). *Rousseau, the Age of Enlightenment, and Their Legacies*. Oxford: Oxford University Press.

Wong, Max Wai Lun (2005). "Re-Ordering Hong Kong: Decolonisation And The Hong Kong Bill Of Rights Ordinance," Ph.D. Thesis, School of Oriental and African Studies, University of London.

Wong, Max W. L. (2017). *Re-Ordering Hong Kong: Decolonisation and the Hong Kong Bill of Rights Ordinance*. London: Wildy, Simmonds and Hill.

Wong, Wai-kwok Benson (1997). "Can Co-optation Win Over Hong Kong People? China's

United Front Work in Hong Kong since 1984," *Issues and Studies*, 33(5).

Yang, T. L. (1981). *A Summary of the Report of the Commission of Inquiry into Inspector MacLennan's Case, 1981*. Hong Kong: Hong Kong Government Printer.

Yi, Tae-Jin (2007). "King Chongjo: Confucianism, Enlightenment, and Absolute Rule," *The Dynamics of Confucianism and Modernization in Korean History*. Ithaca, NY: Cornell University East Asia Program.

Yep, Ray (2012). "'Cultural Revolution in Hong Kong': Emergency Powers, Administration of Justice and the Turbulent Year of 1967," *Modern Asian Studies,* 46(4).

Yun, Peter I (1998). "Rethinking the Tribute System: Korean States and Northeast Asian Interstate Relations, 600-1600." PhD thesis, Department of East Asian Languages and Cultures, University of California Los Angeles.

Zarrow, Peter (2012). *After Empire: The Conceptual Transformation of the Chinese State, 1885-1924*. Stanford: Stanford University Press.

Zhang, Kevin Honglin (2005). "Why does so much FDI from Hong Kong and Taiwan go to Mainland China?", *China Economic Review,* 16(3).

Zhao, Gang (2013). *The Qing Opening to the Ocean: Chinese Maritime Policies, 1684-1757*. Honolulu: Hawaii University Press.

中日文專書、期刊、雜誌、報刊評論

丁新豹（2012），《香江有幸埋忠骨：長眠香港每辛亥革命有關的人物》，香港：三聯書店。

上田信著，葉韋利譯（2017），《海與帝國：明清時代》，臺北：臺灣商務印書館。

上田秋成（1809），《膽大小心錄》。

子安宣邦著，丁國旗譯（2017），《江戶思想史講義》，北京：三聯書店。

子安宣邦著，趙京華譯（2017），《日本現代思想批判》，上海：上海譯文出版社。

小島毅著，游韻馨譯（2017），《中國思想與宗教的奔流：宋朝》，臺北：臺灣商務印書館。

小熊英二（1995），《単一民族神話の起源——「日本人」の自画像の系譜》，東京：新曜社。

小熊英二（2011），《「日本人」的國境界：從沖繩、愛奴、台灣、朝鮮的殖民地統治到回歸運動》（上卷），嘉義：國立嘉義大學臺灣文化研究中心。

小熊英二（2013），《「日本人」的國境界：從沖繩、愛奴、台灣、朝鮮的殖民地統治到回歸運動》（中卷、下卷），嘉義：國立嘉義大學臺灣文化研究中心。

中西輝政著，李雨青譯（2016），《中國霸權的論理與現實》，臺北：廣場出版。

中國國務院，《社會信用體系建設規劃綱要（2014-2020年）》，國發（2014）21號。

孔誥烽（1997），〈初探北進殖民主義：從梁鳳儀現象看香港夾縫論〉，陳清僑編，《文化想像與意識形態：當代香港文化政治論評》，香港：牛津大學出版社。

孔誥烽、郭慧英（2013），〈歷史視野下的「西藏問題」與「台灣問題」〉，彭麗君編，《邊城對話：香港·中國·邊緣·邊界》，香港：中文大學出版社。

水島治郎著，林詠純譯（2018），《民粹時代：是邪惡的存在，還是改革的希望》，臺北：先覺出版社。

王汎森（2013），《權力的毛細管作用：清代的思想、學術與心態》，臺北：聯經出版。

王宏志（2000），《歷史的沉重：從香港看中國大陸香港史論述》，香港：牛津大學出版社。

王柯（2015），《民族主義與近代中日關係：「民族國家」、「邊疆」與歷史認識》，香港：中文大學出版社。

王飛凌著，王飛凌、劉驥譯（2018），《中華秩序：中原、世界帝國，與中國力量的本質》，臺北：八旗文化。

王紹光（1997），《挑戰市場神話：國家在經濟轉型的作用》，香港：牛津大學出版社。

王紹光（2008），《民主四講》，北京：三聯書店。

王紹光、胡鞍鋼（1994），《中國國家能力報告》，香港：牛津大學出版社。

王賡武著，張亦善譯（2002），《南洋華人簡史》，臺北：水牛文化。

加藤弘之（1882），《人權新說》，東京：谷山 。

本居宣長（1763），《石上私淑言》。

本居宣長（1763），《紫文要領》。

甘陽（1989），〈自由的理念：五四傳統的闕失面——為五四七十周年而作〉，《讀書》，1989年第5期。

甘陽（1996），〈公民個體爲本，統一憲政立國〉，《二十一世紀》，35期。

甘陽（1997），〈反民主的自由主義還是民主的自由主義〉，《二十一世紀》，39期。

甘陽（2007），《通三統》，北京：三聯書店。

甘陽（2012），《文明・國家・文學》，北京：三聯書店。

全球聯陣（2006），《那年十二月，我們抗議世貿》，香港：進一步多媒體。

列寧著，中國共產黨中央編譯局譯（1990），《列寧全集》第26卷，北京：人民出版社。

安徒（2016），〈威權壓境，何求獨立？〉，《明報》，2016年8月7日。

朱凱迪（2007），〈由保衛天星到皇后碼頭的運動論述（回顧及前瞻）〉，《香港獨立媒體》，2007年1月31日。

牟宗三（2003），《牟宗三先生全集：時代與感受續篇》，臺北：聯經出版。

西西（1979），《我城》，香港：素葉。

佐佐木正哉編（1964），《鴉片戰爭の研究・資料篇》，東京：近代中國研究委員會。

何明修（2018），〈比較研究作爲一種策略：一些個人的淺見〉，《巷仔口社會學》，2018年12月11日。（https://twstreetcorner.org/2018/12/11/homingsho-4/）

余英時（1987），《中國近世宗教倫理與商人精神》，臺北：聯經出版。

余英時（1991），〈錢穆與新儒家〉，《猶記風吹水上鱗：錢穆與現代中國學術》，臺北：三民書局。

余英時（2003），《朱熹的歷史世界：宋代士大夫政治文化的研究》，臺北：允晨文化。

余英時（2004），《宋明理學與政治文化》，臺北：允晨文化。

余英時（2005），〈試說科舉在中國史上的功能與意義〉，《二十一世紀》，總43期。

余英時（2014），〈反智論與中國政治傳統：論儒、道、法三家政治思想的分野與源流〉，《歷史與思想》，臺北：聯經出版。

余英時（2018），《中國近世宗教倫理與商人精神（三版）》，臺北：聯經出版。

余英時（2018），《余英時回憶錄》，臺北：允晨文化。

吳仁華（2014），《六四天安門血腥清場內幕》，臺北：允晨文化。

吳俊雄（1998），〈尋找香港本土意識〉，《明報月刊》，1998年3月號。

吳建新（1987），〈珠江三角洲沙田若干考察〉，《農業考古》，1987年第1期。

吳政緯（2015），《眷眷明朝：朝鮮士人的中國論述與文化心態，1600-1800》，臺北：秀威資訊。

呂大樂（2012），《那似曾相識的七十年代》，香港：中華書局。

呂大樂（2013），〈這麼近，那麼遠：機會結構之轉變與期望的落差〉，《明報》，2013年9月30日。

呂大樂、王志錚（2003），《香港中產階級處境觀察》，香港：三聯書店。

呂玉新（2014），〈文明史鑒：日本國學影響下的極端民族主義濫觴〉，《二十一世紀》，142期。

呂芳上（1994），《從學生運動到運動學生：民國八年至十八年》，臺北：中央研究院近代史研究所。

杉山正明著，周俊宇譯（2014），《忽必烈的挑戰：蒙古與世界史的大轉向》，臺北：八旗文化。

李心釋、呂軍偉（2010），〈漢語南方方言中的古越語底層研究〉，《廣西大學學報：哲學社會科學版》，32卷1期。

李孝智（2017），《澳門一二·三事件：細說六〇年代的反殖鬥爭》，臺北：臺灣社會研究雜誌社。

李祖喬（2019），〈文革化下的香港知識分子與大眾刊物：六七暴動中的《萬人傑語錄》〉，《Hong Kong Studies》，2期1冊。

李淑敏（2019），《冷戰光影：地緣政治下的香港電影審查史》，臺北：季風帶書店。

李華，〈弔古戰場文〉。

李新峰（2010），〈論元明之間的變革〉，《古代文明》，2010年第4期。

李達嘉（1986），《民國初年的聯省自治運動》，臺北：弘文館。

李達嘉（2012），〈敵人或盟友：省港罷工的商人因素與政黨策略〉，《中央研究院近代史研究所集刊》，第78期。

李達嘉（2015），《商人與共產革命，1919-1927》，臺北：中央研究院近代史研究所。

村上衛（2008），〈閩粵沿海民的活動與清朝：以鴉片戰爭前的鴉片貿易為中心〉，《中國海洋發展史論文集》，第十輯，臺北：中央研究院。

杜正勝（1979），《周代城邦》，臺北：聯經出版。

沈旭暉（2018），〈現實主義的國際視野：不切實際的獨立夢魘〉，《信報》，2018年4月9日。

沙培德（Peter Zarrow）（2012），〈民權思想與先鋒主義：民國時期孫中山的政治主張〉，《中央研究院近代史研究所集刊》，第78期。

冼玉儀（1995），〈六十年代：歷史概覽〉，田邁修（Matthew Turner）、顏淑芬編，《香港六十年代：身份，文化認同與設計》，香港：香港藝術中心。

周虎城 （2008），〈鄧小平南方談話裡哪兩句話未見報〉，《南方日報》，2008年7月25日。

周蕾（1995），《寫在家國以外》，香港：牛津大學出版社。

周愛靈（2010），《花果飄零：冷戰時期殖民地的新亞書院》，香港：商務印書館。

邱捷（2009），〈民初廣東的商人團體與社會動亂：以粵省商團爲例〉，李培德編，《近代中國的商會網絡及社會功能》，香港：香港大學出版社。

金觀濤、劉青峰（2004），〈五四新青年群體爲何放棄「自由主義」？——重大事件與觀念變遷互動之研究〉，《二十一世紀》，82期。

阿里夫・德里克（Arif Dirlik）著，馮奕達譯（2018），《殖民之後？臺灣困境、「中國」霸權與全球化》，臺北：衛城出版。

俞吉濬（1969），《西遊見聞》，首爾：景仁文化社。

柄谷行人著，林暉鈞譯（2015），《帝國的結構：中心、周邊、亞周邊》，臺北：心靈工坊。

段雲章、倪俊明（2010），〈陳炯明與粵閩地方建設〉，陳明銶、饒美蛟編，《嶺南近代史論：廣東與粵港關係 1900-1938》，香港：商務印書館。

胡波（2009），〈買辦與社會轉型——以香山買辦爲例〉，香港中文大學中國文化研究所文物館、香港中文大學歷史系編，《買辦與現代中國》，香港：三聯書店。

胡恒（2015），《皇權不下縣？清代縣轄政區與基層社會治理》，北京：北京師範大學出版社。

若林正丈著，洪郁如等譯（2016），《戰後臺灣政治史：中華民國臺灣化的歷程》，臺北：國立臺灣大學出版中心。

香港記者協會編（1989），《人民不會忘記：八九民運實錄》，香港：香港記者協會。

香港專上學生聯會（1983），《周年大會文件集1983》。

香港觀察社（1982），《觀察香港：香港觀察社言論集》，香港：百姓半月刊。

原田敬一著，徐靜波譯（2016），《日清・日俄戰爭》，香港：中和出版。

唐君毅（2005），〈海外知識份子對當前時代之態度〉，《說中華民族之花果飄零》，臺北：三民書局。

夏勇（2004），〈「一國」是「兩制」的前提和基礎〉，新華社，2004年2月22日。

孫文（1988），《三民主義》，臺北：中央文物供應社。

宮崎市定著，張學鋒、陸帥、張紫毫譯（2018），《東洋的近世：中國的文藝復興》，北京：中信出版社。

徐友漁（2008），《中國當代政治文化與西方政治哲學》，臺北：秀威資訊。

徐承恩（2018），〈執迷大一統，何以言民主？從「帝國民主」反思「民主中國」〉，《上報》，2018年5月13日。

徐承恩（2018），〈追悼那無關愛國的純眞年代〉，《上報》，2018年6月14日。

徐承恩、伍子豐、易汶健（2012），《精英惡鬥：香港官商霸權興衰史》，香港：東寶製作。

徐傑舜、李輝（2014），《嶺南民族源流史》，昆明：雲南人民出版社。

秦暉（2015），〈重論「大五四」的主調，及其何以被「壓倒」〉，《二十一世紀》，150期。

笑蜀（1999），《歷史的先聲：半個世紀前的莊嚴承諾》，汕頭：汕頭大學出版社。

耕耘（1969），〈我是個「香港人」〉，《學苑》，1969年11月號。

荊子馨（2006），《成爲「日本人」：殖民地臺灣與認同政治》，臺北：麥田出版。

馬嶽（2012），《香港80年代民主運動口述歷史》，香港：香港城市大學出版社。

馬嶽、蔡子強（2003），《選舉制度的政治效果：港式比例代表制的經驗》，香港：城市大學出版社。

馬驪著，莫旭強譯（2017）。《朱元璋的政權及統治哲學：專制與合法性》。長春：吉林出版集團。

高華（2000），《紅太陽是怎樣升起的：延安整風運動的來龍去脈》，香港：中文大學出版社。

區家麟（2017），《二十道陰影下的自由：香港新聞審查日常》，香港：中文大學出版社。

崔文華編（1988），《河殤論》，北京：文化藝術出版社。

張松平（1999），〈《東方風來滿眼春》一文發表前後〉，《新聞愛好者》，1999年2期。

張春續（2014），〈大陸人的「恩主心態」從何來〉，《騰訊評論》，2014年2月19日。

張家偉（2012），《六七暴動：香港戰後歷史的分水嶺》，香港：香港大學出版社。

張鐵志（2019），《想像力的革命：1960年代的烏托邦追尋》，臺北：印刻文學。

張灝（2003），〈轉型時代中國烏托邦主義的興起〉，《新史學》，14卷2期。

張灝（2004），〈重訪五四：論五四思想的兩歧性〉，《時代的探索》，臺北：聯經出版。

強世功（2008），《中國香港：文化與政治的視野》，香港：牛津大學出版社。

曹二寶（2008），〈一國兩制條件下香港的管治力量〉，《學習時報》，2008年1月28日。

曹永和（2000），〈試論明太祖的海洋交通政策〉，《中國海洋史論集》，臺北：聯經出版。

梁文道（2007），〈本土一定是保守的嗎？〉，《香港獨立媒體》，2007年9月29日。

梁文道（2009），〈我們守護記憶，直到最後一人〉，《明報》，2009年6月4、5日。

梁文道（2017），〈十年內，香港上網要翻牆？〉，香港《蘋果日報》，2017年9月17日。

梁文道（2018），〈身份不排隊的香港〉，《灼見名家》，2018年6月24日。

梁文道（2018），〈鐵票〉，香港《蘋果日報》，2018年12月2日。

梁文道（2018），〈泛民主派該反省什麼？〉，香港《蘋果日報》，2018年12月9日。

梁其姿（1997），《施善與教化：明清的慈善組織》，臺北：聯經出版。

梁啓智（2019），〈通識導賞：《逃犯條例》帶來的隱患〉，《明報》，2019年4月14日。

梁淑雯（2019），〈國族身份〉，朱耀偉編，《香港關鍵詞：想像新未來》，香港：中文大學出版社。

畢仰高（Lucien Bianco）著，何啓仁、陳三井譯（2017），《中國革命的起源1915-1949》，臺北：聯經出版。

習近平（2019），〈加強黨對全面依法治國的領導〉，《求是》，2019年第4期。

許仁碩（2019）。〈日本撐香港：反送中與大國威權下的「社運結盟」〉，《轉角

國際》，2019年6月28日。

許紀霖（1998），〈啓蒙的命運──二十年來的中國思想界〉，《二十一世紀》，
    50期。

許家屯（1993），《許家屯香港回憶錄》，臺北：聯經出版。

許崇德（2004），〈普選能否選出愛國愛港人仕？〉，《新華社》，2004年2月29
    日。

陳志武（2010），《沒有中國模式這回事！》，臺北：八旗文化。

陳沛然（2019）。〈我們必需盡快堵塞洩露病人資料漏洞〉，《醫生爸爸愛足
    球》，2019年6月20日。

陳冠中（2012），《中國天朝主義與香港》，香港：牛津大學出版社。

陳祖爲（2004），〈港式愛國的政治學理念〉，《明報》，2004年3月2日。

陳純（2018），〈清除啓蒙毒：論劉小楓的反平等主義〉，《思想》，35期。

陳健民（2011），〈香港的公民社會與民主發展〉，《二十一世紀》，128期。

陳國棟（2013），〈1780-1800，中西貿易的關鍵年代〉，《東亞海域一千年》，臺
    北：遠流出版。

陳國棟（2013），《東亞海域一千年》，臺北：遠流出版。

陳培豐著，王興安、鳳氣至純平譯（2006），《同化的同床異夢：日治時期臺灣的
    語言政策、近代化與認同》。臺北：麥田出版。

陳寅恪（2001），《金明館叢稿二編》，北京：三聯書店。

陳勝藍（2009），〈絕頂自由：陳雲〉，香港《壹週刊》，2009年3月19日。

陳景輝（2007），〈維多利亞港‧利東街‧天星碼頭〉，《明報》，2007年2月15
    日。

陳景輝（2009），〈坐高鐵迎接新一輪地換山移？──從融合說起〉，《明報》，
    2009年12月2日。

陳智傑、王慧麟（2013），〈香港人的國家認同態度〉，《香港本土論述2012：官
    商勾結》，臺北：漫遊者出版。

陳雲（2006），《舊時風光：香港往事回味》，香港：花千樹出版社。

陳雲（2010），《走出政府總部：做個快樂的抗爭者》，香港：花千樹出版。

陳雲（2010），《終極評論，快樂抗爭》，香港：花千樹出版。

陳雲（2011），〈快樂抗爭，人人開心〉，《am730》，2011年6月28日。

陳雲（2011），《旺角街頭種高粱：香港風俗拾零》，香港：花千樹出版社。

陳雲（2011），《香港城邦論》，香港：天窗出版。

陳雲（2012），〈導正民粹，政黨新路〉，《雅虎香港新聞》，2012年1月16日。

陳雲（2012），〈讓蝗蟲飛〉，《am730》，2012年2月7日。

陳雲（2014），〈浴火重生，鳳凰得救〉，《am730》，2014年8月4日。

陳雲（2014），〈觀音護法，全身而還〉，《am730》，2014年8月11日。

陳雲（2014），〈夢兆黑龍，前來歸附〉，《am730》，2014年8月18日。

陳雲（2014），《香港城邦論II：光復本土》，香港：天窗出版社。

陳雲（2015），〈大陸可與香港建立「華夏邦聯」〉，《紐約時報中文網》，2015年6月15日。

陳雲（2015），《左膠禍港錄：香港政治困局大解謎》，香港：花千樹出版。

陳學然（2014），《五四在香港：殖民情境、民族主義及本土意識》，香港：中華書局。

陳學然（2016），〈香港的城市變貌與思想困局〉，《思想》，第31期。

陳獨秀（1920），〈說政治〉，《新青年》，8卷1號。

陳獨秀（1984），〈卑之無甚高論〉，《陳獨秀文章選編》中冊，北京：三聯書店。

陶飛（1982），〈打破維持現狀的神話〉，《中大學生報》，108期。

傅國涌（2009），《抉擇：1949，中國知識分子的私人記錄》，臺北：八旗文化。

傅國涌（2014），〈1948中研院去留糾結〉，《南方教育時報》，2014年3月7日。

喬素玲（2008），〈晚清以來廣東商業團體研究〉，邱海雄、陳健民編，《行業組織與社會資本——廣東的歷史與現狀》，北京：商務印書館。

斯坦・林根（Ringen, Stein）著，薛青詩譯（2017），《完美的獨裁：二十一世紀的中國》，臺北：左岸文化。

曾亦（2016），〈回到康有為：專題前言〉，《天府新論》，2016年6期。

曾華滿（1973），《唐代嶺南發展的核心性》，香港：香港中文大學。

曾澍基（1975），〈香港往何處去？〉，《學苑》，1975年12月號。

曾澍基（2012），〈光暗時空：從歷史看香港本土自主〉，《明報》，2012年2月5日。

曾澍基（2014），〈香港如何應對內地經濟大發展〉，《灼見名家》，2014年9月15日。

渡邊浩著，區建英譯（2016），《東亞的王權與思想》，上海：上海古籍出版社。

湯華（2004），〈切實保證以愛國者為主體的港人來治理香港〉，《新華社》，2004年2月24日。

湯錦台（2013），《閩南海上帝國：閩南人與南海文明的興起》，臺北：如果出版

社。

程美寶（2018），《地域文化與國家認同：晚清以來「廣東文化」觀的形成》，香港：三聯書店。

菲希德著，臧渤圓譯（1947），《告德意志國民書》，瀋陽：中國文化服務社。

萍（1935），〈西藏與國防〉，《軍事彙刊》，18、19期。

賀喜（2008），〈土酋歸附的傳說與華南宗族社會的創造：以高州洗夫人信仰為中心的考察〉，《歷史人類學學刊》，第6卷，第1、2期。

黃毓民（2010），《人民最大：五區公投實錄》，香港：明報出版社。

黃毓民（2014），《本土、民主、反共：黃毓民政論集》，香港：普羅政治學苑。

黃碧雲（2018），《盧麒之死》，香港：天地圖書。

楊繼繩（2009），《墓碑：中國六十年代大饑荒紀實》，香港：天地圖書。

楊繼繩（2010），《中國改革年代的政治鬥爭》，香港：天地圖書。

萬人傑（1967），〈我的立場〉，《萬人傑語錄》，香港：宇宙出版社。

葉健民（2014），《靜默革命：香港廉政百年共業》，香港：中華書局。

葉健民（2017），〈1967年我們曾經站在政權暴力的一邊〉，《明報》，2017年3月24日。

葉漢明（2000），〈明代中後期嶺南的地方社會與家族文化〉，《歷史研究》，2000年第3期。

葉蔭聰（2010），《為當下懷舊：文化保育的前世今生》，香港：中文大學出版社。

葉蔭聰、易汶健（2014），〈本土右翼與經濟右翼：由香港網絡上一宗爭議說起〉，《思想》，26期。

葉靈鳳（2011），《香港的失落》，香港：中華書局。

葛兆光（2011），《宅茲中國：重建有關「中國」的歷史論述》，臺北：聯經出版。

葛兆光（2014），《想象異域：讀李朝朝鮮漢文燕行文獻札記》，北京：中華書局。

葛兆光（2015），〈對「天下」的想像：一個烏托邦想像背後的政治、思想與學術〉，《思想》，29期。

葛兆光（2017），〈異想天開：近年來大陸新儒學的政治訴求〉，《思想》，33期。

鄒讜（1994），《二十世紀中國政治：從宏觀歷史與微觀行動的角度看》，香港：

牛津大學出版社。

蔡榮芳（2001），《香港人之香港史，1841-1945》，香港：牛津大學出版社。

網野善彥（1978），《無緣・公界・樂：日本中世の自由と平和》，東京：平凡社。

裴敏欣（2017），《出賣中國：權貴資本主義的起源與共產黨政權的潰敗》，臺北：八旗文化。

趙汀陽（2005），《天下體系：世界制度哲學導論》，南京：江蘇教育出版社。

劉小楓（2011），《施特勞斯的路標》，北京：華夏出版社。

劉平（2003），《被遺忘的戰爭：咸豐同治年間廣東土客大械鬥研究，1854-1867》，北京：商務印書館。

劉存寬（1998），《香港史論叢》，香港：齡記出版。

劉志偉（2013），〈傳說、附會與歷史真實：珠江三角洲族譜中宗族歷史的敘事結構及其意義〉，饒偉新編，《民間歷史文獻論叢（第一輯）：族譜研究》，北京：社會科學文獻出版社。

劉志偉（2018），〈廣州三重奏：認識中國「南方」的一個視角〉，許紀霖、劉擎編，《知識份子論叢，第15輯：西方政治正確的反思》，南京：江蘇人民出版社。

劉述先（2002）。〈現代新儒學研究之省察〉，《中國文哲研究集刊》，20期。

劉細良（2004），《卡拉OK政治論》，香港：CUP。

劉紹麟（2015），〈「非大陸」：本土意識的局限〉，《明報》，2015年3月14日。

劉智鵬（2011），《香港達德學院：中國知識份子的追求與命運》，香港：中華書局。

劉蜀永（2016），《簡明香港史》，香港：三聯書店。

劉潤和（2002），《香港市議會史（1883-1999）：從潔淨局到市政局及區域市政局》，香港：香港歷史博物館。

廣東省政協文史資料研究委員會編（1981），〈興漢紀念廣東獨立全案：廣東獨立記〉，《廣州辛亥革命史料》，廣州：廣東人民出版社。

摩羅（2010），《中國站起來》，武漢：長江文藝出版社。

歐榘甲（1981），〈新廣東〉，張玉法編，《晚清革命文學》，臺北：經世書局。

潘文瀚、黃靜文、陳曙峰、陳敬慈、蒙兆達（2012），《團結不折彎：香港獨立工運尋索40年》，香港：進一步多媒體。

蔡子強、劉細良（1996），〈九七回歸前夕的香港行政與立法關係〉，《香港社會

科學學報》，第8期。

蔡子強、黃昕然、蔡耀昌、莊耀洸編（1998），《同途殊歸：前途談判以來的香港學運》，香港：香港人文科學出版社。

蔡榮芳（2001），《香港人之香港史，1841-1945》，香港：牛津大學出版社。

蔣慶（2003），《政治儒學：當代儒學的轉向、特質與發展》，北京：三聯書店。

蔣慶（2016），〈王道政治是當今中國政治的發展方向〉，任重編，《中國必須再儒化：「大陸新儒家」新主張》，新加坡：世界科技出版。

鄧小平（1993），《鄧小平文選》，第三卷，北京：人民出版社。

鄭永常（2004），《來自海洋的挑戰：明代海貿政策演變研究》，臺北：稻鄉出版社。

鄭宏泰、黃紹倫（2004），《香港身份證透視》，香港：三聯書店。

鄭郁郎（1967），《在香港看香港》，香港：懷樓書房。

魯平著，錢亦蕉編（2009），《魯平口述香港回歸》，香港：三聯書店。

黎明釗、林淑娟（2013），《漢越和集：漢唐嶺南文化與生活》，香港：三聯書店。

黎晉偉（1948），《香港百年史》，香港：南中編譯出版社。

學民思潮（2013），《鐵屋吶喊》，香港：明窗出版社。

盧瑋鑾編（1983），《香港的憂鬱：文人筆下的香港，1925-1941》，香港：華風書局。

蕭公權著，張皓、張升譯（2014），《中國鄉村：論19世紀的帝國控制（Rural China: Imperial Control in the Nineteenth Century）》，臺北：聯經出版。

蕭國健、卜永堅（2007），〈張保仔：文獻與掌故——代前言〉，《田野與文獻》，第46期。

蕭鳳霞、劉志偉（2004），〈宗族、市場、盜寇與蛋民——明以後珠江三角洲的族群與社會〉，《中國社會經濟史研究》，2004年第3期。

錢理群（2012），《毛澤東時代和後毛澤東時代（1949-2009）：另一種歷史書寫》，臺北：聯經出版。

錢穆（1954），《中國思想史》，臺北：中華文化出版事業委員會。

駱穎佳（2016），《邊緣上的香港：國族論述中的（後）殖民想像》，香港：印象文字。

戴耀廷（2010），《法治心：超越法律條文與制度的價值》，香港：香港教育圖書公司。

鄺智文（2017），《民國乎？軍國乎？第二次中日戰爭前的民國知識軍人、軍學與

軍事變革，1914-1937》，香港：中華書局。

羅永生（2003），〈公民社會與虛擬自由主義的解體：兼論公民共和的後殖主體性〉，《思想香港》，創刊號。

羅永生（2012），〈六、七〇年代香港的回歸論述〉，《人間思想》，第1期。

羅香林（1954），《國父家世源流考》，臺北：臺灣商務印書館。

羅香林（2010），《中國民族史》，香港：中華書局。

羅香林編（1936），《劉永福歷史草》，南京：正中書局。

關永祥、洪逸生（1983），〈香港五百萬人自決前途〉，《學苑》，1983年9月號。

歷史典籍

《廣東新語》

《東塾集》

《舊唐書》

《高力士墓誌銘》

《高力士神道碑》

《元典章》

《明會典》

《明太祖實錄》

《朱文公文集》

《聖經和合本》

報刊、廣播媒體

China Daily Hong Kong Edition

New York Times

South China Morning Post

The China Mail

《am730》

《BBC》英文、中文網

《上報》

《大公報》

《中大學生報》
《中國評論新聞網》
《本土新聞》
《立場新聞》
《百姓》
《每日新聞》
《明報》
《爭鳴日報》
《香港01》
《香港法例》
《香港電台》
《香港獨立媒體》
《時事全方位》
《紫荊》
《新頭殼》
《經濟日報》
《端傳媒》
《維基文庫》
《學苑》
《蘋果日報》
《法國國際廣播電台華語網》
香港《壹週刊》
香港《蘋果日報》

其他

2016中期人口統計
　　（http://www.bycensus2016.gov.hk/tc/index.html）
Freedom in the World Data and Resources. 8 May 2018, freedomhouse.org/content/
　　freedom-world-data-and-resources.
The Economist Intelligence Unit (2018). *Democracy Index 2017*.
　　（http://www.eiu.com/topic/democracy-index）

英國外交暨聯邦事務所（FCO）檔案

香港政府檔案處（HKRS）檔案

理工大學學生會評議會，2015年3月13日通告。

香港城市大學編輯委員會，2015年9月26日通告。

香港中文大學香港亞太研究所新聞稿，2015年10月29日。

香港大學民意研究計畫「市民的身份認同感」民意調查

《「一國兩制」在香港特別行政區的實踐》白皮書

香港立法會網站

　　　（https://www.legco.gov.hk/）

香港特別行政區政府新聞公報

　　　（https://www.info.gov.hk/gia/general/ctoday.htm）

香港選舉事務處2016年立法會新界東地方補選資訊網站

　　　（https://www.elections.gov.hk/legco2016by/）

香港選舉事務處2016年立法會選舉資訊網

　　　（https://www.elections.gov.hk/legco2016/）

我願榮光歸香港

彌群
己亥桂月初七

國家圖書館出版品預行編目資料

思索家邦：中國殖民主義狂潮下的香港 / 徐承恩
　著. -- 初版. -- 臺北市：前衛, 2019.11
　400面；17×23公分
　ISBN 978-957-801-894-5（平裝）

1.中國政治制度　　2.政治思想史
3.文集　　　　　　4.香港特別行政區

573.938　　　　　　　　　　　　108018795

思索家邦

中國殖民主義狂潮下的香港

作　　　者　徐承恩
責任編輯　鄭清鴻
封面設計　Lucace workshop. 盧卡斯工作室
美術編輯　宸遠彩藝

出　版　者　前衛出版社
　　　　　　地址：10468台北市中山區農安街153號4樓之3
　　　　　　電話：02-25865708｜傳眞：02-25863758
　　　　　　郵撥帳號：05625551
　　　　　　購書‧業務信箱：a4791@ms15.hinet.net
　　　　　　投稿‧代理信箱：avanguardbook@gmail.com
　　　　　　官方網站：http://www.avanguard.com.tw
出版總監　林文欽
法律顧問　南國春秋法律事務所
總　經　銷　紅螞蟻圖書有限公司
　　　　　　地址：11494台北市內湖區舊宗路二段121巷19號
　　　　　　電話：02-27953656｜傳眞：02-27954100

出版日期　2019年11月初版一刷
　　　　　　2020年07月初版四刷
定　　　價　500元

＊ 請上「前衛出版社」臉書專頁按讚，獲得更多書籍、活動資訊
　　http://www.facebook.com/AVANGUARDTaiwan